燕蜀交谊

启功 徐无闻 先生艺事集

文物出版社

图书在版编目（CIP）数据

燕蜀交谊．启功、徐无闻先生艺事集 /《燕蜀交谊——启功、徐无闻先生学术艺事集》编委会编．-- 北京：文物出版社，2025. 8. -- ISBN 978-7-5010-8826-3

Ⅰ．K825. 72；K825. 41

中国国家版本馆 CIP 数据核字第 2025B876Y5 号

燕蜀交谊——启功、徐无闻先生艺事集

YAN SHU JIAOYI——QI GONG、XU WUWEN XIANSHENG YISHIJI

编　　者　《燕蜀交谊——启功、徐无闻先生学术艺事集》编委会

责任编辑　张朔婷

责任印制　张　丽

出版发行　文物出版社

社　　址　北京市东城区东直门内北小街 2 号楼

邮　　编　100007

网　　址　http://www.wenwu.com

邮　　箱　wenwu1957@126.com

制　　版　北京印艺启航文化发展有限公司

印　　刷　北京启航东方印刷有限公司

经　　销　新华书店

开　　本　635mm × 965mm　1/8

印　　张　49

版　　次　2025 年 8 月第 1 版

印　　次　2025 年 8 月第 1 次印刷

书　　号　ISBN 978-7-5010-8826-3

定　　价　538.00 元

《燕蜀交谊——启功、徐无闻先生学术艺事集》
编委会

（以姓氏拼音为序）

前　言

启功先生字元白、元伯，北京师范大学中文系教授。徐无闻先生名永年，字嘉龄，号无闻，以号行，西南师范大学中文系教授。二公为世所周知者，元白先生以书法、绘画，无闻先生以书法、篆刻。元白先生绘画出宋入元，早享盛誉；书法则继之而起，举世咸知。无闻先生书法众体尽备，出神入化；篆刻则奄有众长，卓然巨擘。而世人之所较少关注者，为二公之第一身份，曰教师，曰学者。

二公一生从教，作育人才；埋首群籍，勤于著述。元白先生平易近人，门庭若市，然学生登门，则必下逐客令曰，我要上课了，各位请便；无闻先生沉疴染身，稍有起色，即驰书学生，将于某日返校，集中补课，咸使知闻。元白、无闻先生于书无所不观，学识淹博。元白先生尤重文字声律、金石美术、红学研究，于书画碑帖鉴定更有“我辈数人、定则定矣”之誉。无闻先生于文字训诂、唐宋要籍、书论印学用功至勤，文不必多，出则必成定谳。文史之外，二公兼擅吟事，每有所作，布在人口，不必具论矣。

乒乓号称国球，能称国艺者其唯书法乎！喜好者夥，从事者众，自古而然，于今为盛。然专职运动员出而乒乓强，专职书家出而书法衰。何则？书法之得成伟大艺术者，以其与传统文化涵养化育密不可分。传统诗学重诗外功夫，传统书学亦重书外求法。好书法者，必好学问，但凡大家，莫不饱学。腹中空枵，仅以画字相矜尚而竟能发名成业者，未之有也。

书家自须学识丰赡，学者固非天然书家。书法艺术，学本技先。“读书万卷”“退笔如山”，缺一不可；“眼中有神”“腕下有鬼”，必不克成。元白先生受舅父激励而奋发，无闻先生得尊人发蒙而致力，一生临池，至老不辍。学养、精勤、天分，三者兼备，天机妙奥，端在此乎！

二公二十世纪六十年代初即凭书信往还，一九六三年元白先生鉴定书画文物巡游至渝，亦由无闻先生陪同。虽数十年间君居南海我北海，相见无多，而治学领域、学术取向、艺术旨趣、品德襟抱高度相似，故彼此关注，互相揄扬，惺惺相惜，不遗余力。余少从无闻先生蜀中问学，后又得先生荐，入京随元白先生攻读博士，得侍左右，故于二公故事，略有所知；于二公学艺，薄有所悟。

今承班禅大师亲题书名，八方友朋伸以援手，《燕蜀交谊——启功、徐无闻先生学术集》《燕蜀交谊——启功、徐无闻先生艺事集》得以面世。二书内容丰富，文字详明，二公平生交谊、师友承传、学术造诣、艺术成就，可于其间具见之。观此书者，可领略二公襟抱品格、道德文章，可感受吾国书画、篆刻艺术正脉，可悟得艺坛巨匠艺术养成之路径，是亦二书编纂出版之初衷也。

刘石

二〇二五年八月二十日

目　录

艺　事

艺　事

临书　毫芒细细分

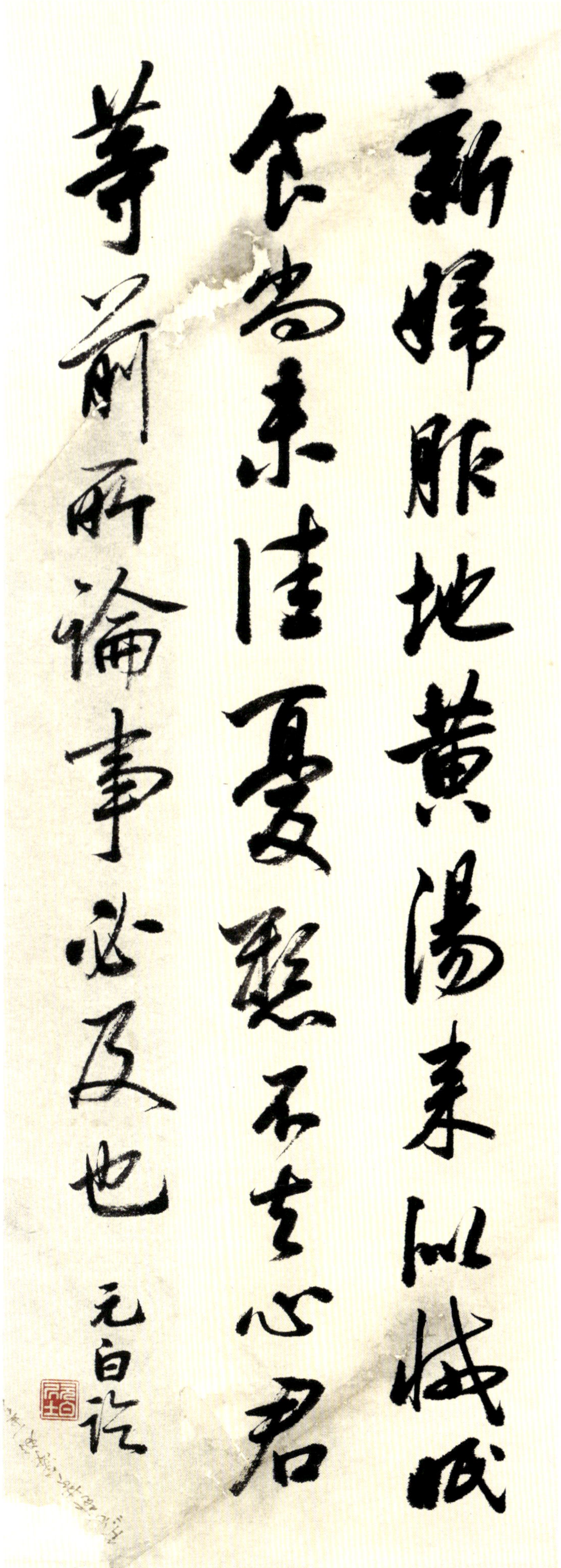

二十世纪五十年代，启功临王献之《地黄汤帖》。纵七十五厘米，横二十七点五厘米，启功家藏

安道得之
之白何史彩特著朱出不
去尚書之白書法

西晋宣帝書

安軍未想平和之也
以深平為平也
八月九日上表報曾中秋
但有遺惟使深愴恨
如以維不壯佳情多阻
捉乞及不得有時上表報曾

東晋元帝書

伏想
墓次安隱守視文武平安

東晋明帝書

得會中耳

東晋文孝王書

異暑復何如向見顧云卿小苦
瘧不乃以為患治之不遣不悉司
馬道子白

東晋武帝書

比得譙王書有欲仙語具
答之如別帽前云宜呂譙王
殊之於衆云公書須私書
君輒從衆以吾觀之寧當
許也想不謂尔

宋明帝書

鄭脩容馬兒恙今
未秋涉于今涉内人多

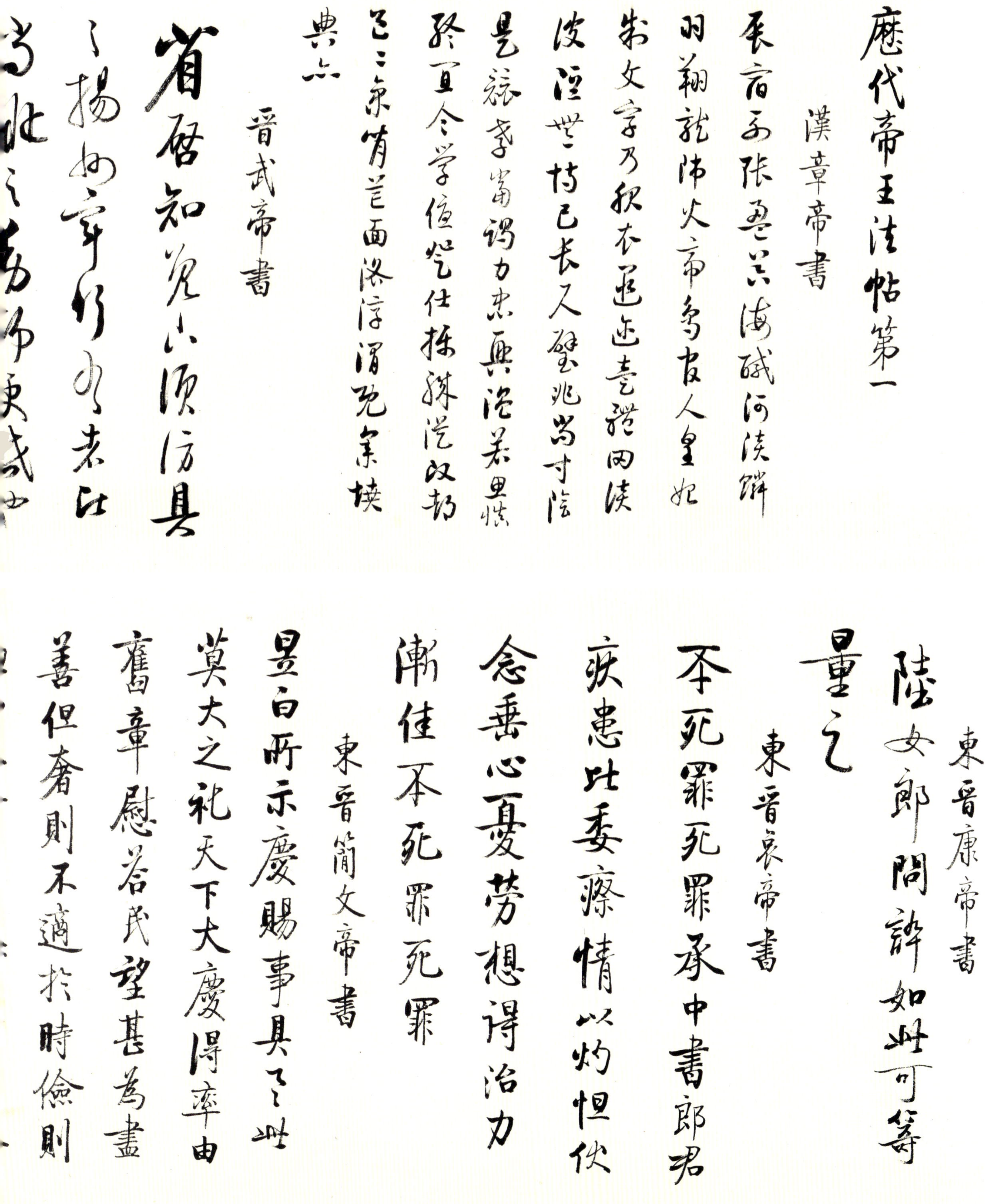

二十世纪七十年代，启功临《淳化阁帖》第一卷。纵三十四厘米，横四百八十厘米，启功家藏

衆軍行人宋令封如別曹
郢州近遣樊士真領三百人
猶在漢湖其應用行合應
有四千人故指白蕭衍疏

梁簡文帝書

知康司馬卓以水淺未時發
漢源冬涸理當有訪遥舟
有及具意綜荅

唐太宗書

不審積來胃氣何似想
當漸散痢復斷未江卅
所患竟不痊除奄然逝閒
問悲痛哽咽何言也卅日氣
之傷故當難勞令故遣使

若傷念不可言奴歎其
婦知也
卅藝韞多材慈深善
誨鶺鳳奉趨庭之訓早
擅臨池之工聞其比來復
愛飛白昨故覽採翰墨
聊以永藹想六文之衆則
異五際之勞詞忽枉來書
談飾過實顧惟菲匹非
敢當仁披覽循環祇以
增愧故孖表意餘不多
云 諳

之再拜伏惟祐伏惟範之
家内人多也或拜

齊高帝書

吾今日破堰在頃
粗可驅遣至尺口
不遠江行夕下除宜
也

梁武帝書

莫知所若物不得多書
至慰情也之何變異無復
前書情最庶知有之思不可
復有無也亦以時乘之法

往來之無委階
雨度得大內書不見奴表
耶之忌欲恒死少時間忽得
奴手書執娘子恚憂惶
一時頓解欲以死而更生
今日已後但願風發作便
是執耶之若少有疾患
即一之具執令得遣東消
息錄狀送億奴欲死不
知何計使還具耶之物
懷讓惠水遏身腫復利
形勢極惡耶之意多起
不濟遺愛勞發大重之氣

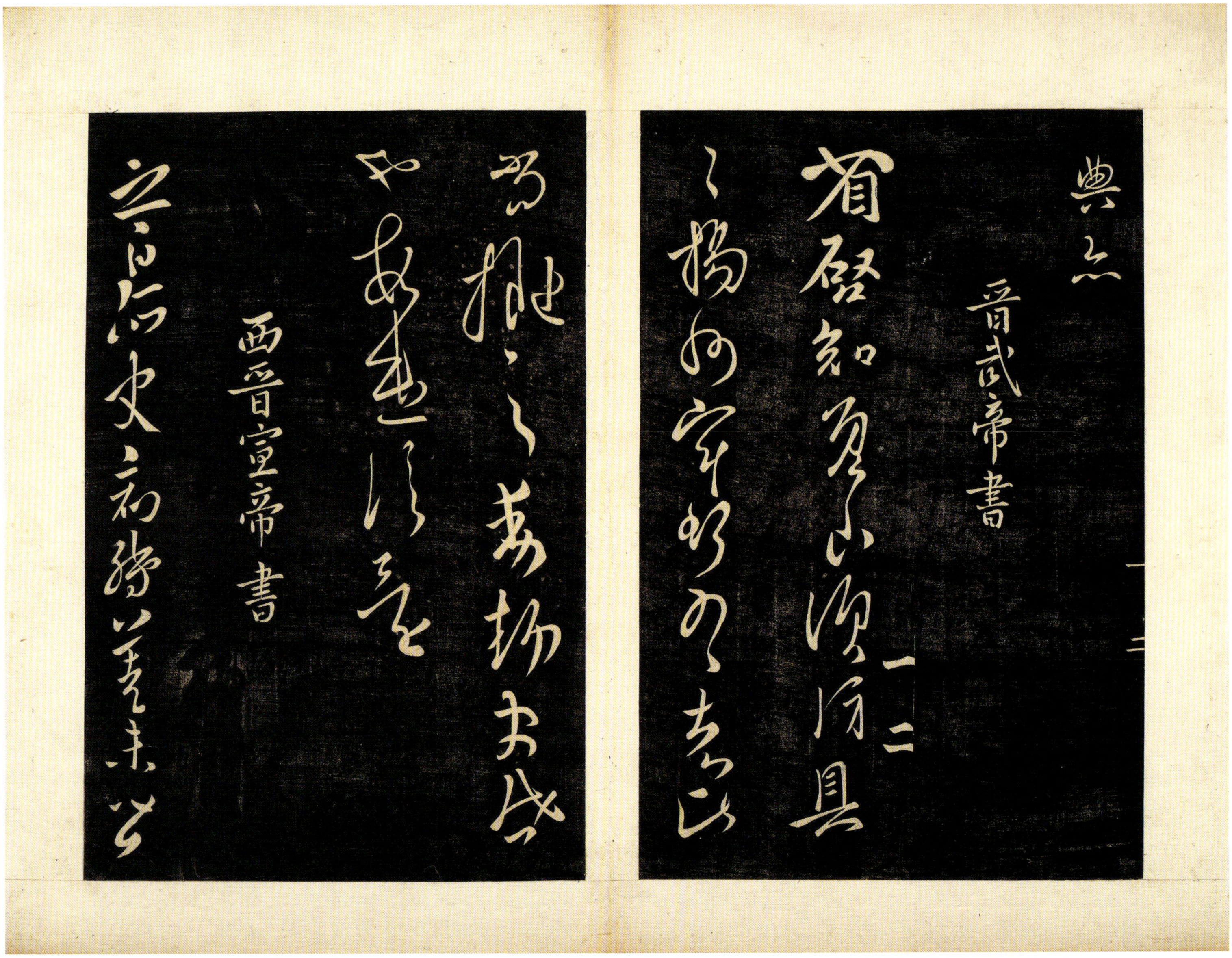

❷

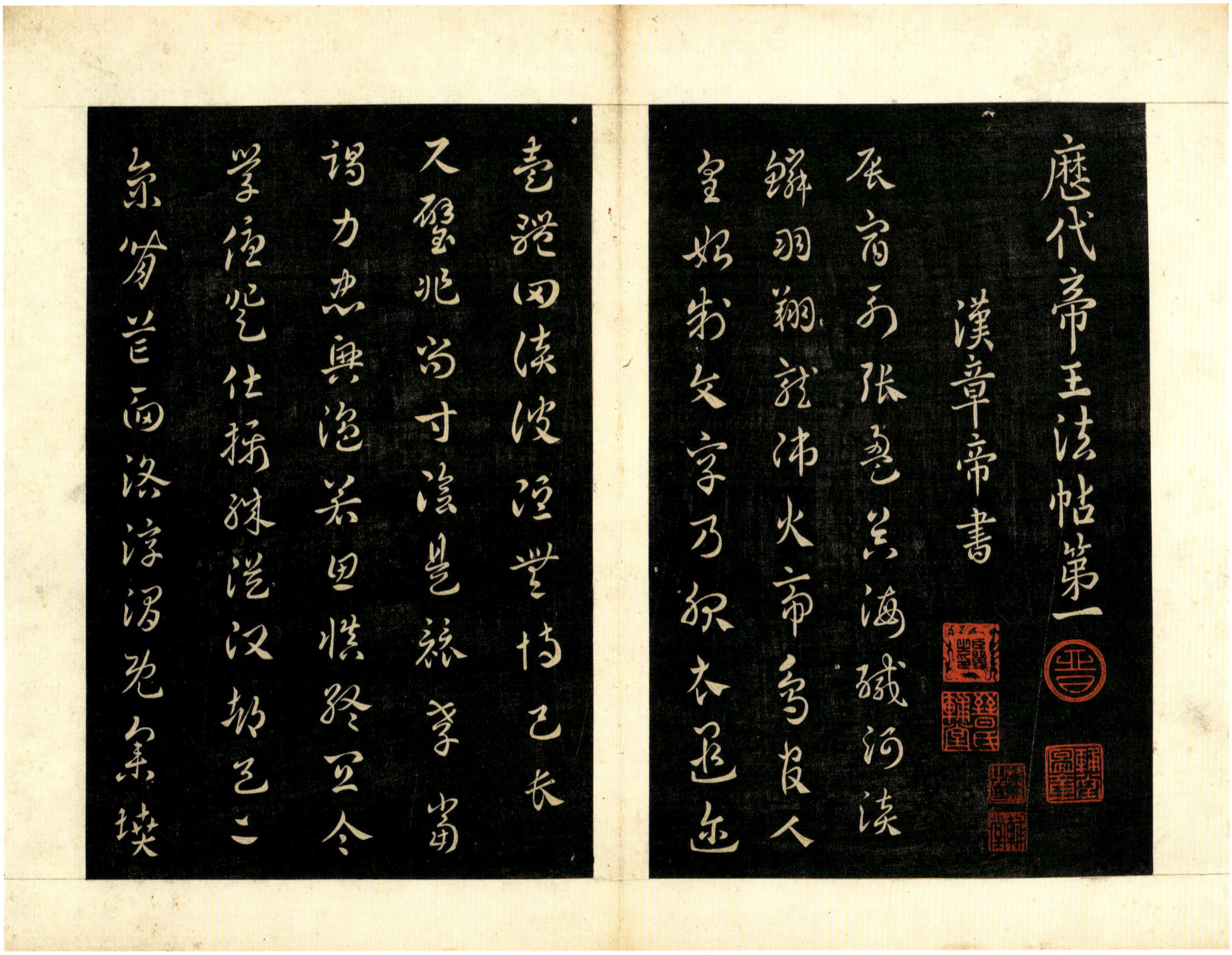

❶

初拓肃府本《淳化阁帖》第一卷。每半开帖芯纵二十四点八厘米，横十六点五厘米

自慰足下今復何如吾自春中
腳不能勝日增歎憒頃夏轉切
雖復當也奈何
帋筆精要深知見至
一物而無已尚復何酬
筆〻亦不可用處下三錢才
之上甚遠後致一者法華
二〻兄並與也味耶不耶
日寒涼得承詣懸
復条極當惦痛也灼

③

除病正自不差春久自
日深也企甚積既惦
並在庭除以罷點二三不
減出門正弛所致能不
益令恨林事借使人當後
秋事
來疾未已無日
策 大勢 策形
王慈
秋蒸以病未比不如

④

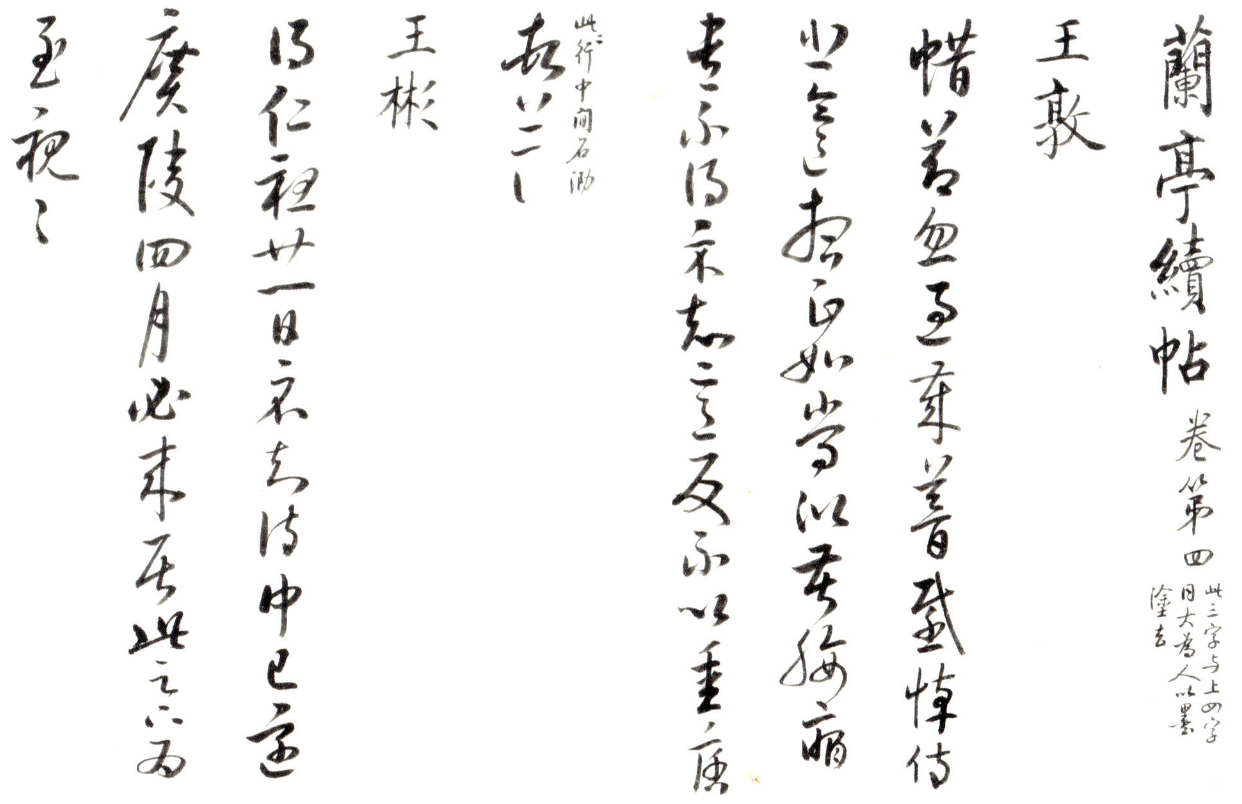

❶

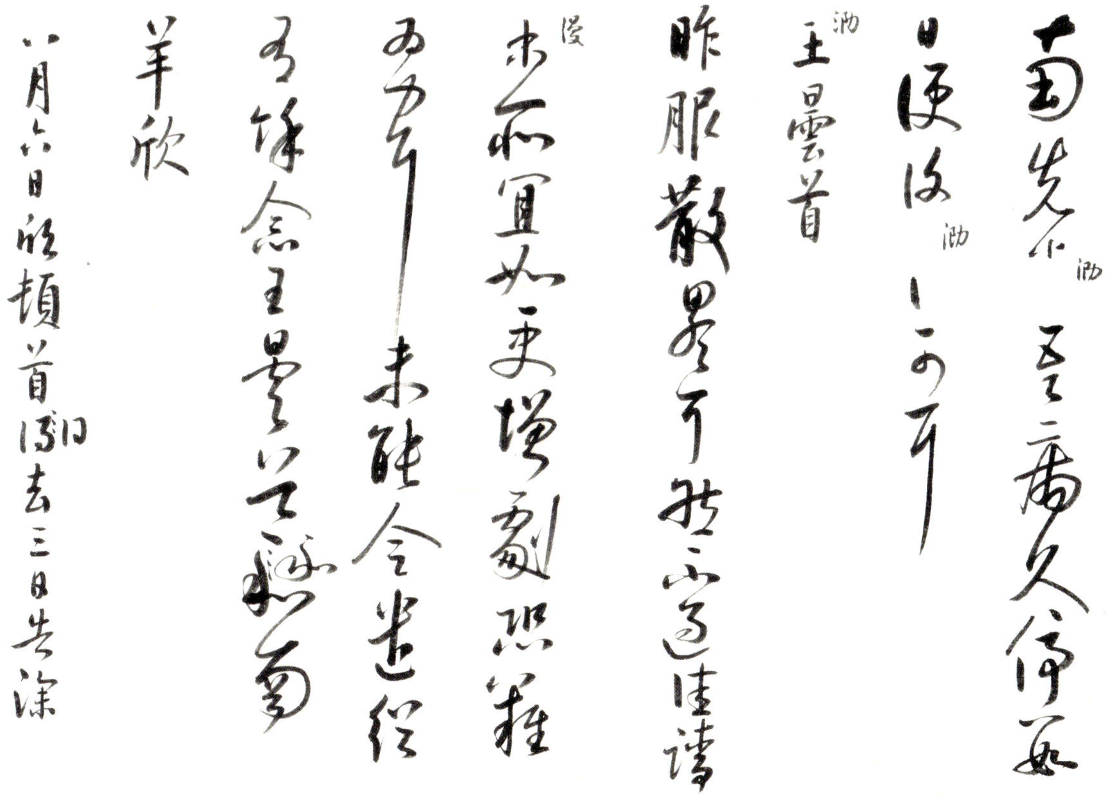

❷

二十世纪七十年代，启功临宋拓孟宪章藏本《兰亭续帖》第四卷。每半开纵二十九点六厘米，横二十一点八厘米，启功家藏

低一字

大曆九年歲次甲寅十月
丁卯朔六日壬申刻
曾孫朝散郎前行河中府
永樂縣尉琯摸勒
孫璟檢校
坦然鐫（以上共廿二行）

抬低
門下中大夫前守慶州刺
史上柱國野王縣開國男（男字不清）
蘇晉敏德含粹沖而
且明道識未夫守趙州
刺史新野郡開國公張
之輔道才藝識貞則能
轉正議大夫行將作少
匠上柱國徐嶠之砥修
其行利用其美並弘此

❼

業懿其靜慮式昭治於
黎庶或績宣於繕理克
勤厥德爰懋爾官象紱
河海宜踐亞卿之（之）列俟
並易俾光賢守之任
府少卿之輔
匠嶠之可
軍
事守趙州
官勳封如故
施行
開元九年五月
廿八日（尚書吏部之印）

（此係告身之字跡前記稍依勅樞似蘇東坡可知宋人謂蘇似徐即指此歟　此告如非重模亦屬仿郭刊以其不具主管官吏銜名也）

❽

豈能存
吳越王錢俶
蒼靡重重翠幕遮披屏
唯此絕諠譁合閒日影憐總
眼穿破苔侵惡笋牙曲櫳晚
宜烹露茶小池寒欲結冰
花謝出未見深沉異猶把戎機
扃上誇

郭忠恕
堯舜以武天下宗之周德既衰鳳
鳥不至夫子於是述百代刊五經
春秋褒貶為萬家法
篆書
（帖止）
（所餘各帖每行但按原行抄寫於書更易對照一以志之）

⑤

至德三載 上在鳳翔府
恩制應扈從官中書門下五
品已上各贈父祖一人官幼孫
誥時任中書舍人兼尚書右
丞集賢殿學士正月廿八日
制贈 公尚書吏部侍郎及
上還京廣德元年八月廿二日
制復贈 公嗣子故銀青光
祿大夫洺州刺史上柱國
之左散騎常侍洺州府君
典蘊衛錄吉湖洺六州開元
廿四年薨葬於洛陽石橋東
北十里浩自吏部侍郎貶明
州別駕歸鄉拜掃換山口
宜一極壬
碣石題氏額篆仍鐫贈官
并 敕詞並存於別記云

⑥

深密前賢集
成大道唯一
達德有三開
法成務以為
之藩瞻嚮日
度道契弥固
造次播遷無
不依慕一十
六言上契心
法三千七十
皆其顛學航
海拯迷之綱
之紀月皎珠
圓法言崇議
數十百年未
燼於地遺風

貴臣大使内
族王公凡百
士子弁當天
常樂飾金紫
和尚迎承瑜
伽修禮万丈
息肩匡床接
議注納偏厚
顧問嘗施盛
駕輿臺以供
大師或妙神
靈引諸奇異
或命茶毗出
百舍利講論
何捷符彩欲
驚當暑而滅
竟夕如生上

猷長懼湮沒
雖有遺書大
蒼殘粒於戲
赤子無知患
如響合賓友
右僧猶以為
得坦蕩場途
不離不即尚
有主持得時
而駕守約致
和柱以正大
日月天開是
先達　王虛
舟集柳書反
經藏
啓功

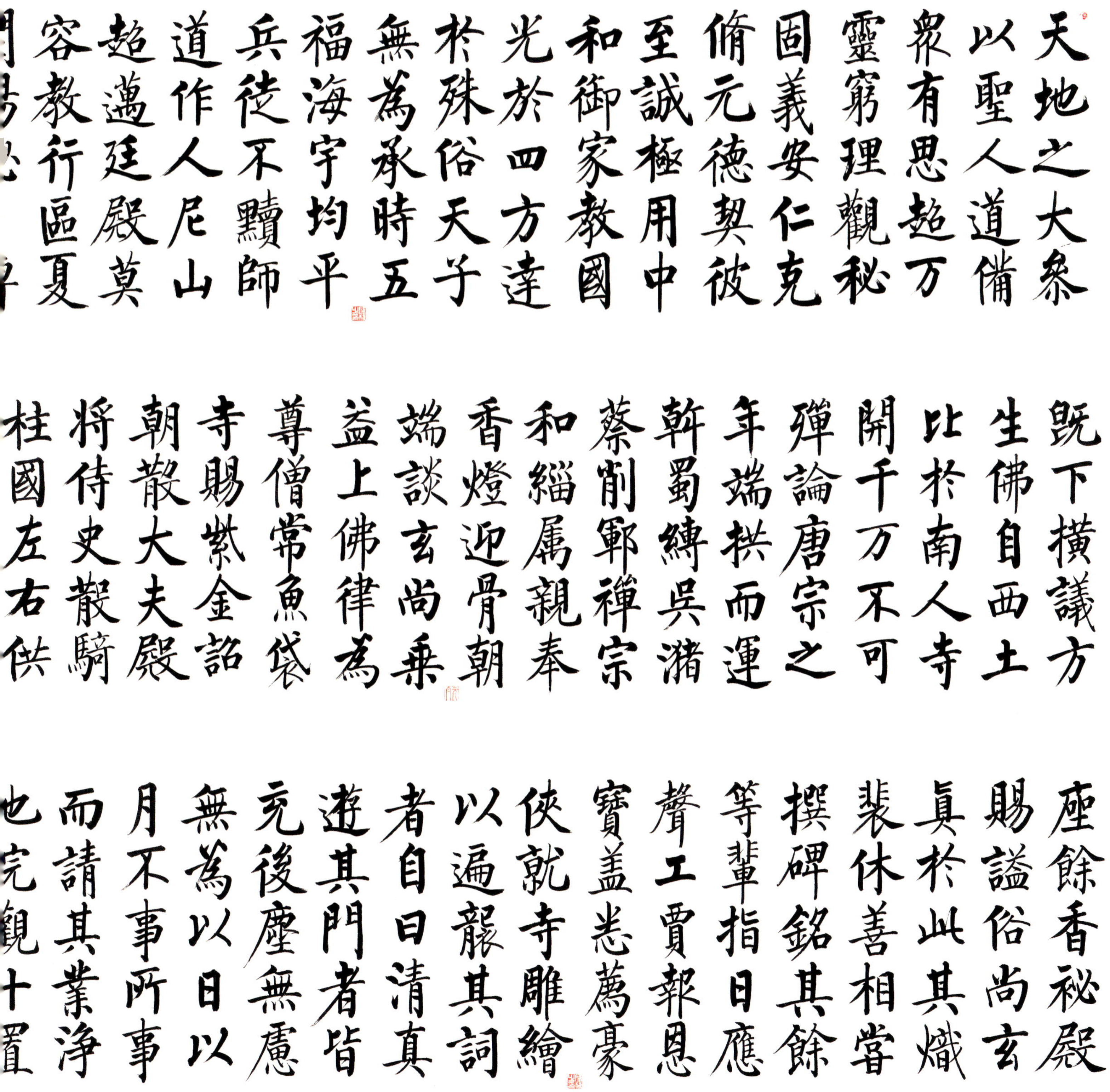

二十世纪七十年代，启功临王澍集柳公权书《反经箴》。纵三十二点五厘米，横六百零三厘米

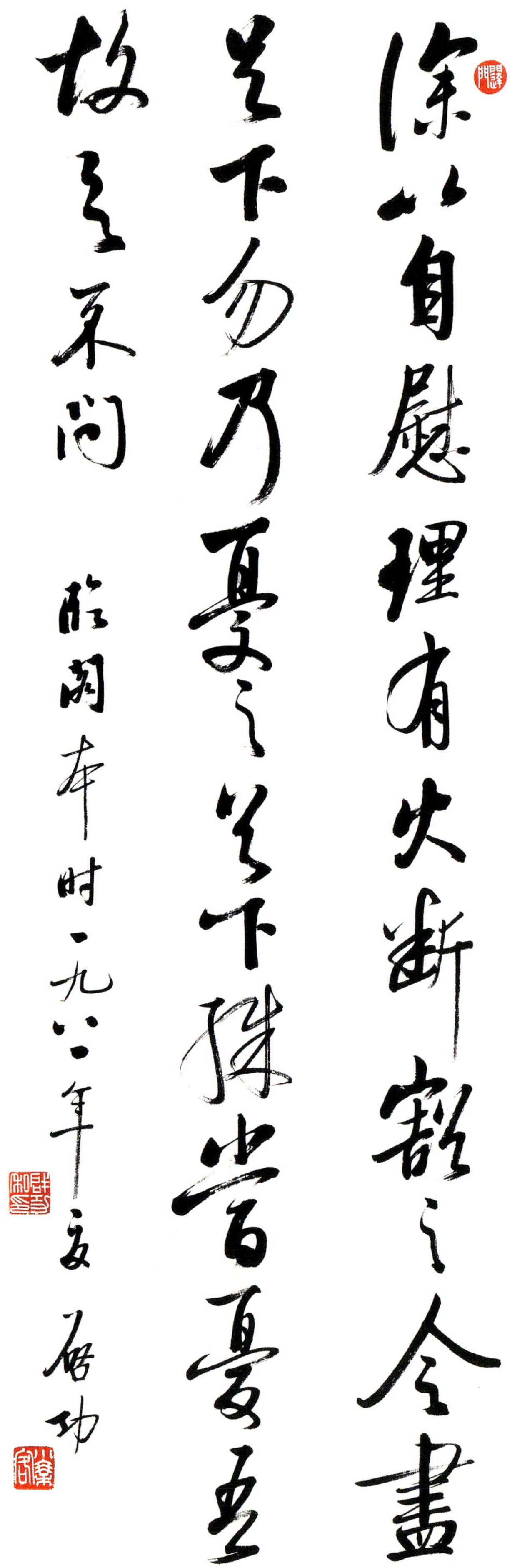

时一九八一年夏，启功临王羲之《自慰帖》。纵九十七厘米，横三十二厘米

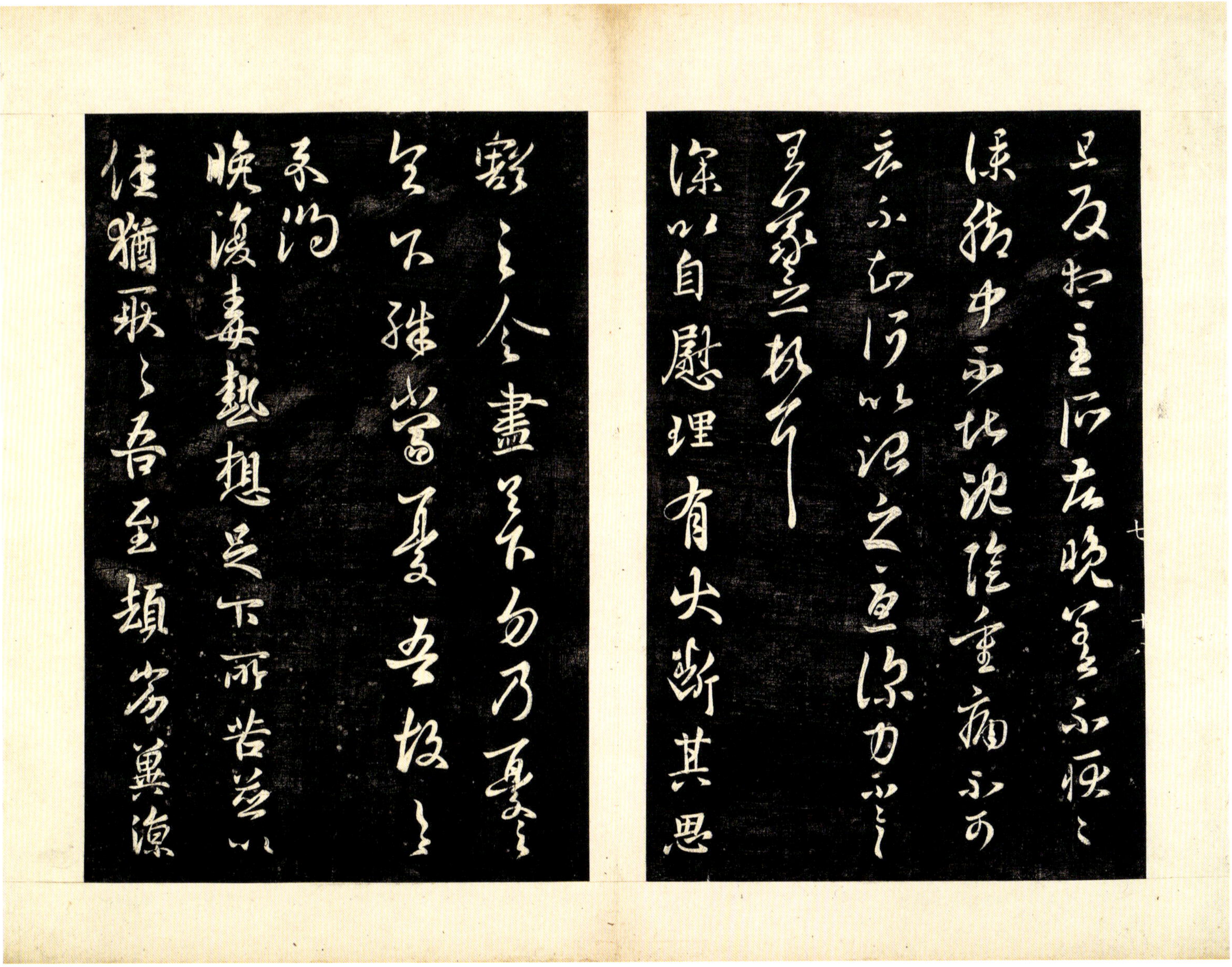

初拓肃府本《淳化阁帖》之王羲之《自慰帖》。每半开帖芯纵二十四点八厘米，横十六点五厘米

悟此世之泡幻藏千里
於一班舉棗葉之有
餘納芥子其何艱宜
賢王之達觀寄逸想
於人寰嫋嫋兮春風泛天
宇兮清閑

鬱風中之香霧若訴
予以不遭豈千歲之妙
質而死斤斧於鴻毛效
區區之寸明曾何異於束
蒿爛文章之糾纏驚
節解而流膏嘻構廈
其已遠尚藥石之可曹

右節臨東坡二賦之卷蘇
體遒健通篇未嘗有率
出一筆處變以視察其三
十六字賦只先行之異耳
包慎伯見臨東坡香光
書而鄙之曰有筆法而無
董所臨蘇帖之前人法妙

載於論附記於此松醪
賦中字涉之有落徒
字未補
一九八五年玩味賦卷
見此因翌手臨寫始叅
於紙葉為初雪晴京也
於堅淨居 啟功

經師承傳著之竹帛書人臆論但堪題諸紙皮蕉葉耳 翌年自注

6 5
8 7

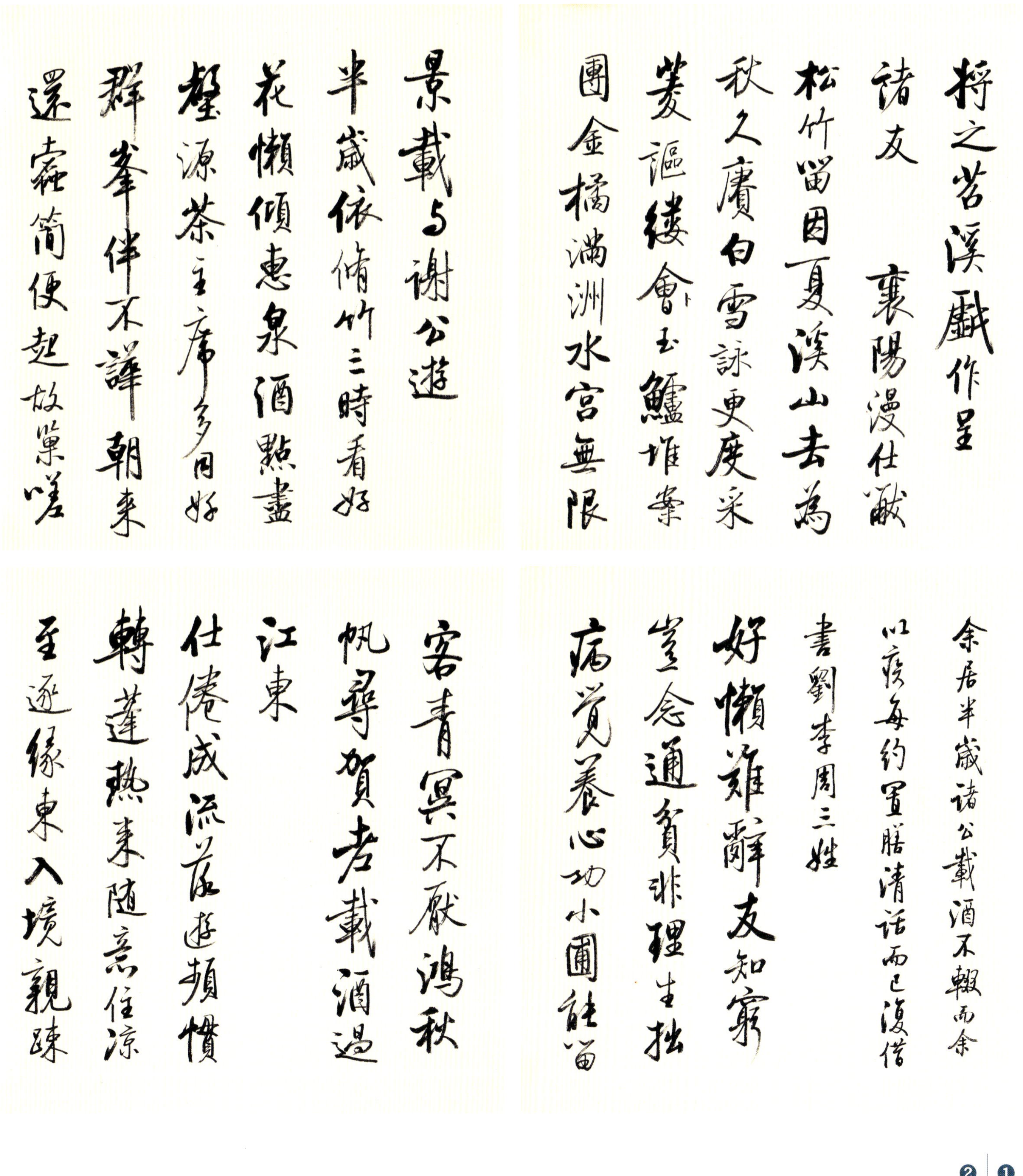

一九八六年冬，启功临米芾、苏轼书。每半开纵三十三点三厘米，横三十一点八厘米，启功家藏

至今好事除草
棘常恐野火
燒蒼苔當时相
望不可見玉堂
正對金鑾開豈
知白首同夜直
卧看椽燭高
花摧江邊曉
夢忽驚斷
銅環玉瑣鳴

3

春雷山人帳空
猿鶴怨江湖
水生鴻雁來
願君作詩寄
父老往和万壑
松風哀
右武昌西山贈鄧
聖求一首

此卷与寒食詩相伯仲而墨迹無傳法
外亦無音耗殆付劫火久矣此自三希堂
帖石本臨得者 一九八九年 啟功

4

赤壁賦
壬戌之秋七月既望蘇子与
客泛舟遊於赤壁之下清風
徐來水波不興舉酒屬客
誦明月之詩歌窈窕之章
少焉月出於東山之上裴回
於斗牛之間白露橫江水
光接天縱一葦之所如陵
万頃之茫然浩〻乎如憑虛
御風而不知其所止飄〻乎
如遺世獨立羽化而登僊於
是飲酒樂甚扣舷而歌之
歌曰桂棹兮蘭槳擊空明
兮泝流光渺〻兮余懷望

❶

美人兮天一方客有吹洞簫
者倚歌而和之其聲嗚〻然
如怨如慕如泣如訴餘音嫋〻
不絕如縷舞幽壑之潛蛟泣
孤舟之嫠婦蘇子愀然正襟
危坐而問客曰何為其然也客
曰月明星稀烏鵲南飛此非
曹孟德之詩乎西望夏口東
望武昌山川相繆鬱乎蒼〻
此非孟德之困於周郎者乎方
其破荊州下江陵順流而東
也舳艫千里旌旗蔽空釃酒
臨江橫槊賦詩固一世之雄也
而今安在哉況吾与子漁樵於

❷

一九八九年夏，启功临苏轼书。每半开纵三十四厘米，横三十三点七厘米，启功家藏

一夜尋黃居寀龍不獲方悟半
月前是曹光州借去摹搨更須
一兩月方取得恐王君疑是翻悔
且告子細說與纔取得即納去也
却寄團茶一餅與之旌其好事
也 軾白
季常 廿三日

東武小邦不煩
牛刀實無可以
上助万一者非不盡也雖隔兩政猶
望掩惡耳真州房緡已令子由
面白悚息悚息 軾又上

❸

令子所示專去意來日相見即
達之但未必有益也輒送十緡
省為一奠之用雖患流落中
深愧不能展毫末也不罪不罪
軾手啟

一九八九年六月時偕宋愈仲林於步履生
浮光掠影樓中翻閱影印東坡手札墨迹擇
至無聊來臨之以習草法亦温故之課耳 啟功

❹

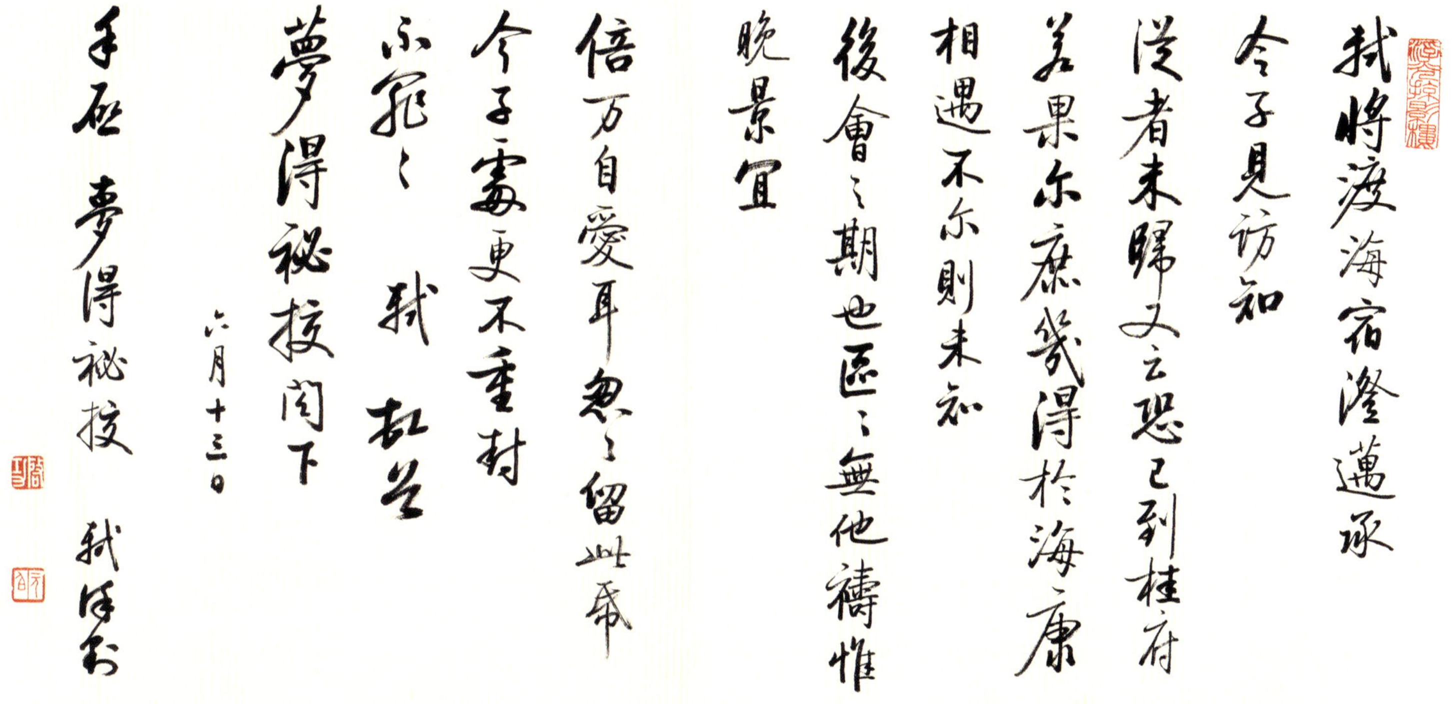

❶

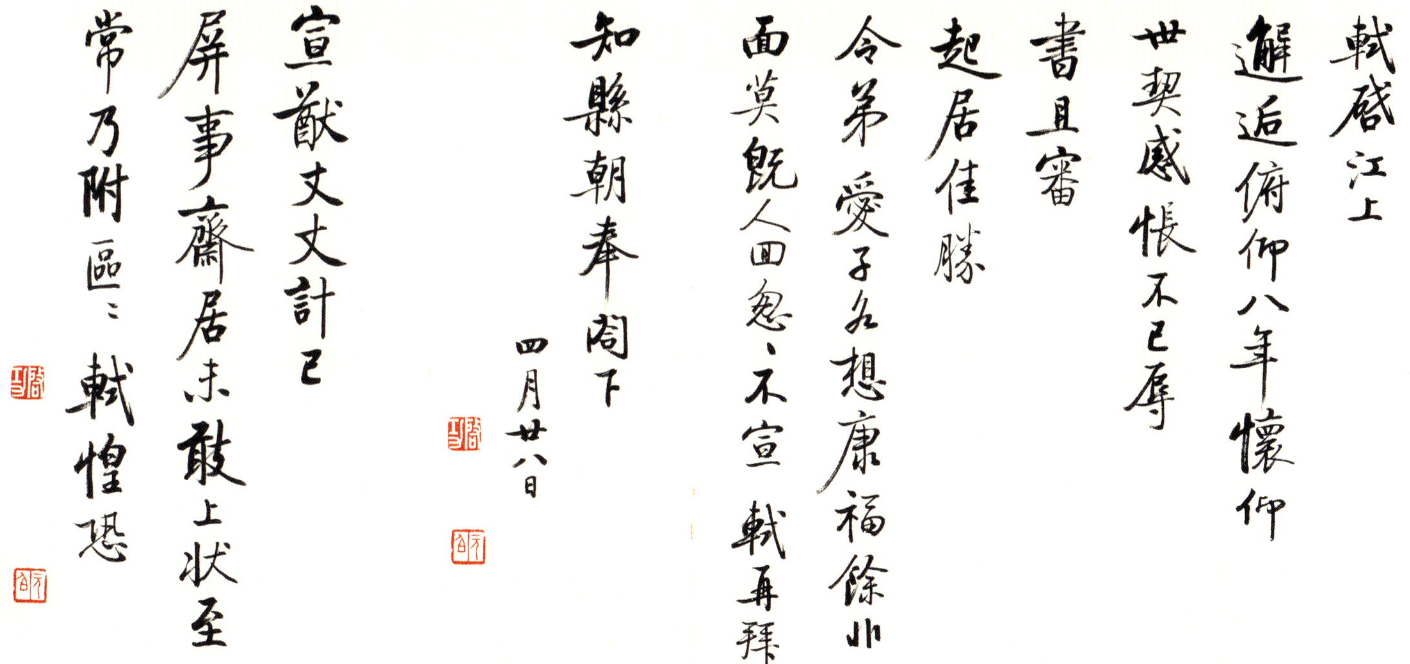

❷

一九八九年六月，启功临苏轼书。每半开纵三十三点四厘米，横三十三点七厘米，启功家藏

省别具足下小大问为慰多
分张念足下悬情武昌诸
子亦多远宦足下兼怀
并数问不老妇顷疾笃
救命恒忧虑余粗平安
知足下情至

唐摹纸损有残画依写本帖补之

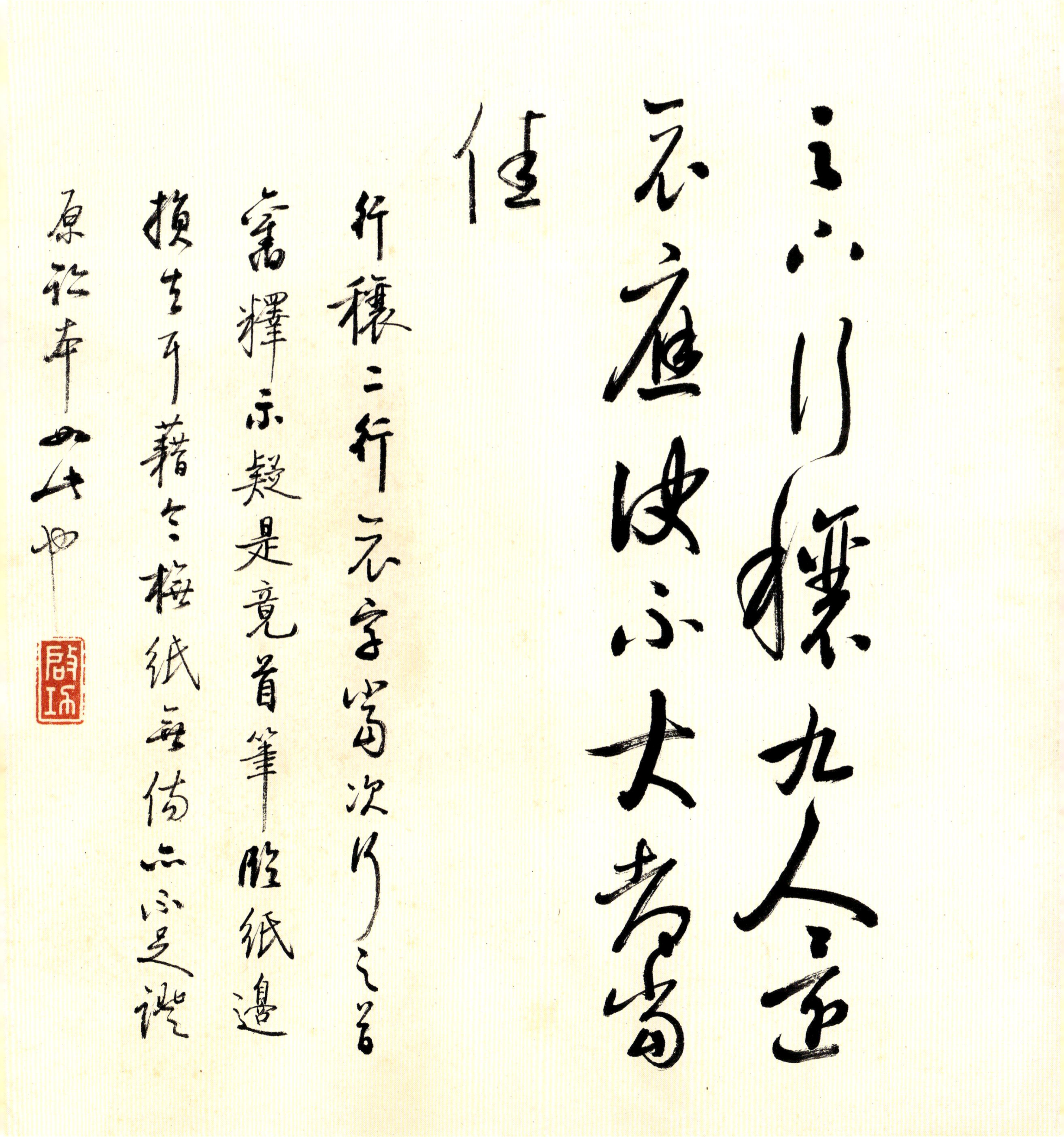

二十世纪八十年代，启功临王羲之《行穰帖》《远宦帖》。纵三十四点三厘米，横六十八点八厘米，启功家藏

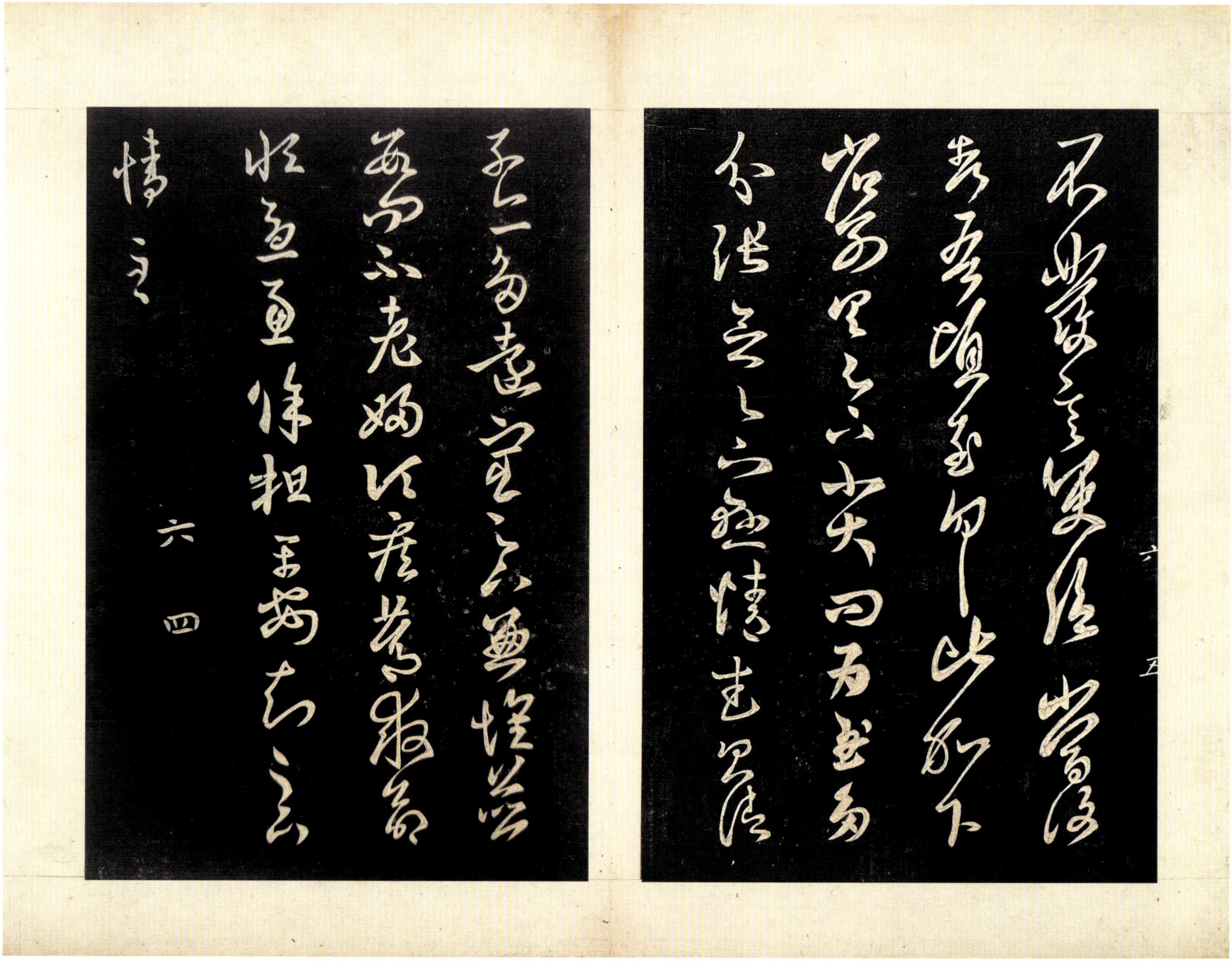

初拓肃府本《淳化阁帖》之王羲之《远宦帖》。每半开帖芯纵二十四点八厘米，横十六点五厘米

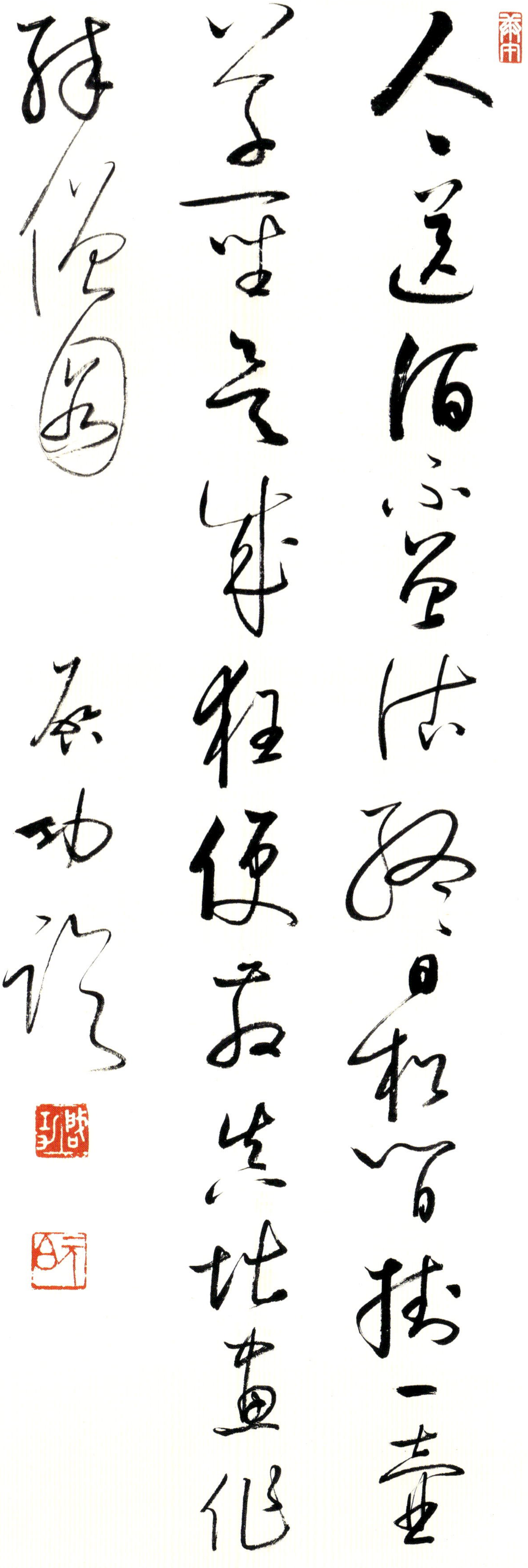

庚午（一九九〇年），启功临怀素《醉僧帖》。纵八十九厘米，横三十二厘米，启功家藏

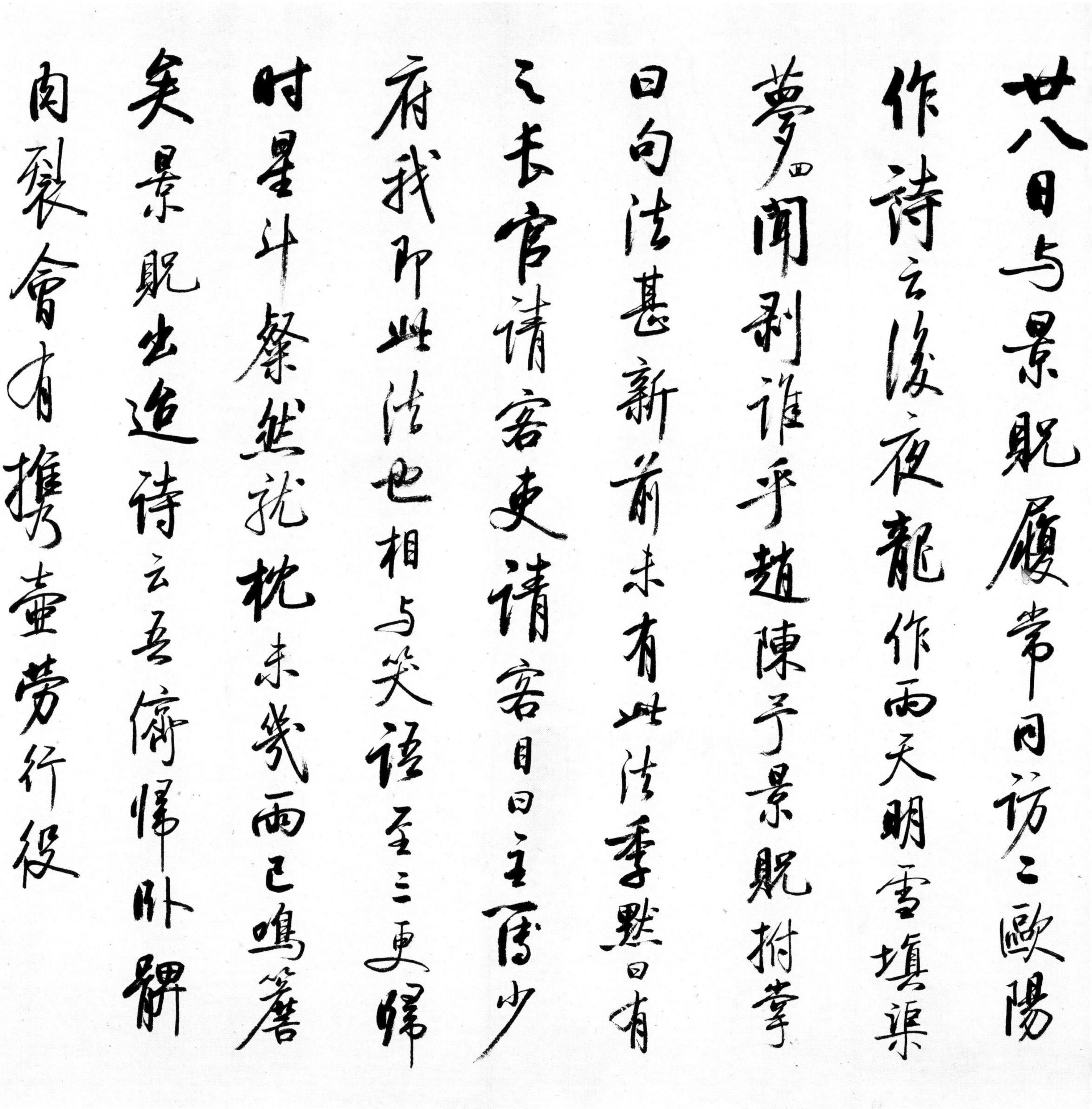

一九九二年三月十四日，启功临苏轼《颍州祈雨诗帖》。纵六十八厘米，横八十二点五厘米，启功家藏

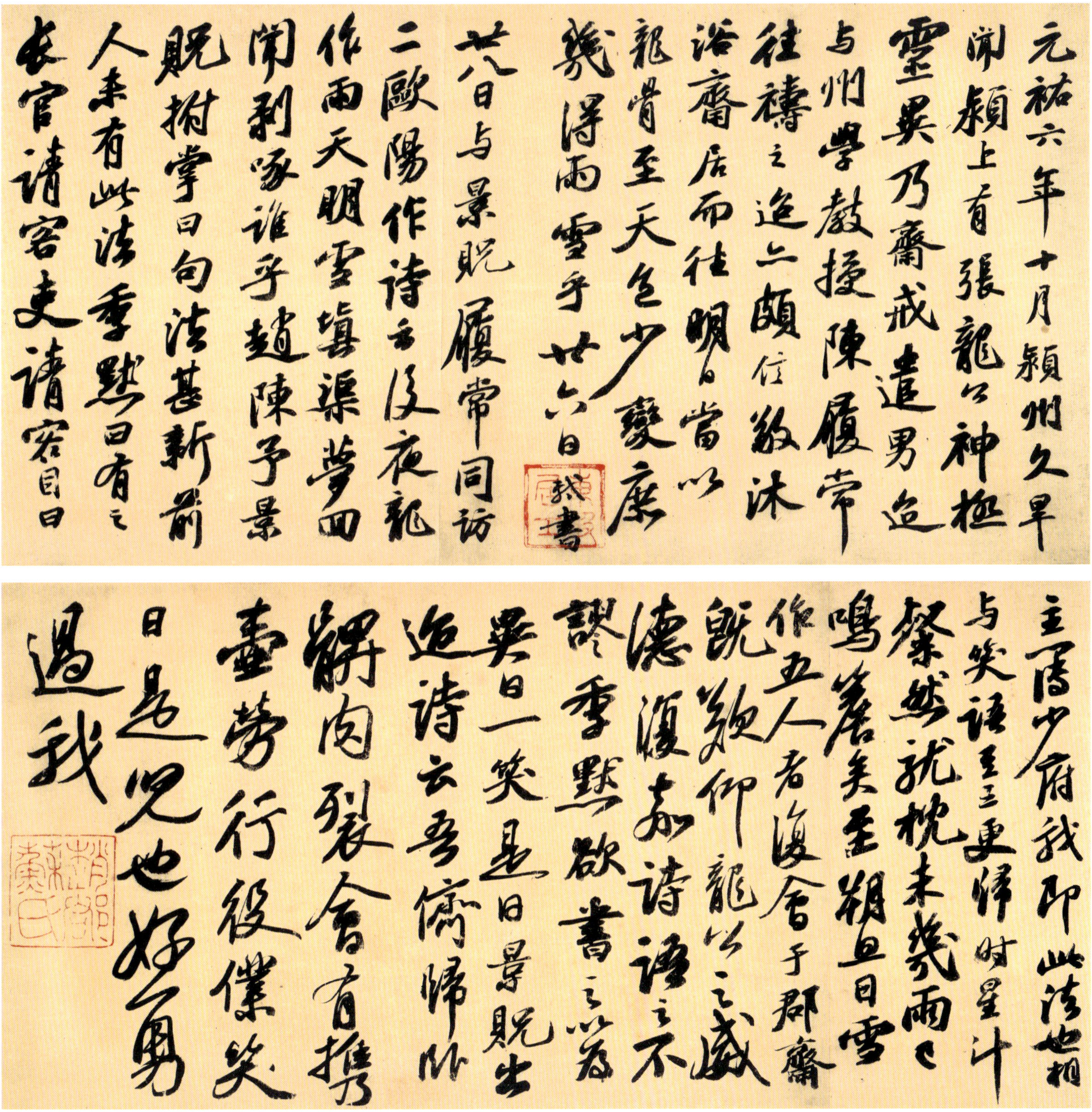

民国时期日本珂罗版影印本苏轼《颍州祈雨诗帖》。纵二十八点七厘米，横一百一十八点六厘米，启功家藏

❸

又観諸佛聖主師子
演説經典微妙第一
其聲清淨出柔軟音
教諸菩薩无數億万
梵音深妙令人樂聞
各於世界講説正法
種種因縁以无量喻
照明佛法開悟衆生
若人遭苦厭老病死
為説涅槃盡諸苦際
若人有福曾供養佛
志求勝法為説縁覺
1995.5.12

❹

鬼神供養
人中尊一
切諸佛土
即時大震
動佛放眉
間光現諸
1995.6.8

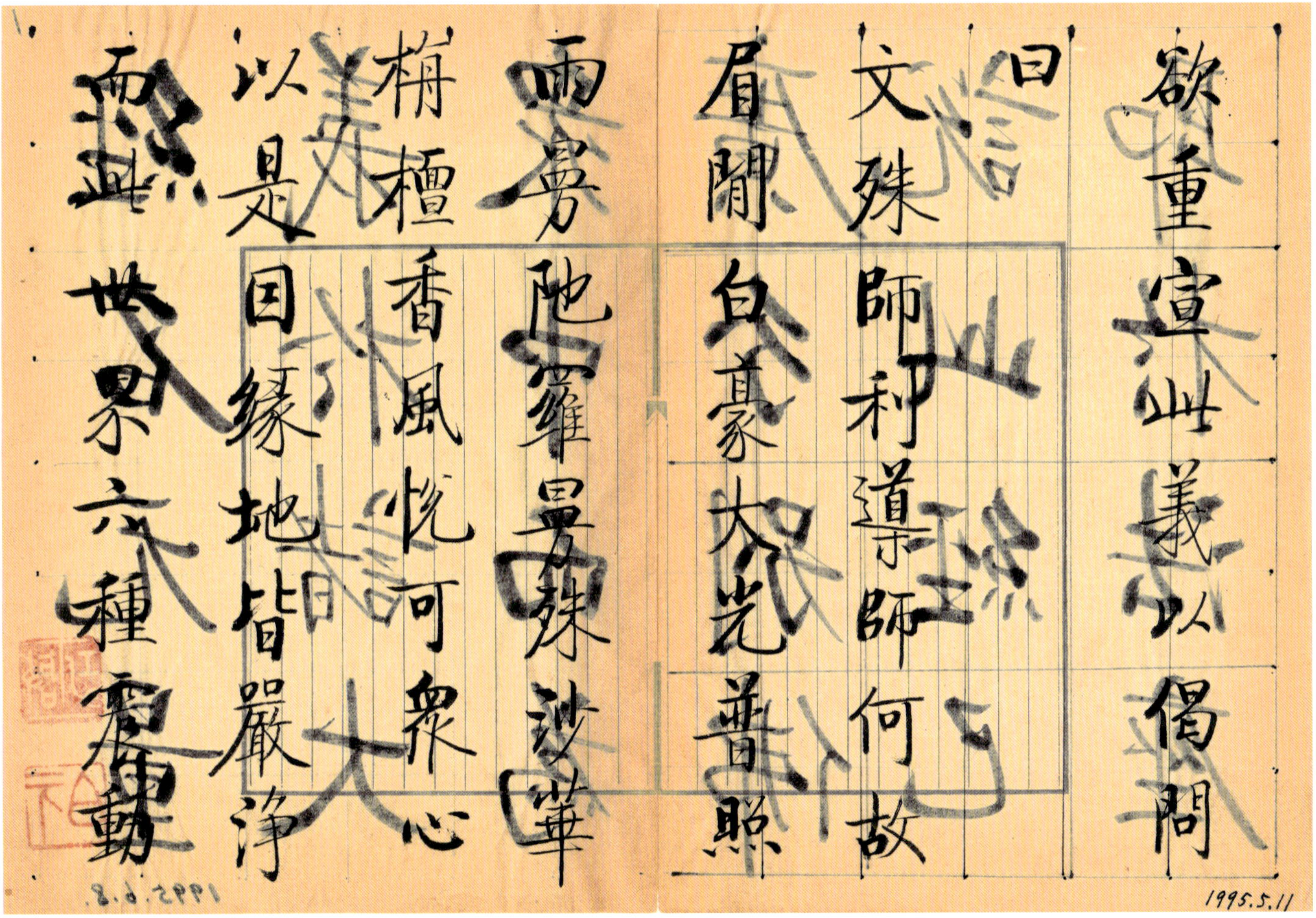

❶

❷

一九九五年，启功临唐人写经。每半开纵二十七点五厘米，横二十点五厘米

❺

方佛所殖諸善本是時日月燈明佛說大乘經名无量義教菩薩法佛所護念說是經已即於大衆中結跏趺坐入於无量義

丙辰（一九七六年）岁暮，徐无闻双钩《嵩岳少林寺碑》碑首李世民签名。
纵二十一点五厘米，横八点三厘米，徐无闻家藏

令羣儒詳互別爭起
異端公攈摭舊事憲
章章修五禮之墜典
記記言之史小雅之
詩咸佇刊定奉

勑修筆論衡正此末
奇撰記聞 帝用禮
名振曲臺孫通創儀
榮稷之辟徒金石
之聲世子志玄等無

期恩極昊天對風枝
而赫赫華胄巖崇趾
玄鳥降祥溫室道光
闕里績著大常芳流
懍恩窮五際穜名墨

一九六六年八月廿一日余所藏書籍文物横遭抄掠此
珂羅版孔沖遠碑亦在劫中六八年暗拾殘餘以歸
此冊首尾皆被毀乃携歸至局那先居據有正書局
石印本影寫補裝 一九六八年三月十二日補記 元尚

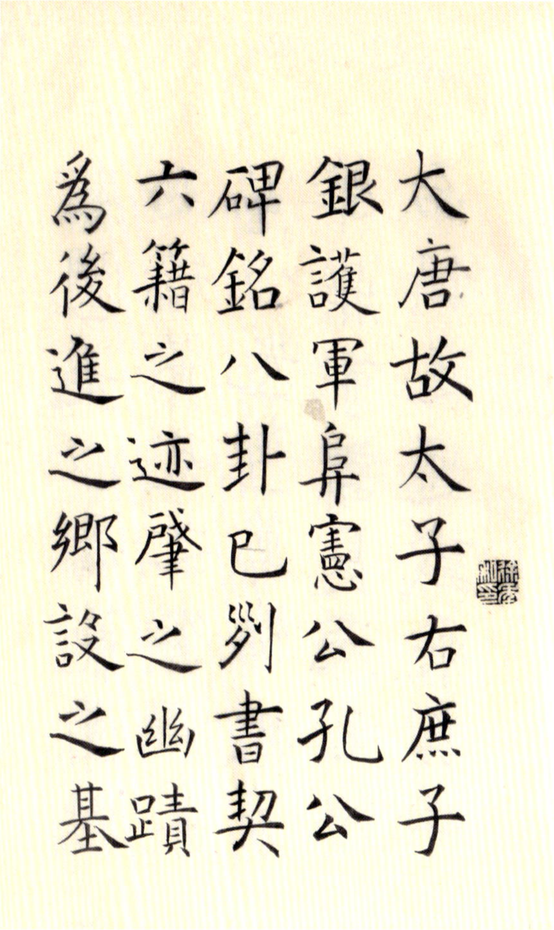

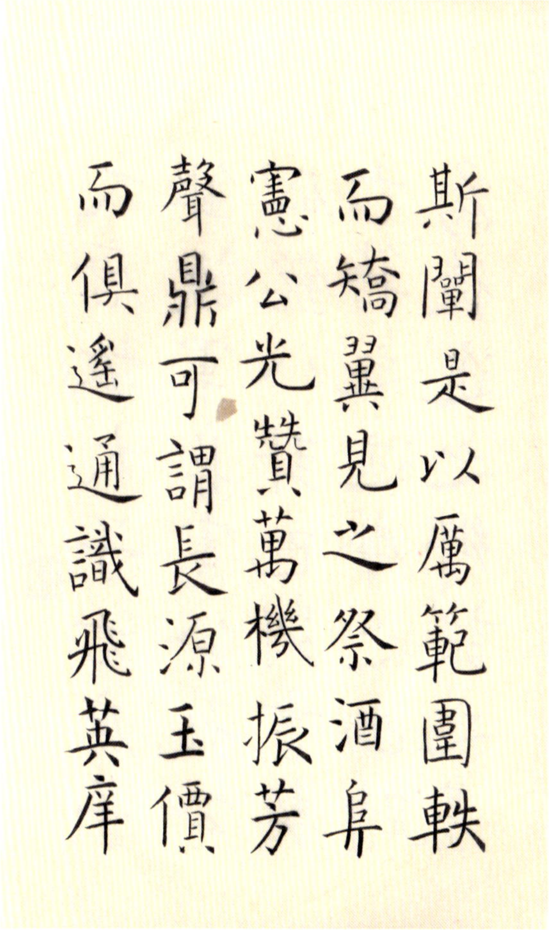

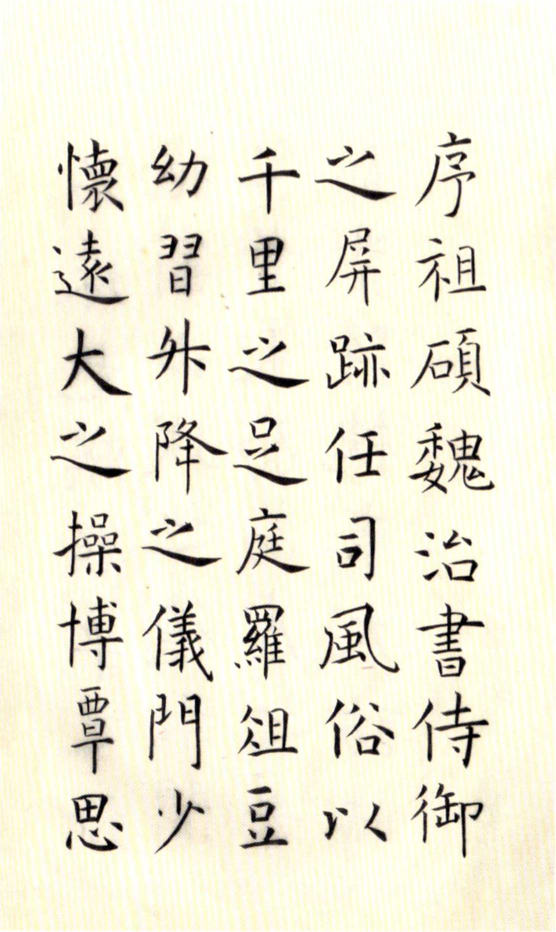

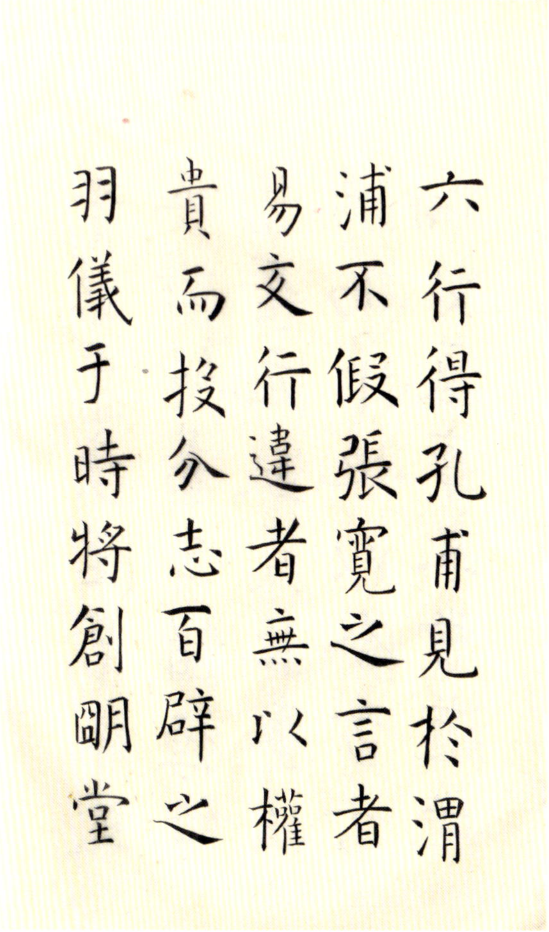

一九六八年，徐无闻影写民国时期商务印书馆珂罗版影印本《宋拓孔祭酒碑》缺失部分于册首、册尾。一九八八年三月十二日，徐无闻补记。每页纵三十厘米，横十九厘米，徐无闻家藏

頫頃刻之伯遂滕黨
期屏從之買自公巖
忘左優遊始獲此生
如冠中公別以作小鶩
白遨溥嶺嶠不相瞻

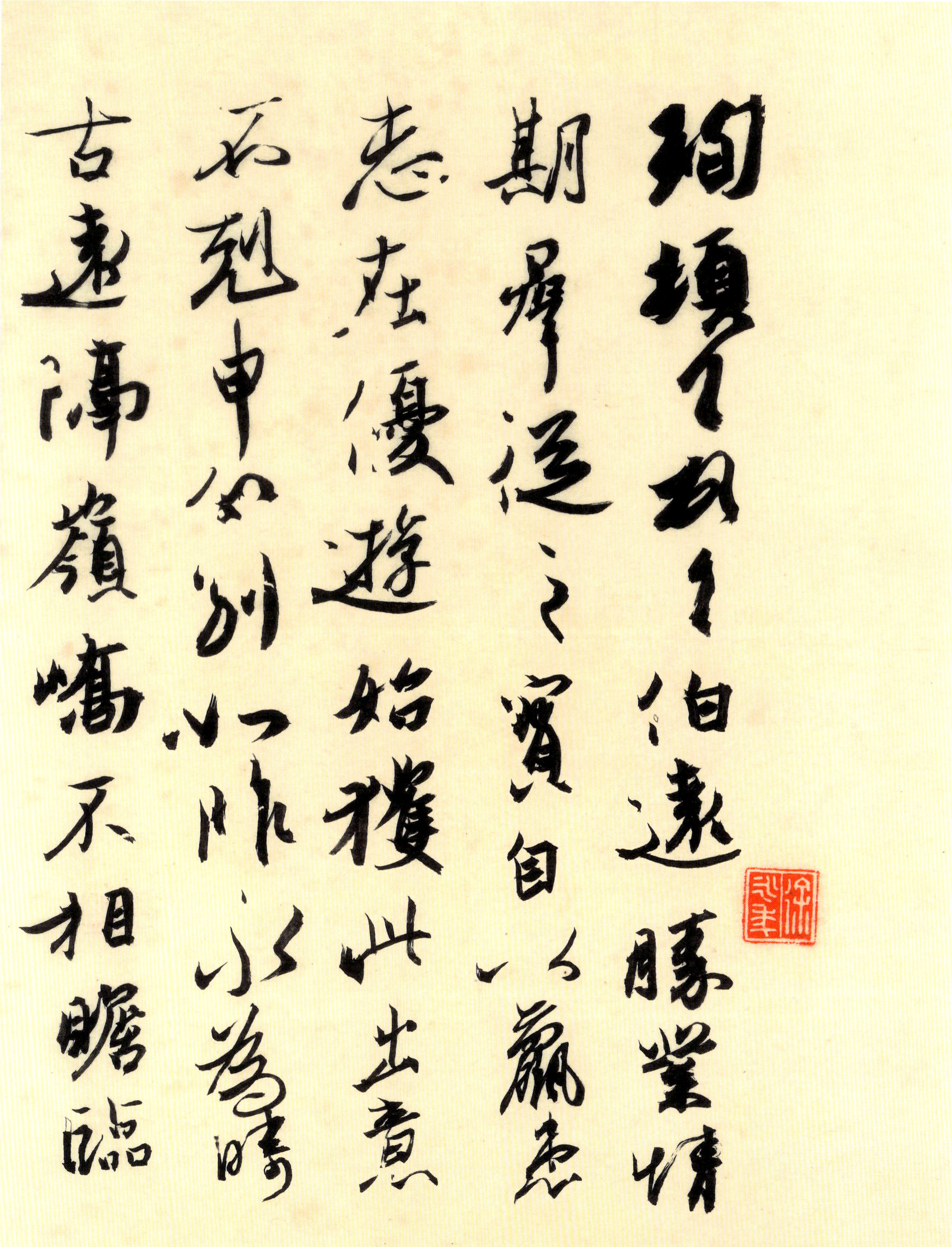

二十世纪七十年代，徐无闻摹王珣《伯远帖》。纵二十六点三厘米，横二十点四厘米，徐无闻家藏

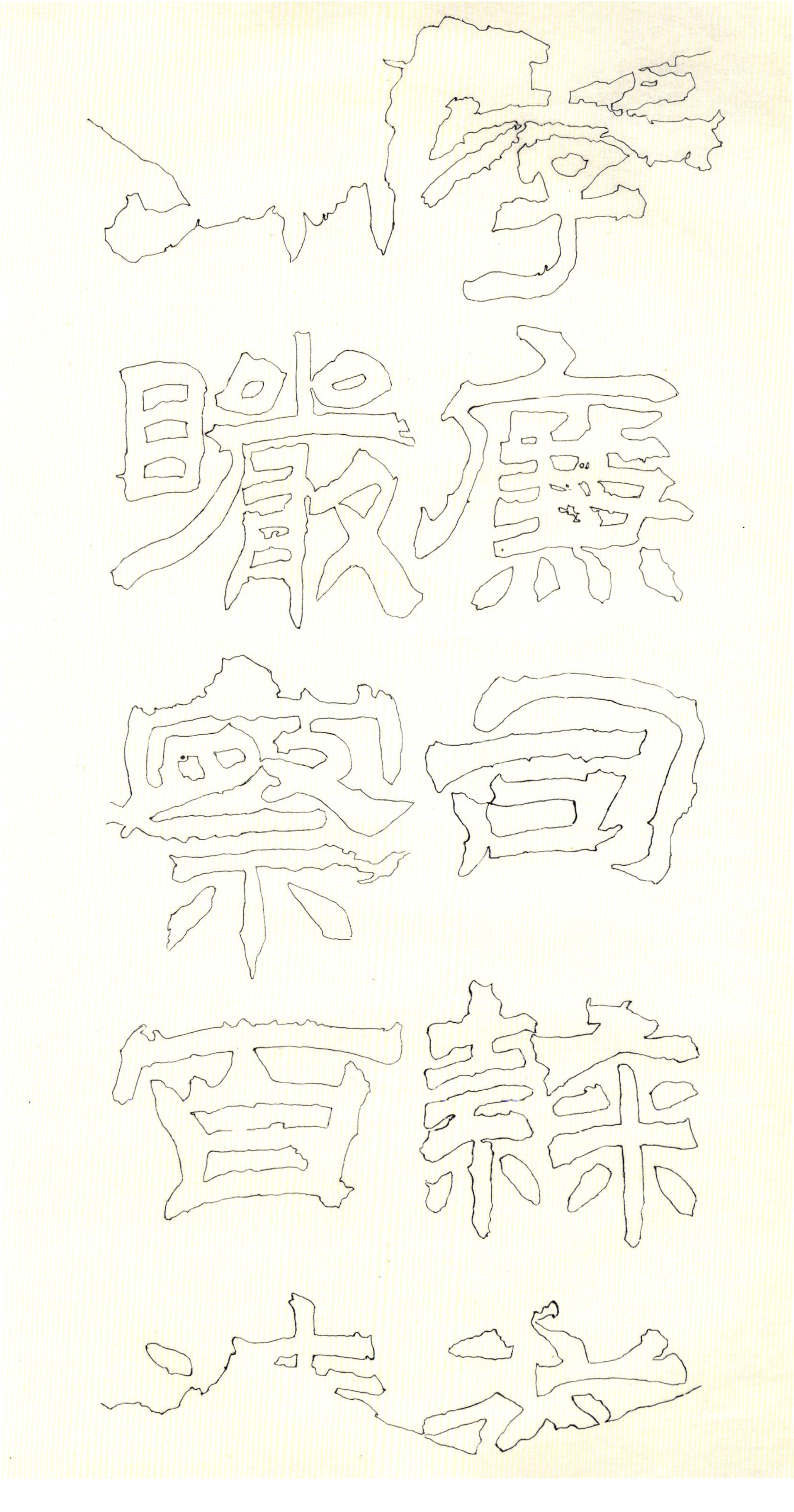

❷

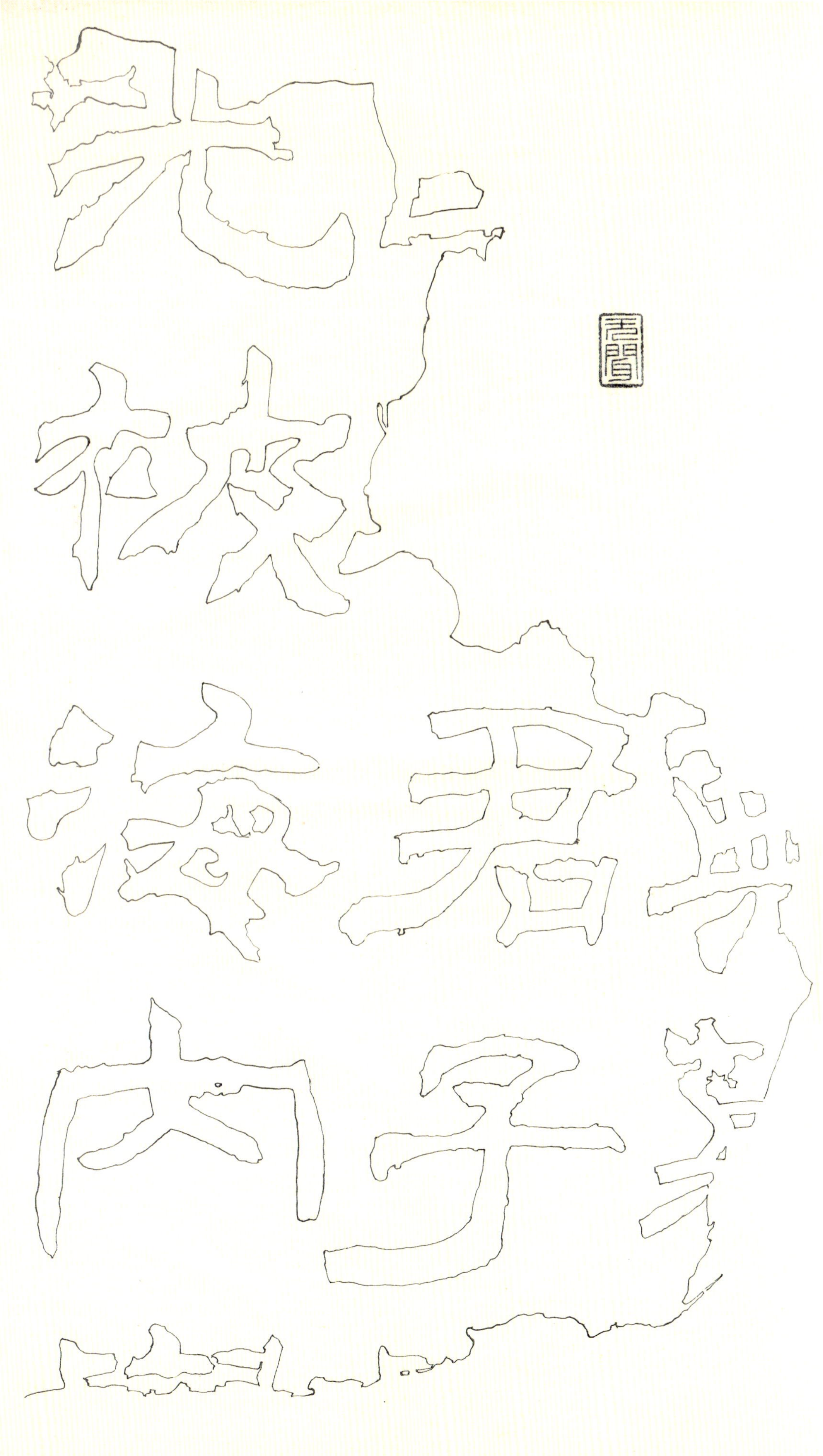

❶

二十世纪七十年代，徐无闻双钩《君子残石》。每半开纵二十六点八厘米，横十五厘米，徐无闻家藏

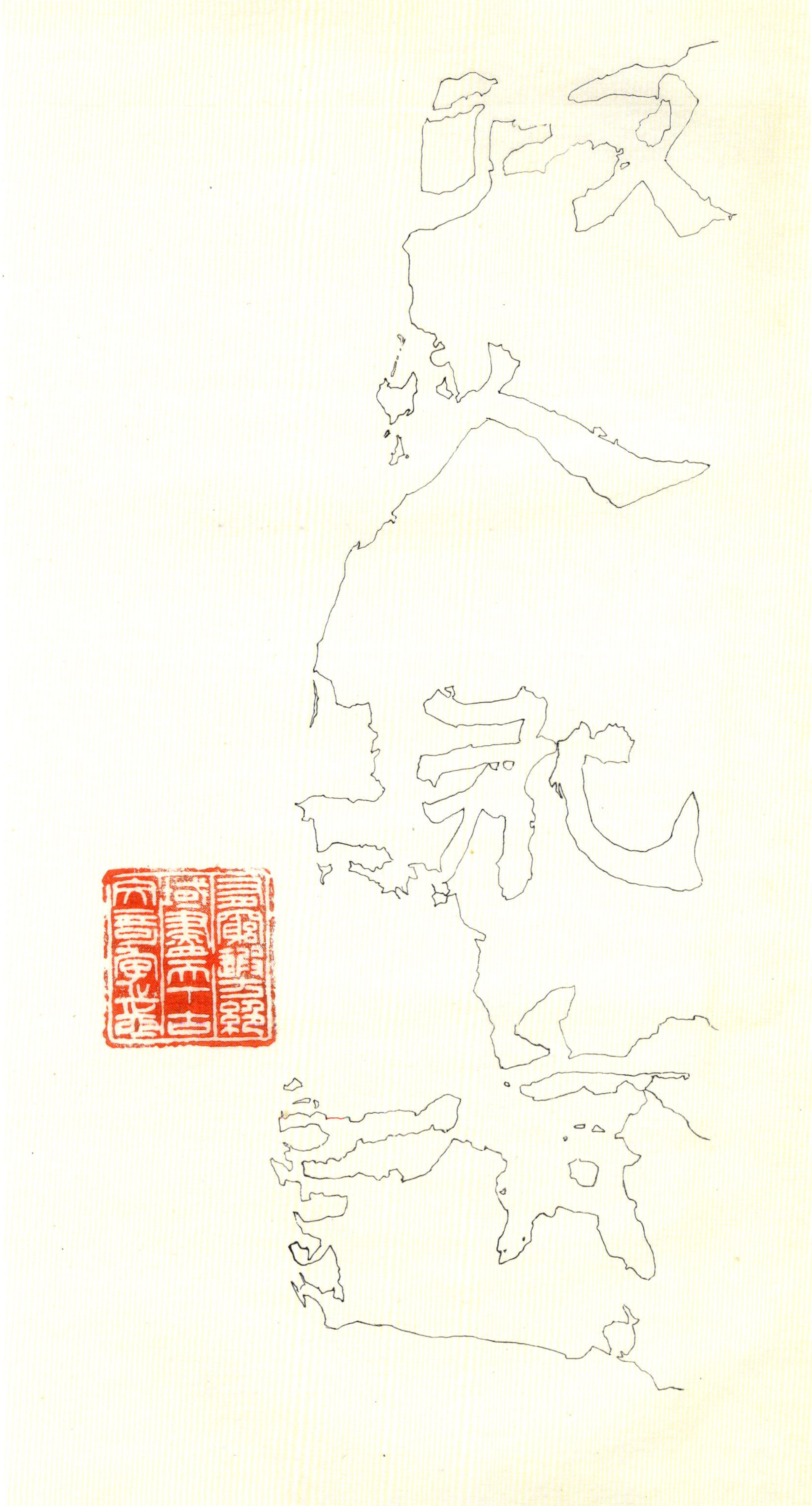

4

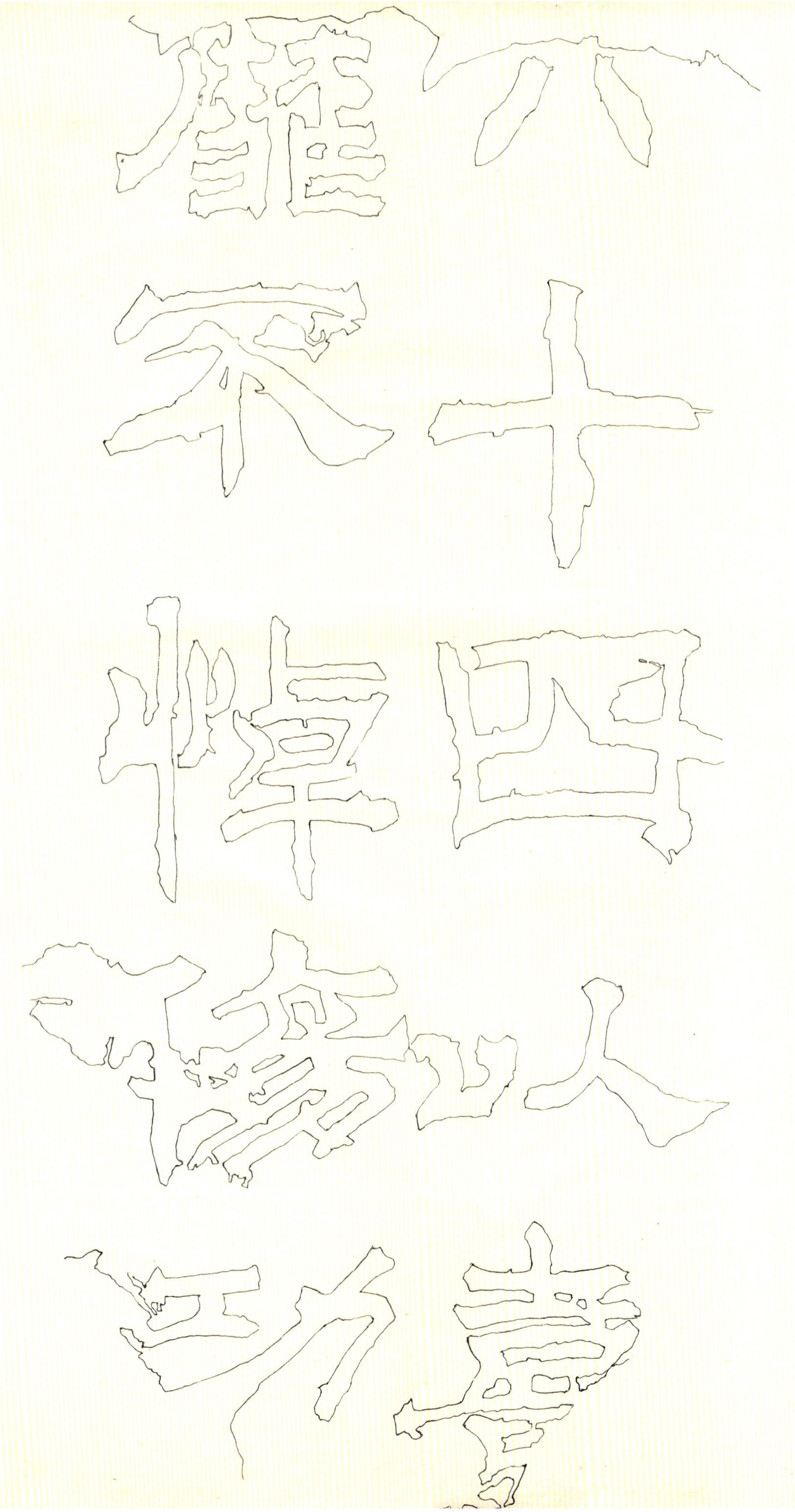

❸

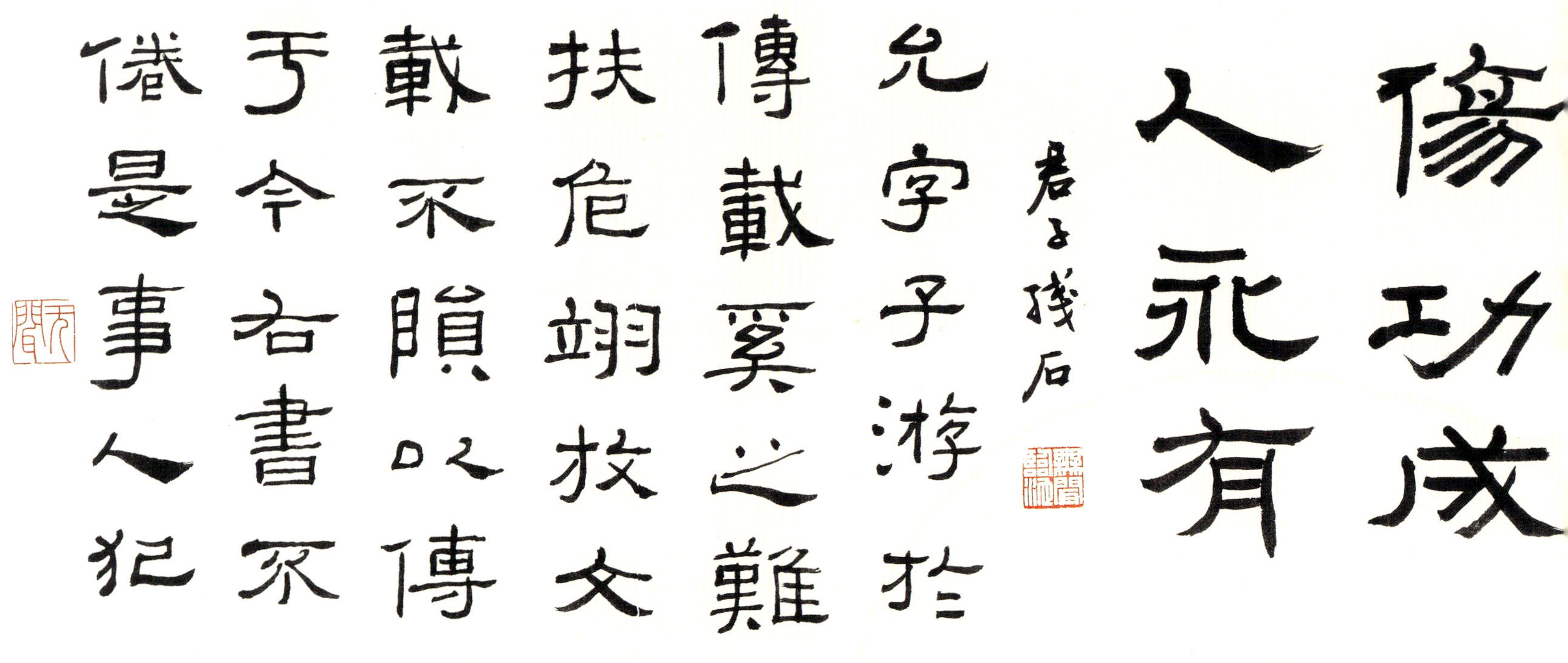

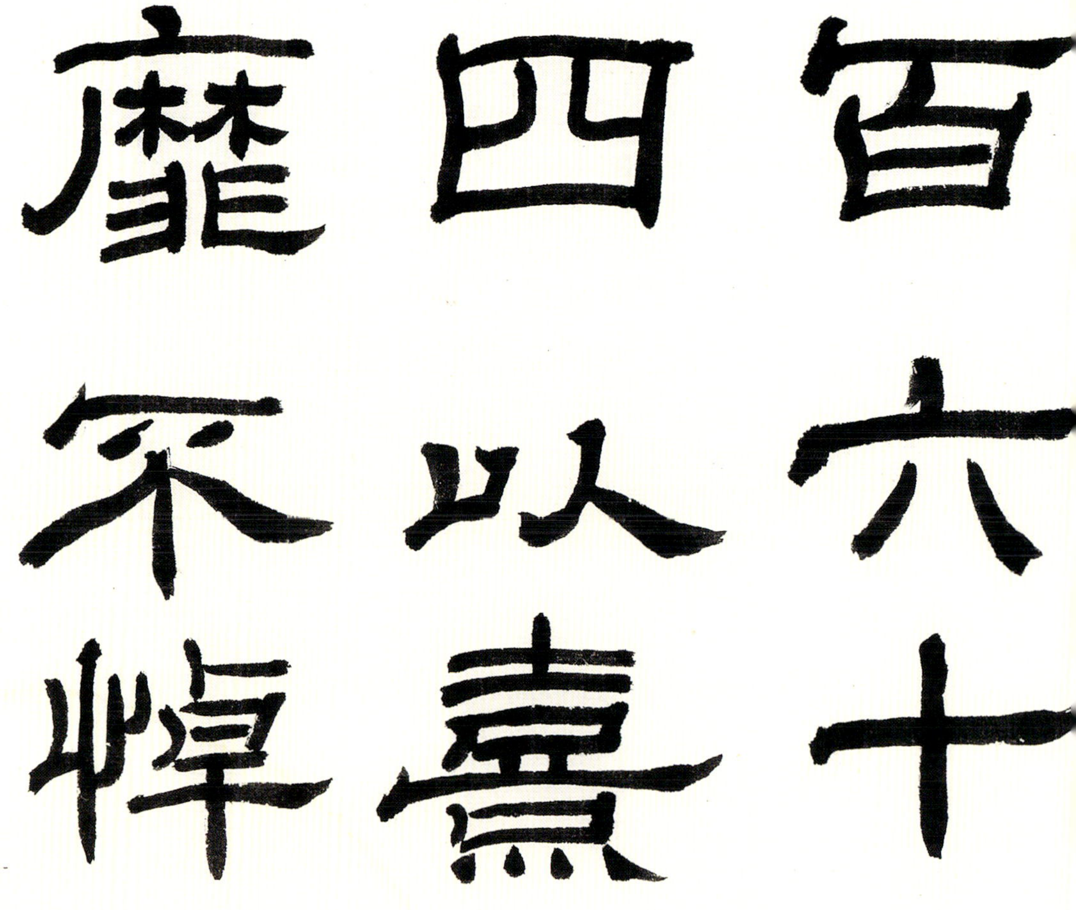

二十世纪九十年代，徐无闻临《君子残石》《子游残石》。纵二十一点五厘米，横一百零四点五厘米，徐无闻家藏

君子光被海内孝廉司隸職察百六十四以壽靡不悼

君子光被海内孝廉司隸職察

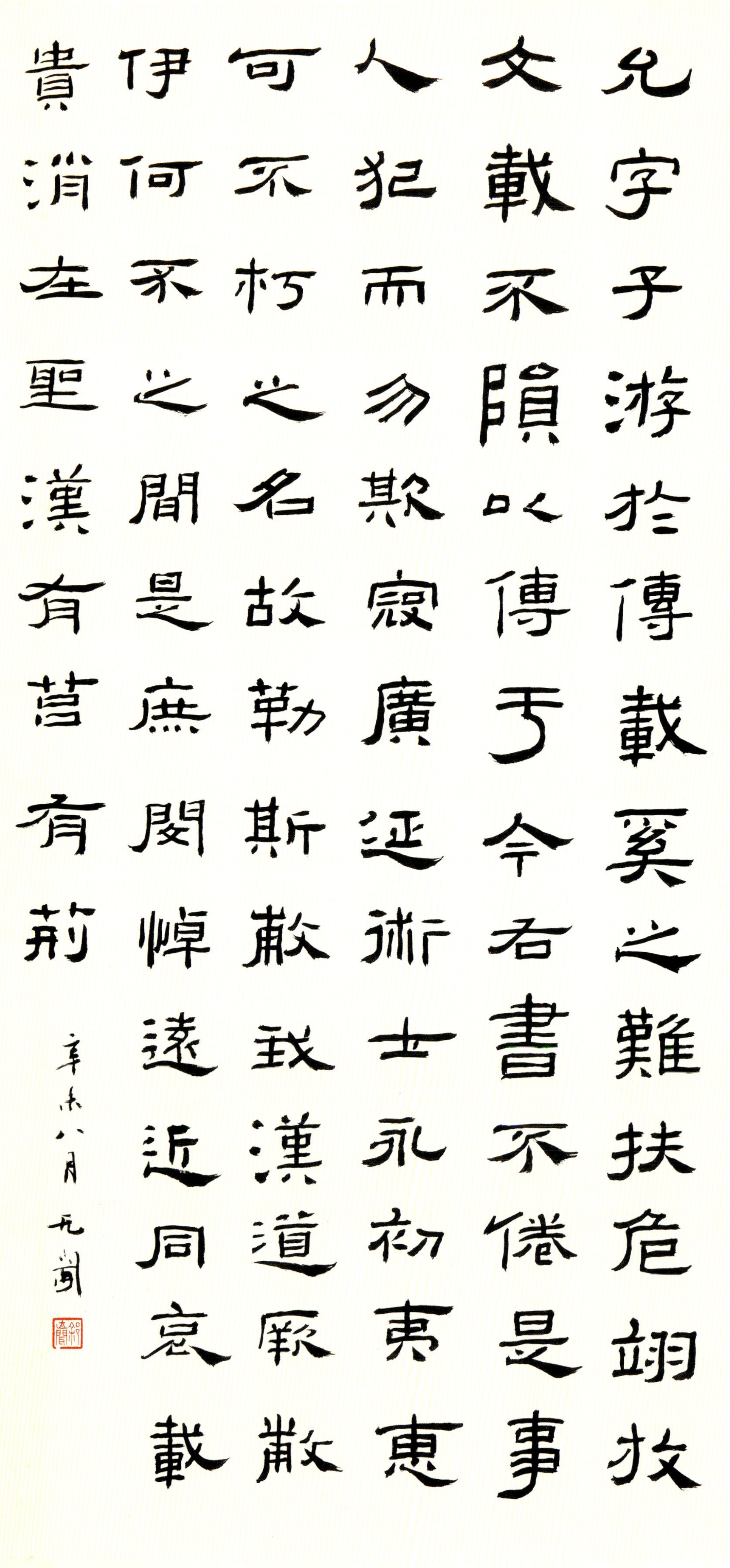

辛未（一九九一年）八月，徐无闻临《子游残石》。纵八十三厘米，横三十八厘米

晝寢乍興輖飢正甚忽蒙簡翰
猥賜盤飧當一葉報秋之初乃韭花
逞味之始助其肥羜實謂珍羞充腹
之餘銘肌載切謹修狀陳謝

德正先生正書

庚申中夏　无聞

庚申（一九八〇年）中夏，
徐无闻临杨凝式《韭花帖》。
纵六十八厘米，横三十二厘米

之餘銘肌 載切 謹脩狀陳
謝伏惟 鑒察謹狀
七月十一日 凝式 狀

❷

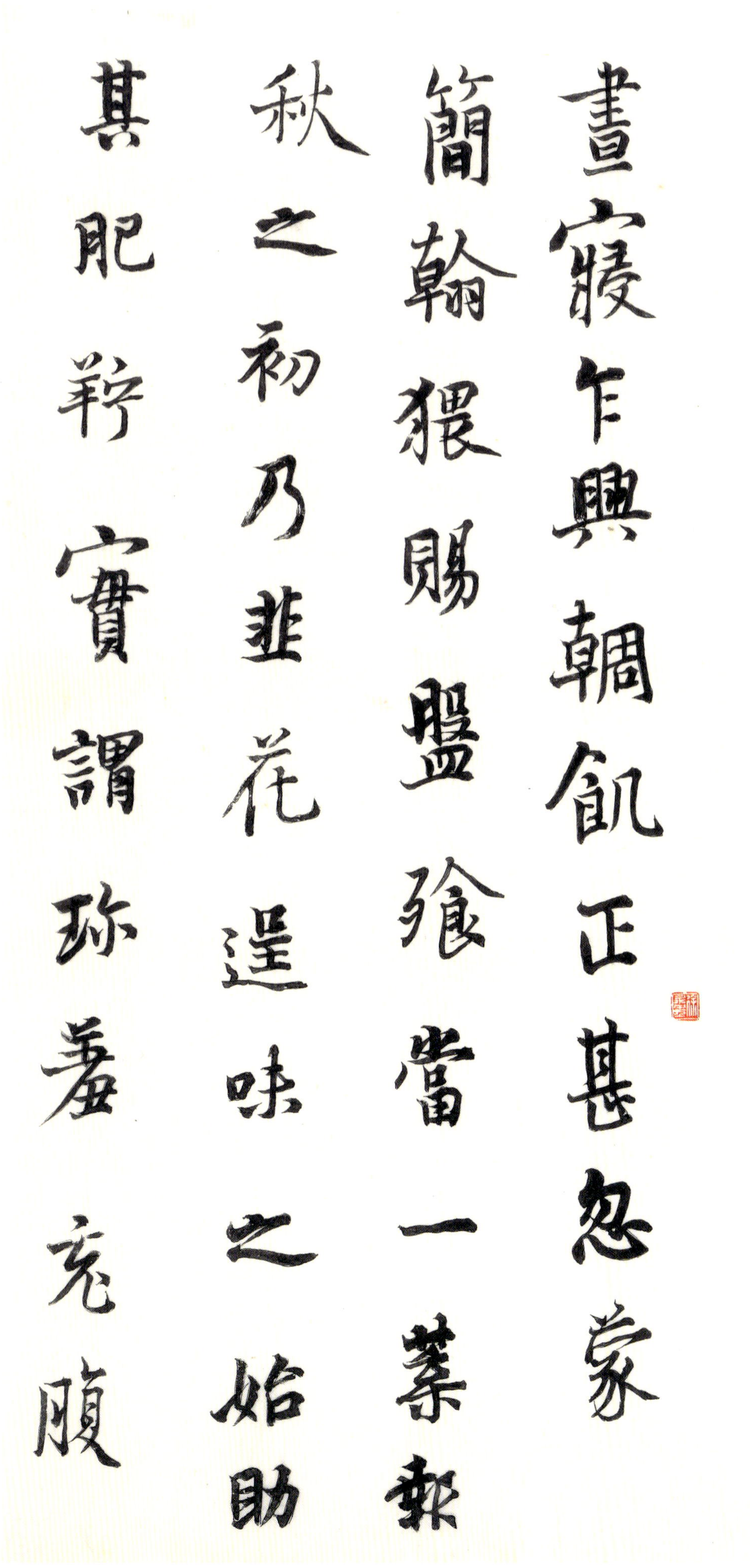

❶

二十世纪七十年代，徐无闻摹杨凝式《韭花帖》。每半开纵二十六点五厘米，横十五厘米，徐无闻家藏

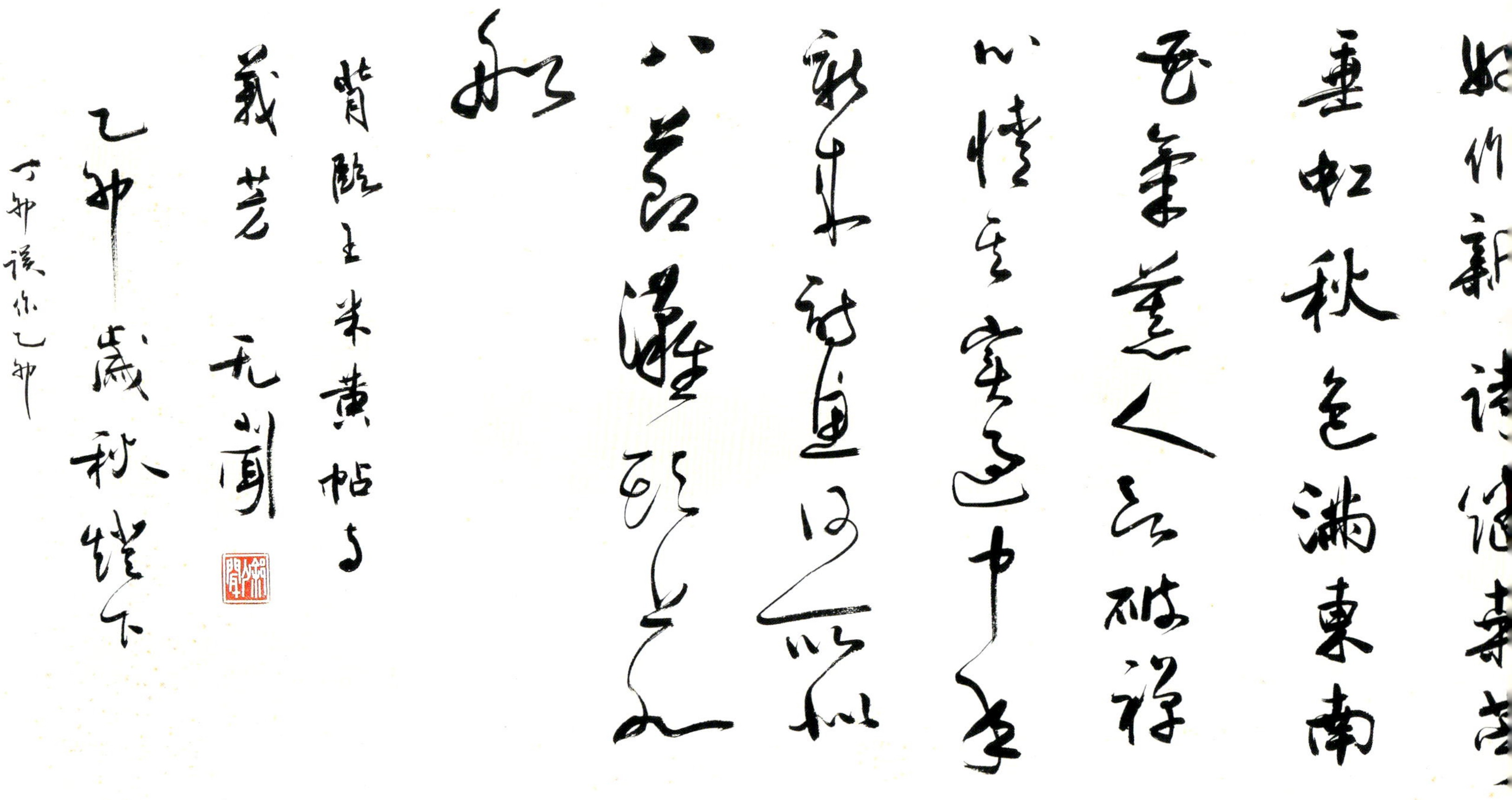

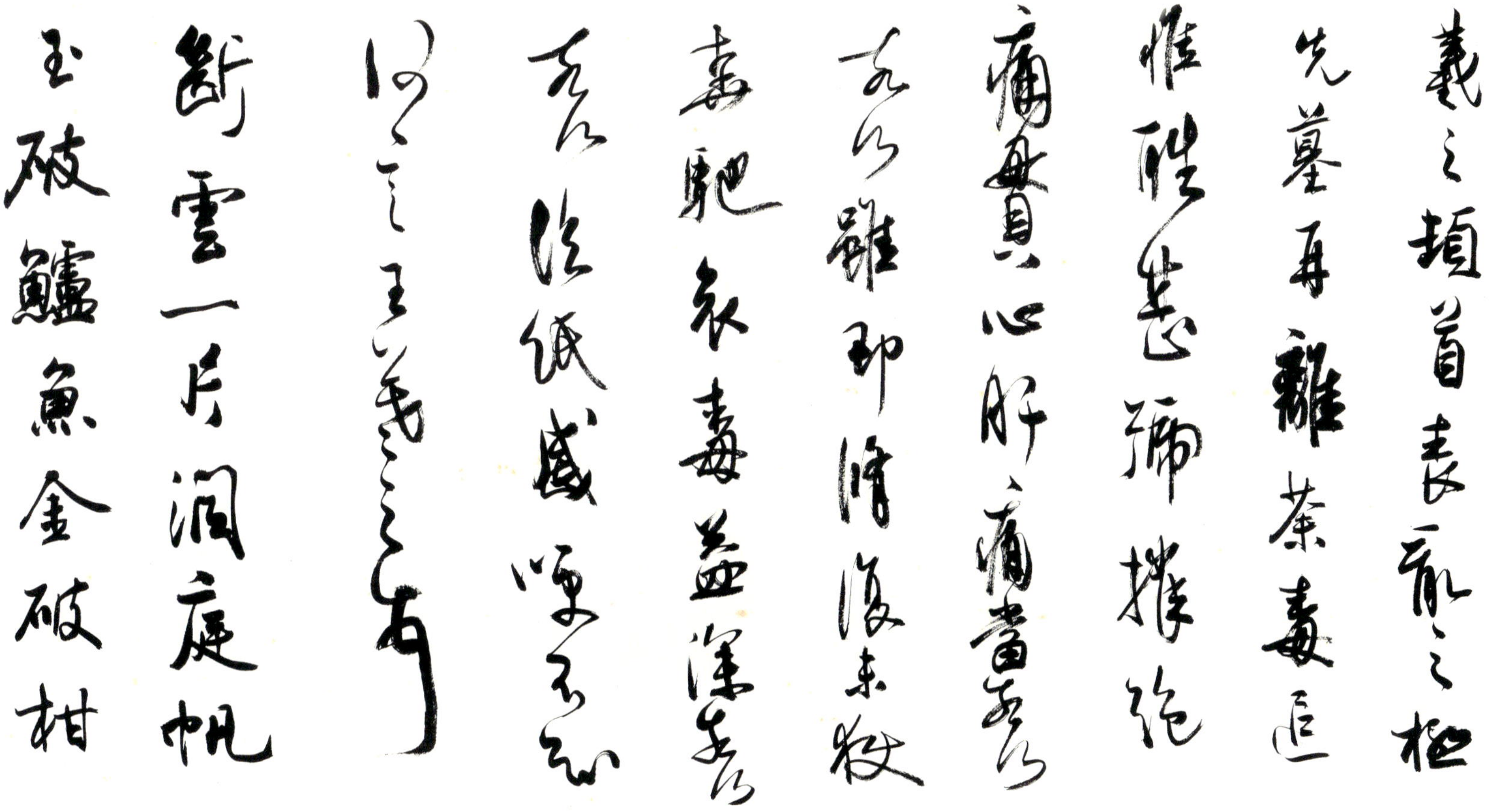

丁卯（一九八七年）岁秋，徐无闻背临王羲之、米芾、黄庭坚书。纵三十三厘米，横一百三十八厘米

人犁手廿舊屋
功費六十萬重
勞人功吏正患
苦顧以家錢義

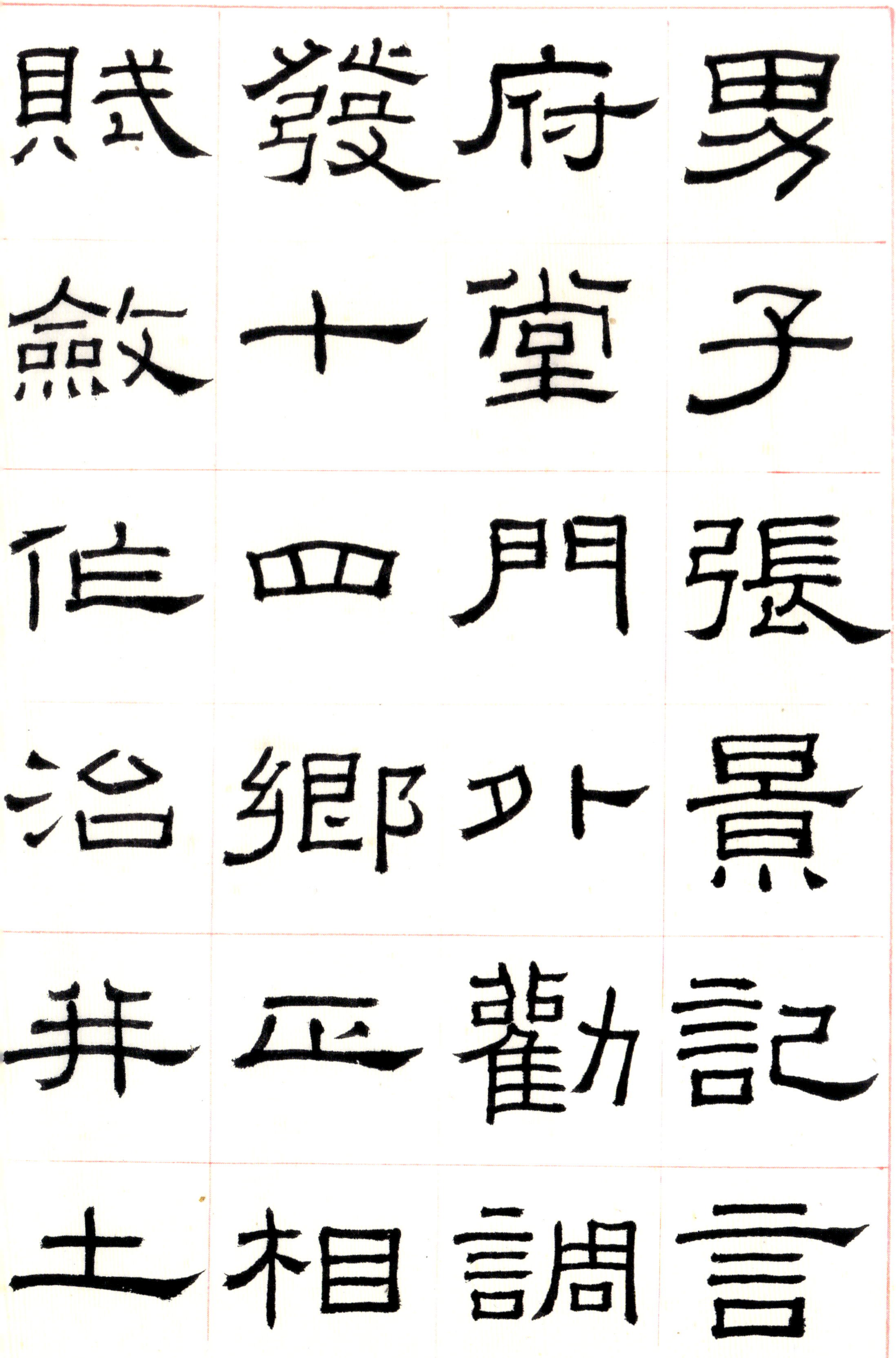

一九八八年一月十六日，徐无闻临《张景碑》。每半开纵三十四厘米，横四十七厘米，徐无闻家藏

發小縣當如景
言施行復除傳
後子孫明檢匠
所位務令嚴事

作土牛上瓦屋
欄楯什物歲歲
作治乞不爲縣
吏列長伍長徵

丙戌宛令右丞
慴告追皷賊曹
掾石梁寫移遣

張景殘碑一九五八年南陽出土漢隸之精
者在史晨曹全諸碑上 一九八八年一月十六日鈍下

畢成言會廿府
君教大守丞印
延熹二年八月
十七日甲申起

府君敦大宗
六月十九日丙戊
遺景作治五爲民
畢成言會月廿五
府吉宛言粤
民屋以省賦斂它

朱拓《张景碑》。纵一百三十六厘米，横七十厘米

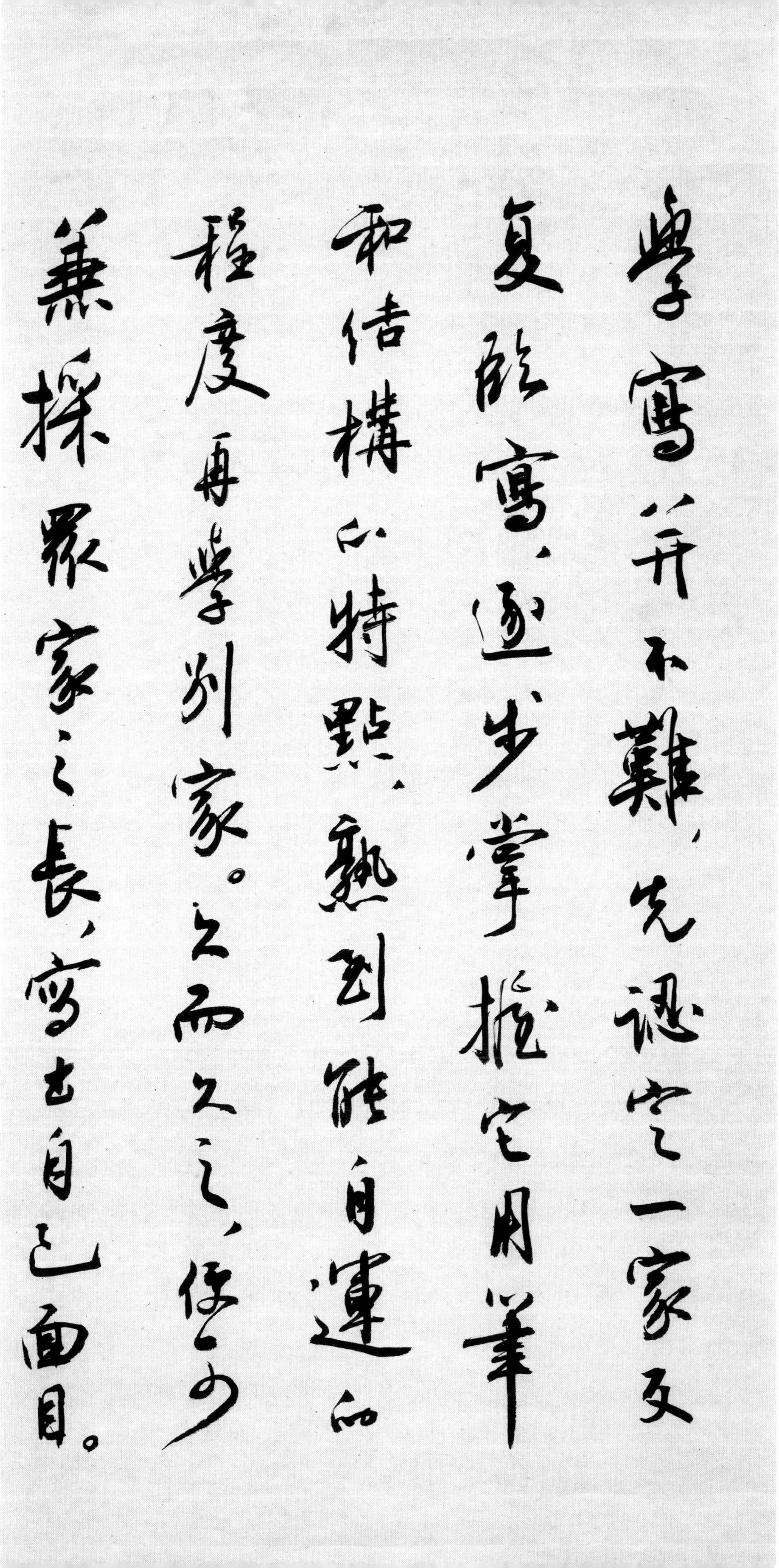

二十世纪八十年代，徐无闻为徐定书学书格言。纵五十三厘米，横二十六厘米，徐无闻家藏

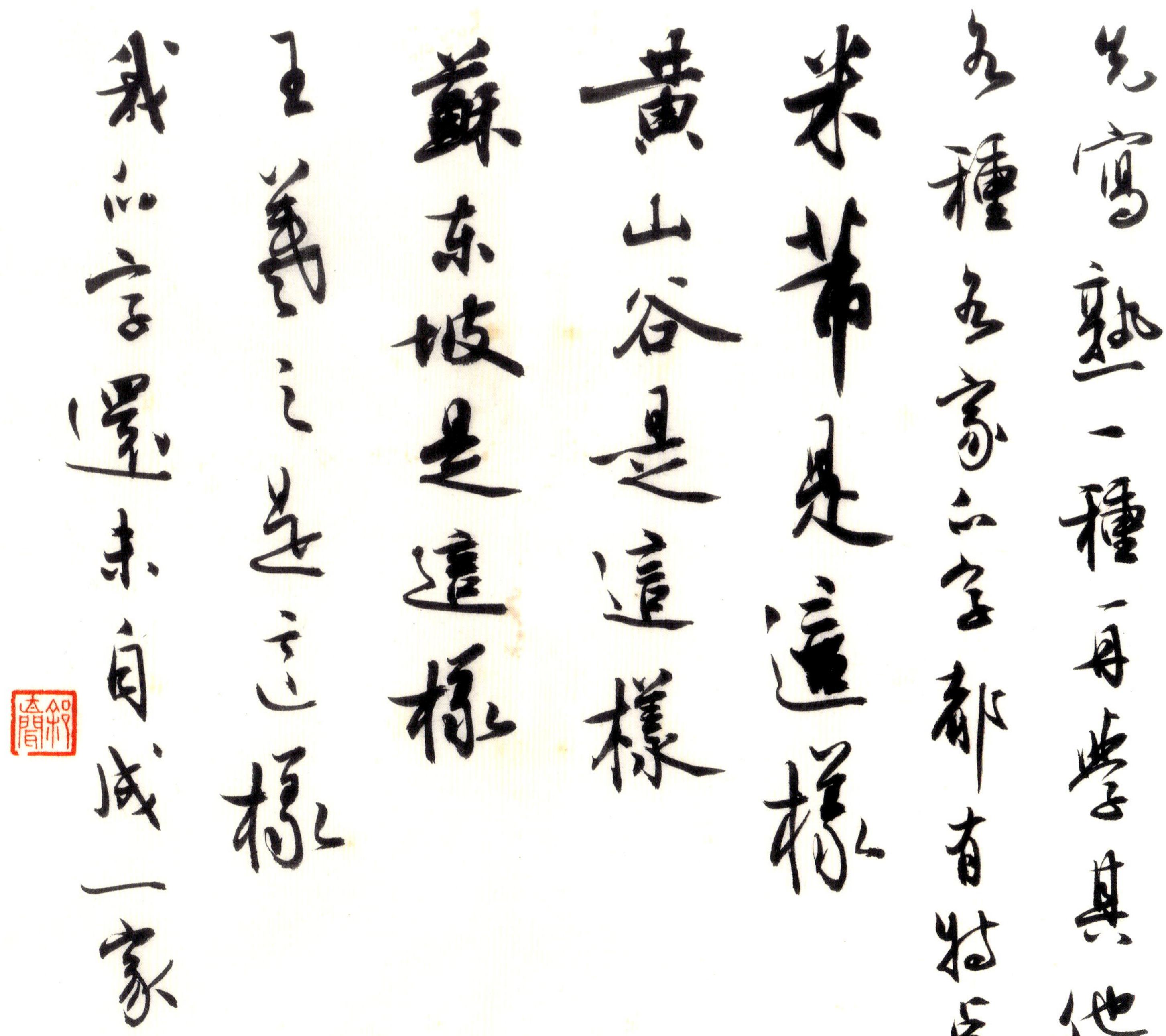

二十世纪八十年代，徐无闻为徐定书临帖要诀。纵二十七厘米，横三十三厘米，徐无闻家藏

王羲之行書聖教序生行書最好以氾本反覆臨寫數十遍必有進步必須經常看經常練才能逐漸悟出一些道理若不用心體會只是依樣葫蘆終于無成

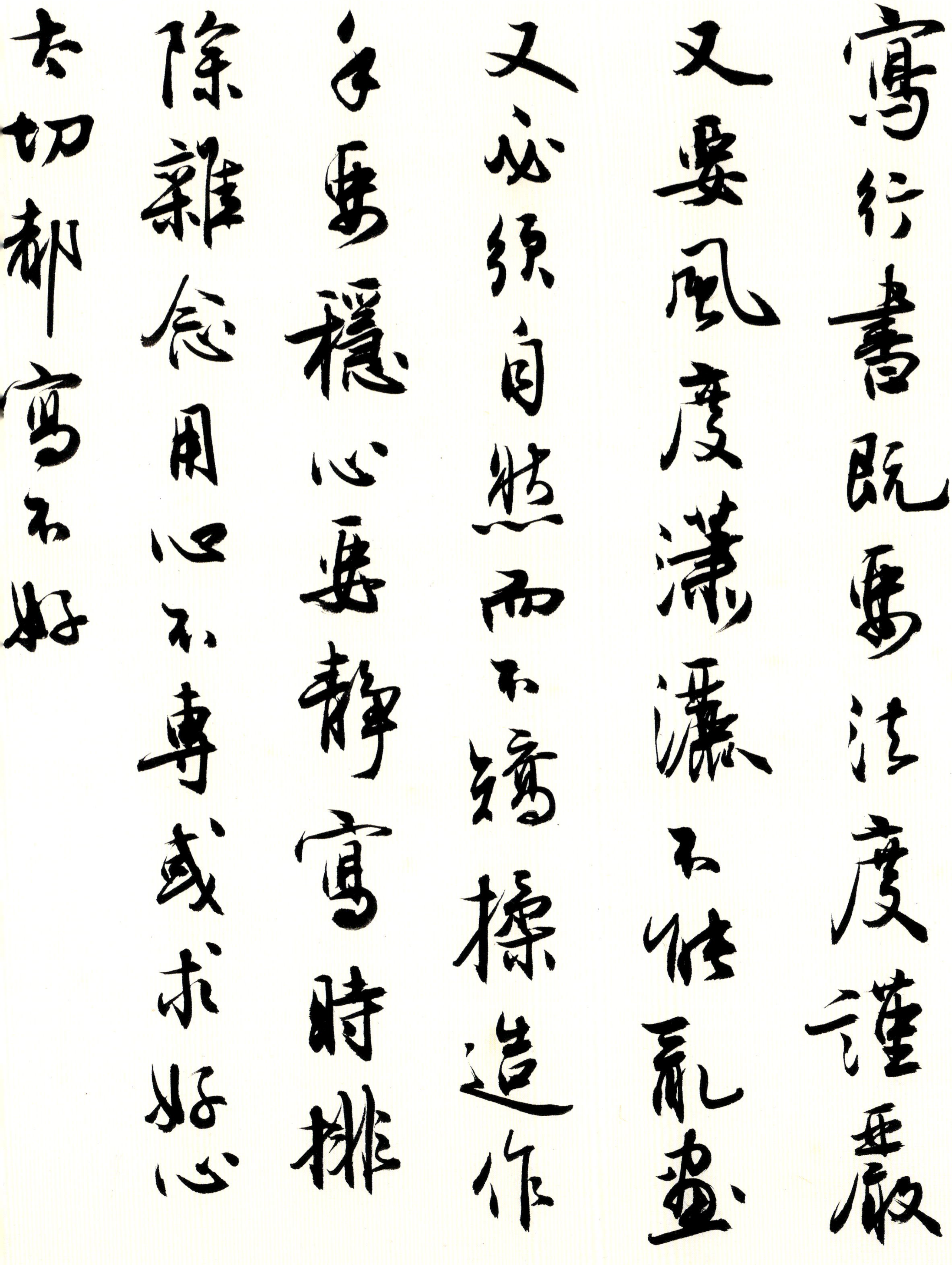

二十世纪八十年代，徐无闻为徐定书习字津梁。纵三十四厘米，横五十五厘米，徐无闻家藏

云領軍疾後問
憂懸不能從東忘之
故自逐取情息氣之
報類有氣竭然推

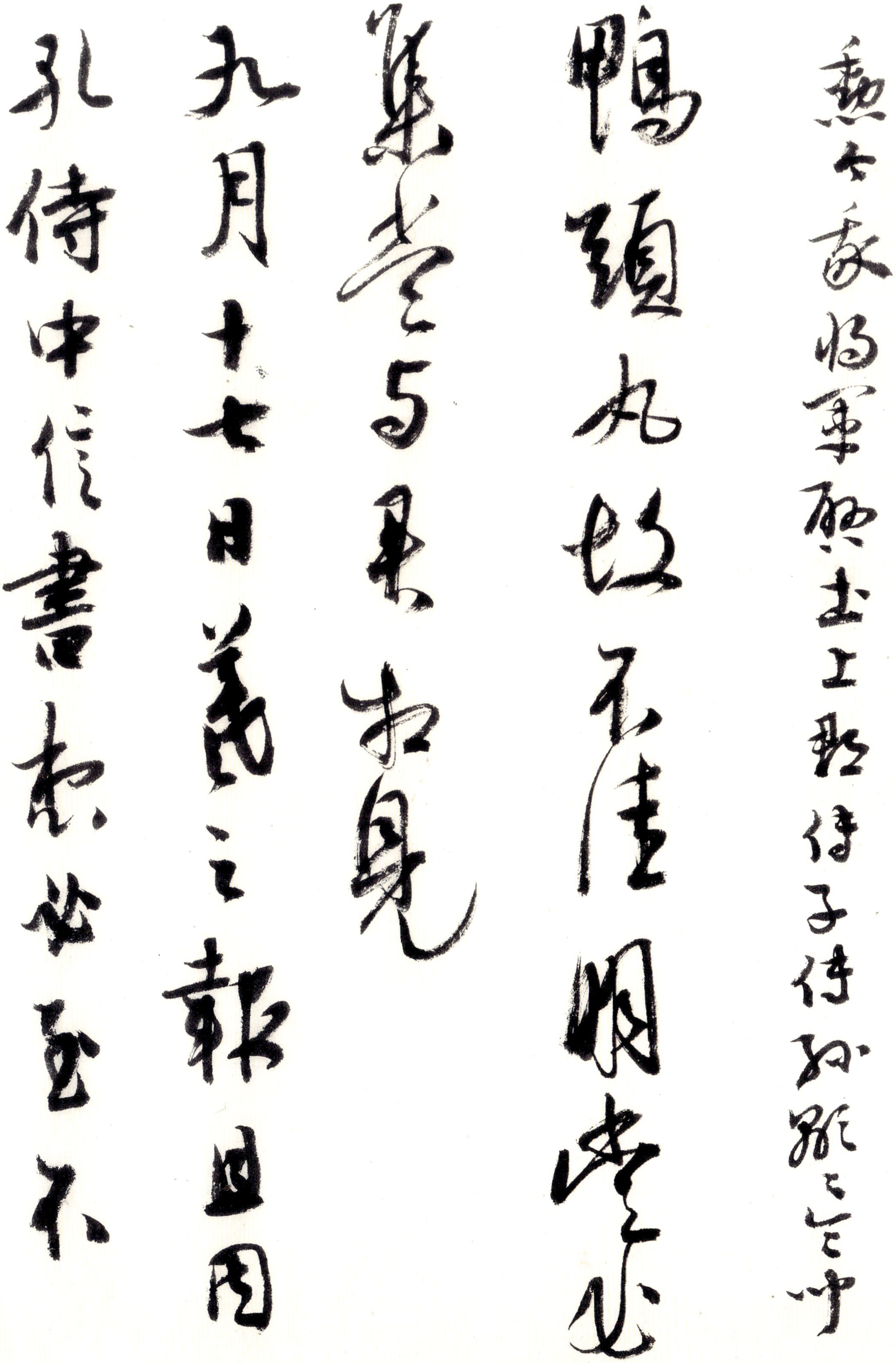

二十世纪八十年代，徐无闻临王羲之、王献之书。每半开纵三十点八厘米，横二十一点八厘米，徐无闻家藏

羲之白不審尊體比復
何如遲復奉告羲之中
冷無賴尋復白羲之白
奉橘三百枚霜未降
未可多得

切割不能自勝奈何
奈何省慰增感
羲之頓首快雪時晴佳想
安善未果為結力不次王
羲之頓首　山陰張侯

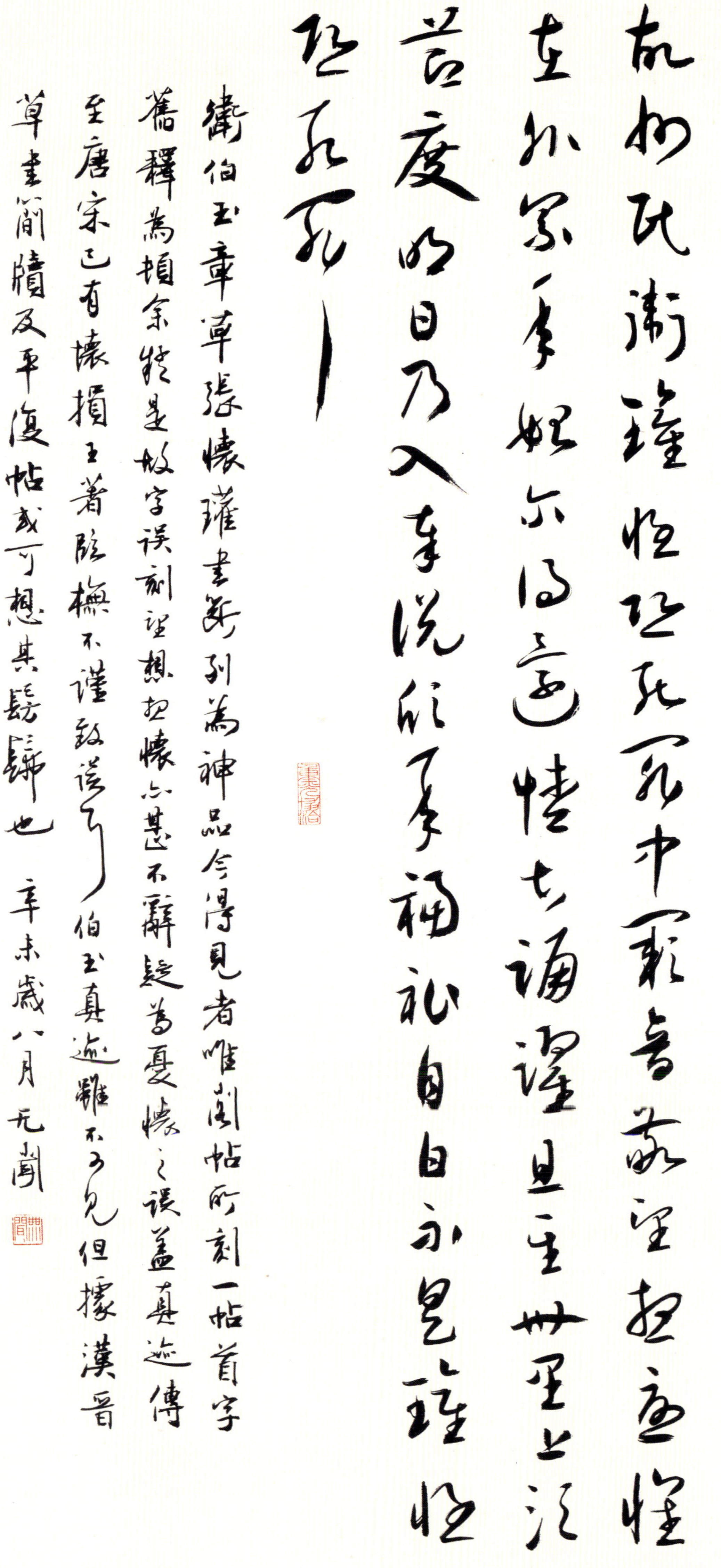

辛未（一九九一年）岁八月，徐无闻临《淳化阁帖》之卫瓘书。纵二百厘米，横六十厘米，徐无闻家藏

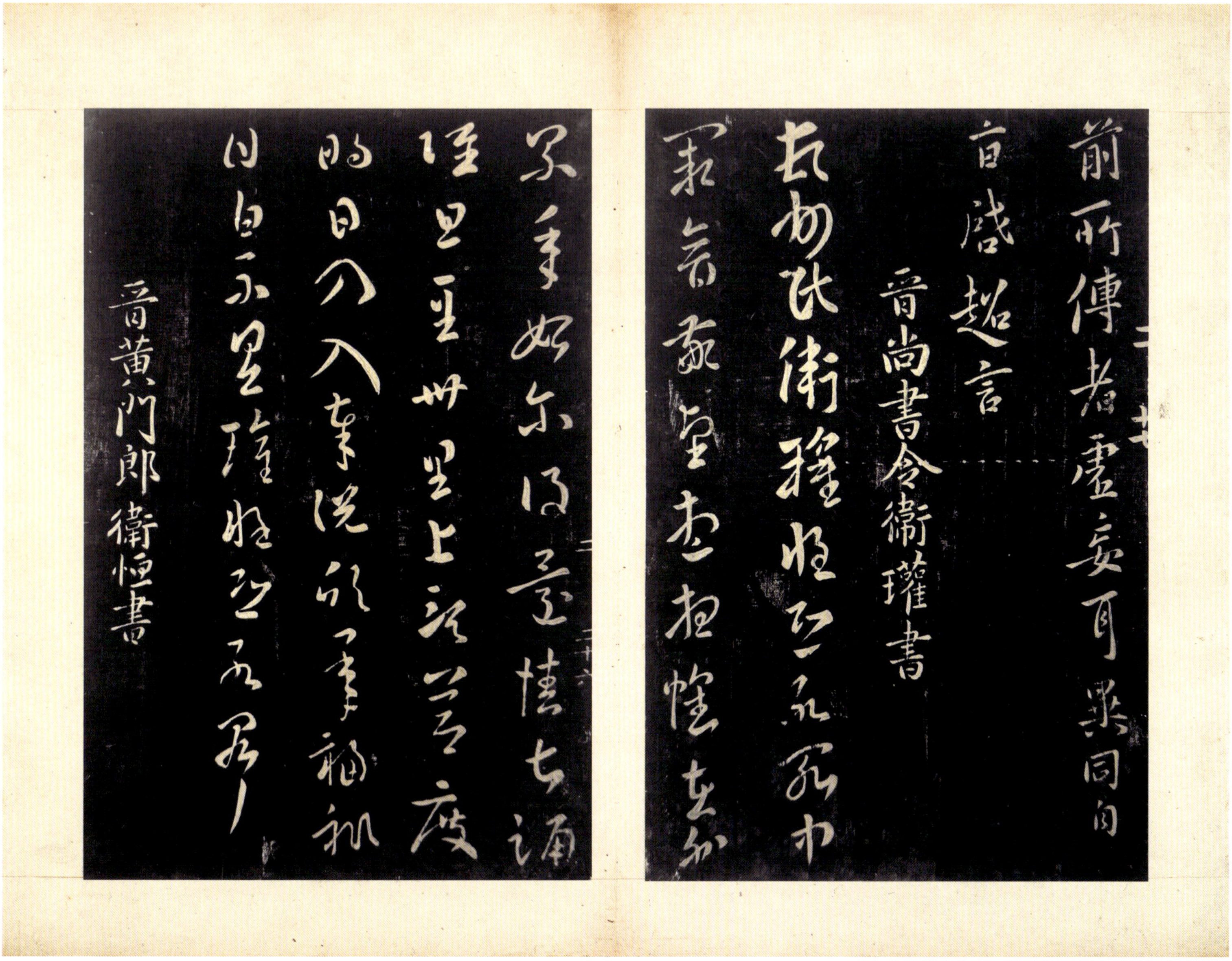

初拓肃府本《淳化阁帖》之卫瓘书。每半开帖芯纵二十四点八厘米，横十六点五厘米

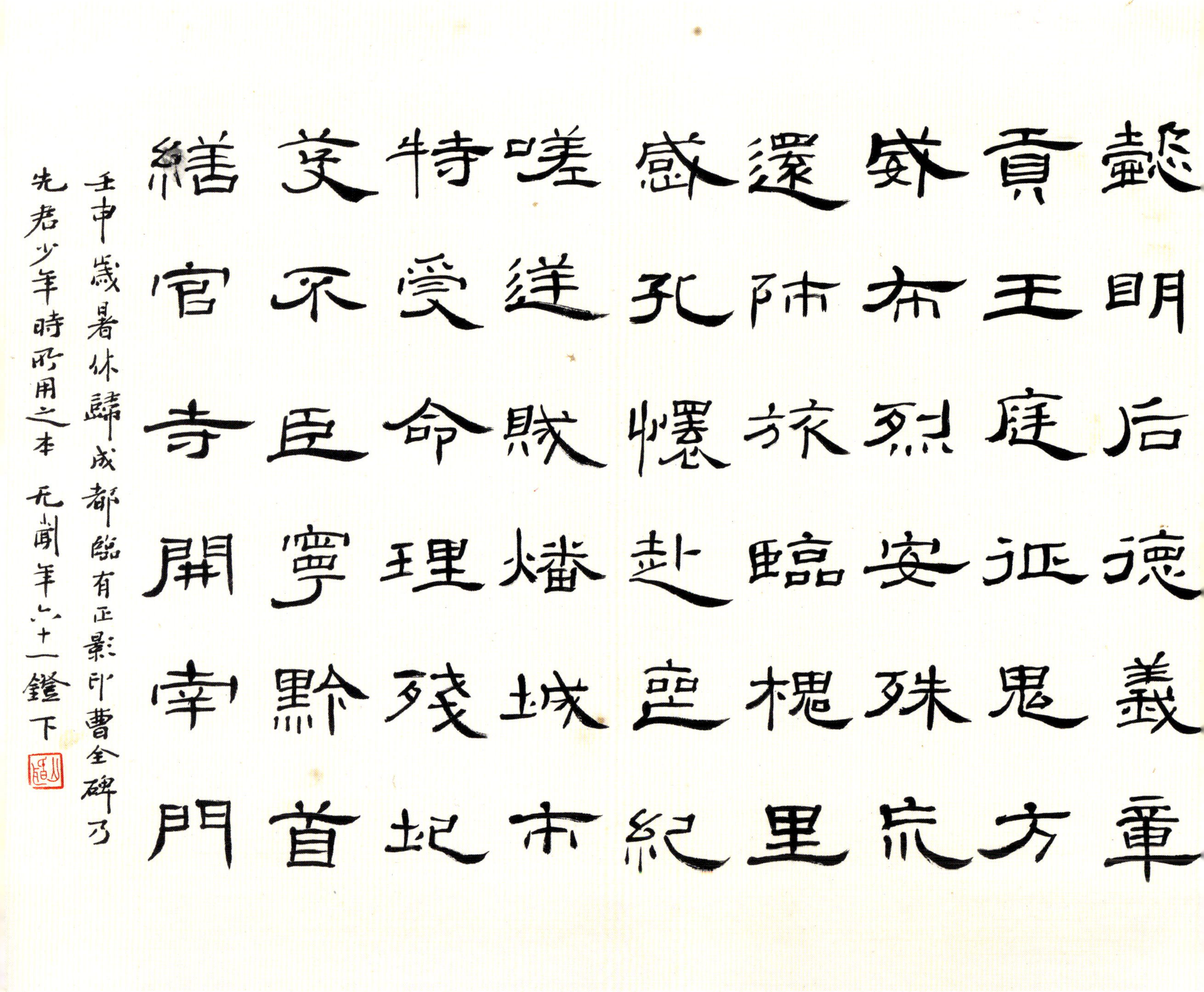

壬申（一九九二年）岁暑，徐无闻临《曹全碑》。纵三十一点八厘米，横四十三点八厘米

录古　妙手偶得之

二十世纪四十年代，启功书唐宋诗。纵十八厘米，横四十九厘米，启功家藏

水滿四澤夏

月揚清暉

九八零年秋日書

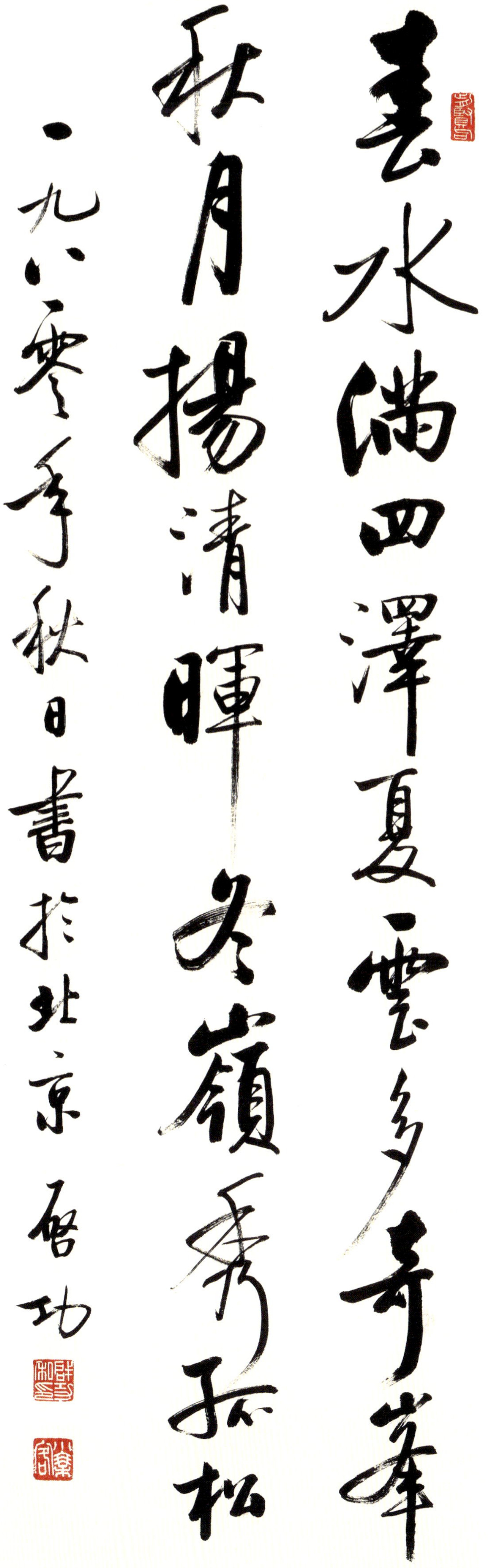

一九八〇年秋日，启功书陶潜《四时》。纵九十九厘米，横三十二厘米，启功家藏

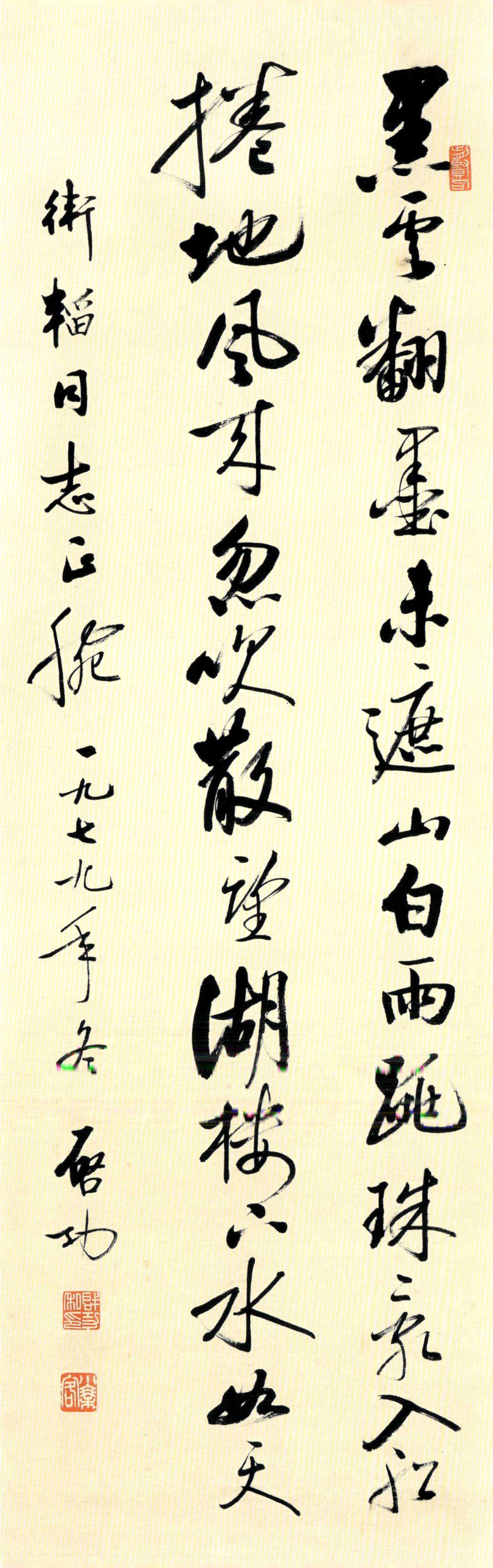

一九七九年冬，启功书苏轼《六月二十七日望湖楼醉书》。纵一百厘米，横三十三厘米

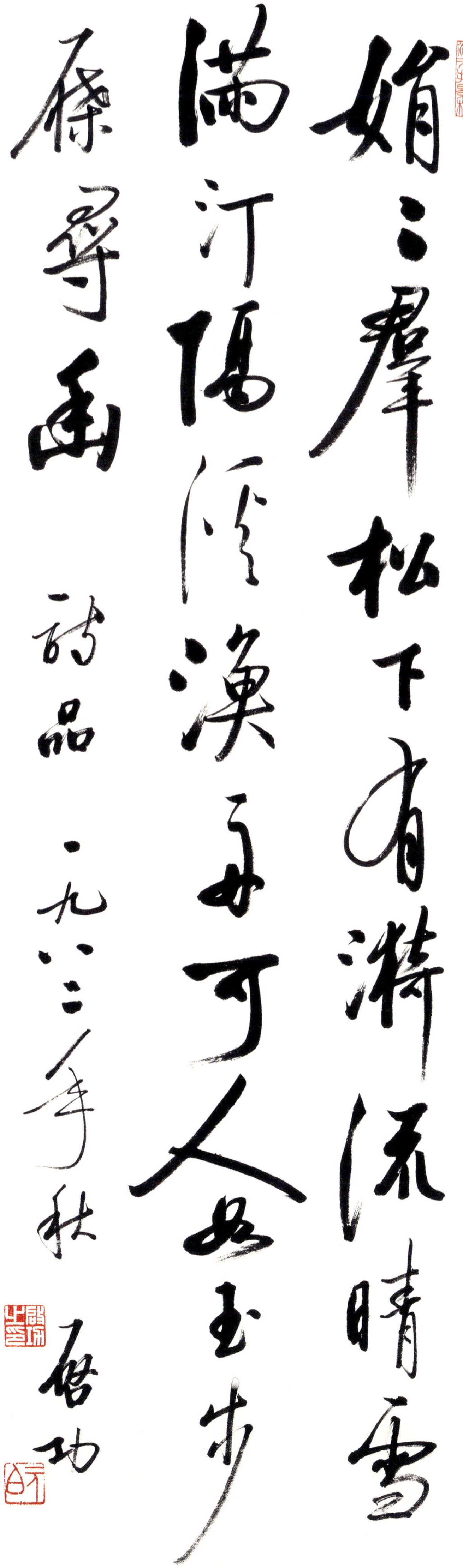

一九八二年秋，启功书司空图《二十四诗品》。纵一百零三点八厘米，横三十四厘米，启功家藏

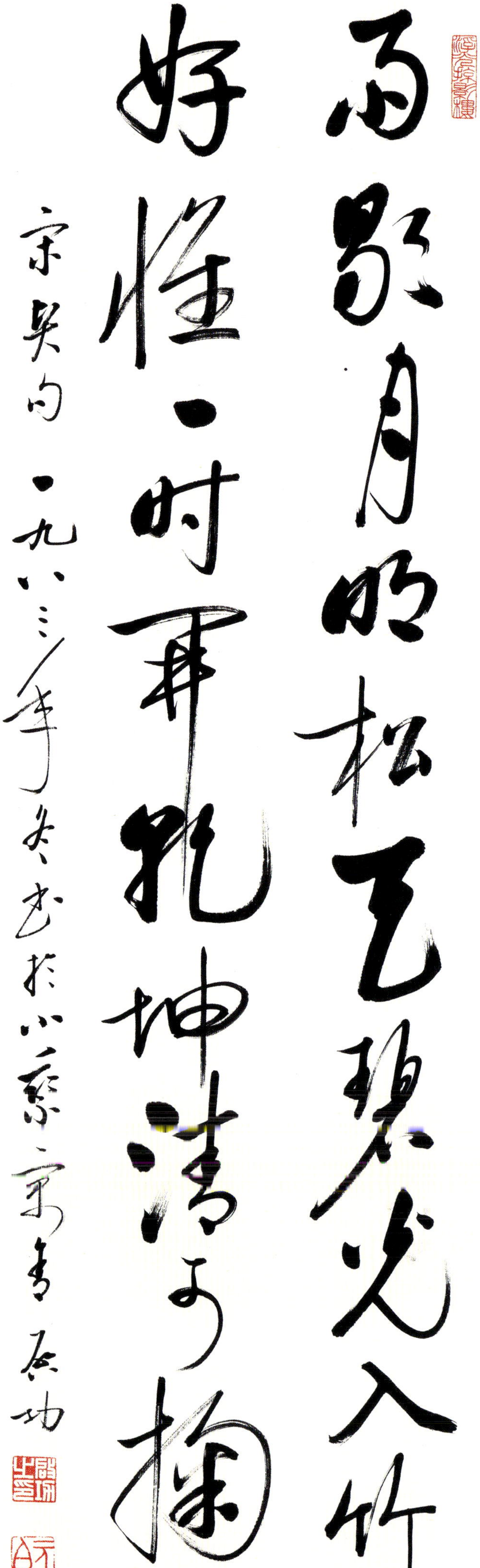

一九八三年冬，启功书谢枋得《和李白浔阳紫极宫感秋》。纵一百零一点五厘米，横三十四点五厘米，启功家藏

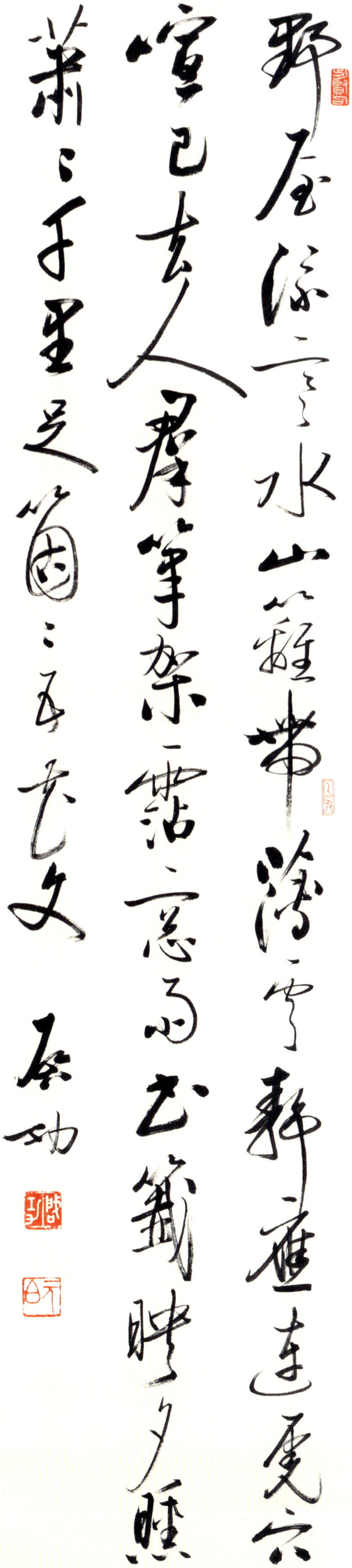

乙丑（一九八五年），启功书杜甫《题柏大兄弟山居屋壁》。纵一百三十厘米，横三十二厘米，启功家藏

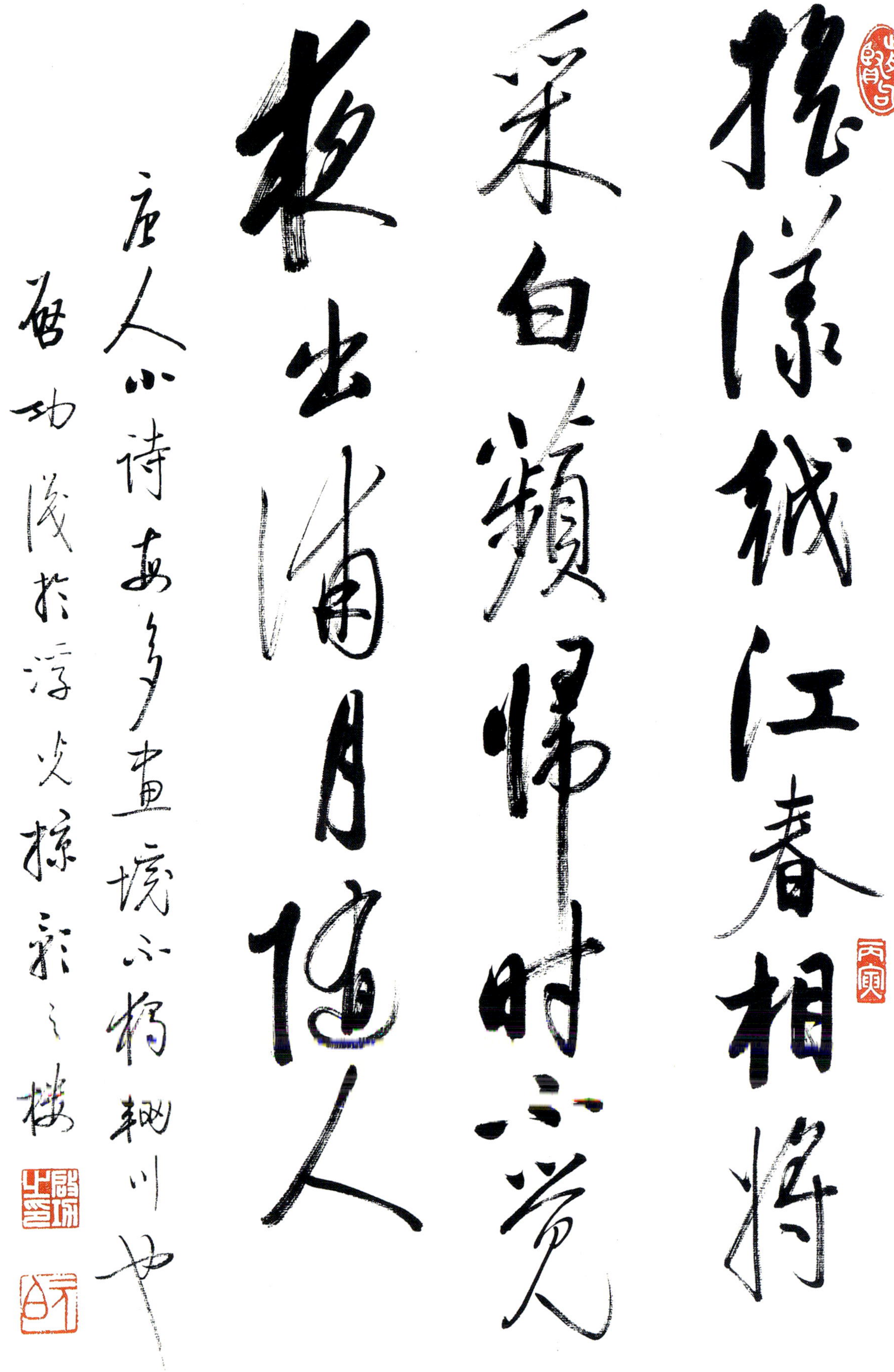

丙寅（一九八六年），启功书王涯《杂曲歌辞　春江曲》。纵六十六点五厘米，横四十二点五厘米

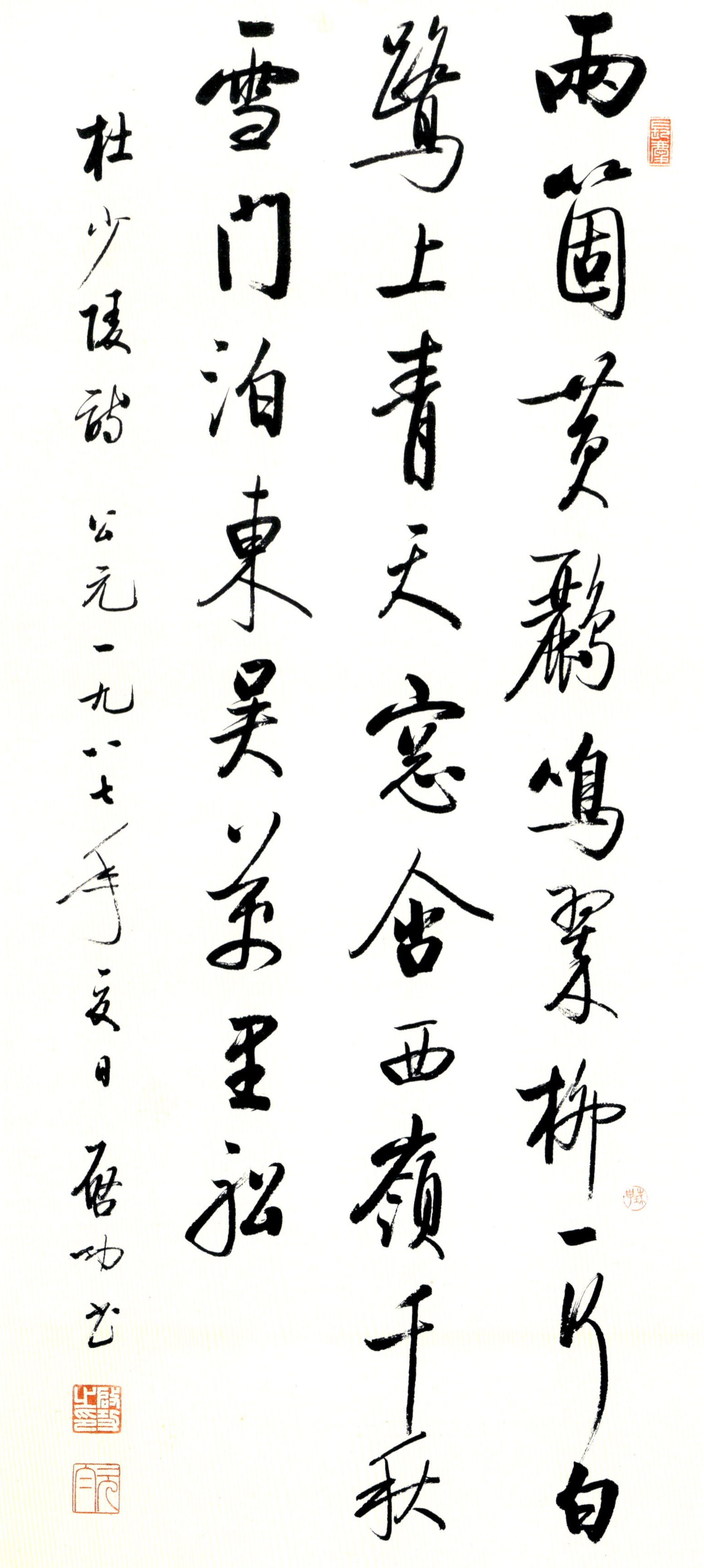

一九八七年夏日，启功书杜甫《绝句》。纵一百三十四厘米，横五十九厘米

去閒相看兩不厭只有敬亭山

唐人絕句二首 一九八八年書

啓功書於首都

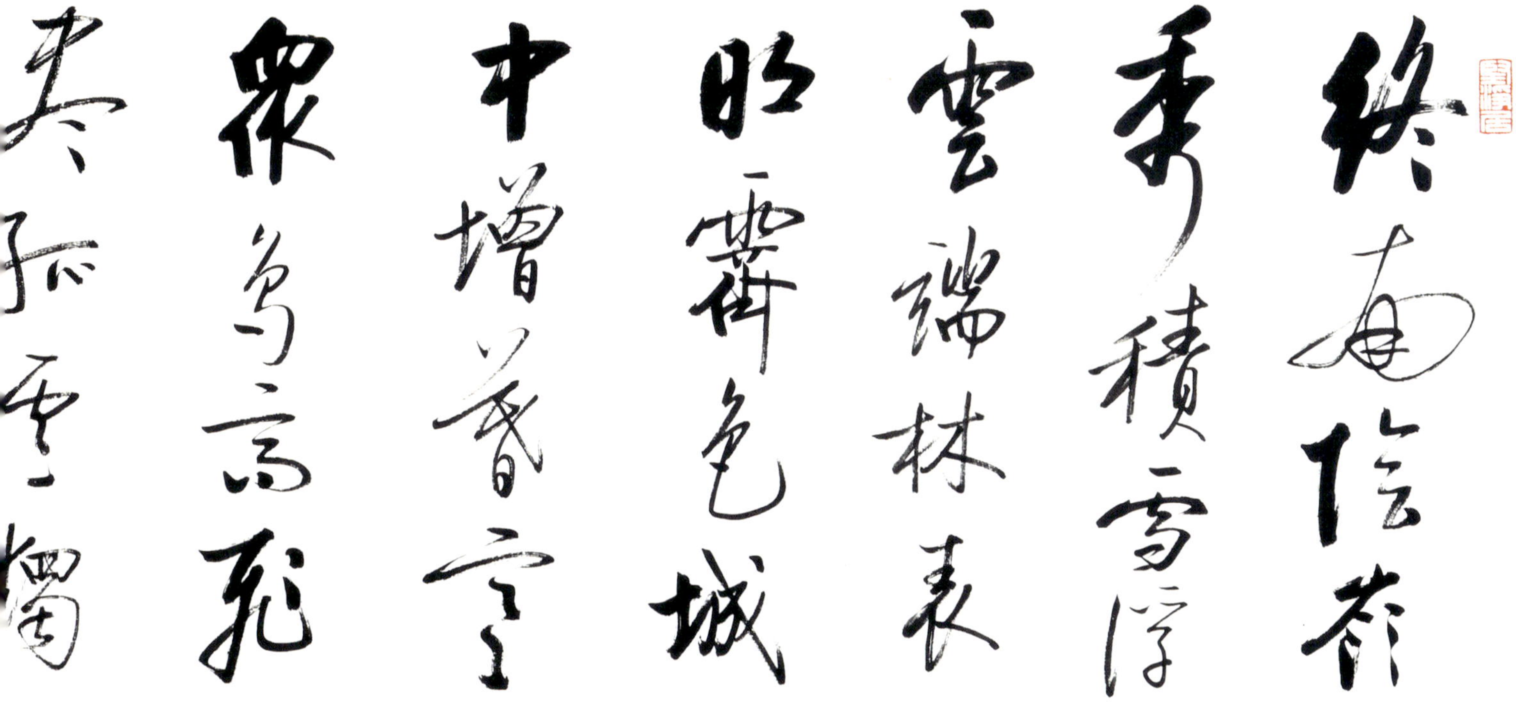

一九八八年春，启功书祖咏、李白五言诗。纵四十五点五厘米，横一百六十三点五厘米

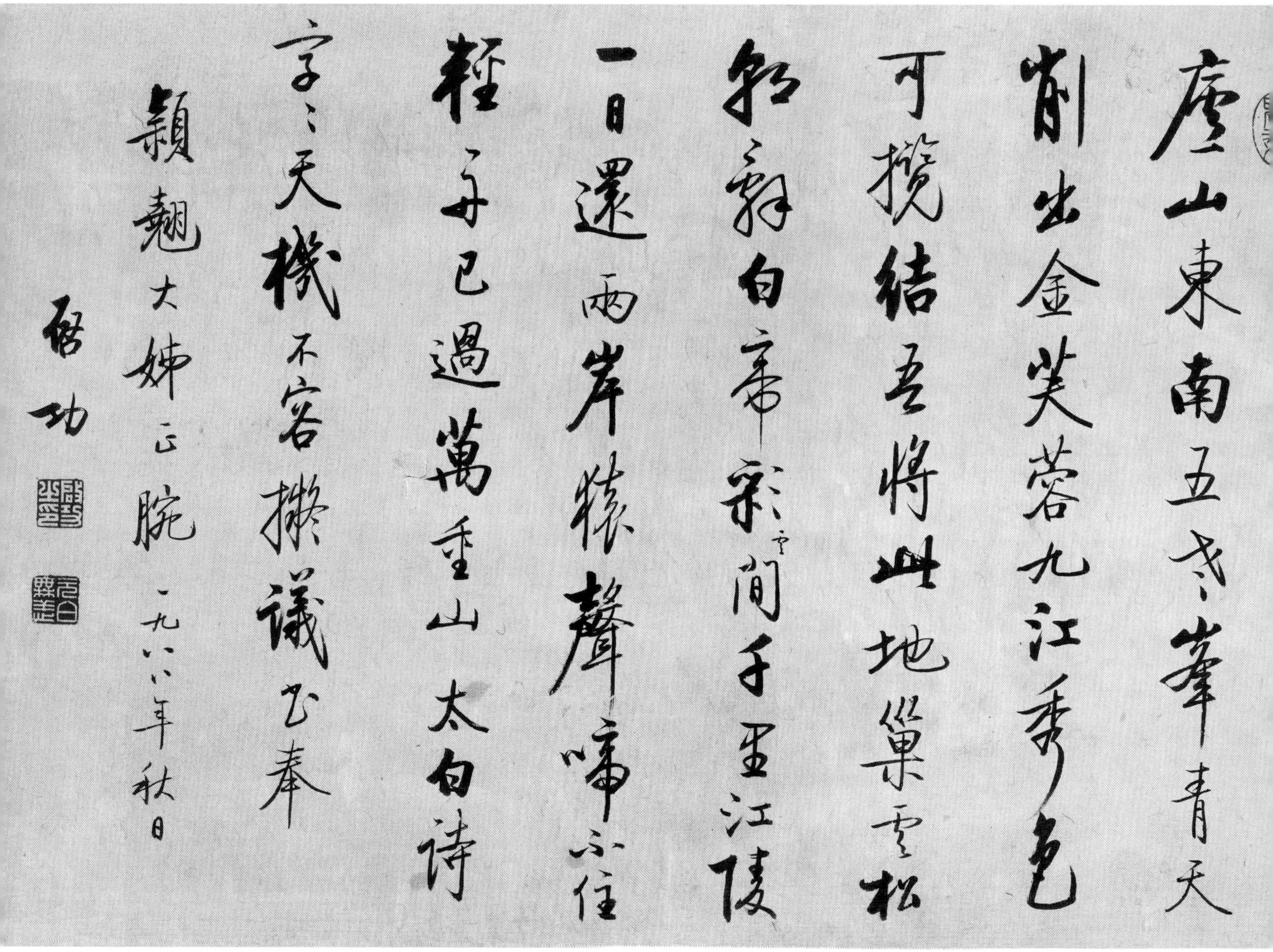

一九八八年秋日，启功书李白七言诗。纵三十八点五厘米，横五十二点八厘米，启功家藏

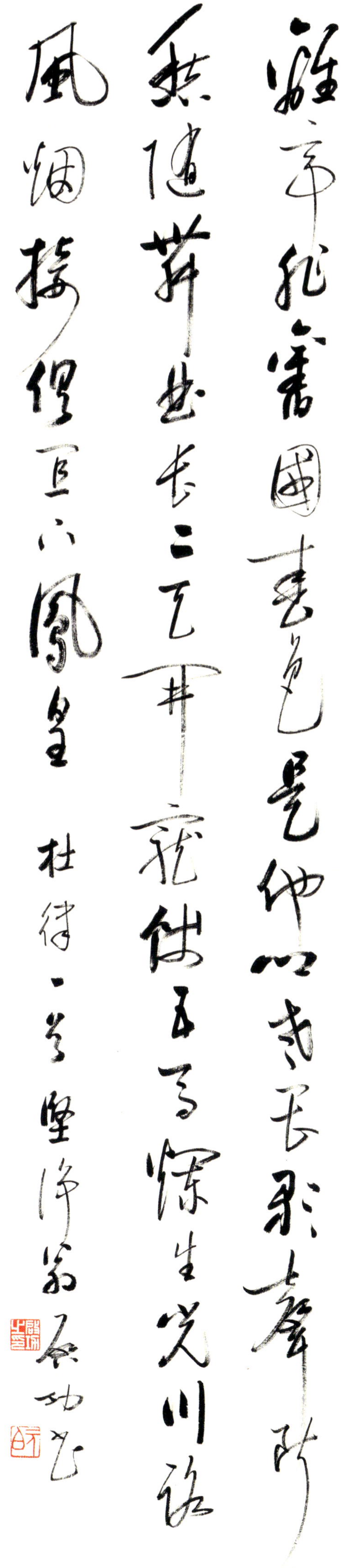

己巳（一九八九年），启功书杜甫《江亭王阆州筵饯萧遂州》。纵一百三十九厘米，横三十四点五厘米，启功家藏

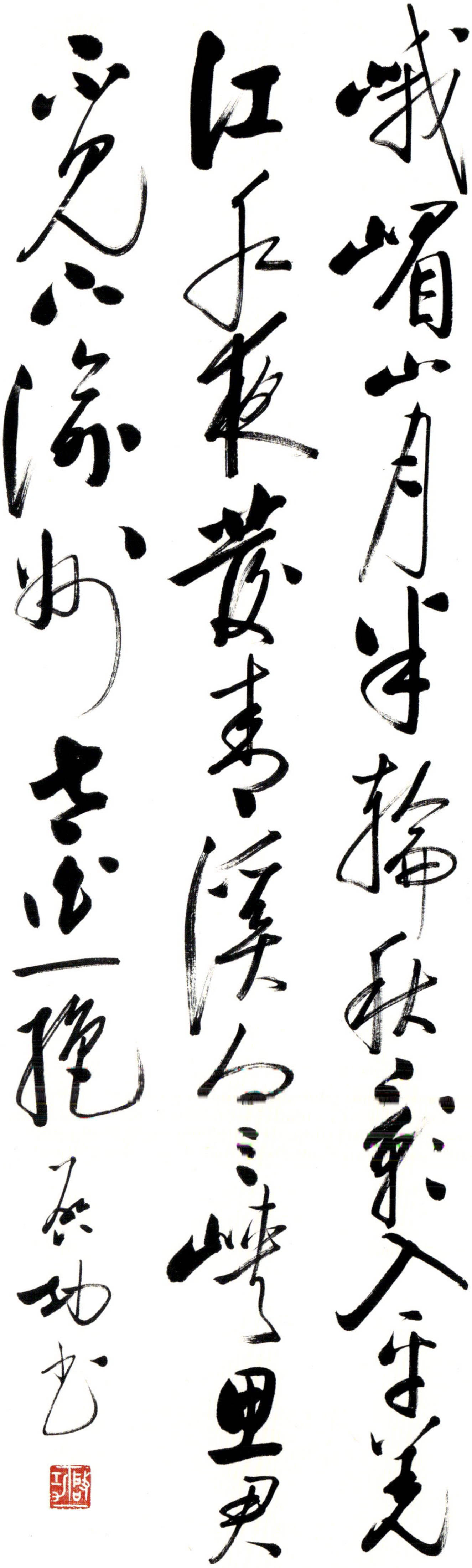

二十世纪八十年代，启功书李白《峨眉山月歌》。纵一百零一厘米，横三十四点五厘米，启功家藏

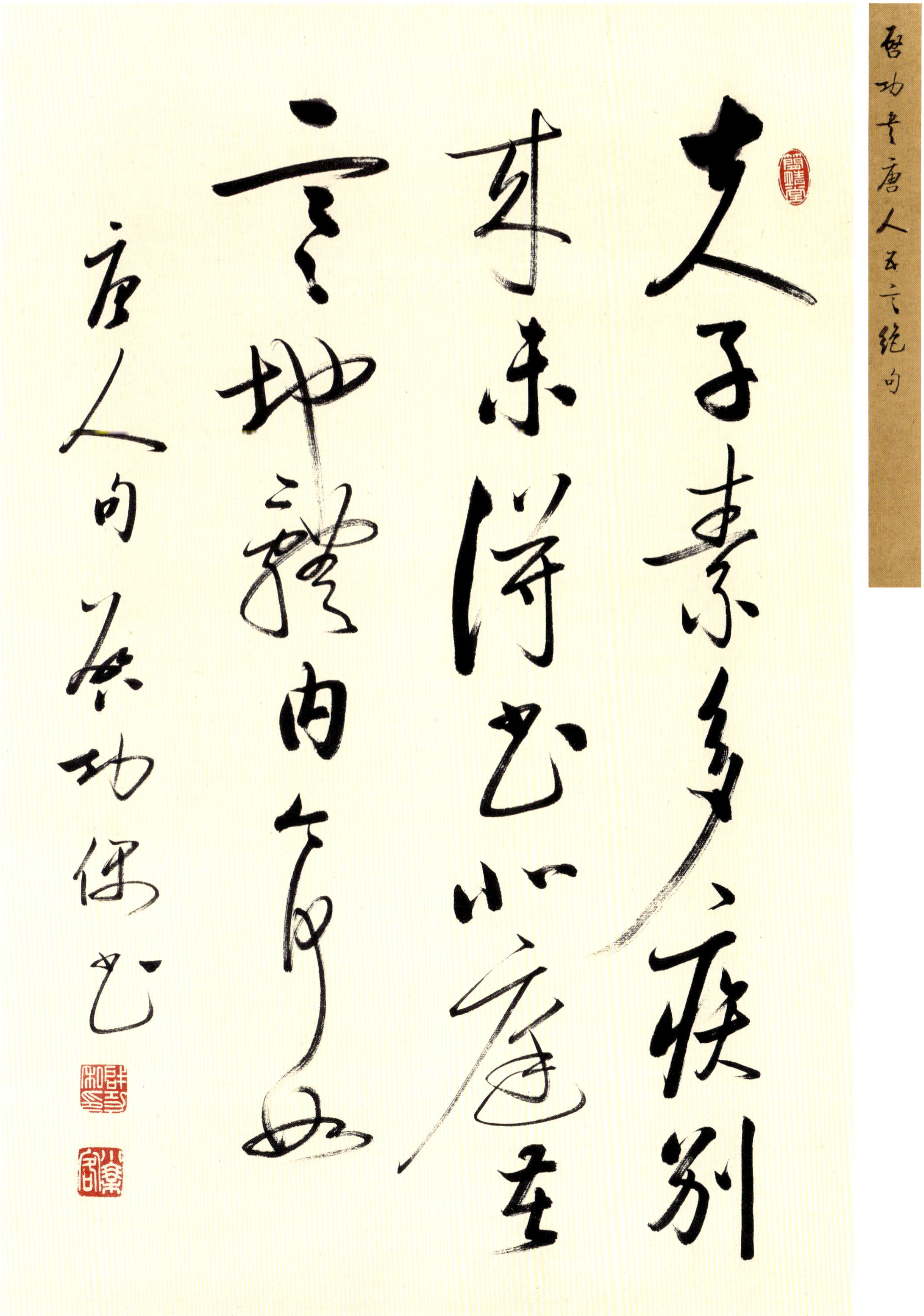

二十世纪八十年代，启功书岑参《寄韩樽》，启功题签。纵六十六厘米，横四十四厘米，启功家藏

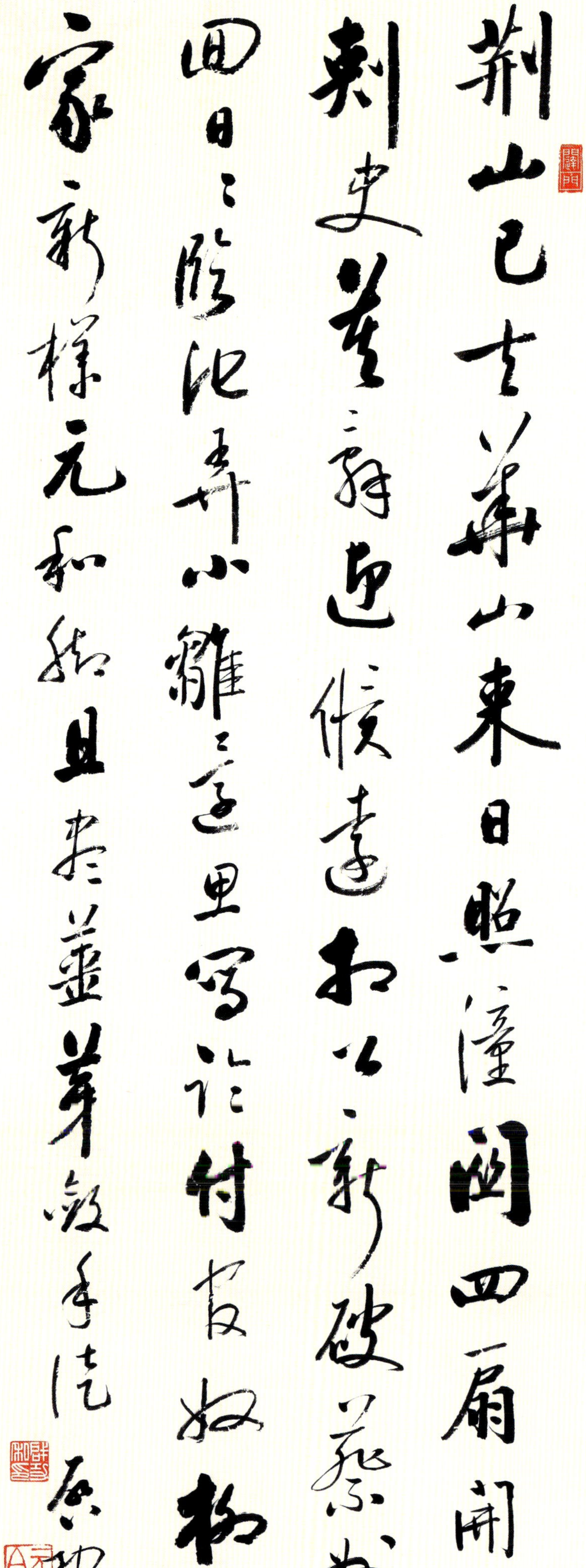

二十世纪八十年代，启功书韩愈、刘禹锡七言诗。纵一百一十三厘米，横三十九厘米

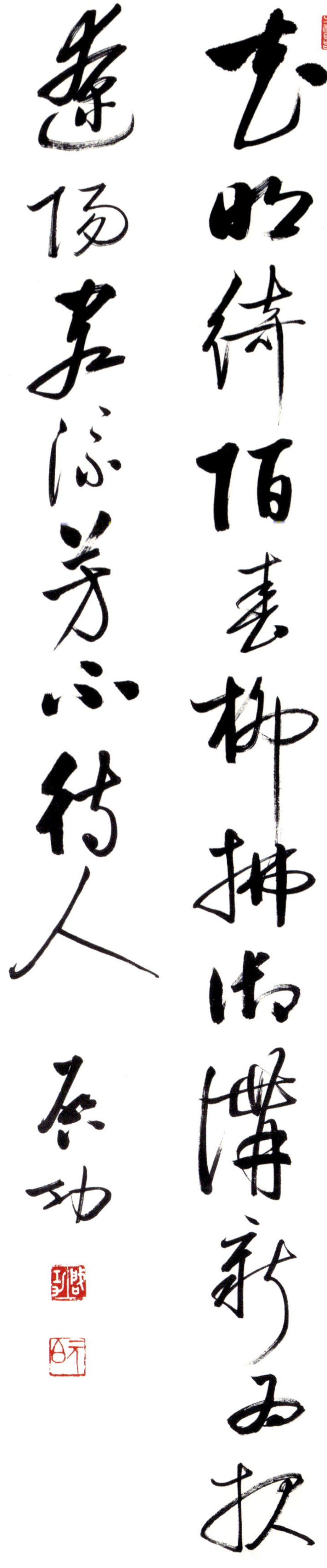

二十世纪八十年代，启功书王涯《闺人赠远》。纵一百三十五厘米，横三十二点五厘米，启功家藏

二十世纪八十年代，启功书苏轼《虔州八境图》。纵九十九厘米，横三十一点五厘米，启功家藏

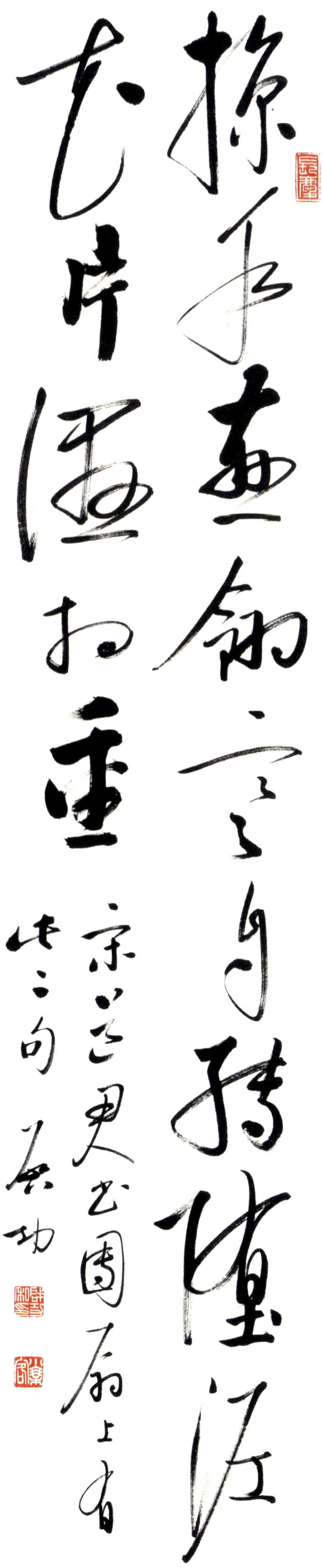

二十世纪八十年代，启功书宋徽宗句。纵一百三十七厘米，横三十四点五厘米，启功家藏

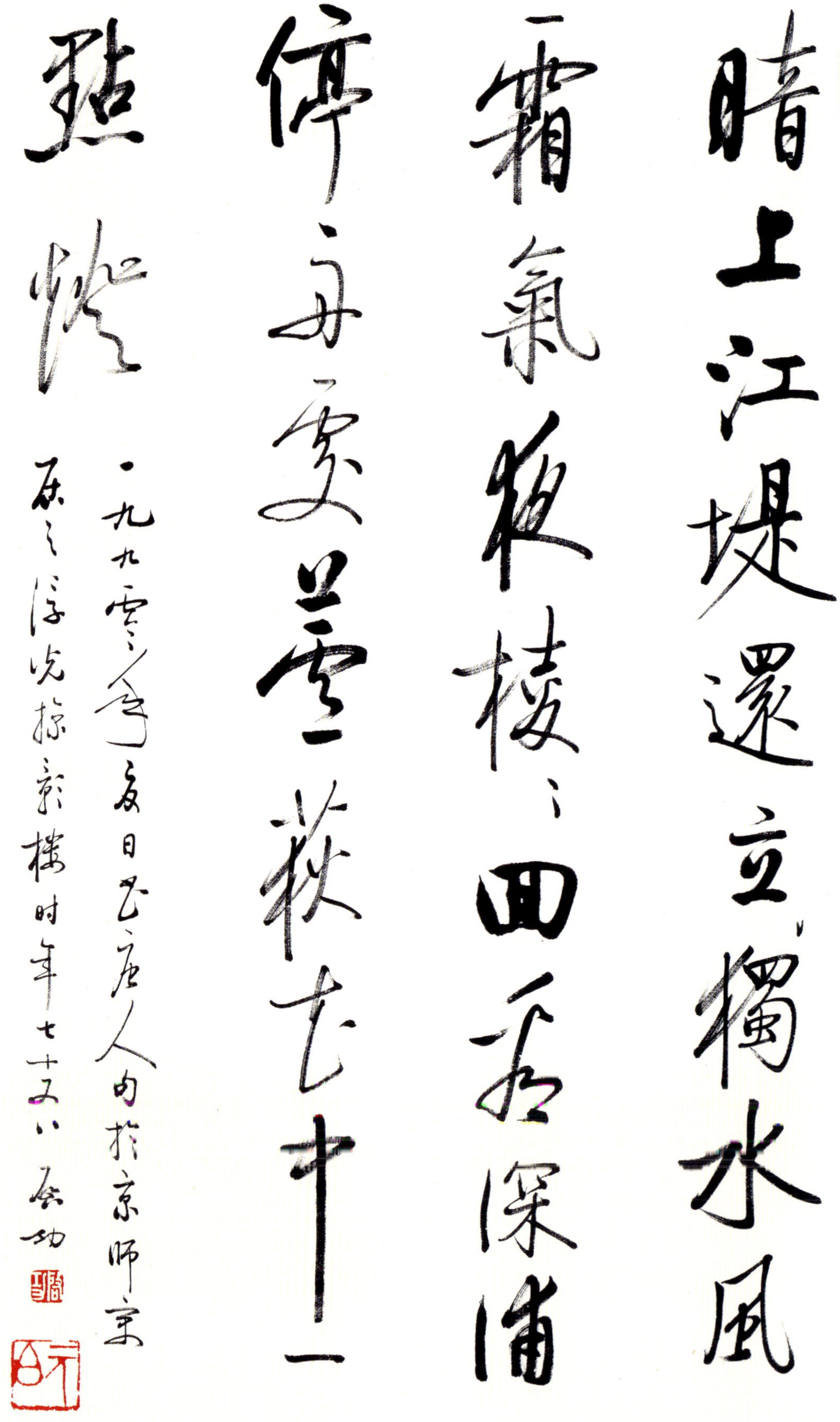

一九九〇年夏日，启功书白居易《浦中夜泊》。纵六十九点五厘米，横四十八厘米，启功家藏

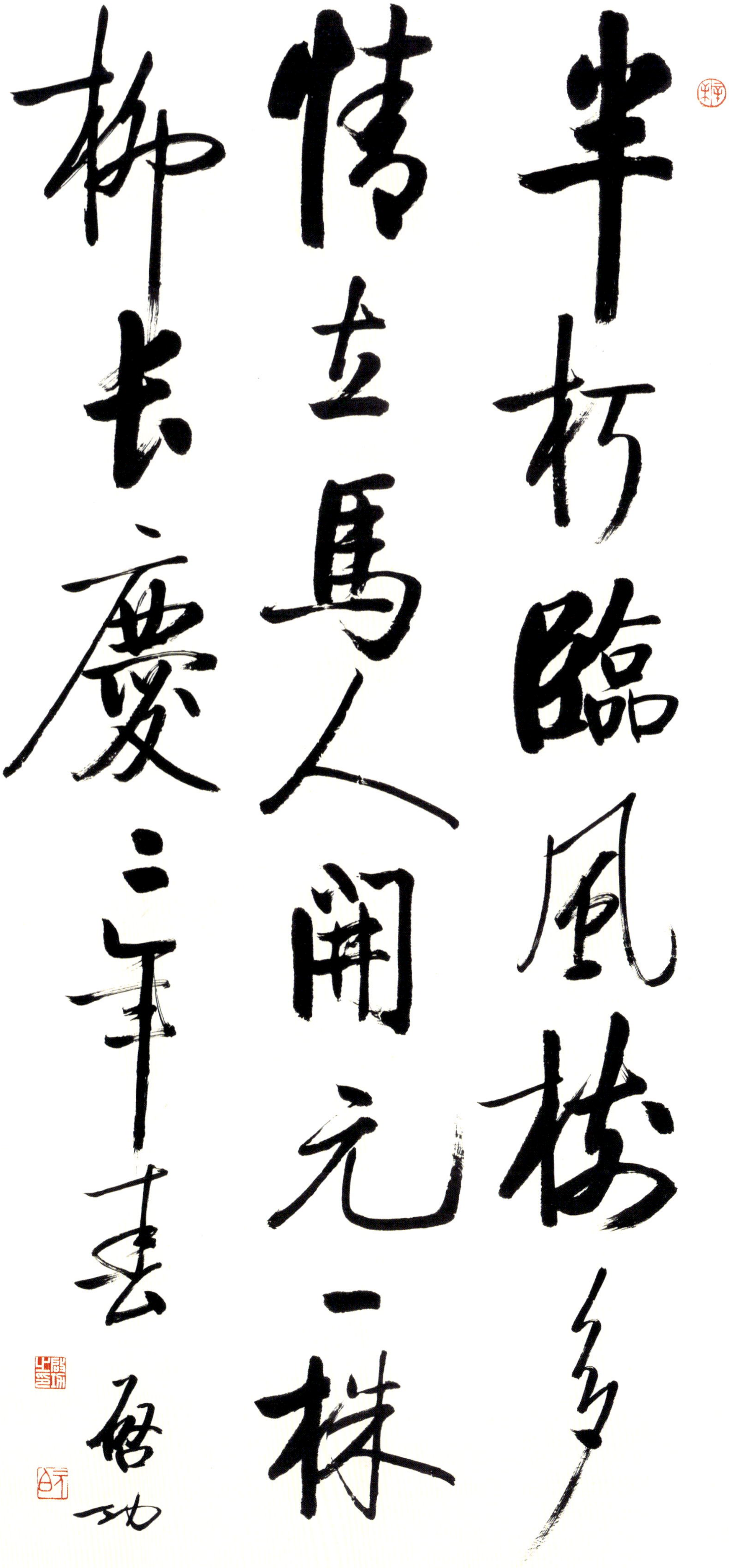

辛未（一九九一年），启功书白居易《勤政楼西老柳》。纵一百三十七厘米，横六十七点五厘米，启功家藏

月今宵我作明邻
岸我作外不忘东学
人曰是孰是庄之日是
从众

壬申夏日

坚净翁启功

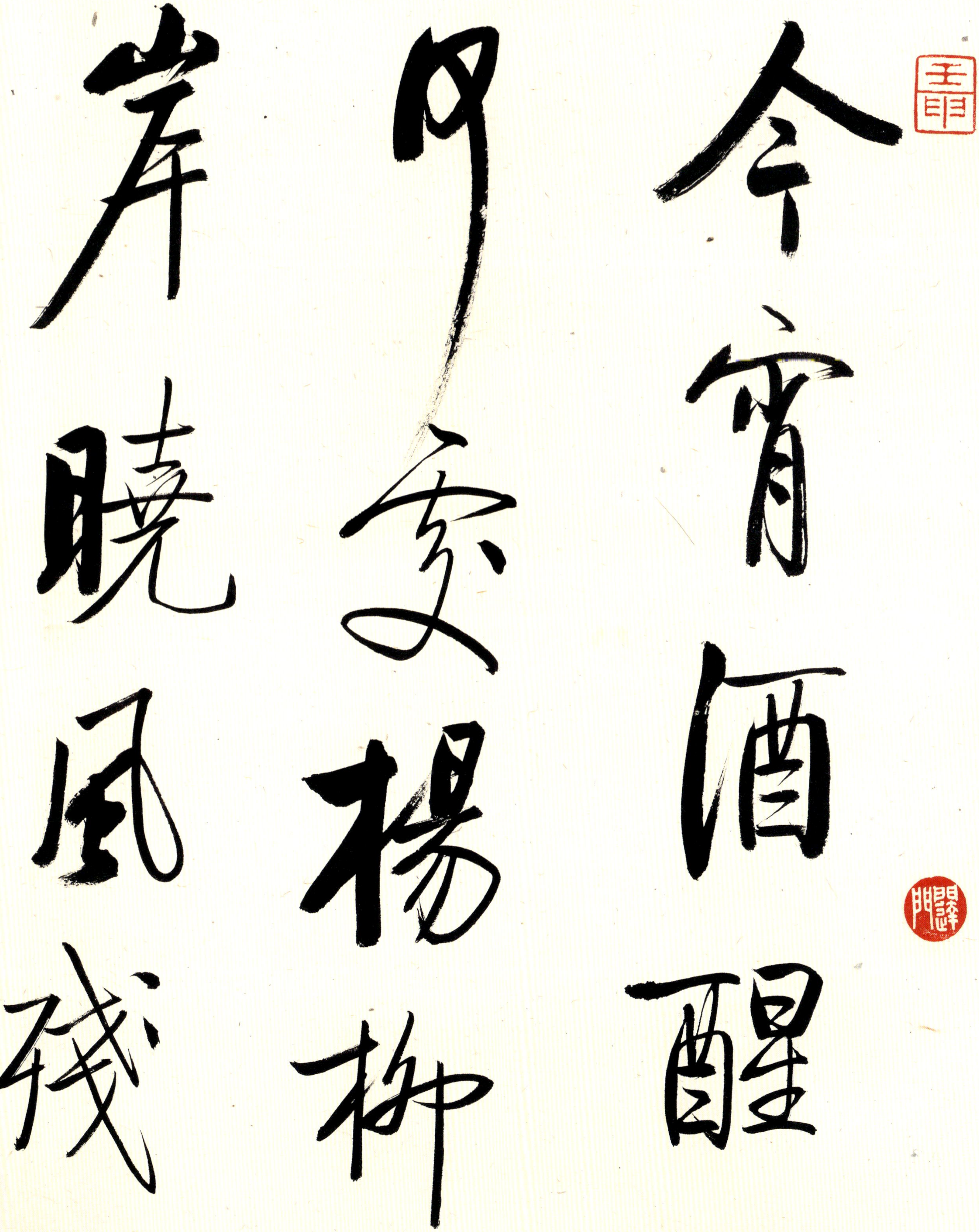

壬申（一九九二年）夏日，启功书柳永《雨霖铃》。纵四十五点五厘米，横六十八点五厘米，启功家藏

鏡湖流水漾清波狂客歸舟逸
如相見應寫黃庭換白鵝廬山五
天削出金芙蓉九江秀色可攬結
松峨眉山月半輪秋影入平羌江
溪向三峽思君不見下渝州一九九六年
澤民同志教正 啓功學筆於北京

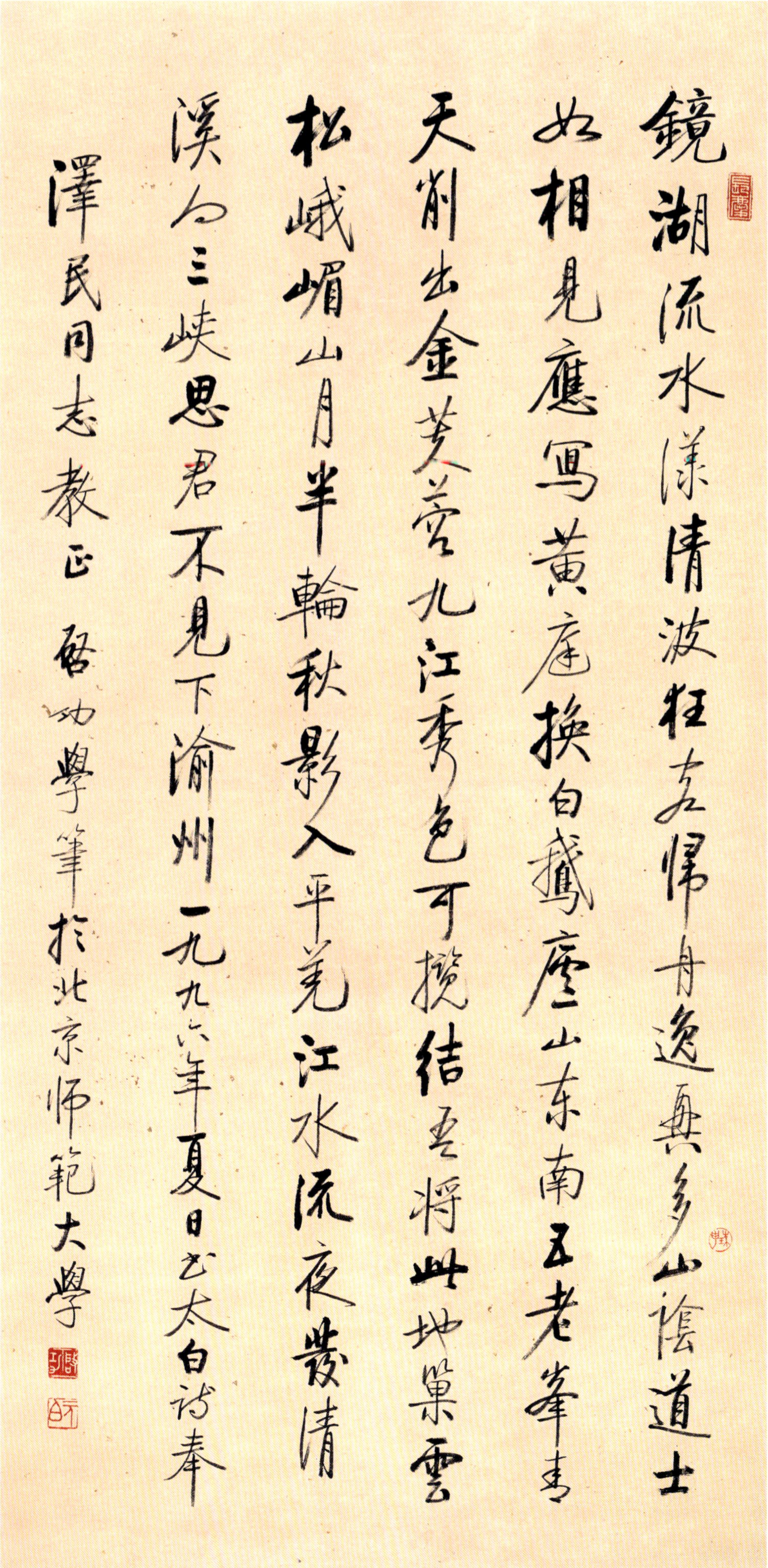

一九九六年夏日，启功书李白七言诗。纵一百三十二点五厘米，横六十六点三厘米，启功家藏

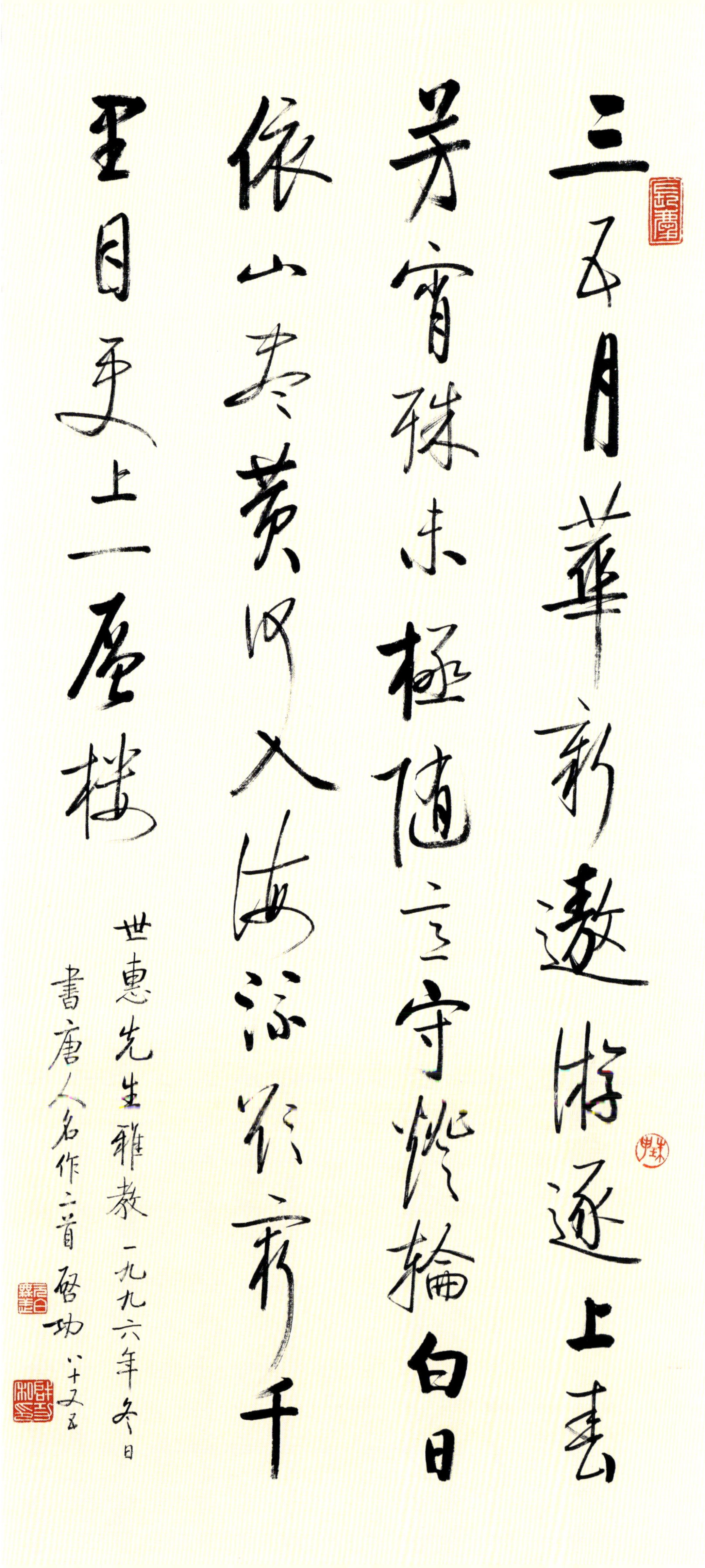

一九九六年冬日，启功书陈子昂、王之涣五言诗。纵九十五厘米，横四十三点五厘米

二十世纪九十年代，启功书钱珝《江行无题》。纵一百三十四厘米，横三十三厘米

夜深風露清江月滿、
危坐佛子應獨行閩山
自多秀欲得淮王術風
生少陵歎月一首口誦千
風露平風所書正不勉揆筆

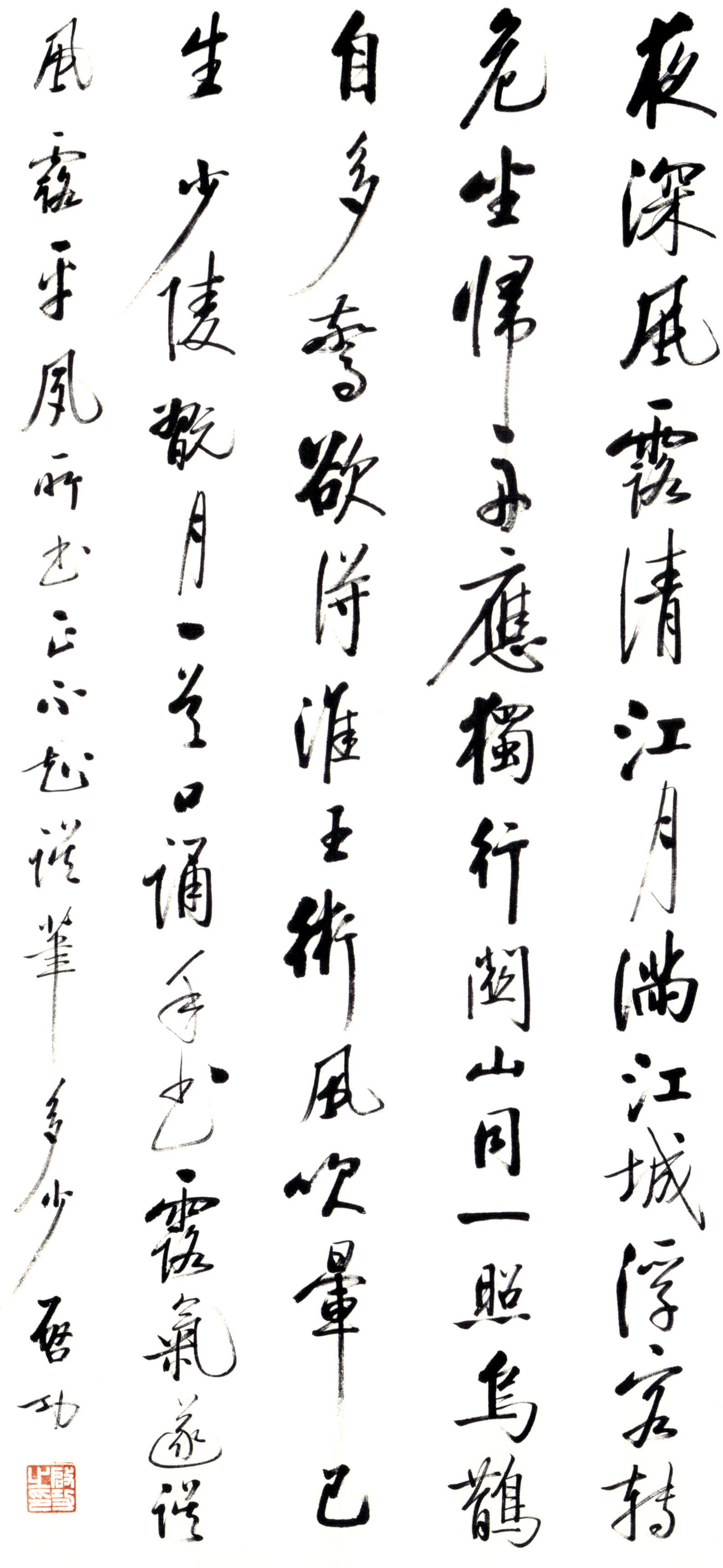

二十世纪九十年代，启功书杜甫《玩月呈汉中王》。纵一百三十八厘米，横六十八点五厘米，启功家藏

二〇〇〇年以后，启功书宋徽宗句。
纵一百零二厘米，横三十三厘米

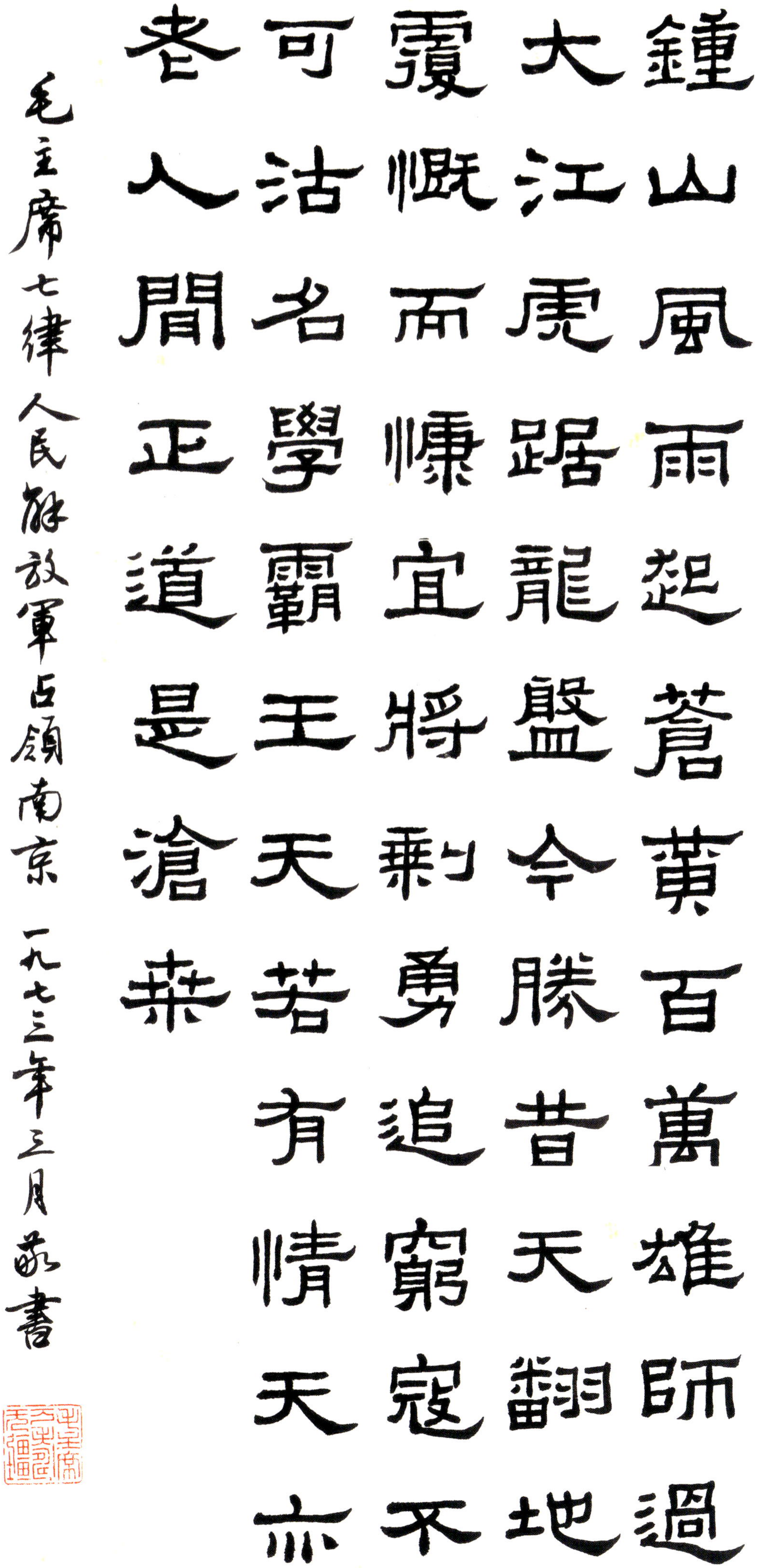

一九七三年三月，徐无闻书毛泽东《七律　人民解放军占领南京》。纵六十七点五厘米，横三十四点三厘米

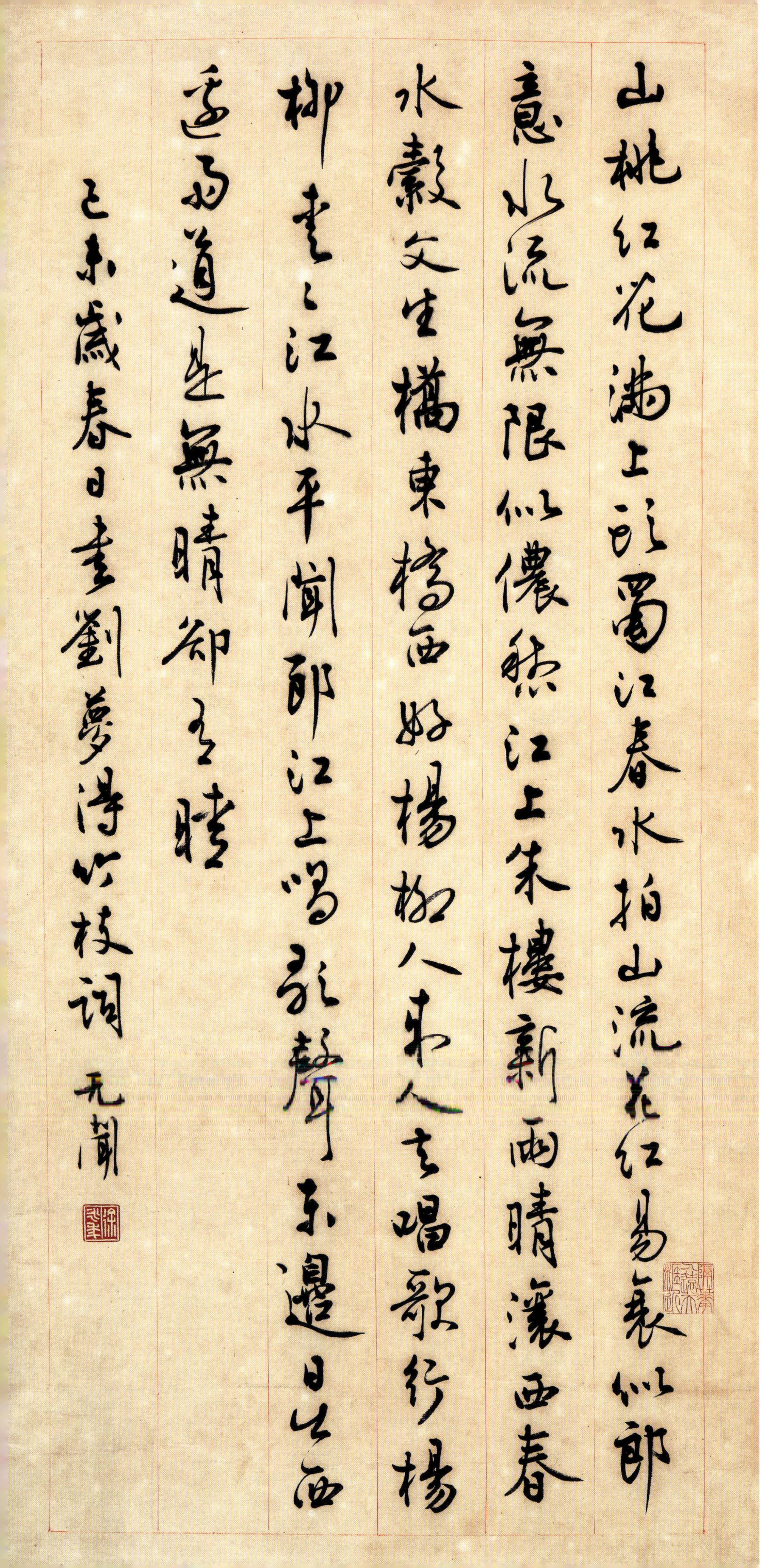

己未（一九七九年）岁春日，徐无闻书刘禹锡《竹枝词》。纵六十九厘米，横三十四厘米

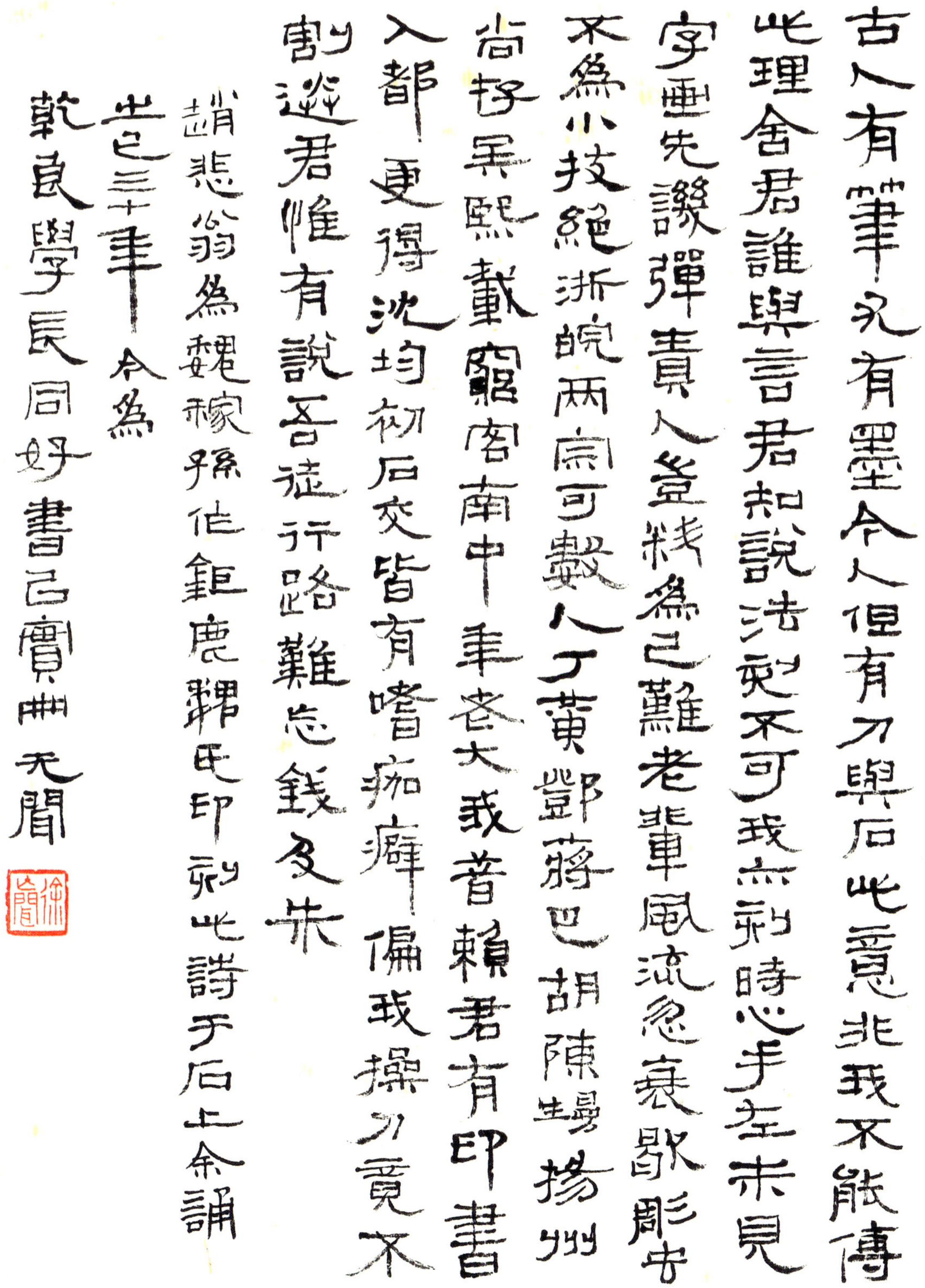

二十世纪七十年代，徐无闻书赵之谦为魏稼孙治“钜鹿魏氏”印所刻七言诗。纵二十三厘米，横十七厘米

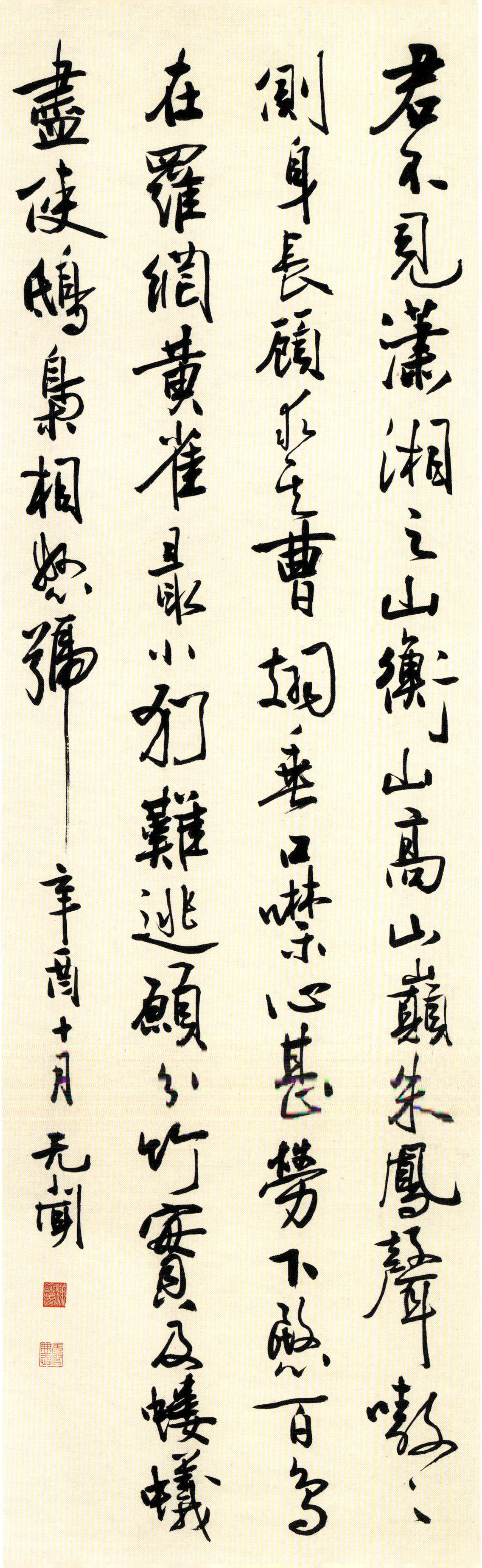

辛酉（一九八一年）十月，徐无闻书杜甫《朱凤行》。纵一百三十五厘米，横四十二点五厘米，徐无闻家藏

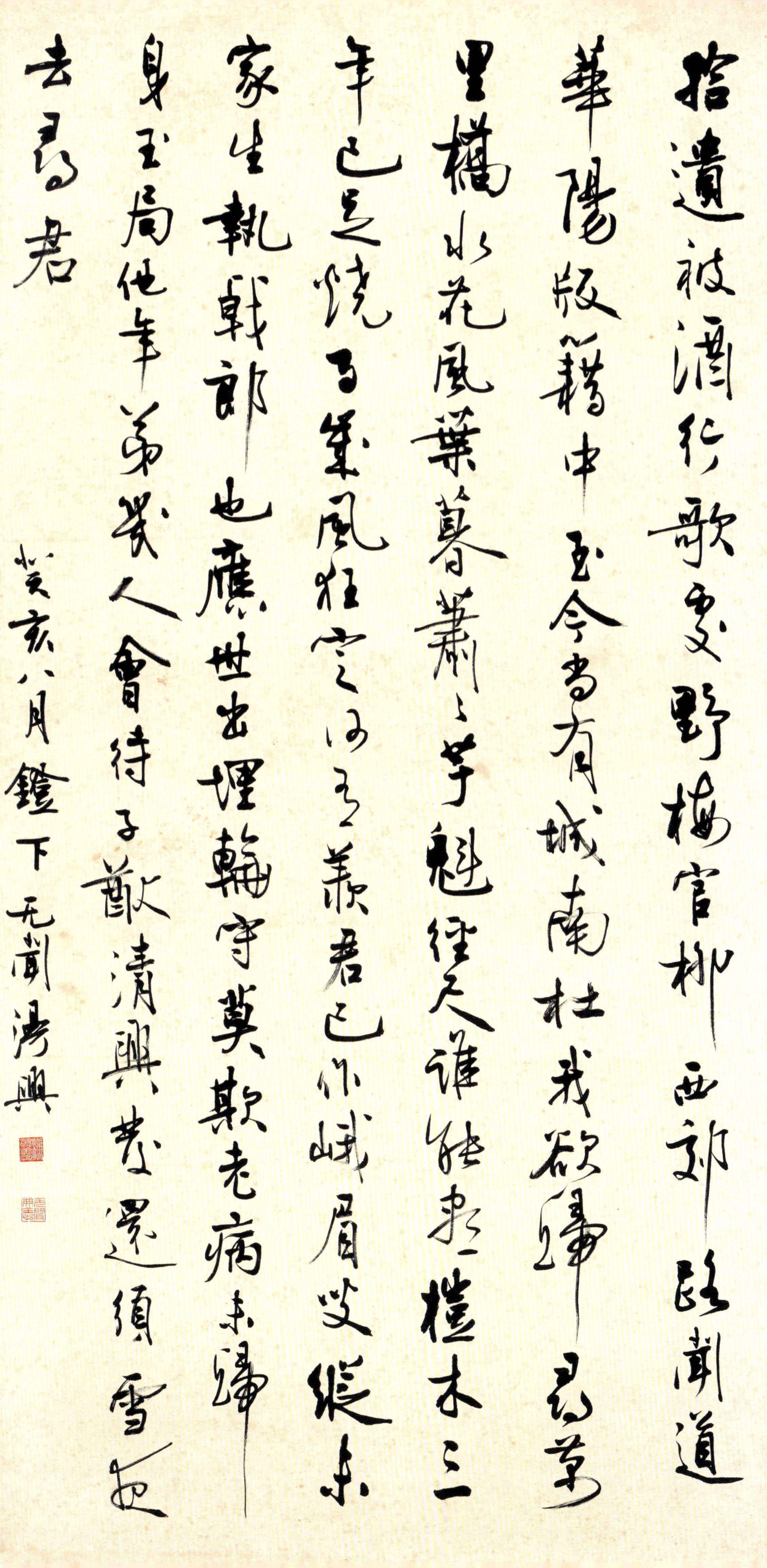

癸亥（一九八三年）八月，徐无闻书苏轼《送戴蒙赴成都玉局观，将老焉》。纵一百三十五厘米，横六十七厘米，徐无闻家藏

來風雨聲花落知多少

宿建德江　孟浩然

移舟泊煙渚日暮客愁新野曠天低樹江清月近人

涼州詞　王之渙

黃河遠上白雲間一片孤城萬

唐人絕句選

渡漢江　宋之問

嶺外音書絕，經冬復歷春。近鄉情更怯，不敢問來人。

春曉　孟浩然

春眠不覺曉，處處聞啼鳥

癸亥（一九八三年）岁十月晦，徐无闻书《唐人绝句选》。每半开纵三十厘米，横二十一厘米，徐无闻家藏

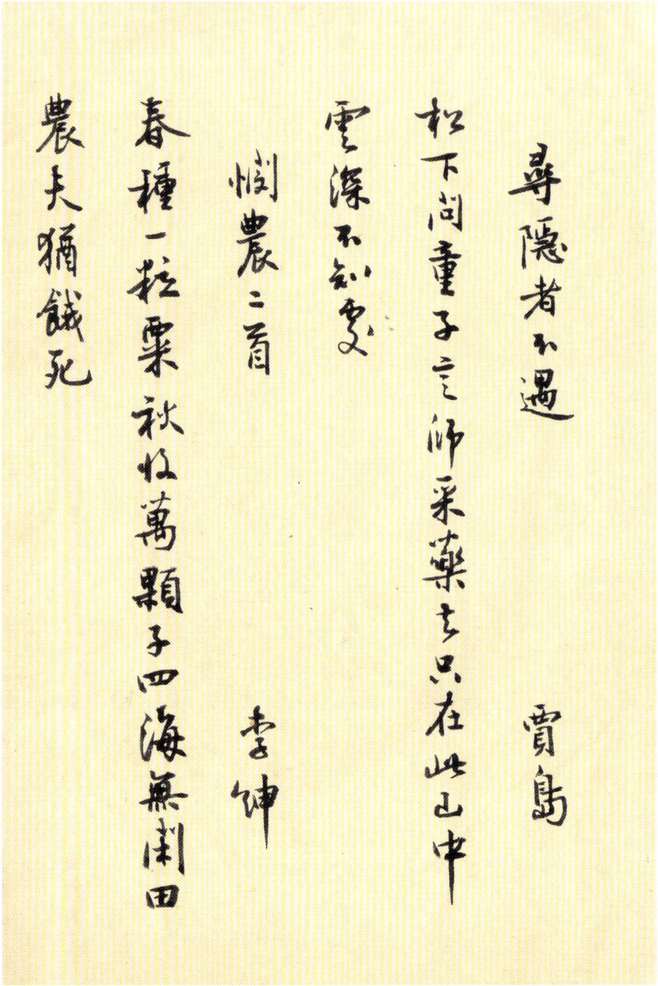
尋隱者不遇　賈島
松下問童子，言師采藥去。只在此山中，雲深不知處。
憫農二首　李紳
春種一粒粟，秋收萬顆子。四海無閑田，農夫猶餓死。

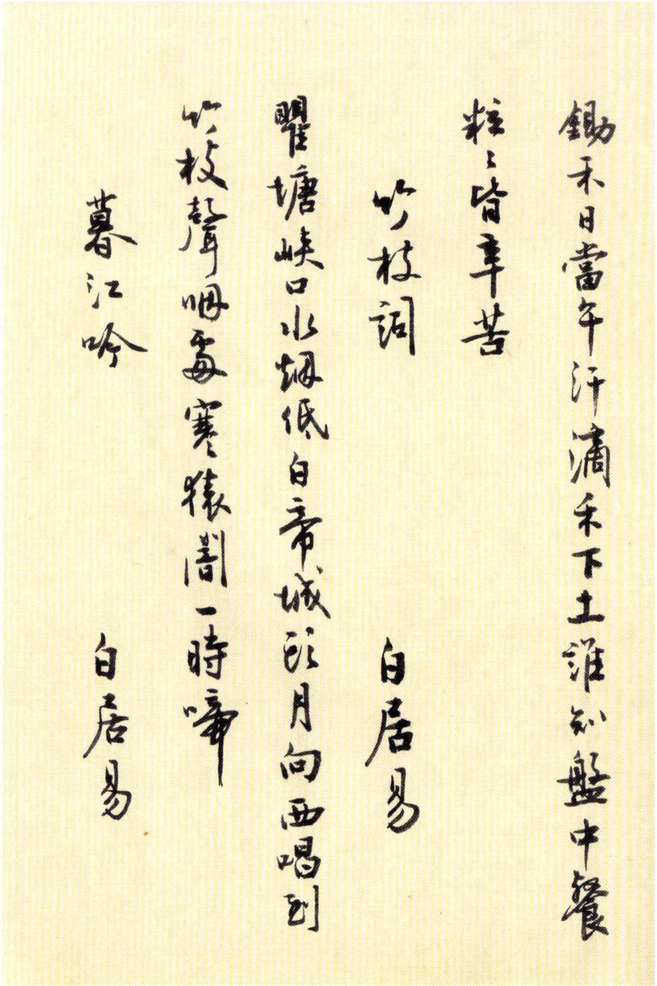
鋤禾日當午，汗滴禾下土。誰知盤中餐，粒粒皆辛苦。
竹枝詞　白居易
瞿塘峽口冷煙低，白帝城頭月向西。唱到竹枝聲咽處，寒猿闇一時啼。
暮江吟　白居易

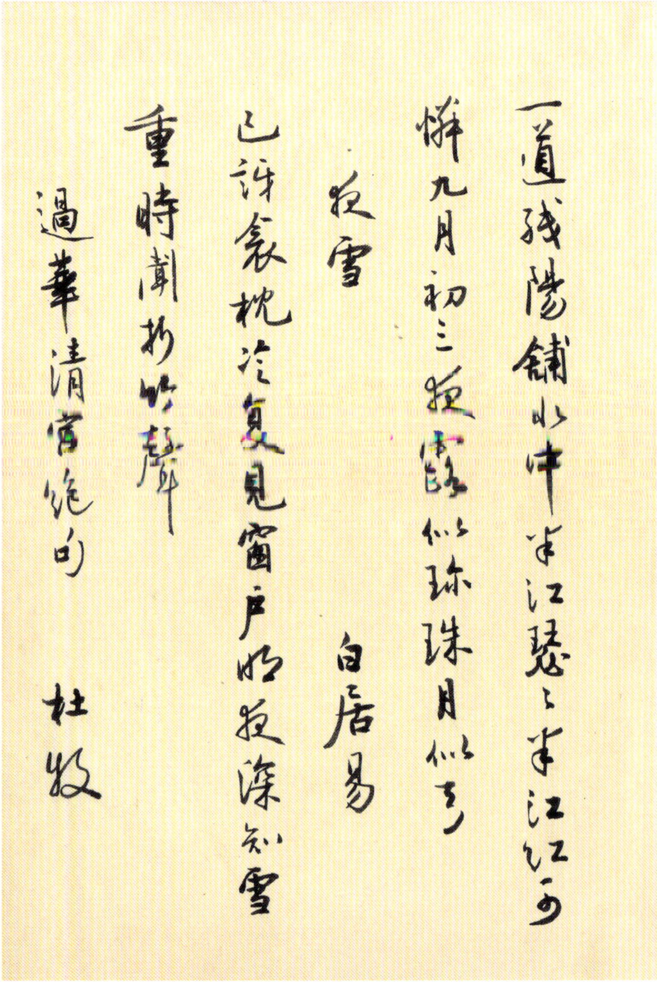
一道殘陽鋪水中，半江瑟瑟半江紅。可憐九月初三夜，露似真珠月似弓。
夜雪　白居易
已訝衾枕冷，復見窗戶明。夜深知雪重，時聞折竹聲。
過華清宮絕句　杜牧

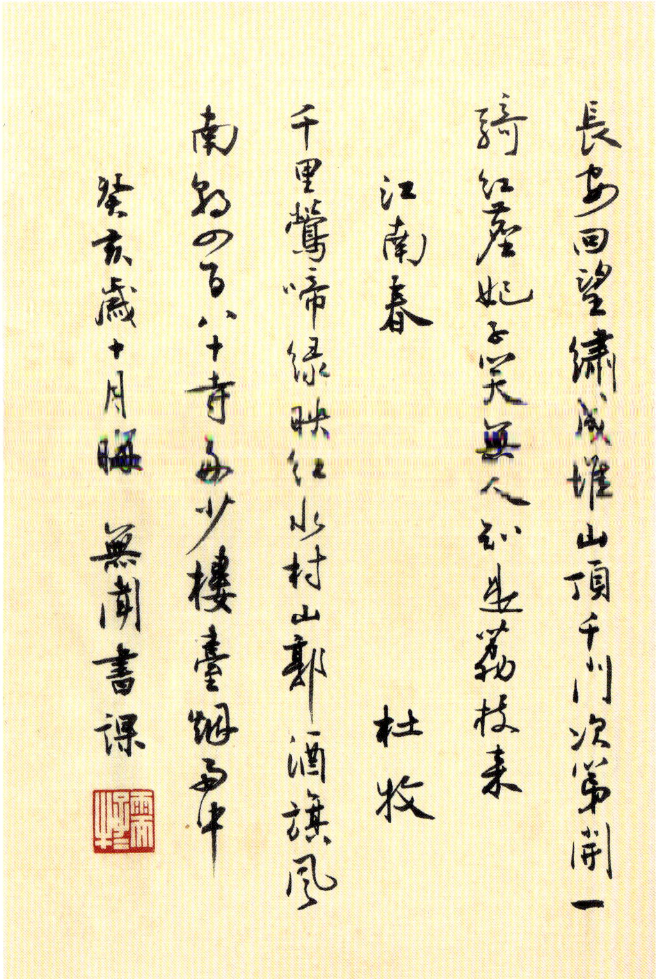
長安回望繡成堆，山頂千門次第開。一騎紅塵妃子笑，無人知是荔枝來。
江南春　杜牧
千里鶯啼綠映紅，水村山郭酒旗風。南朝四百八十寺，多少樓臺煙雨中。
癸亥歲十月晦　無聞書課

8 7
10 9

羌笛何須怨楊柳春風不
度玉門關

登鸛雀樓　王之渙

白日依山盡黃河入海流欲窮
千里目更上一層樓

詠柳　賀知章

碧玉妝成一樹高萬條垂下綠絲
絛不知細葉誰裁出二月春
風似剪刀

回鄉偶書　賀知章

少小離鄉老大回鄉音無改
鬢毛催衰兒童相見不相識

山中留客　張旭

山光物態弄春暉莫為輕陰
便擬歸縱使晴明無雨色
入雲深處亦沾衣

涼州詞　王翰

葡萄美酒夜光杯欲飲琵琶
馬上催醉臥沙場君莫笑古
來征戰幾人回

從軍行二首　王昌齡

青海長雲暗雪山孤城遙望
玉門關黃沙百戰穿金甲不
破樓蘭終不還

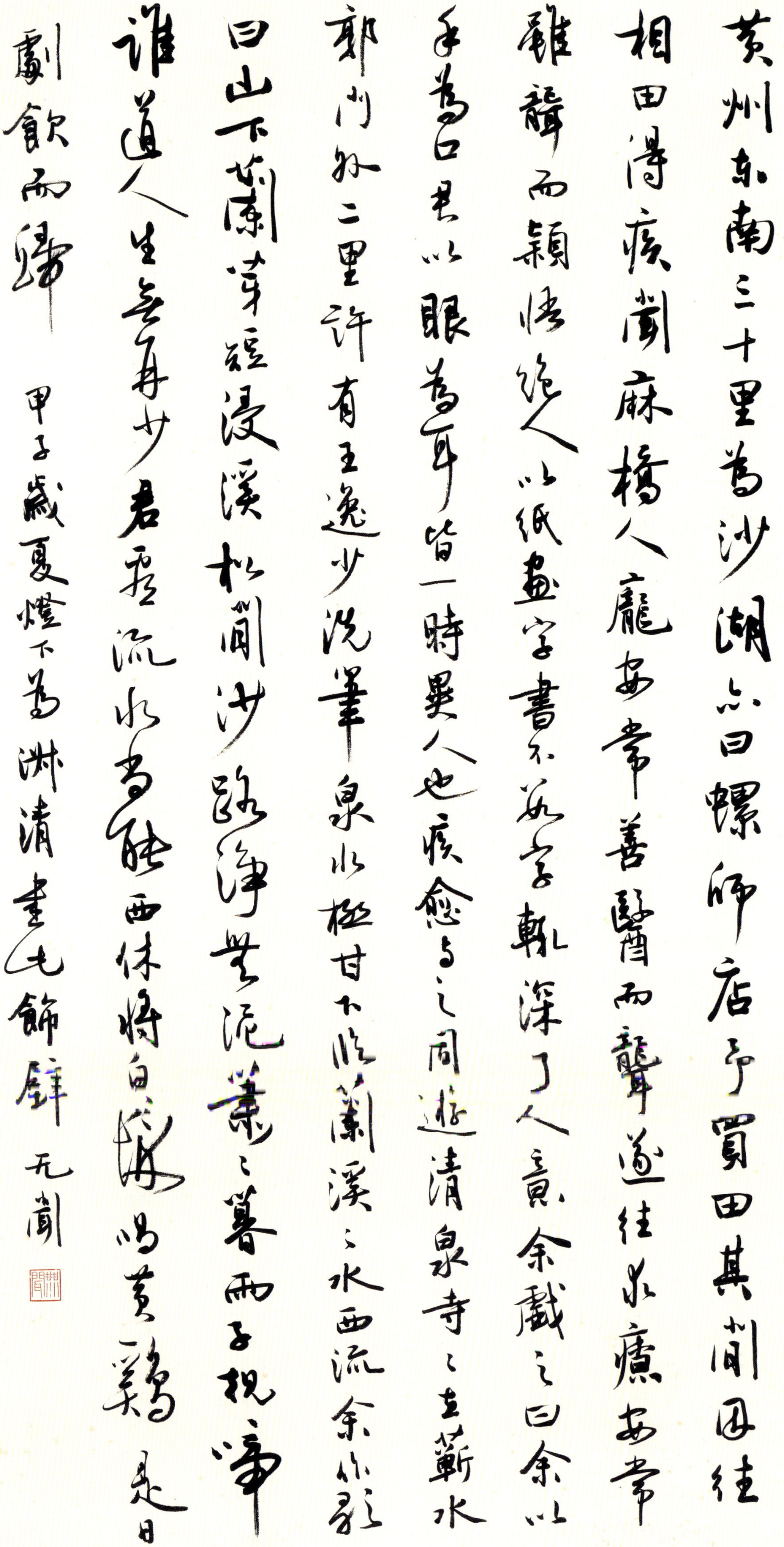

甲子（一九八四年）岁夏，徐无闻为李淑清书苏轼《游沙湖》。纵九十九点五厘米，横五十四厘米，徐无闻家藏

丁卯（一九八七年）岁六月，徐无闻书辛弃疾《清平乐　村居》。纵十五点五厘米，横四十八厘米

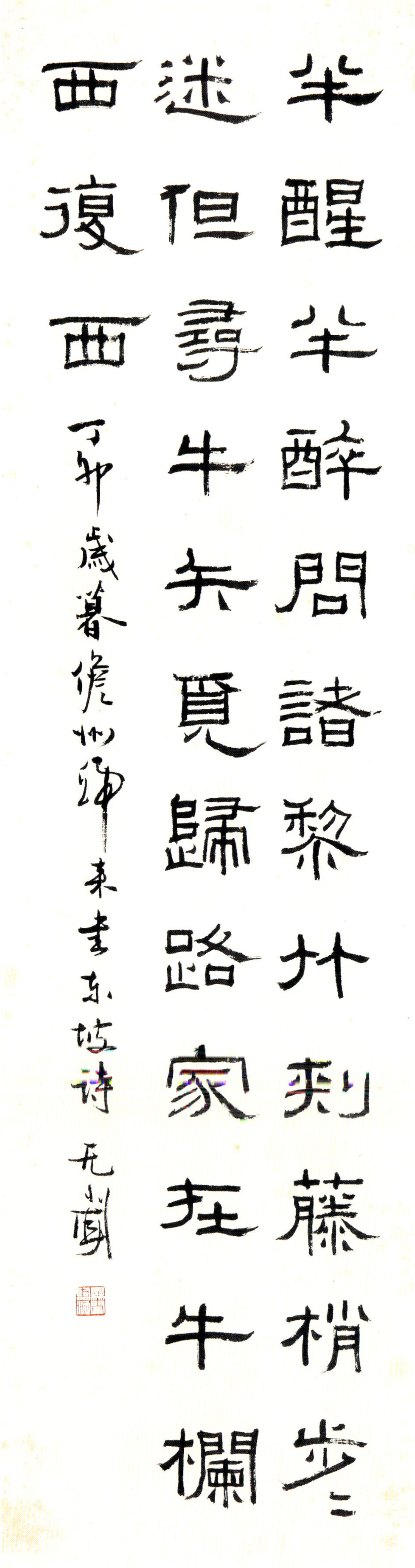

丁卯（一九八七年）岁暮，徐无闻书苏轼《被酒独行，遍至子云、威、徽、先觉四黎之舍》。纵一百零五厘米，横二十八厘米

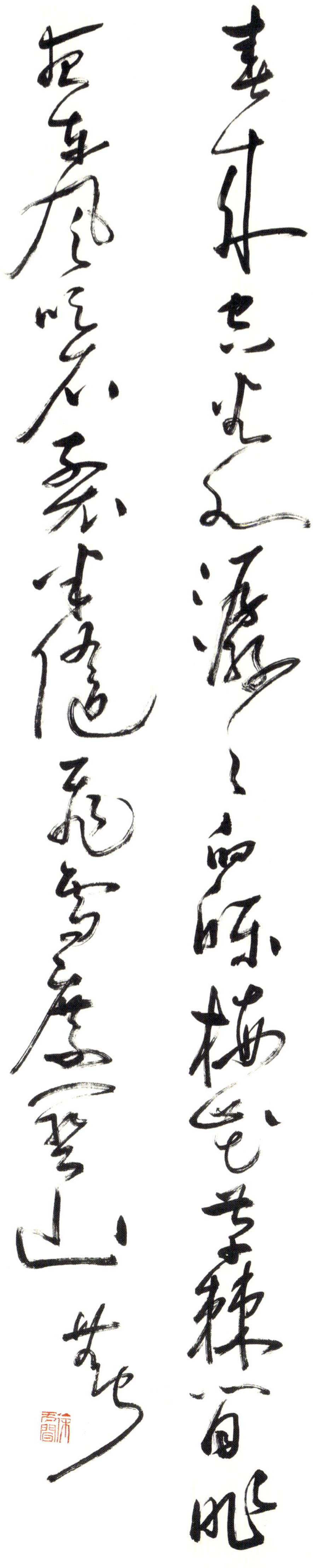

二十世纪八十年代，徐无闻书苏轼《梅花》。纵一百三十三厘米，横三十二点五厘米，徐无闻家藏

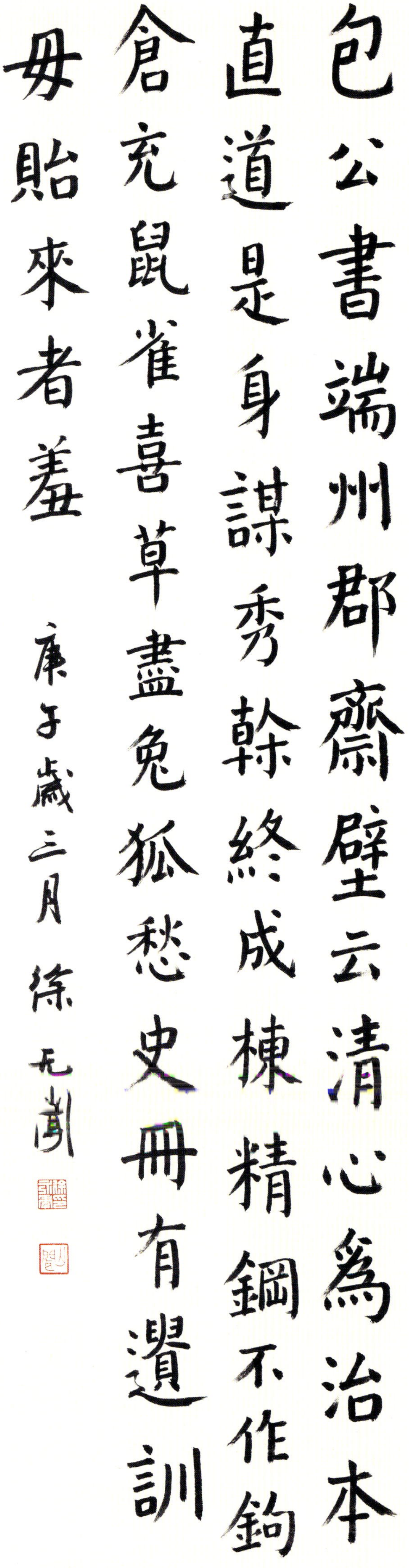

庚午（一九九〇年）岁三月，徐无闻书包拯《书端州郡斋壁》。纵一百三十三厘米，横三十八点五厘米，徐无闻家藏

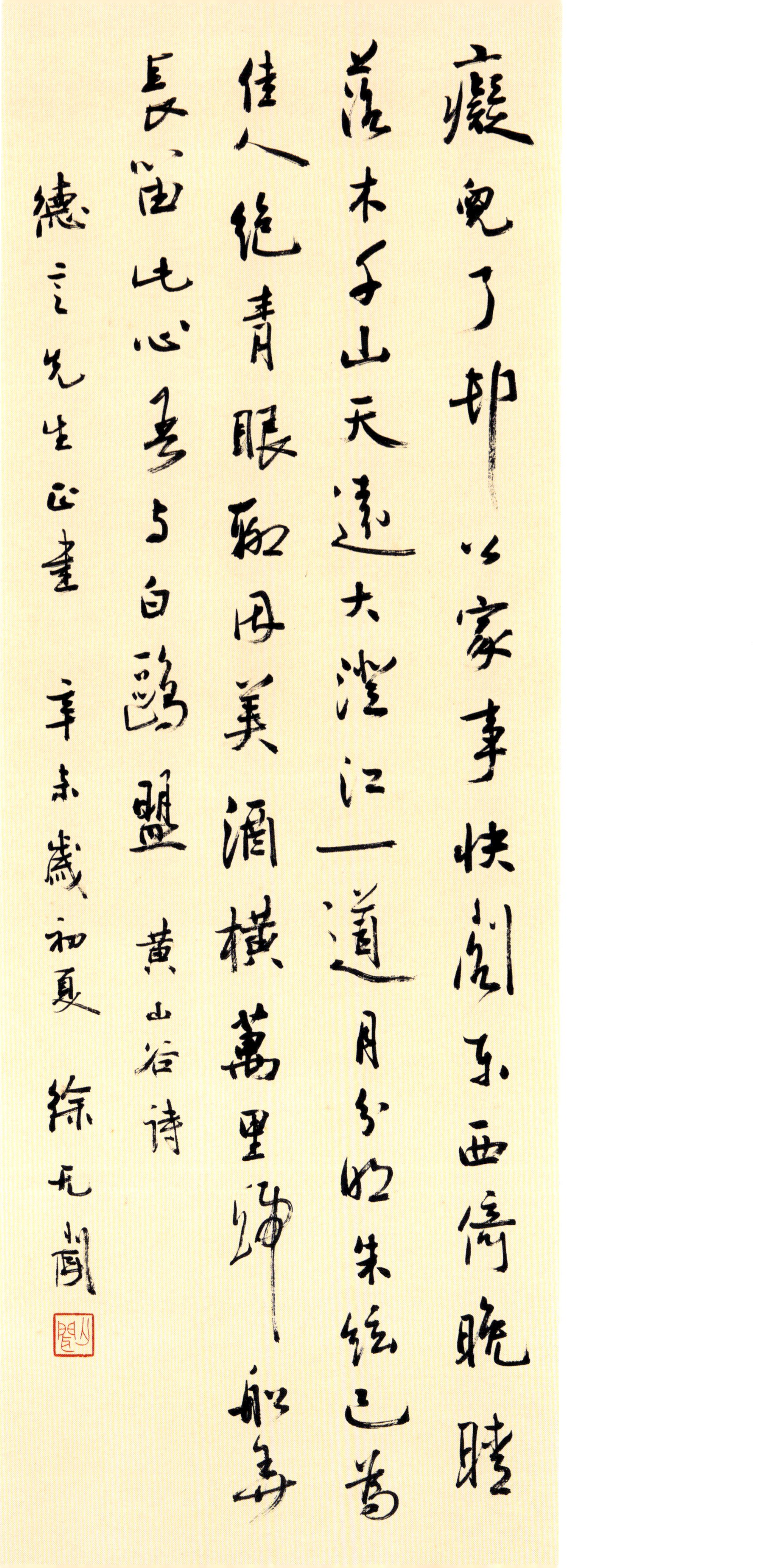

辛未（一九九一年）岁初夏，徐无闻书黄庭坚《登快阁》。纵九十厘米，横三十三厘米

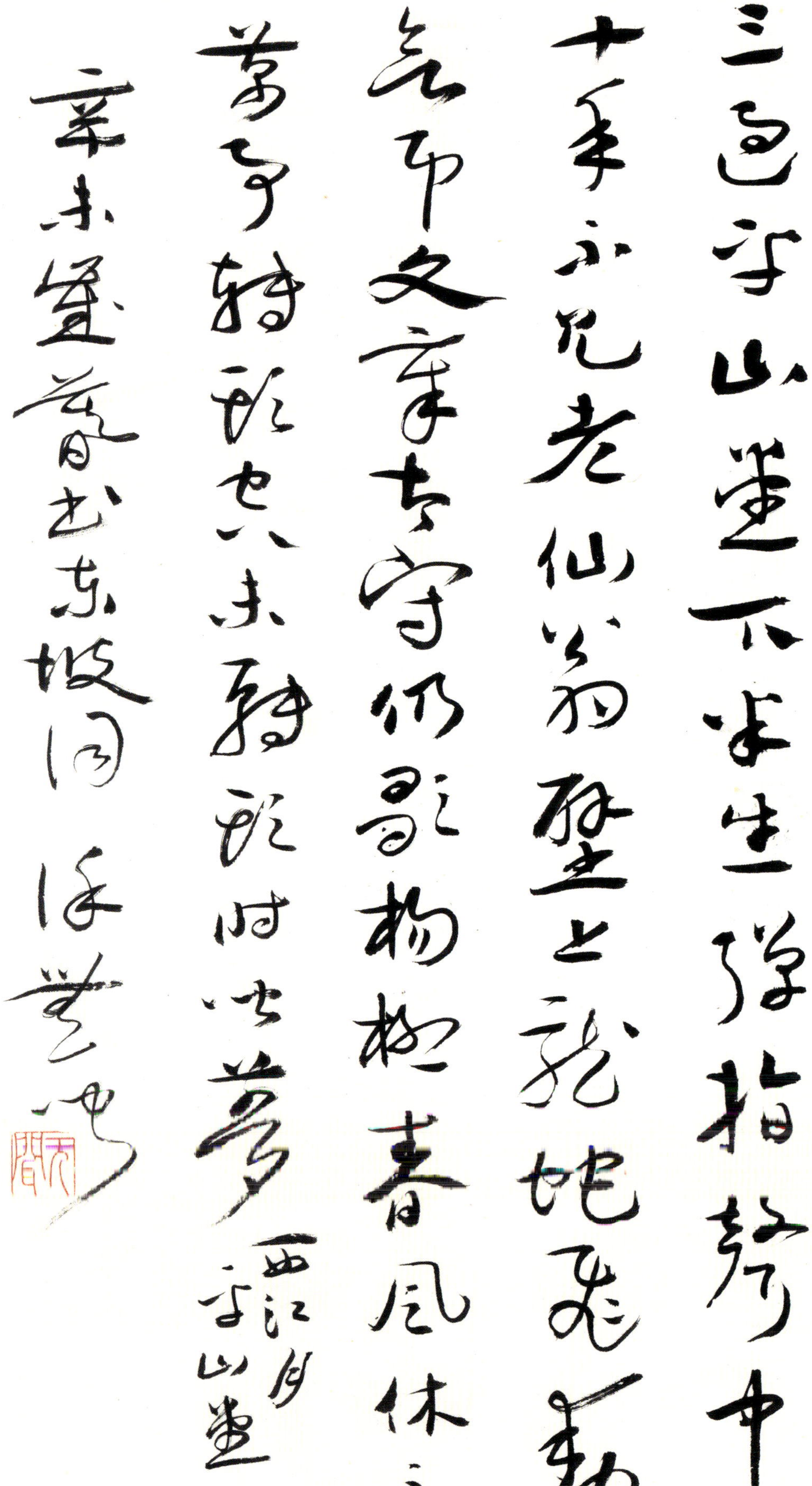

辛未（一九九一年）岁暮，徐无闻书苏轼《西江月　平山堂》。纵五十点六厘米，横二十八点四厘米

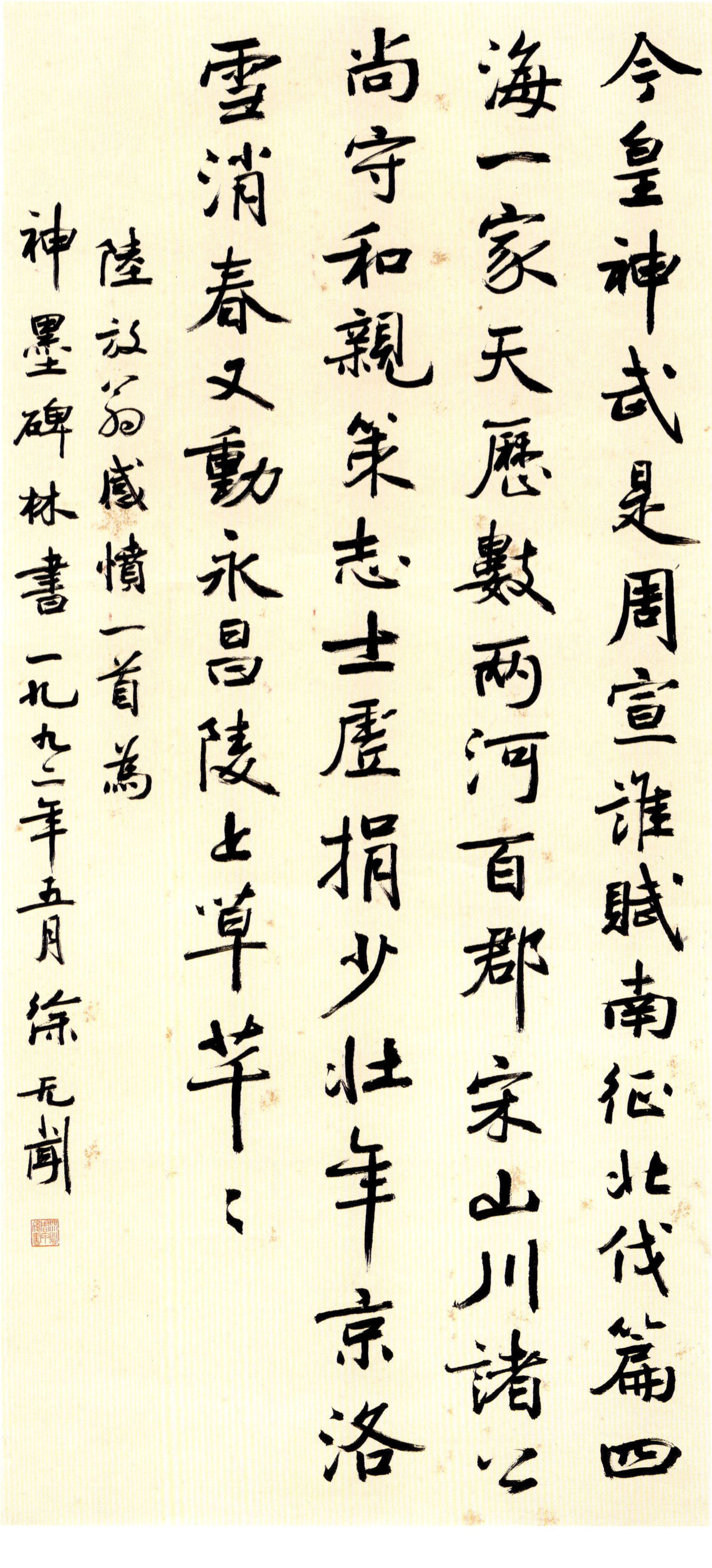

一九九二年五月，徐无闻为神墨碑林书陆游《感愤》。纵一百三十厘米，横六十三厘米

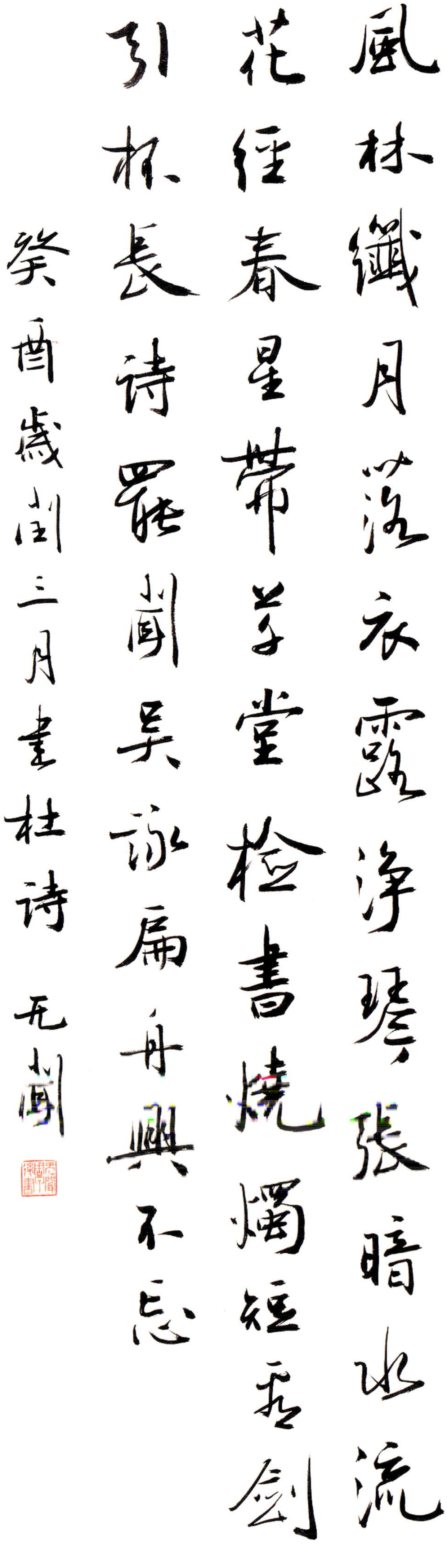

癸酉（一九九三年）岁闰三月，徐无闻书杜甫《夜宴左氏庄》。纵一百零二厘米，横三十四厘米

韵语　咳唾自成珠

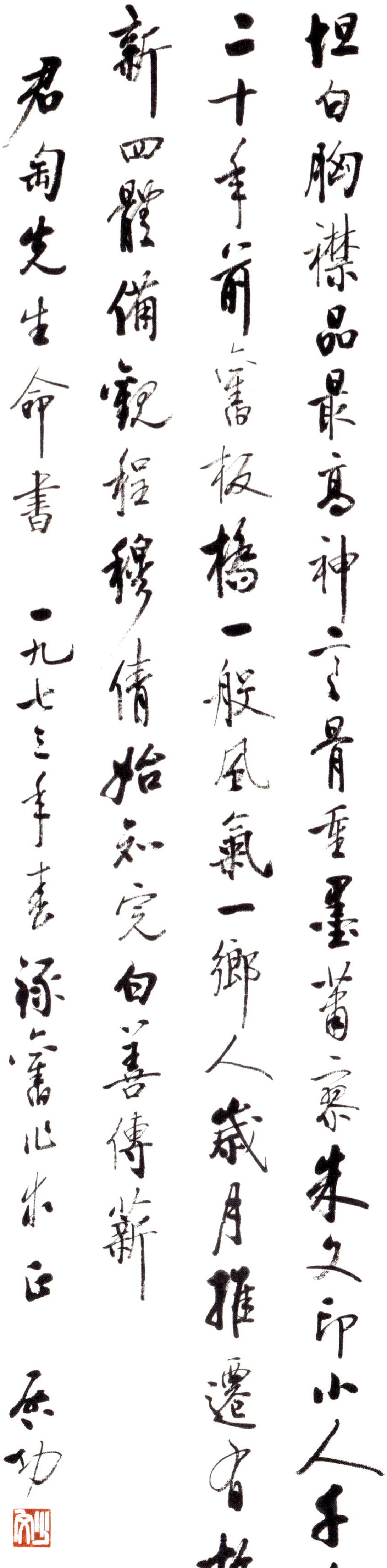

一九七三年春，启功为钱君匋书论书绝句。纵一百零二点五厘米，横二十七点五厘米，君匋艺术院藏

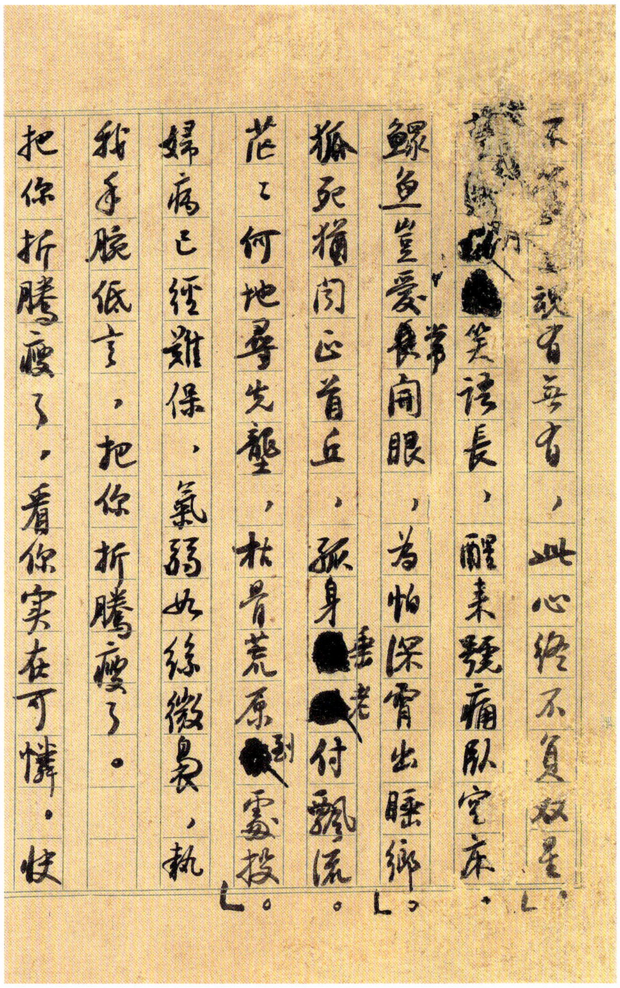

不[illegible]說有吾言，此心終不負双星。
[illegible][redacted]笑語長，醒来覺痛卧空床。
鰥魚豈愛長常開眼，為怕深宵出睡鄉。
狐死猶聞正首丘，孤身[redacted]垂[redacted]老付飄流。
茫茫何地尋先壟，枯骨荒原[redacted]到處投。
婦病已經難保，氣弱如絲微裊，執
我手腕低言，把你折騰瘦了。
把你折騰瘦了，看你实在可憐。快

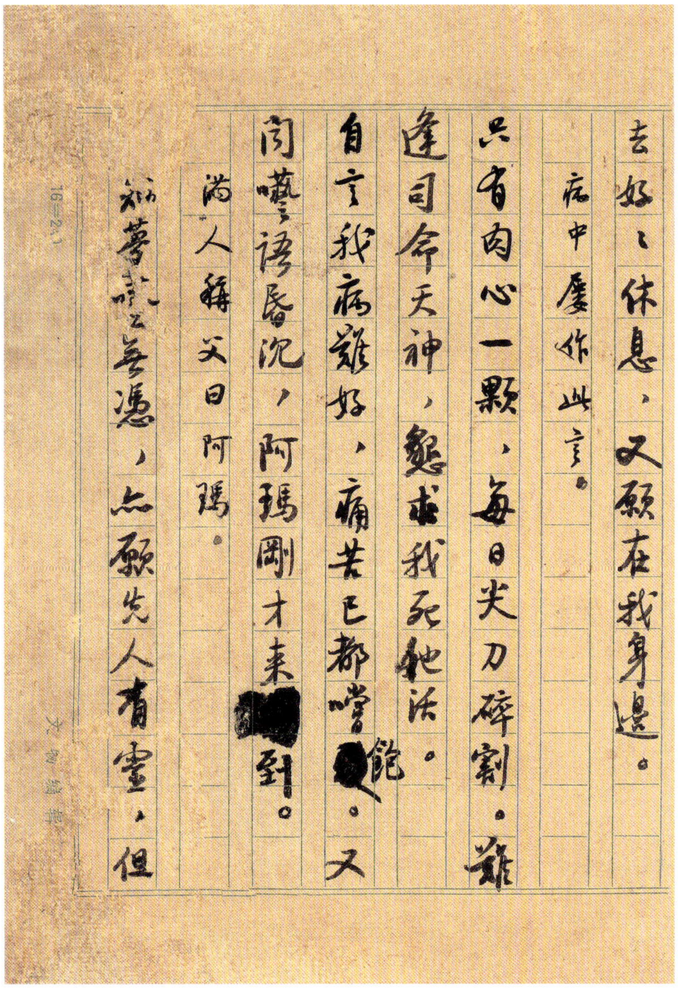

去好好休息，又願在我身邊。
病中屢作此言。
只有肉心一顆，每日尖刀碎割。難
逢司命天神，懇求我死她活。
自言我病難好，痛苦已都嘗[redacted]飽。又
聞囈語昏沉，阿瑪剛才来[redacted]到。
滿人稱父曰阿瑪。
[illegible]夢[illegible]無憑，亦願先人有靈，但

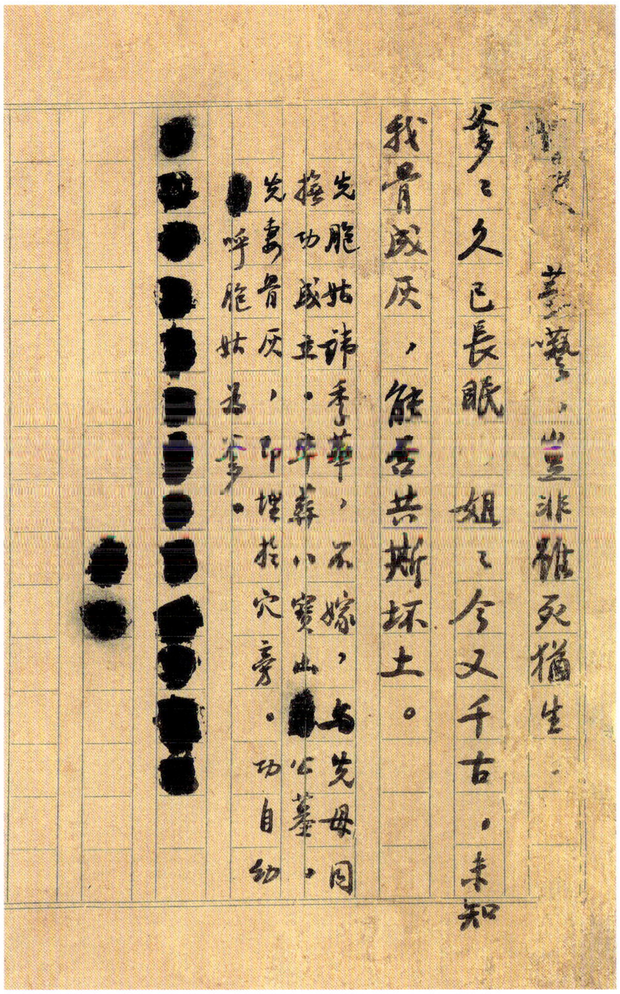

[illegible]驚，豈非雖死猶生。
爹爹久已長眠，姐姐今又千古。未知
我骨成灰，能否共斯坏土。
先胞姑諱季華，不嫁，[redacted]先母同
撫功成立。卒葬小寶山[redacted]公墓。
先妻骨灰，即埋於穴旁。功自幼
[redacted]呼胞姑為爹。
[redacted]

⑥ ⑤
⑦

一九七五年三月二十日，启功书《痛心篇》。
每页纵十八点三厘米，横十一点九厘米

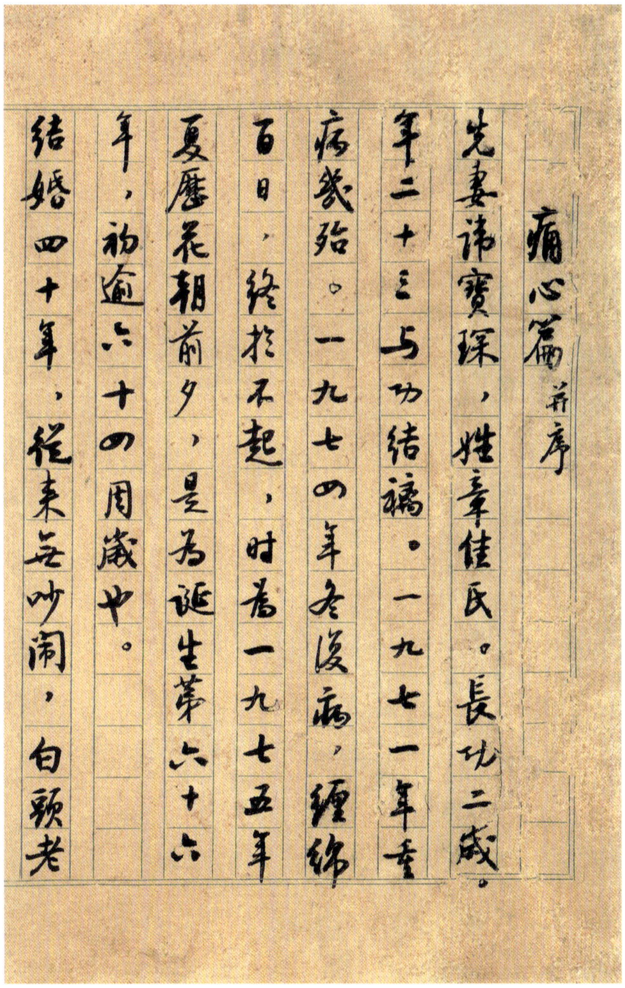

痛心篇 并序

先妻諱寶琛，姓章佳氏。長我二歲。年二十三與我结縭。一九七一年重病幾殆。一九七四年冬復病，纏綿百日，终於不起，时為一九七五年夏曆花朝前夕，是為誕生第六十六年，初逾六十四周歲也。

结婚四十年，從來無吵鬧，白頭老

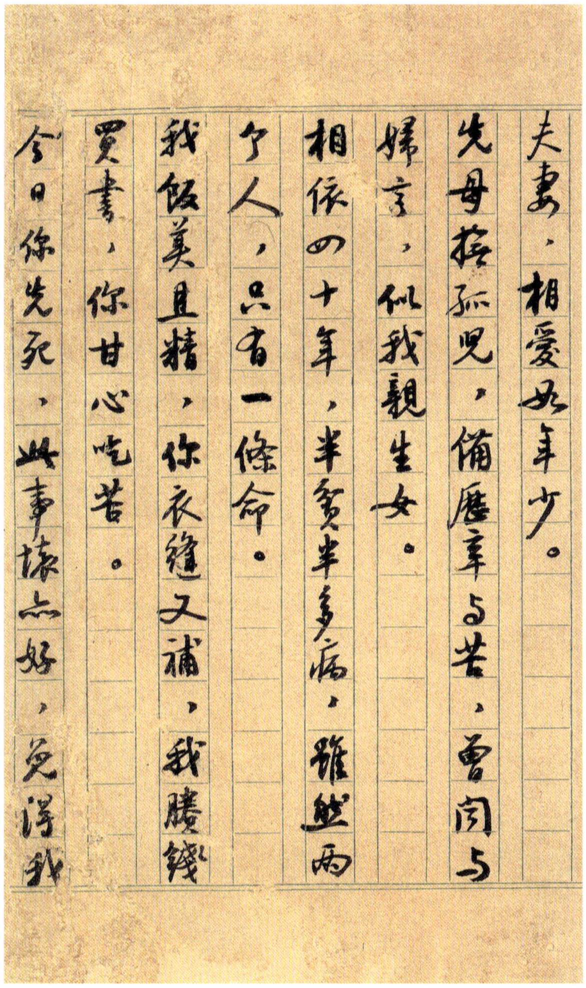

夫妻，相愛如年少。

先母撫孤兒，備歷辛與苦，曾聞與婦言，似我親生女。

相依四十年，半貧半多病，雖然兩个人，只有一條命。

我飯美且精，你衣縫又補，我賸錢買書，你甘心吃苦。

今日你先死，此事壞亦好，免得我

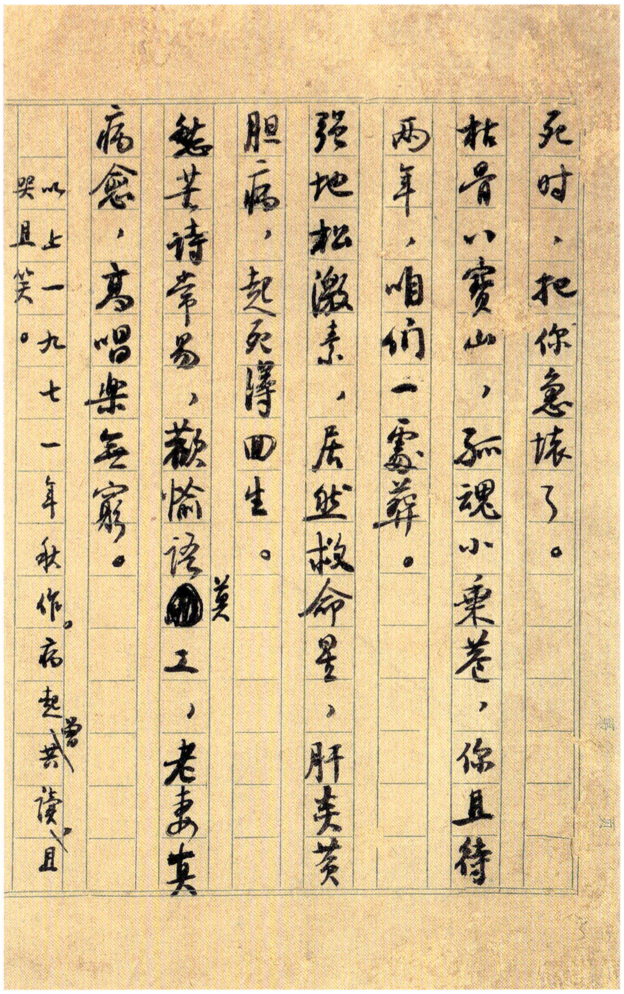

死时，把你急壞了。

枯骨八寶山，孤魂小乘巷，你且待兩年，咱们一處葬。

強地松激素，居然救命星，肝炎黄胆病，起死得回生。

能共詩常寫，歡愉讀莫工，老妻真病愈，高唱樂無窮。

以上一九七一年秋作。病起曾共讀，且哭且笑。

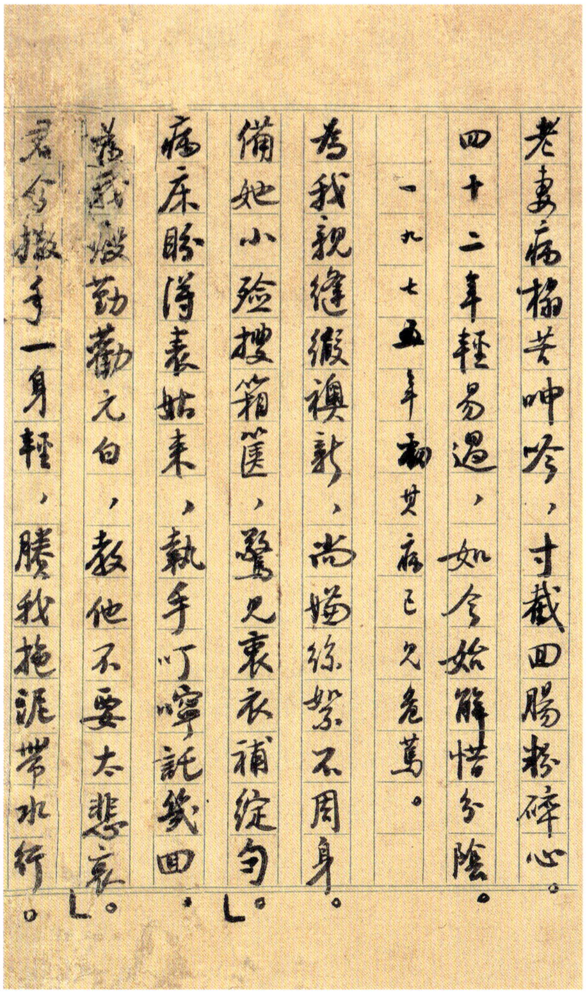

老妻病榻苦呻吟，寸截回腸粉碎心。四十二年輕易過，如今始解惜分陰。

一九七五年初妻病已久危篤。

為我親縫緞襖新，尚嫌絲絮不周身。備她小殓搜箱篋，驚見衷衣補綻勻。

病床盼得表姑來，執手叮嚀託幾回。「為我殷勤勸元白，教他不要太悲哀。」

君今撒手一身輕，賸我拖泥帶水行。

作于東甫

沁園春

检點平生，往日全非，百事無聊。
計幼時孤露，中年坎坷，如今衰
老，幻想俱拋。半世生涯，教書
賣畫，不過閒吹乞食簫。誰似我，這
有名無實，飯桶膿包。偶然弄
些蹊蹺，像博學多聞見解超。笑
左翻右找，東拼西湊，繁繁瑣瑣，絮絮
叨叨。那樣文章，人人會作，慚愧篇篇
稿費高。從此後，定收攤歇業，再
不胡抄。

沁園春　美尼尔氏综合症　中東撤

夜夢初回，地轉天旋，兩眼難睜。忽
翻腸攪肚，連嘔帶瀉，頭沉向下，腳
軟飄空，耳裏蟬嘶，漸成牛吼，最
後然推撞大鐘真要命，似這般滋
味不易形容。明朝去，找醫生服本
海拉明，乘暈寧，說腦中血管，老年
硬化，發生阻礙，失去平衡，此症稱
為美尼尔氏不足尋常，暑氣蒸

元不造化本無方，靜去飲來變
益常半年長安，轉來有腳病多
真箇厲害，王撐著氣疊出來
枉補被寄溫，藥滿床，斗室上添
新青厭鄰，猫來告的相忘

痼疾一首

一嬰痼疾幾經秋，腦似空甑
木球飛去天旋，忽地轉以來播
動復橋流隨時，茅債償還留
赤行走生，此使休多少名醫相感
窮鈍人　大患在無頭　為人作字忽然
暈倒故有腹瀉

次韻唐長孺先生見贈之作二首

片雲空谷降，搖蕩下，書卑枝
借問翁學，翊朱權標北斗詩經
白浪湧東山，當陽路，幾閱新蓮
快雨郊圻，淡著，六子最喜春回
生愛朗吟，奇句勝於裘
不論香山，居道居，權都居畔，債
茅居叢殘，稼校，墙本蔡，鑿路達
詩拈領六韻，羅習筆福，未餓殊
秘經義，戴見季，腴衰遲，暑向
期功衰疾，空傳簡札，幸

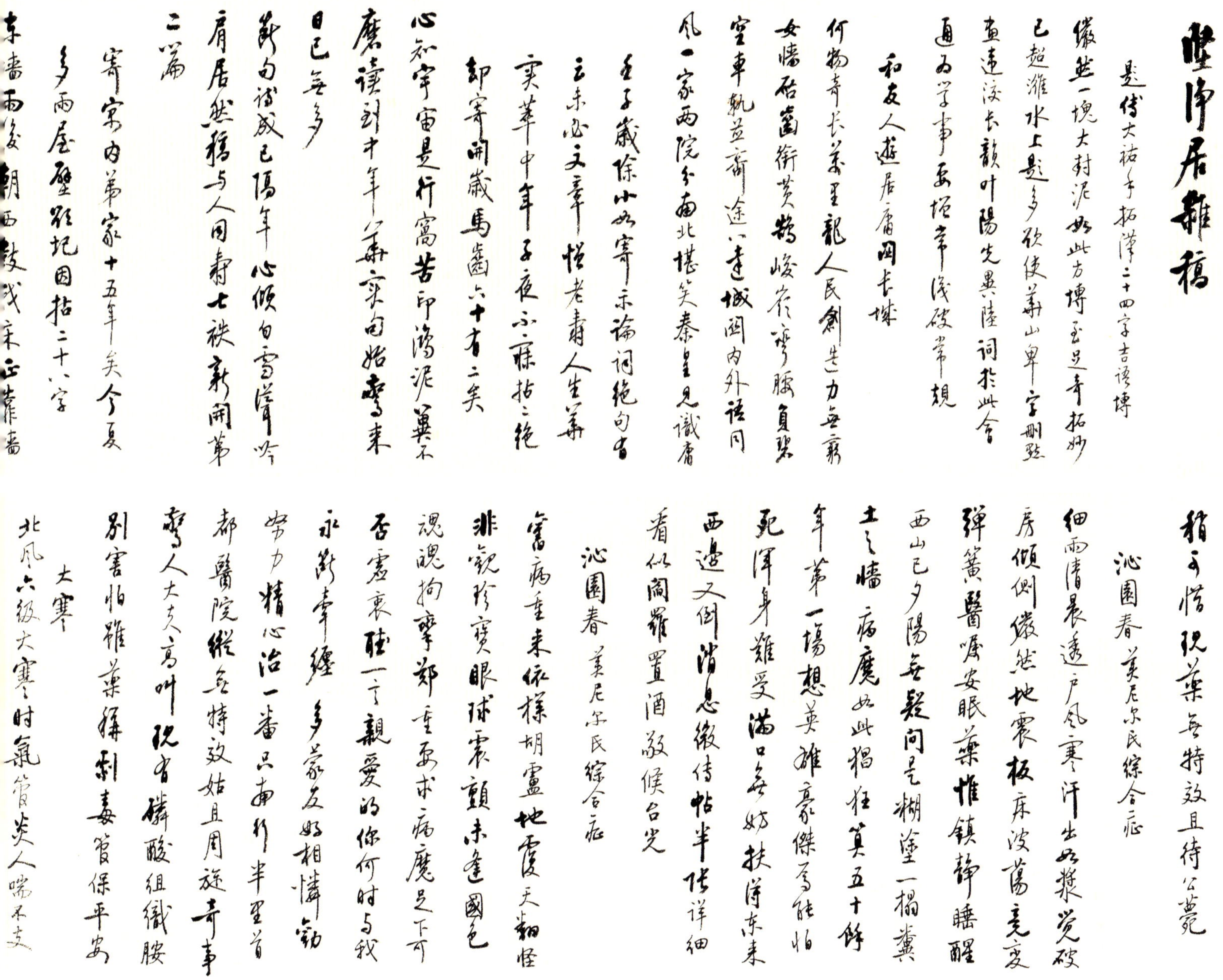

二十世纪七十年代，启功书《坚净居杂稿》。纵十九厘米，横二百一十厘米

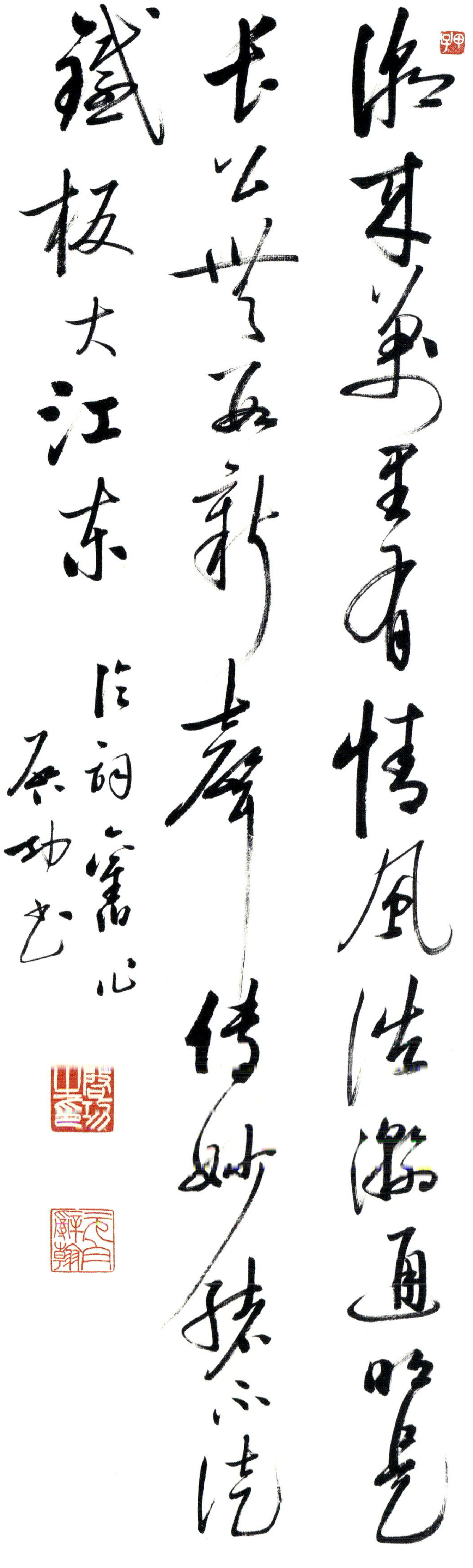

甲子（一九八四年），启功书论词绝句。纵一百零一厘米，横三十四厘米，启功家藏

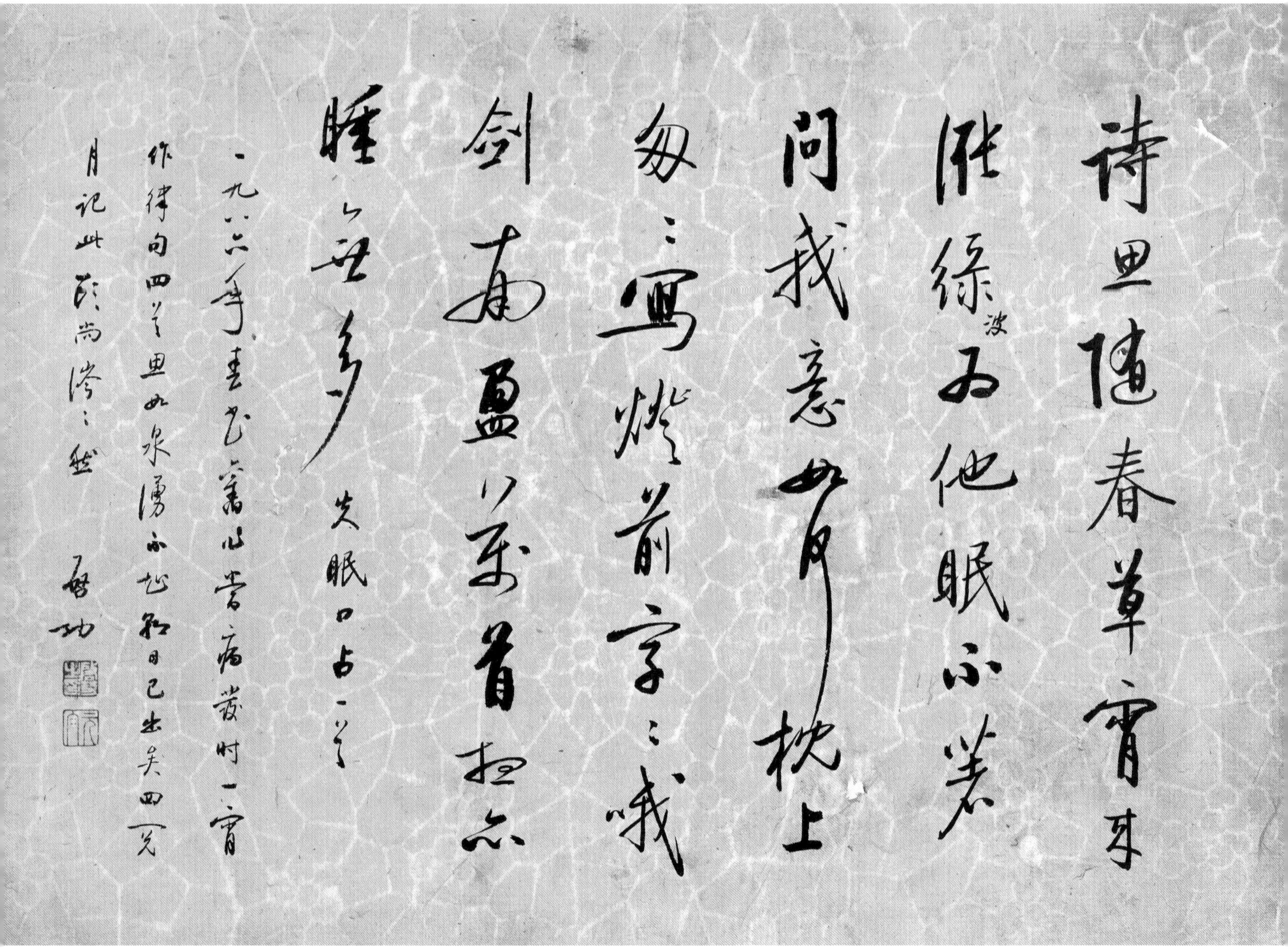

一九八六年春，启功书《失眠口占》。纵三十二厘米，横四十七点五厘米

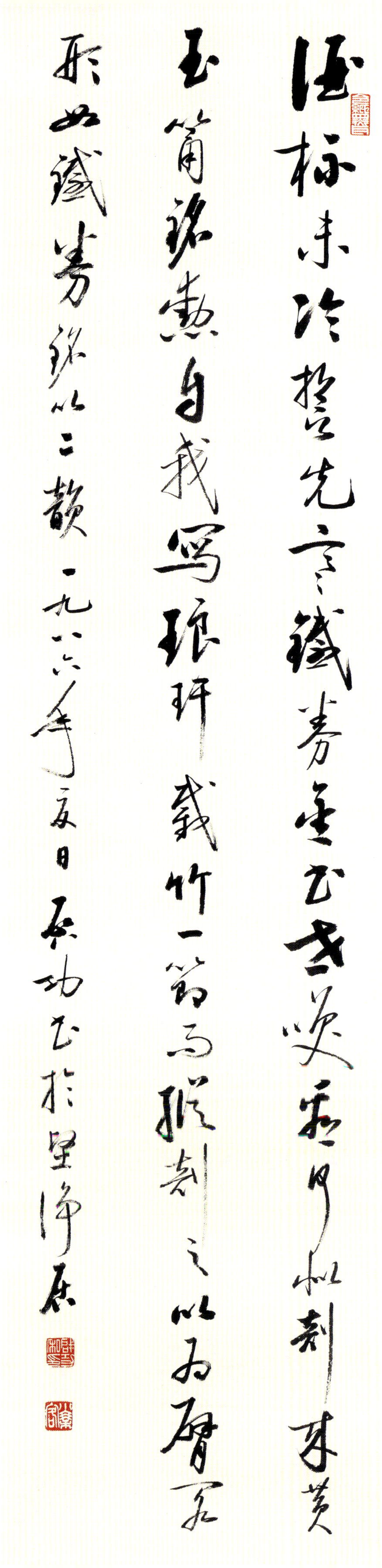

一九八六年夏日，启功书《竹臂阁铭》。纵一百三十六点五厘米，横三十四厘米，启功家藏

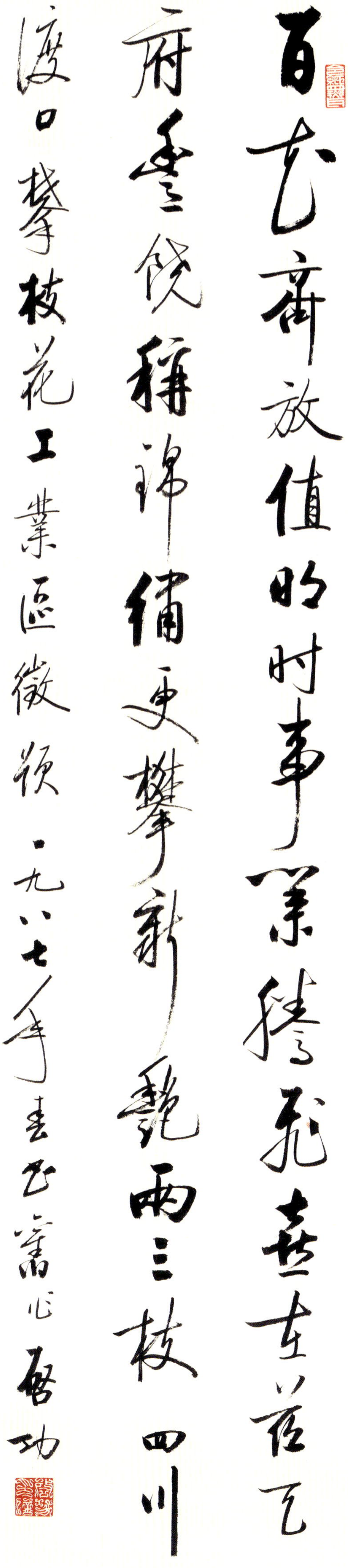

一九八七年春，启功书《四川渡口攀枝花工业区征题》。纵一百三十八厘米，横三十四点五厘米，启功家藏

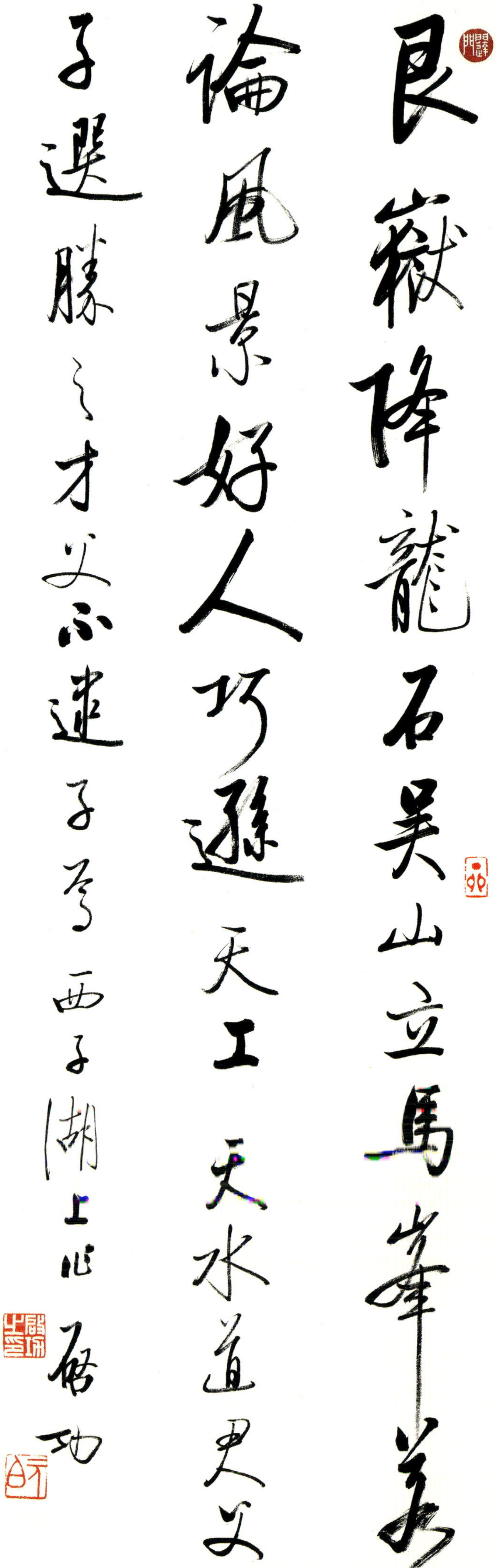

丁卯（一九八七年），启功书《兰亭集会后至西湖小住》。纵一百零一点五厘米，横三十三点五厘米

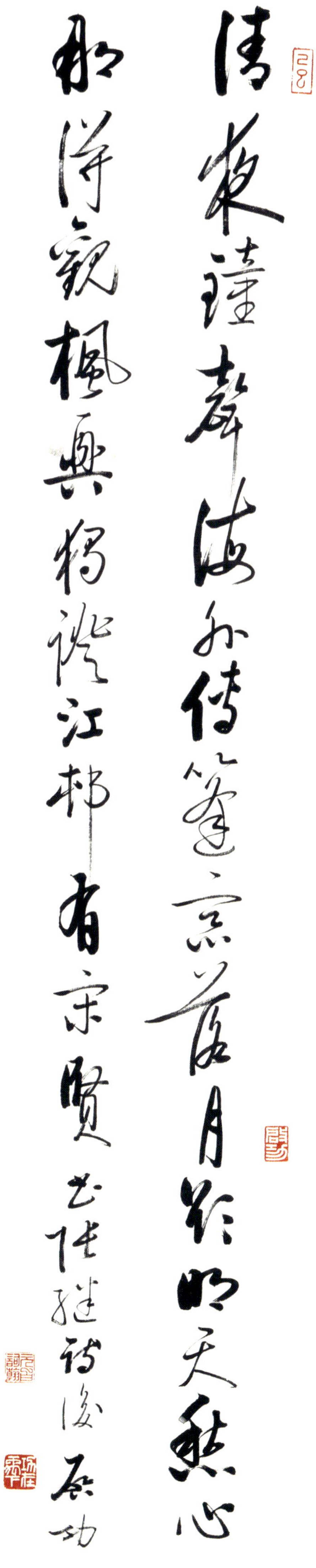

己巳（一九八九年），启功书《书张继诗后》。纵一百三十九厘米，横三十四厘米，启功家藏

米係西泠
金石維摩
小秋有石
竹壽松青

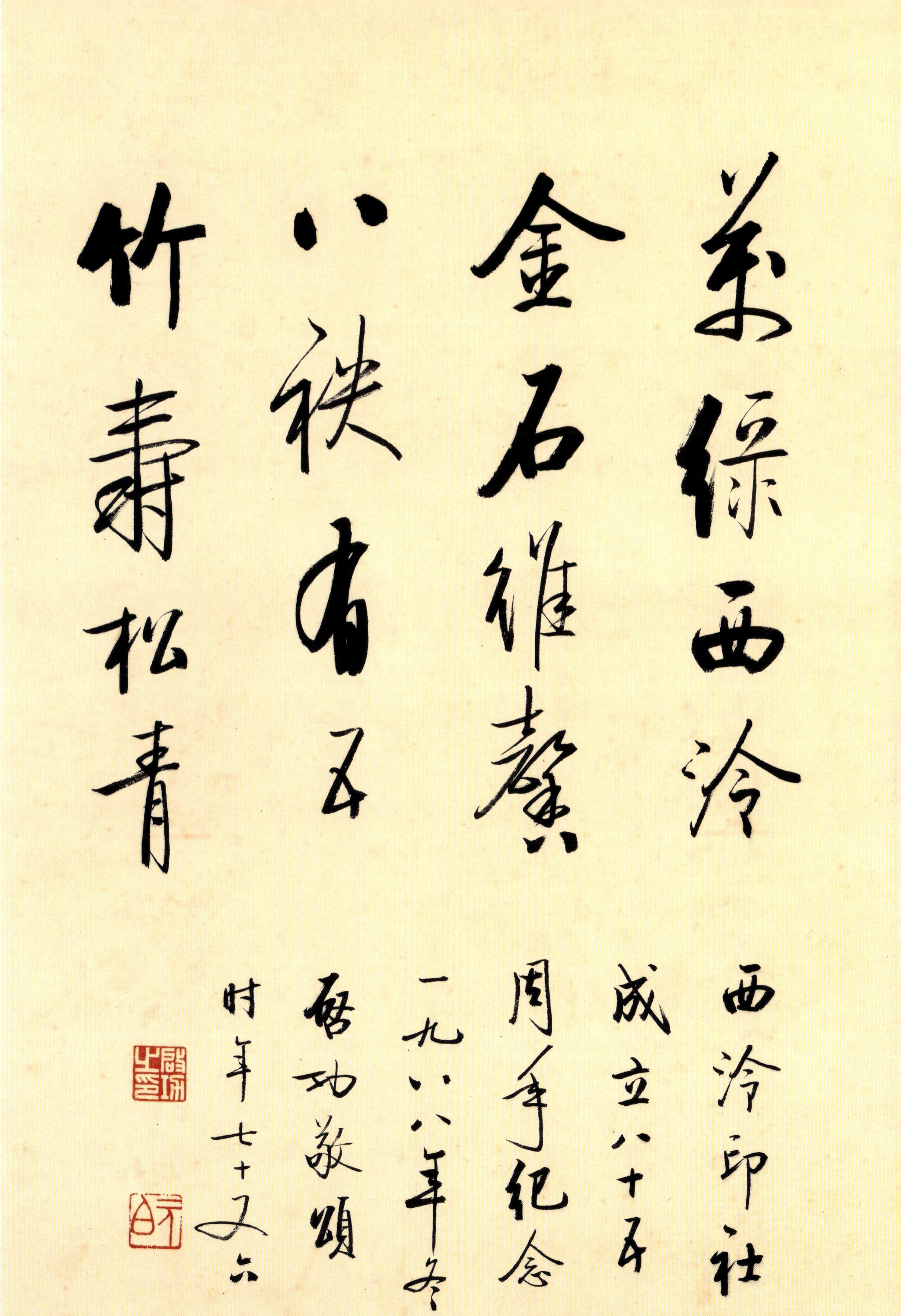

一九八八年冬，启功为西泠印社成立八十五周年书四言颂辞。纵六十八厘米，横四十五厘米，西泠印社藏

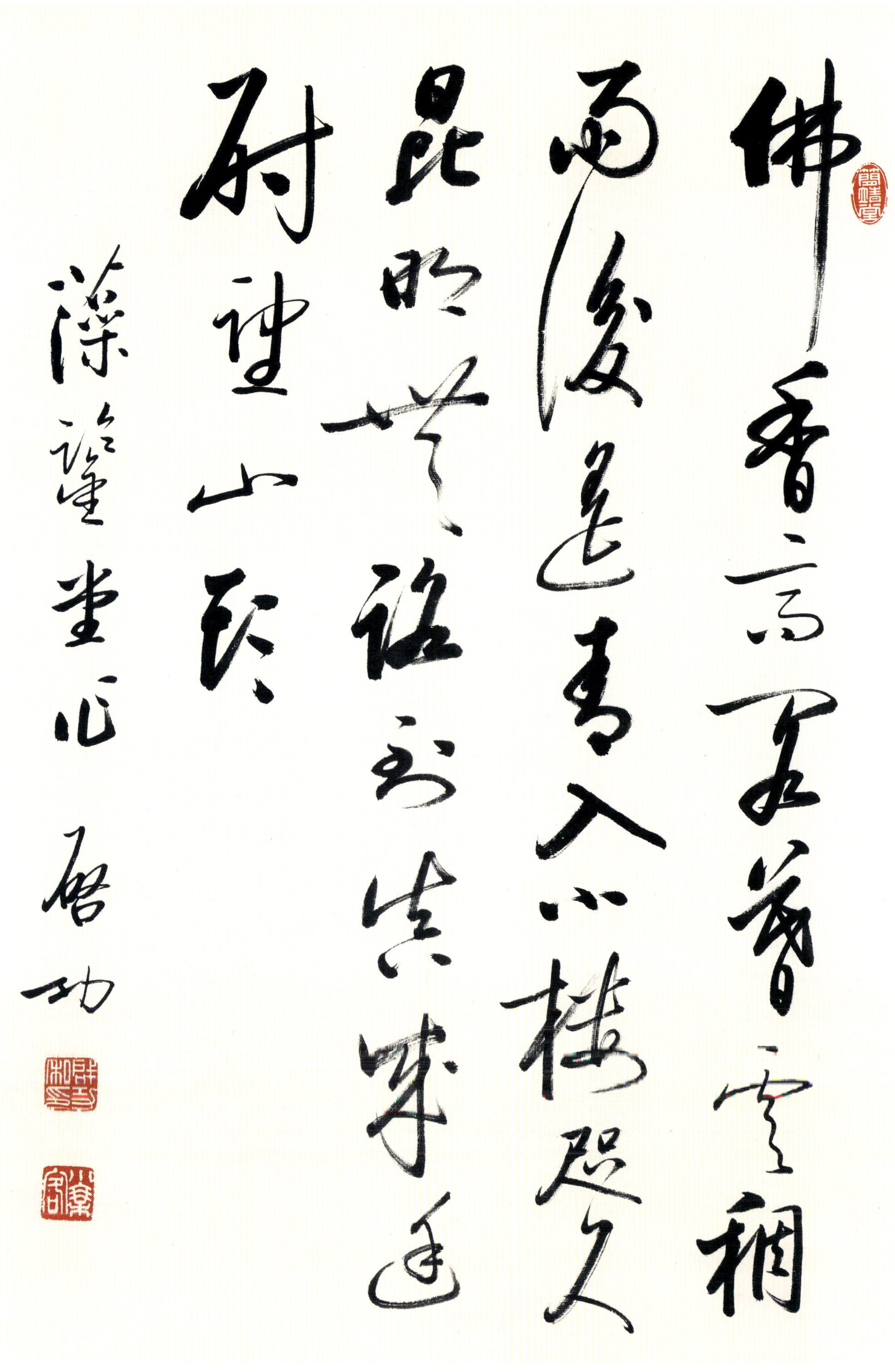

二十世纪八十年代，启功书《藻鉴堂即事》。纵六十二点五厘米，横四十三厘米，启功家藏

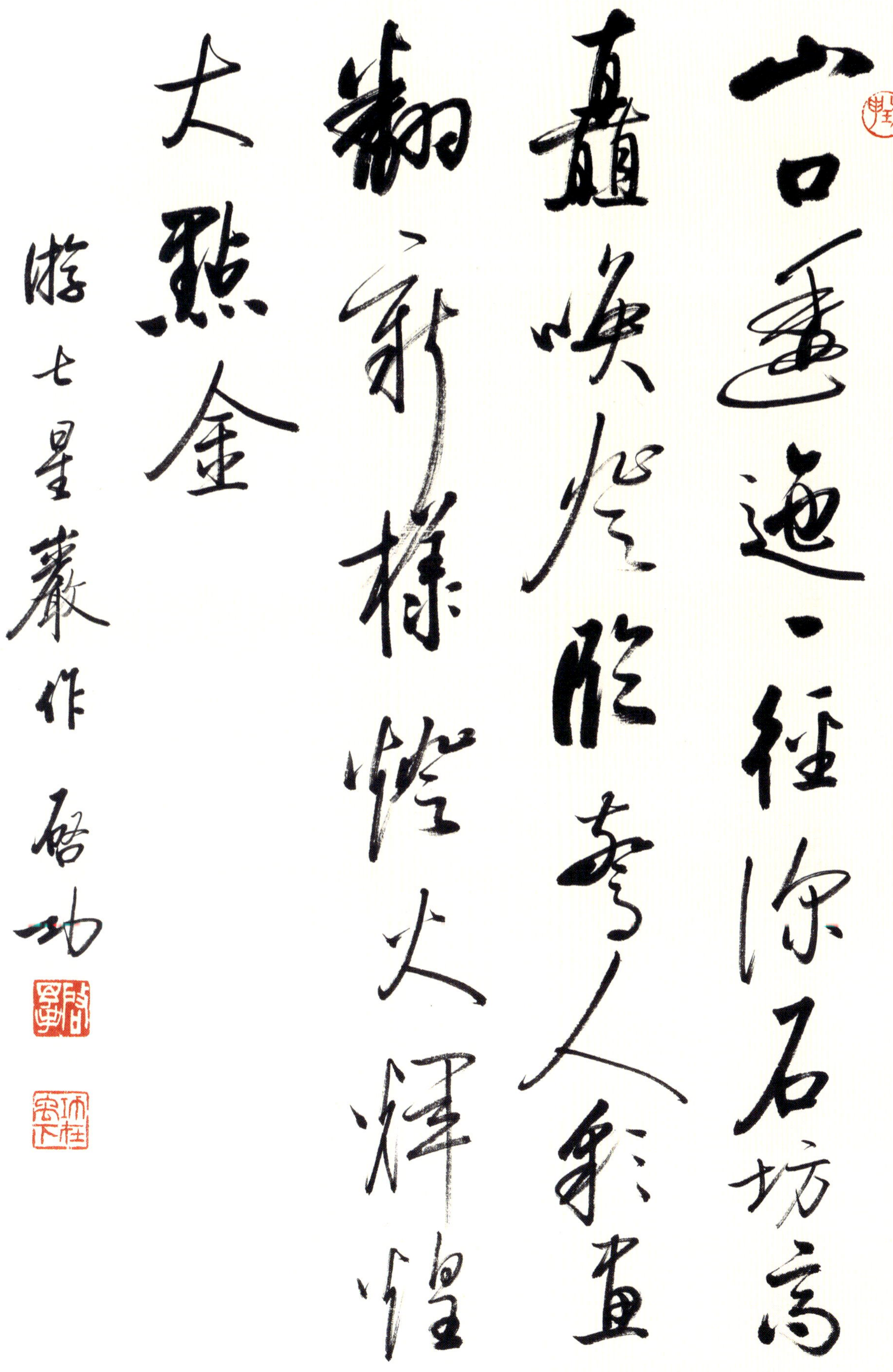

二十世纪八十年代，启功书《肇庆杂诗》。纵六十二点五厘米，横四十三厘米，启功家藏

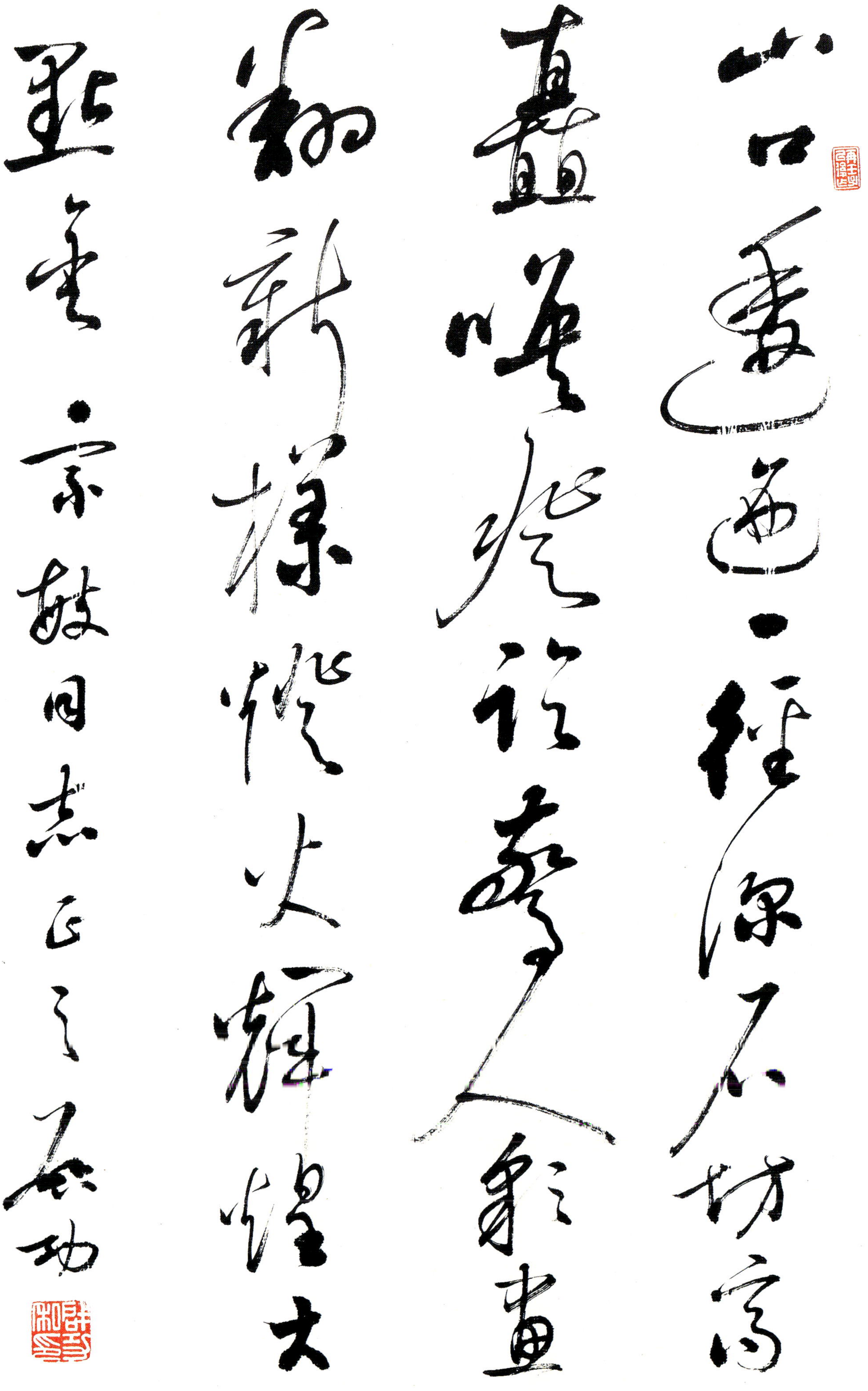

二十世纪八十年代，启功书《肇庆杂诗》。纵六十六点五厘米，横四十厘米

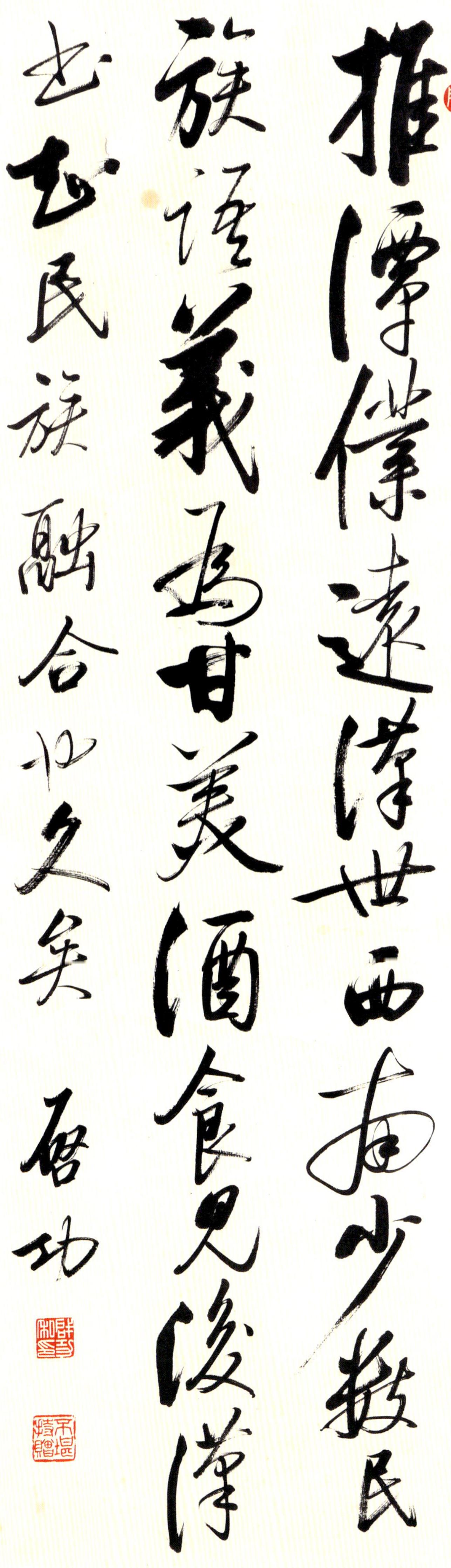

二十世纪八十年代，启功释并书“推潭仆远”句。纵一百零二厘米，横三十三厘米

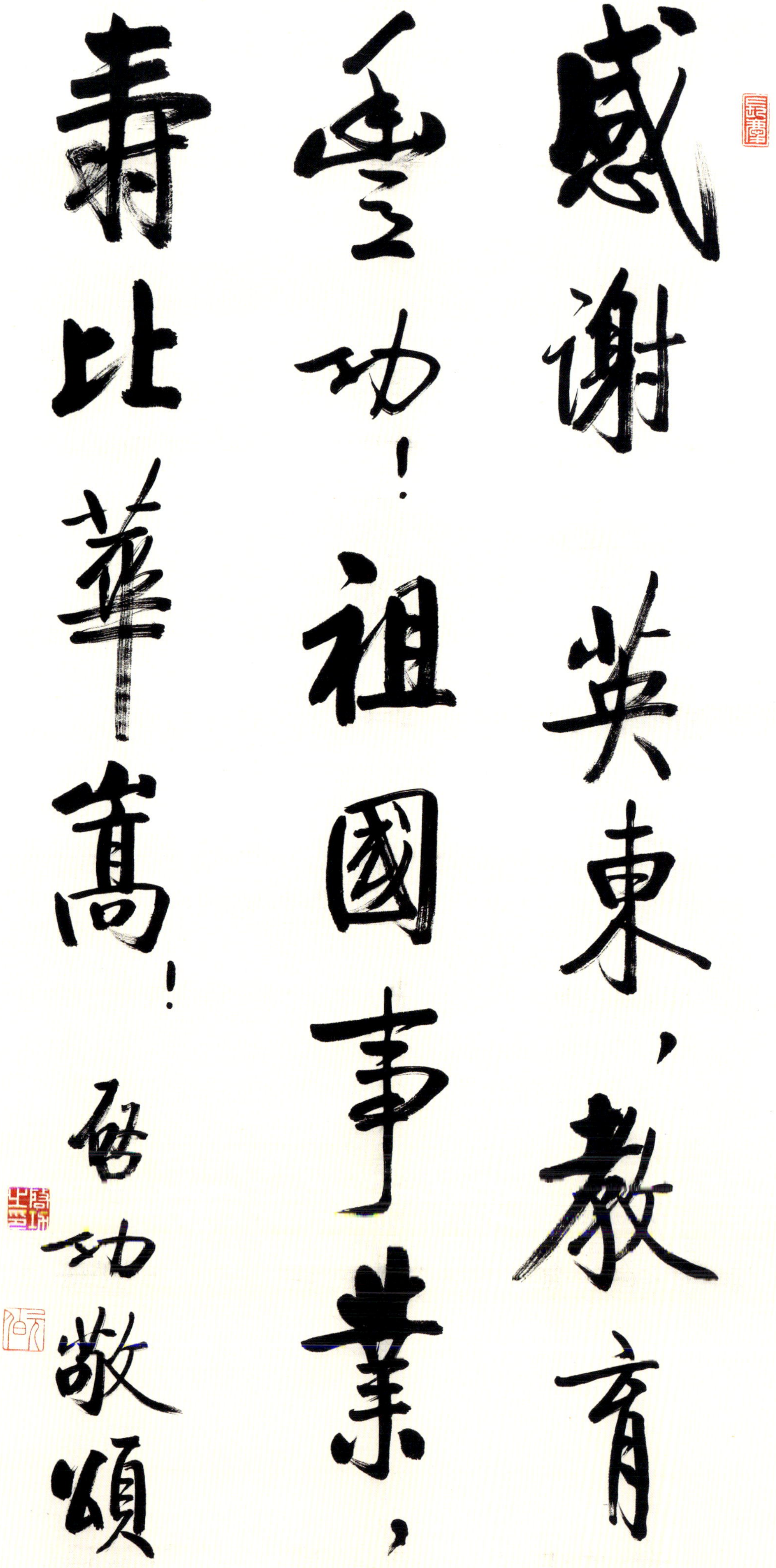

一九九〇年，启功书自作四言颂语。
纵一百三十八厘米，横六十八厘米

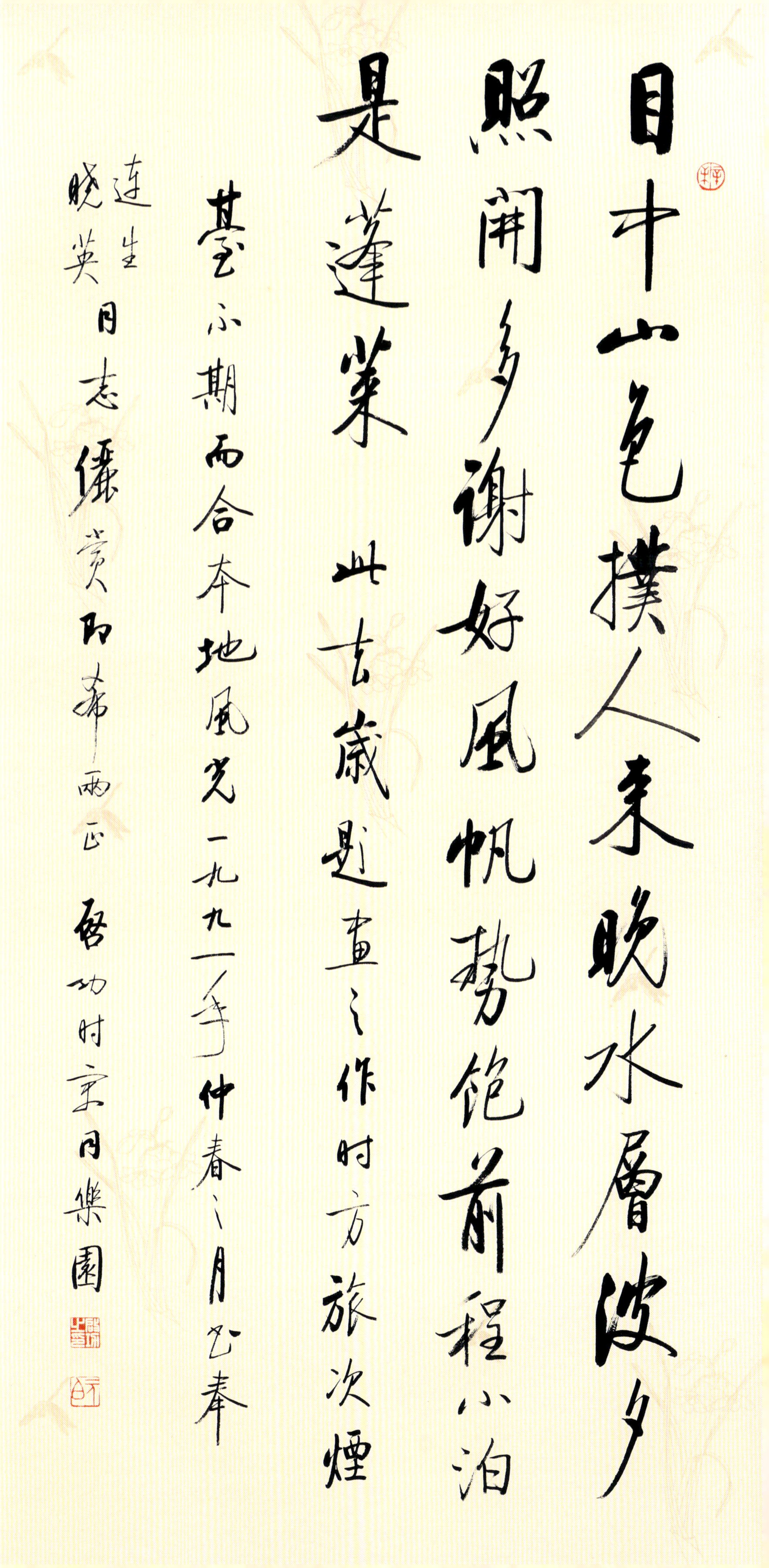

一九九一年仲春之月，启功书《题吴镜汀师画小景》。纵一百三十六点五厘米，横六十九点五厘米

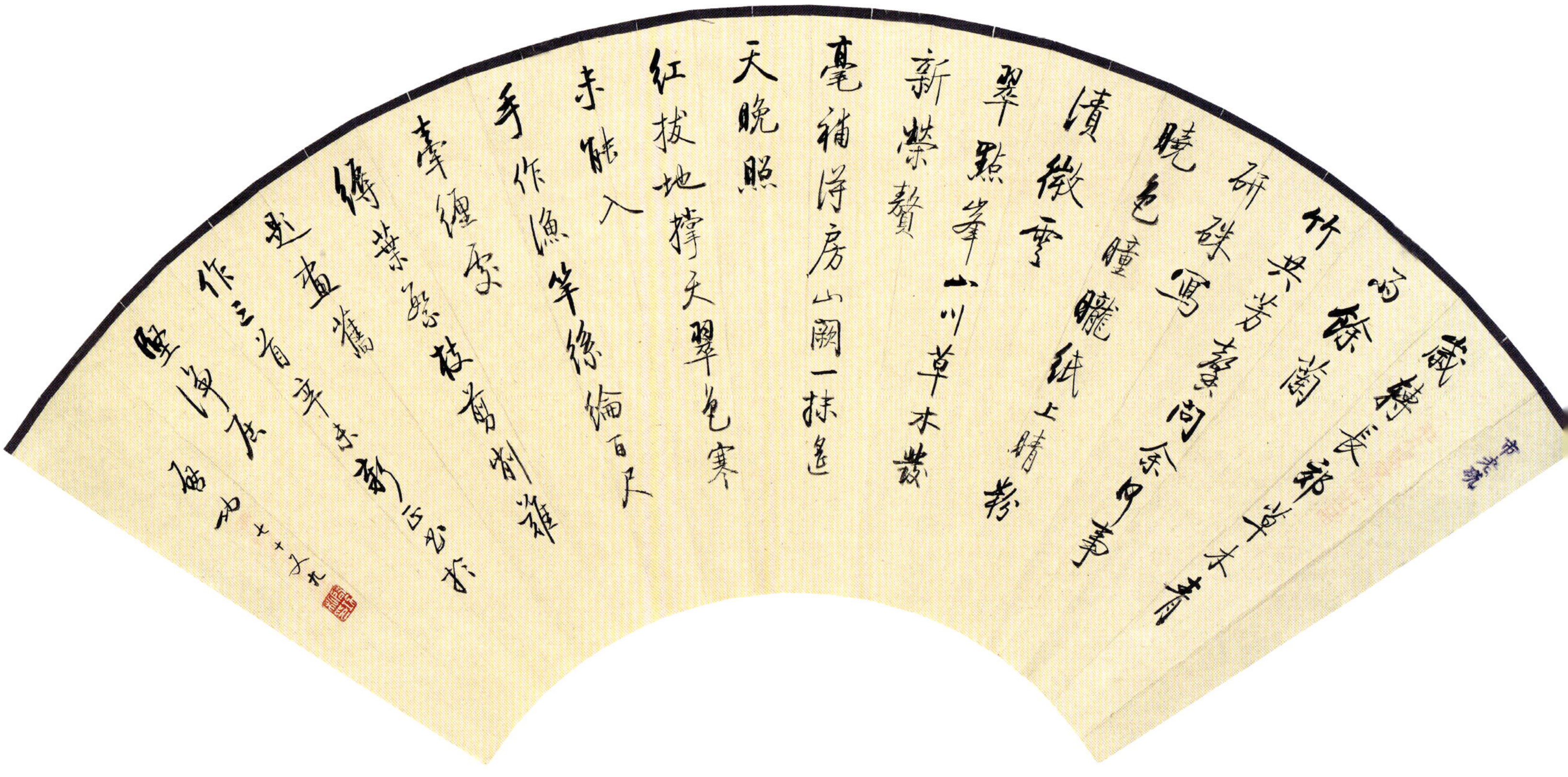

一九九一年，启功书题画旧作。纵十九厘米，横四十九厘米，启功家藏

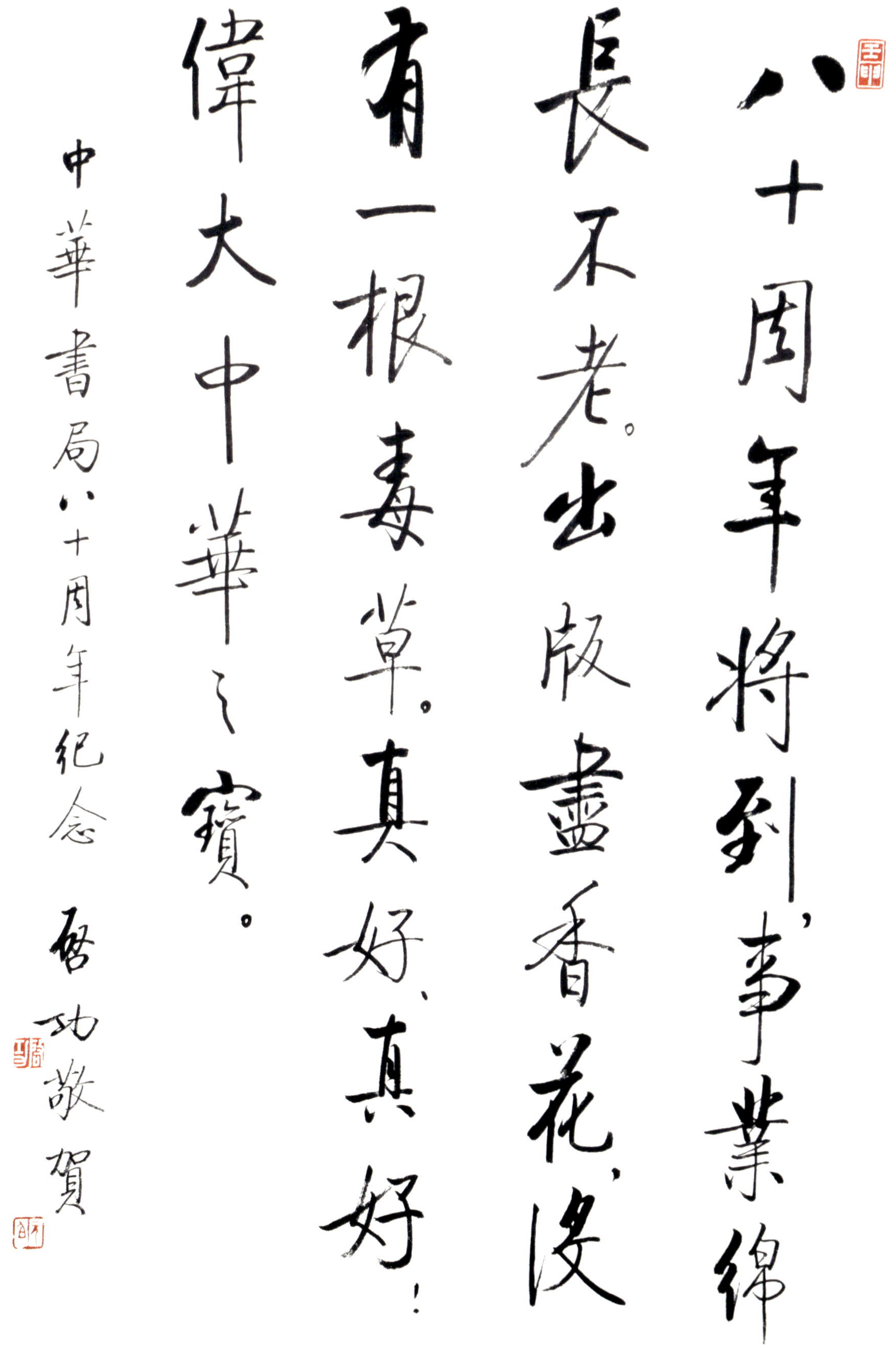

壬申（一九九二年），启功为中华书局八十周年书《如梦令》。纵六十八点五厘米，横四十四点五厘米，中华书局藏

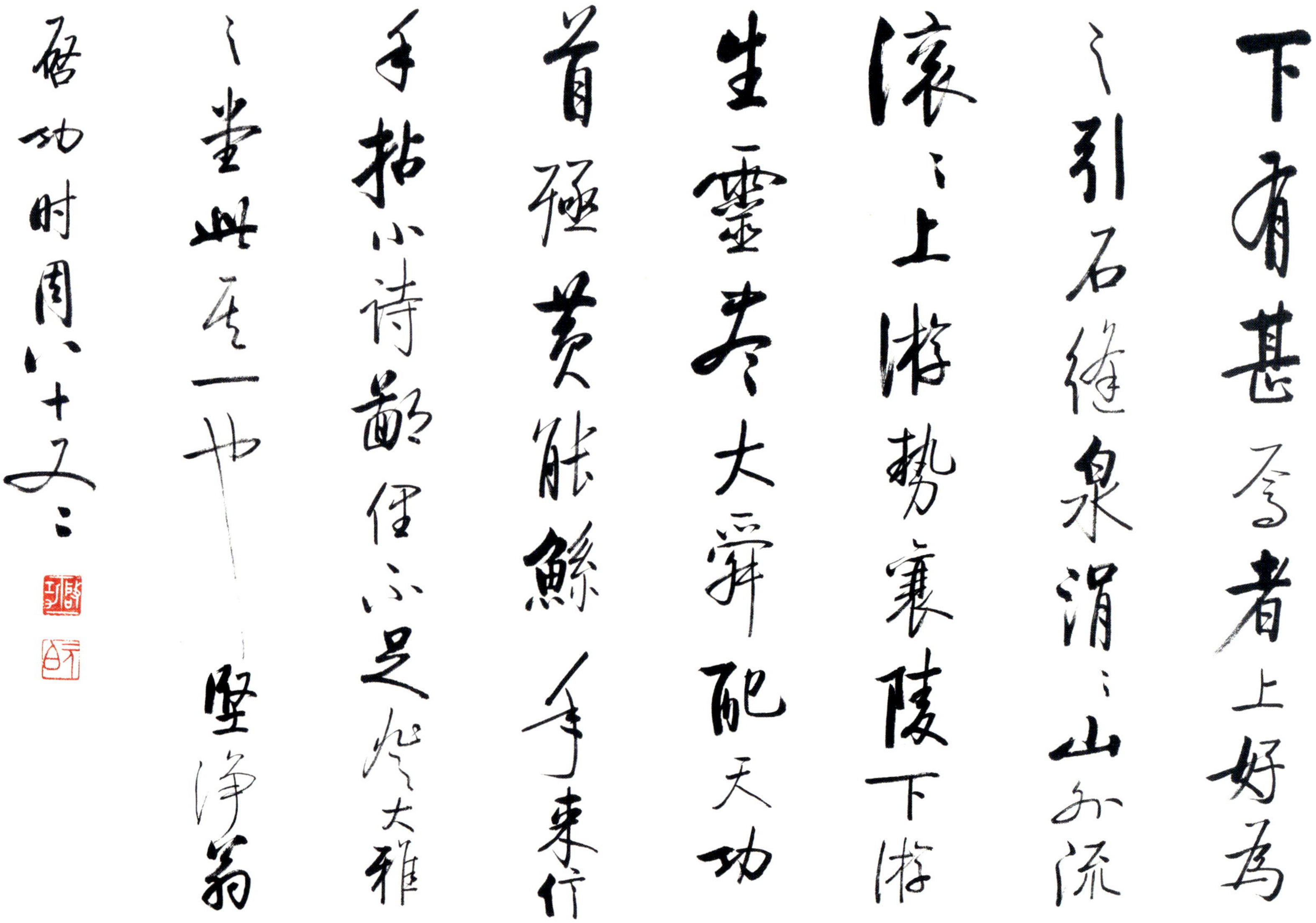

一九九四年，启功书《古诗四十首》第七首。纵六十八点五厘米，横九十八点五厘米，启功家藏

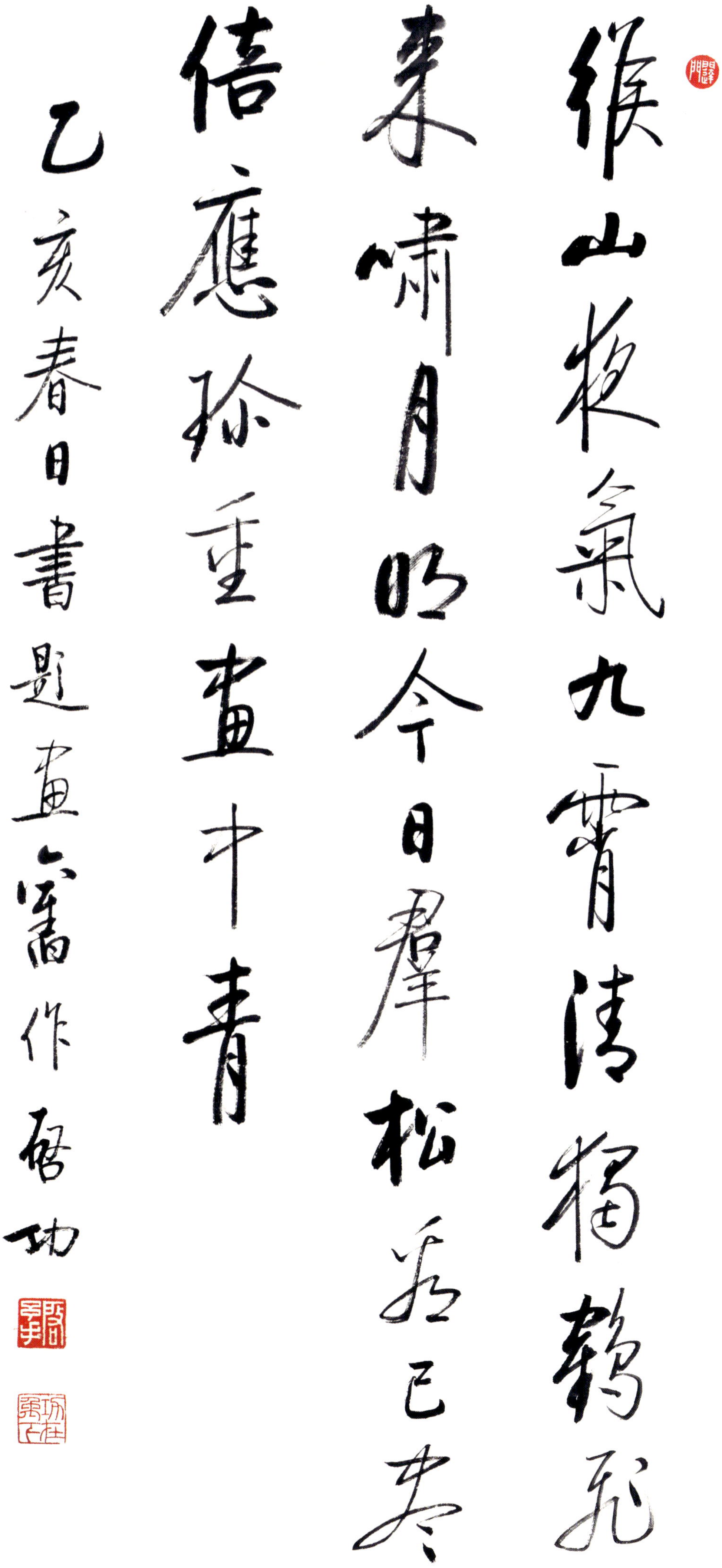

乙亥（一九九五年）春日，启功书《题缑山鹤唳图》。纵一百零二厘米，横五十一厘米，启功家藏

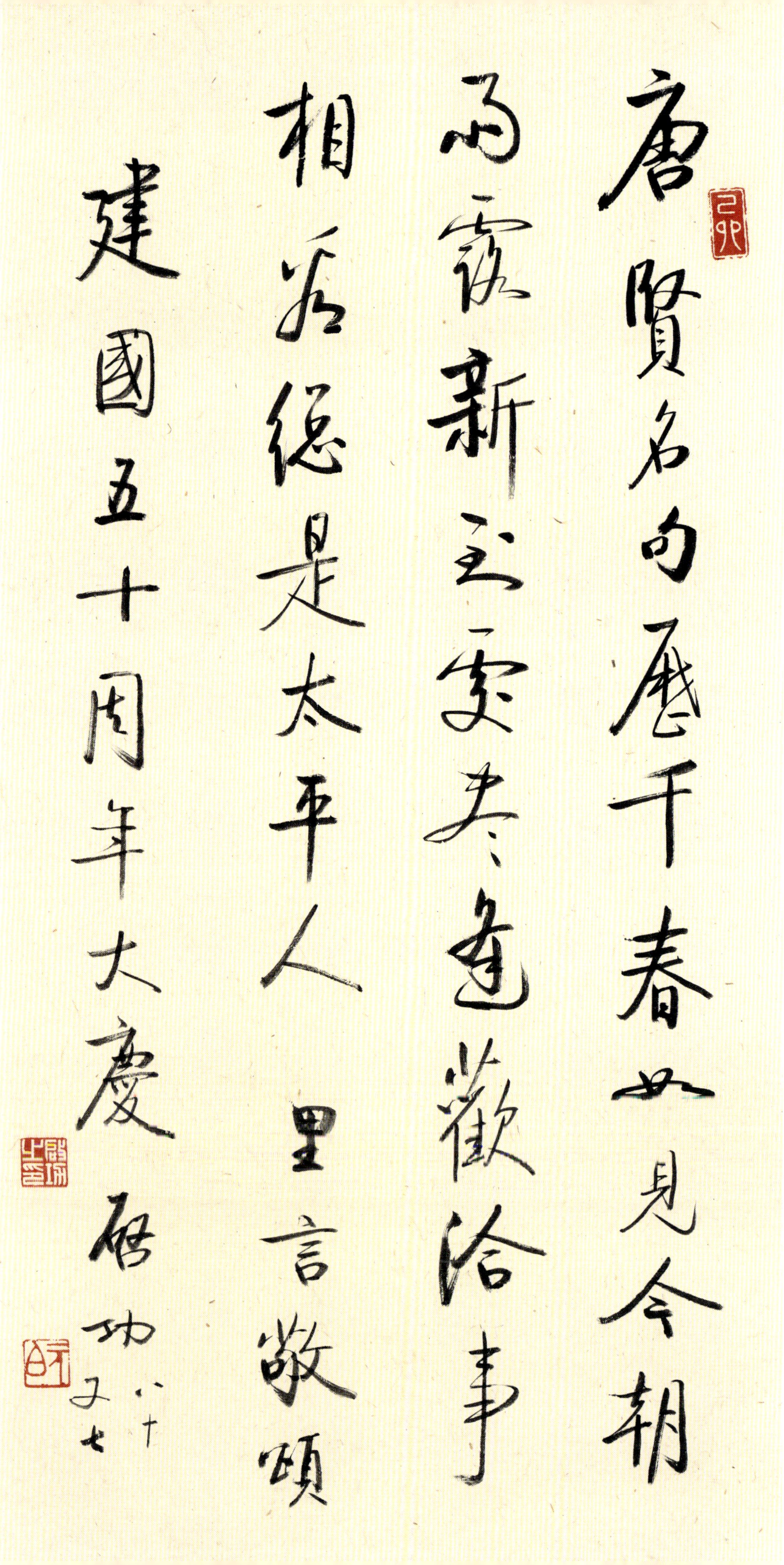

己卯（一九九九年），启功书《建国五十周年大庆》。纵八十五厘米，横四十三厘米，启功家藏

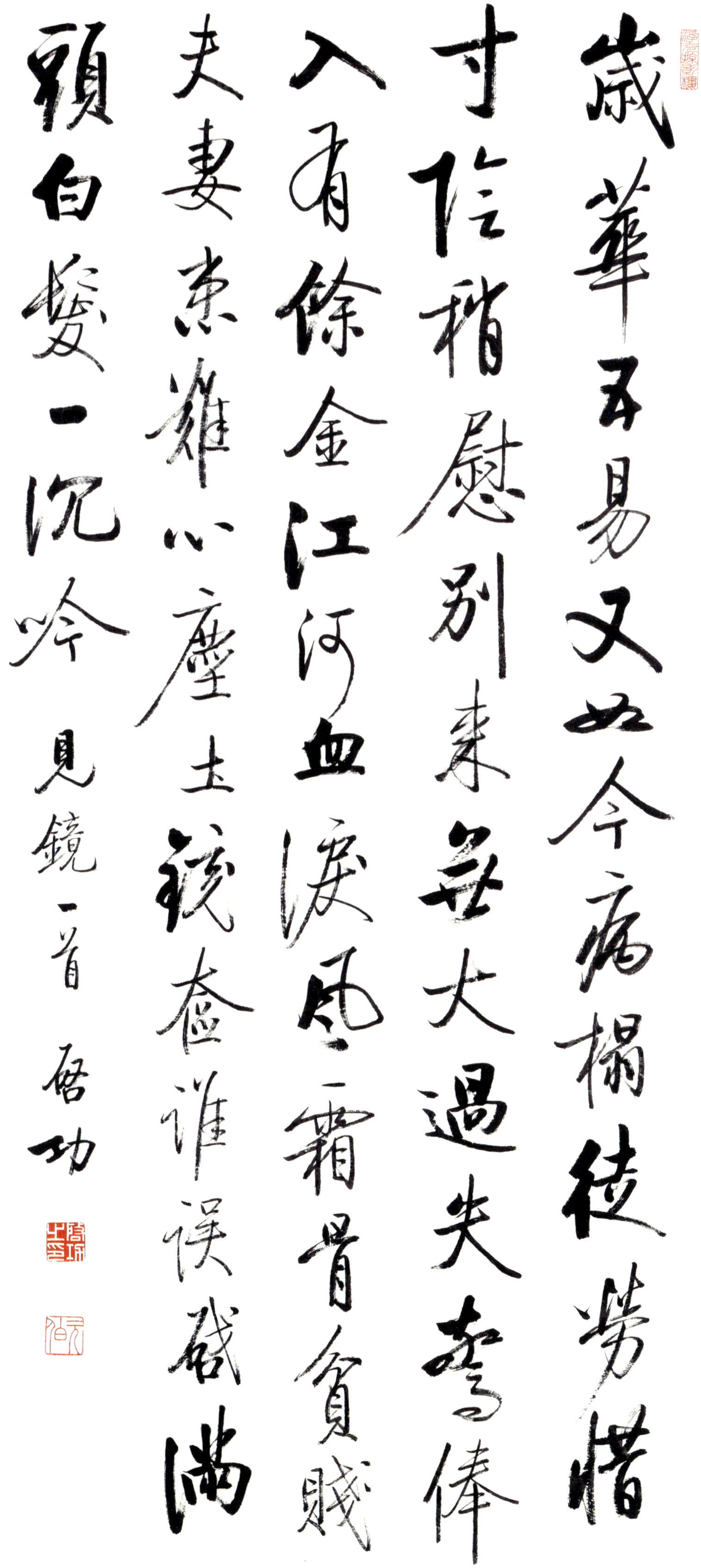

二十世纪九十年代，启功书《见镜一首，时庚申上元，先妻逝世将届五周矣》。纵一百三十五厘米，横六十四厘米，启功家藏

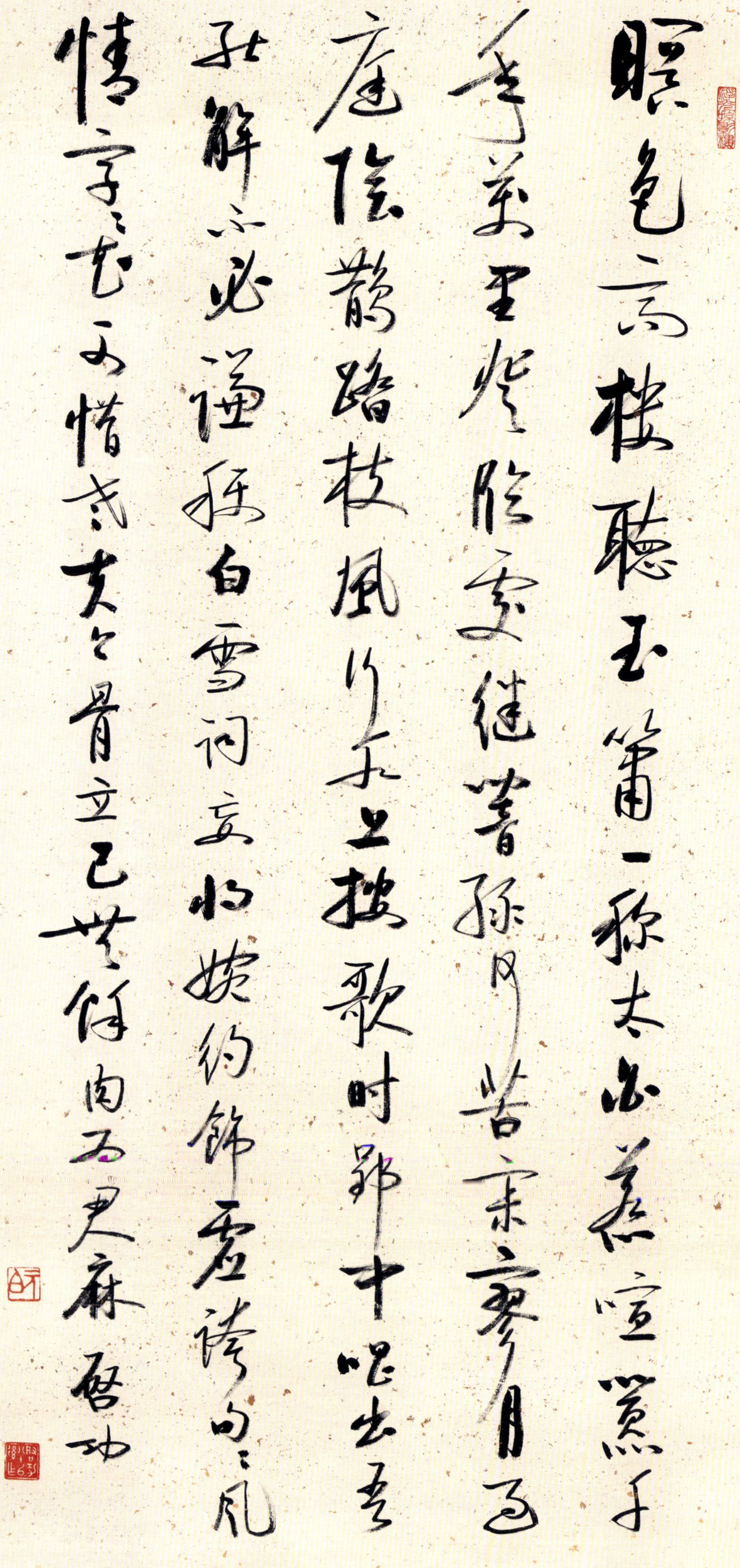

二十世纪九十年代，启功书论词绝句。纵一百三十三厘米，横六十五点五厘米，启功家藏

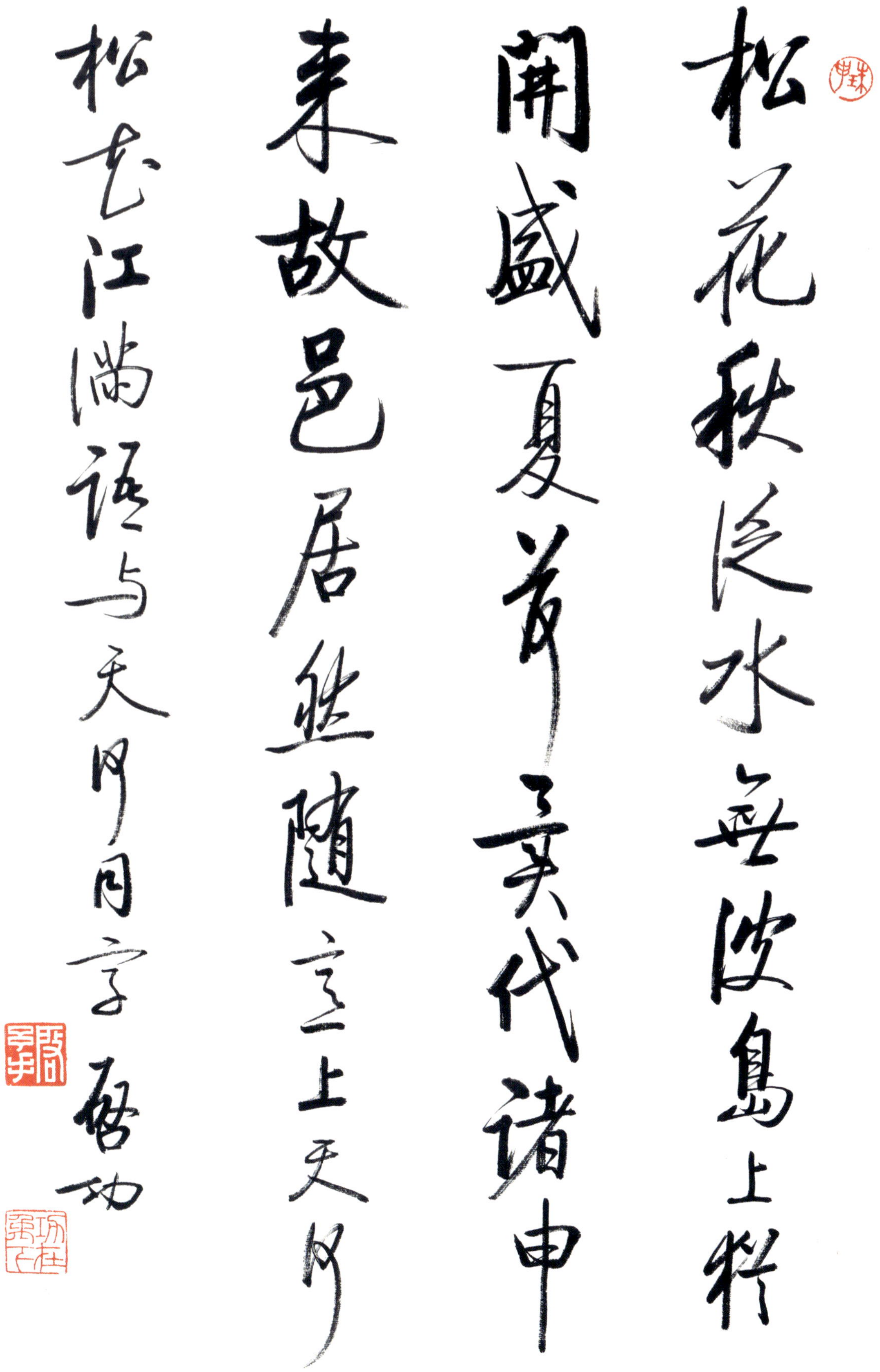

二十世纪九十年代，启功书自作七言诗。纵六十九厘米，横四十八点五厘米，启功家藏

二十世纪九十年代，启功书《题画兰竹》。纵二十三厘米，横六十厘米，启功家藏

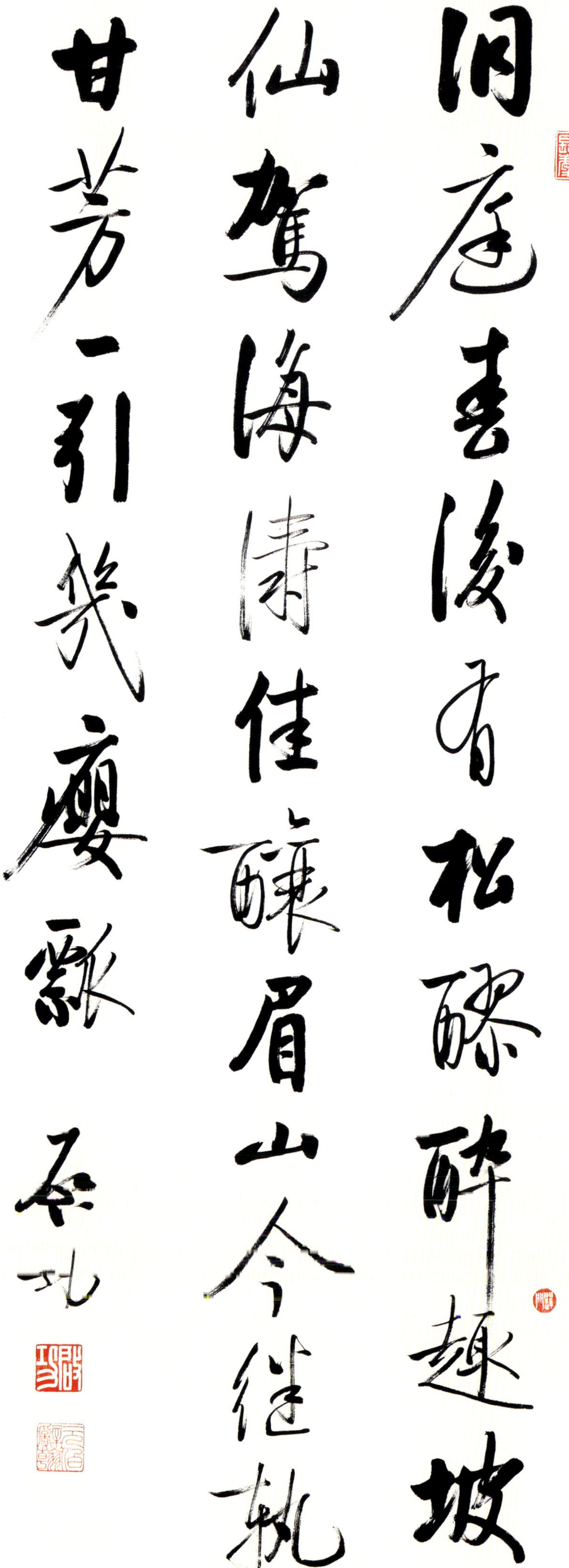

二十世纪九十年代，启功书《赞古营特酿》。纵一百四十二厘米，横五十六厘米

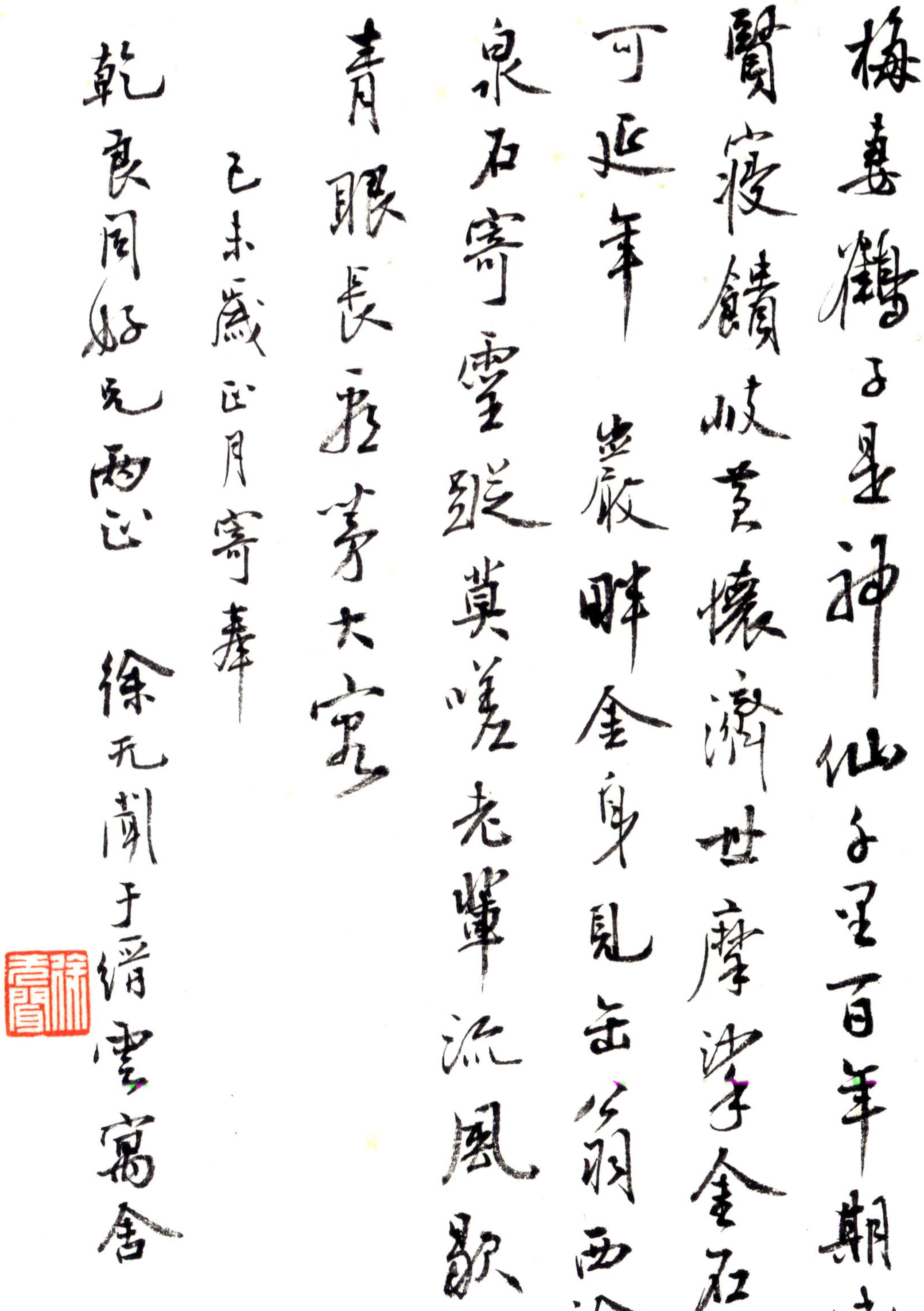

己未（一九七九年）岁正月，徐无闻书自作七言诗。纵二十三厘米，横十七厘米

笔墨迹

元树八十八岁

一九六三年八月，刘元树（右二）、徐无闻（左二）在苏州虎丘，时在上海同谒沈尹默前后

己未（一九七九年），徐无闻为刘元树书《华山纪游十首》。二〇一九年，刘元树题引首。刘元树与徐无闻为大学同窗，一九五五年七月—九月，分别以“箭鸣”“千禾”为笔名，合写《试谈鲁迅小说研究中的一些问题》，次年四次发表。引首纵二十二厘米，横七十二点九厘米。本幅纵二十二厘米，横一百三十五厘米。

松自青絕壁二仙非耶似道旁
野老賣黃精
從青柯坪望西峰陡壁間有黃白
色石文俗謂和合二仙余諦視良
久絕不似也
鬚張筆底幻雲煙險絕奇
蹤豈世間人見蒼龍石上字方
知畫本是真山
蒼龍嶺道旁刻草隸大字一行云
張善子大千兄弟來游
條上天梯膽不寒雙扶鐵練
自心安東峯彩出斧劈衝

華山紀遊十首

己未六月與資陽吳尊光兄自
京還蜀途經華山作一日之游

亂石嶙峋山欲合唯留小徑澗溪通
溪聲聒我廣長舌試度行雲
險處峯

循名空見斷垣積千載琳宮一
旦摧笑謂山靈休怨語人間是
處有秦灰

山中祠宇多毀于十餘年前

亭午蓮峯題石屋且觀墨
妙聽松風松間石秀堪題
句留待他年細味窮

午憩蓮花峯頂出囊中周汝昌先生
詩翰共賞因自攜細味道人

來畏山高去惜低山光無限夕
陽西羣峯隨步俱頷首似
許殷勤訂後期
去畏風有石山約西嶺今同
印雪泥信是緣慳偶一合白
頭應憶此行奇

張善孖大千兄弟來遊

緣上天梯腰不寒雙扶鐵練
自心安乘筆來出斧劈皴
雲表揮汗凝神仔細看
鴻濛大火鑄乾坤直湧蓮
花萬丈崖峻極梁難尊白
帝淡之華夏寄精魂

蓮花峯頂有近人刻民族本色四字

振衣長嘯立峯巔浩蕩關
河一望收無際平疇天外展
黎民巧繡古神州

堇王奪嬙奄、八荒役民渡蜀伐
楠樟倒遞山洪逢江游萬里外來
作棟梁大匠惜才歎奇偉精
思不負造物美不雕繪不髹漆
韶護既陳眾音靡靡楠在深山
固自樂雖遭斤斧心非災杜陵
寄歎難書用觀此歡顏或一開
近作俚句錄寄
前鳴先生契教之 无悶稿

印雪泥作些条商偶一合白
頭應憶也行奇

長陵楠柱行

日照琉璃金碧燦天壽山前長
陵殿五洲士女馳車來殿中楠
柱世稀見遊人合抱不周圍仰穿
藻井欲摩天縱横八四森然列
元凱廚俊肅朝班楠生深山歷
太古風拂雨潤陽光煦清香通
體葉長青文彩鳳凰展小事

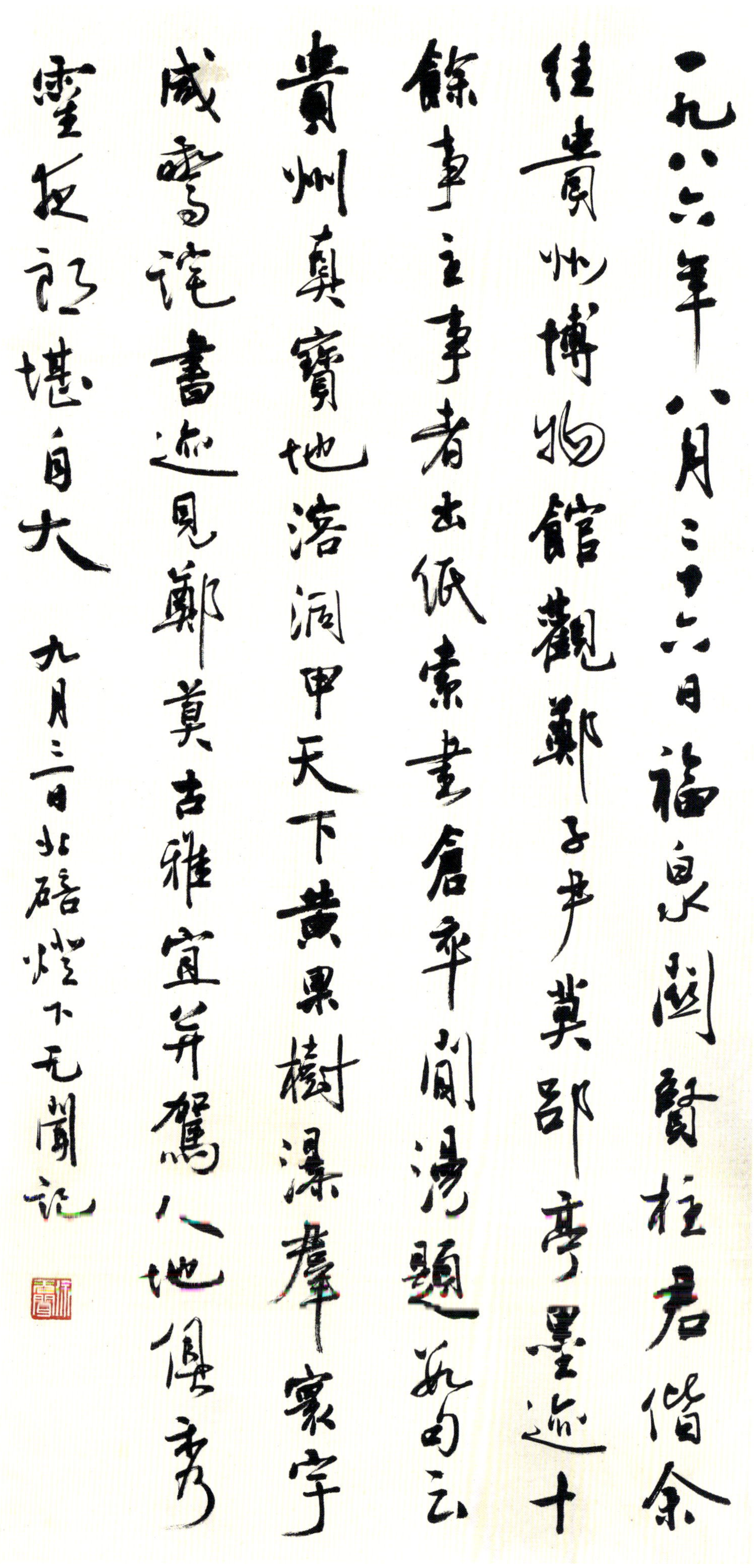

一九八六年九月三日，徐无闻书《贵州博物馆题留》。纵九十一厘米，横四十六厘米，徐无闻家藏

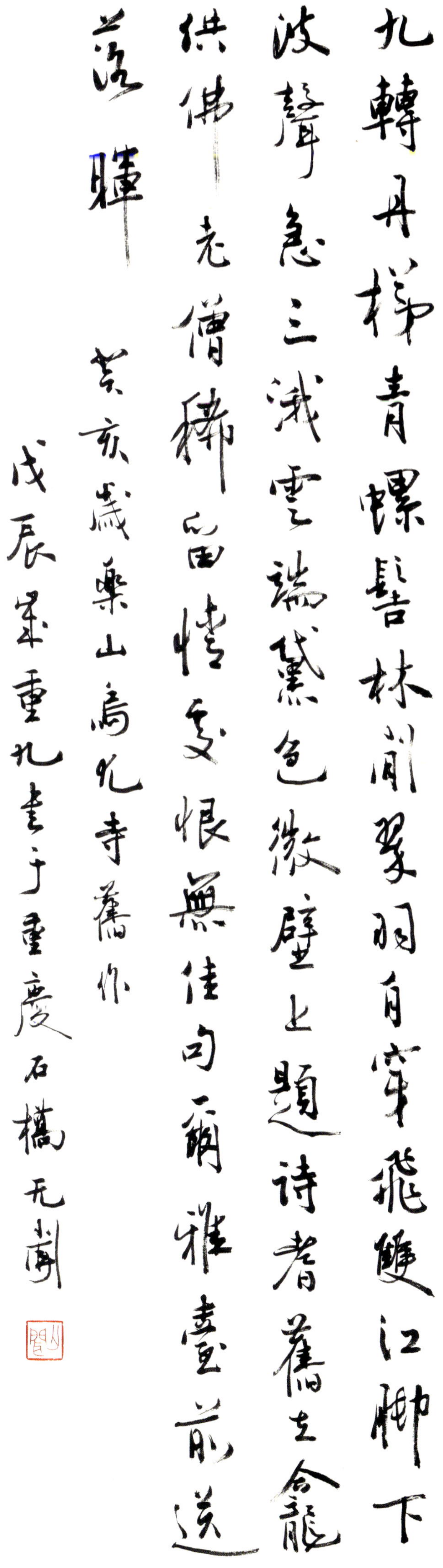

戊辰（一九八八年）岁重九，徐无闻书《癸亥（一九八三年）岁乐山乌尤寺旧作》。纵一百零五厘米，横三十四厘米，徐无闻家藏

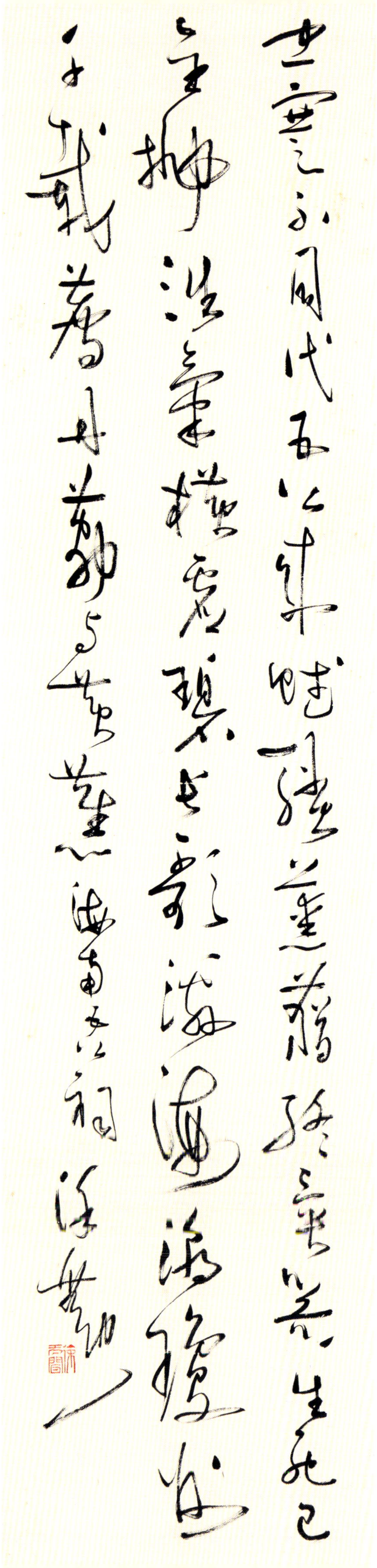

一九八八年，徐无闻书《海南五公祠》。
纵一百三十八厘米，横三十三厘米

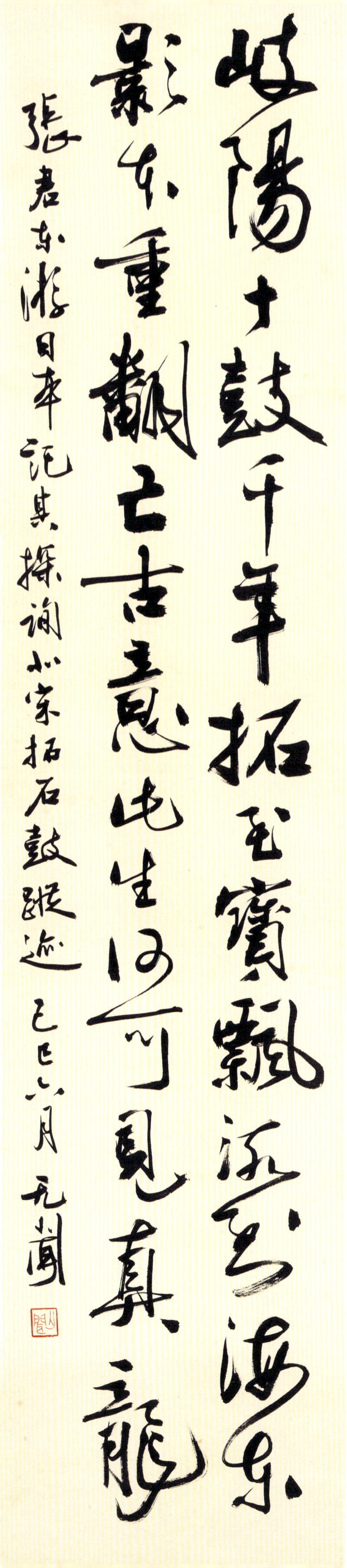

己巳（一九八九年）六月，徐无闻书《张君东游日本记其探询北宋拓石鼓踪迹》。纵一百三十七厘米，横三十一厘米，徐无闻家藏

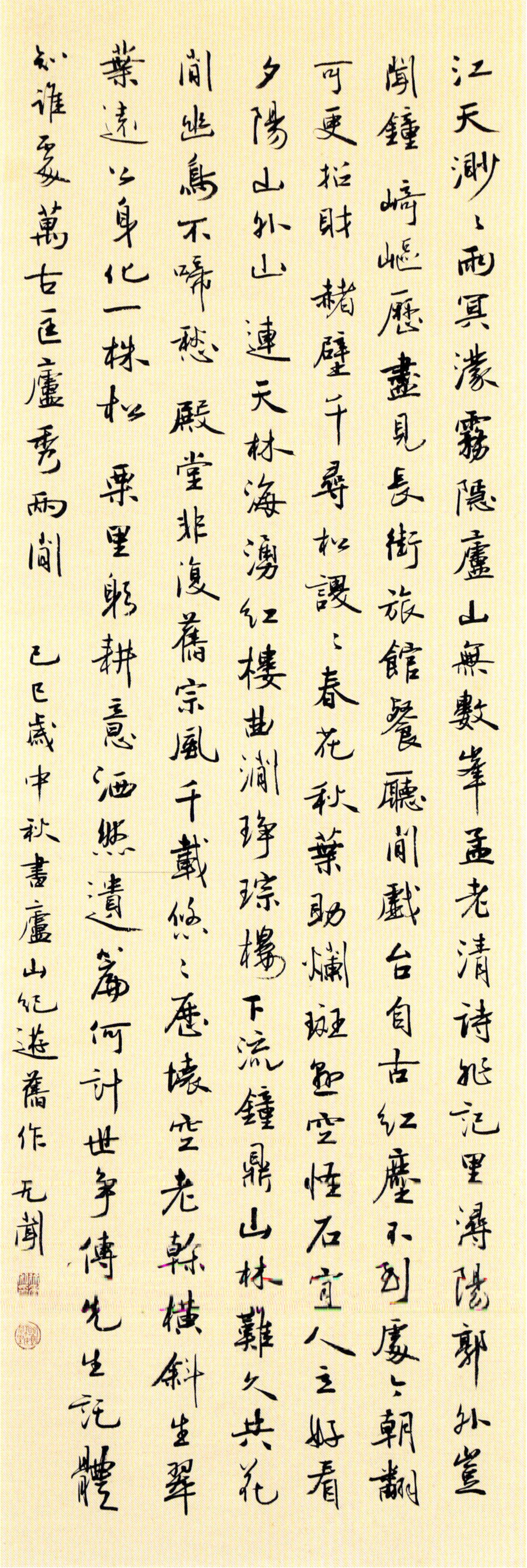

己巳（一九八九年）岁中秋，徐无闻书《庐山纪游旧作》，纵一百厘米，横三十四厘米，西南大学文学院藏

說印一首步趙撝叔原韻　一九八零年庚戌

五十稍稍知筆墨只緣世務隸刀石妃紅儷白不必傳中有至味可忘言陽剛陰柔美俱可偏尊吳齊勿乃左一曲高山猶能彈稻翁（潛江易均室先生）永逝知音難近世作家可數人趙（叔孺）方（介堪先生）王（福厂）李（鉨齋）唐（醉石）喬（大壯）陳（巨來）沙（孟海）錢（君匋）周（菊吾先生）韓（登安）亦足載餘子紛紛多自大童年摹印更學書油鐙欲盡四更初抄掠不改膏肓癖駢枝在手焉能割朋交多有嗜痂

壬申（一九九二年）五月，徐无闻书自作诗。每页纵三十二点五厘米，横二十二点五厘米

棗不改楮墨新豪素因緣金匱石固鸞舞龍騰煥
人間書林不謝花千樹

山陰蘭亭留題 一九八二年壬戌

興酣落筆領羣賢一序臨流萬古傳逸少風
規真未遠我來依舊見崇山
放浪山川少長集永和當日此流觴天機妙會忘
心手何計千秋論短長

題謝无量自書詩卷 一九八四年甲子

徒為我拓墨復鈔朱卷青年學書者 一九八一年辛酉

渺矣雕蟲技難哉百鍊鋒天才未可恃筆冢出神工

題穆守敎學書邇二之 一九八二年壬戌

海上驚鴻本無住海东一葦来相聚敎樹心香謁師門師有邇二之資布護心畫由来可通神要在品高積學富百帖千碑費鑒裁持論平實各有悟澹

此生勞
書贈戴雨珊 一九九二年壬申
功久以筆長健情深墨自妍有誠方學佛
不俗可登仙

心手相忘意自仙畫翁詩卷蘊金丹世人苦被虛名縛筆不生風畫虎難

与學書者 一九八五年乙丑

退筆如山未足珍讀書萬卷始通神坡公此語真三昧不創新時自創新

自題篆刻拓本主軸 一九九一年辛未

莫謂雕蟲技惟憑石与刀植根在篆籀潤澤輯詩騷主意不徇俗風規自可高白頭期寸進不負

雲陵師專講師夏衛平君專進修研究何紹基

將歸賦此志別

沅湘三百年豪俊燦星斗較量詩書卓然推蝯叟

當其吟哦時意象供毫端興酣揮柔毫龍蛇生腕肘平生愛東坡

蜀中游宦之誠頌遍百花清名歸不朽夏君仰紹賢遺篇勤在手

宦游留雲山秋菊換夏柳日夜事鈎稽積稿盈尺厚學以實事求

虛文終覆瓿歸去登堂今已窺庸所志在高深非因俗利誘

會當著述成醻以劍南酒

壬申五月　无聞稿

楹联　文采生胸臆

丙寅（一九八六年），启功书“行文”“做事”五言联。每幅纵六十七厘米，横二十二点三厘米，启功家藏

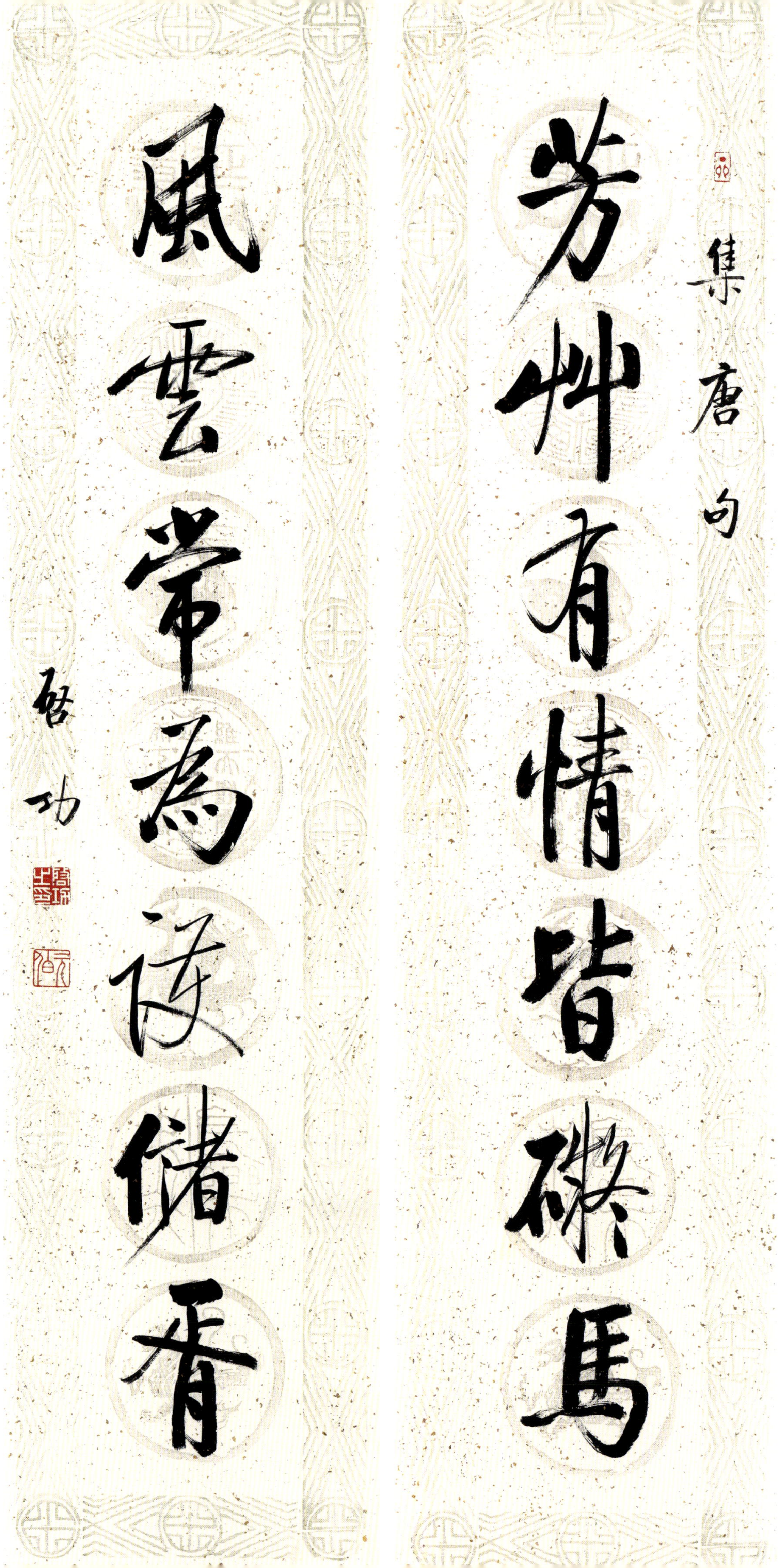

丁卯（一九八七年），启功书“芳草”“风云”七言联。每幅纵一百三十厘米，横三十二厘米，启功家藏

戊辰（一九八八年），启功书“澹如”“和似”七言联。每幅纵一百二十九厘米，横三十一点五厘米

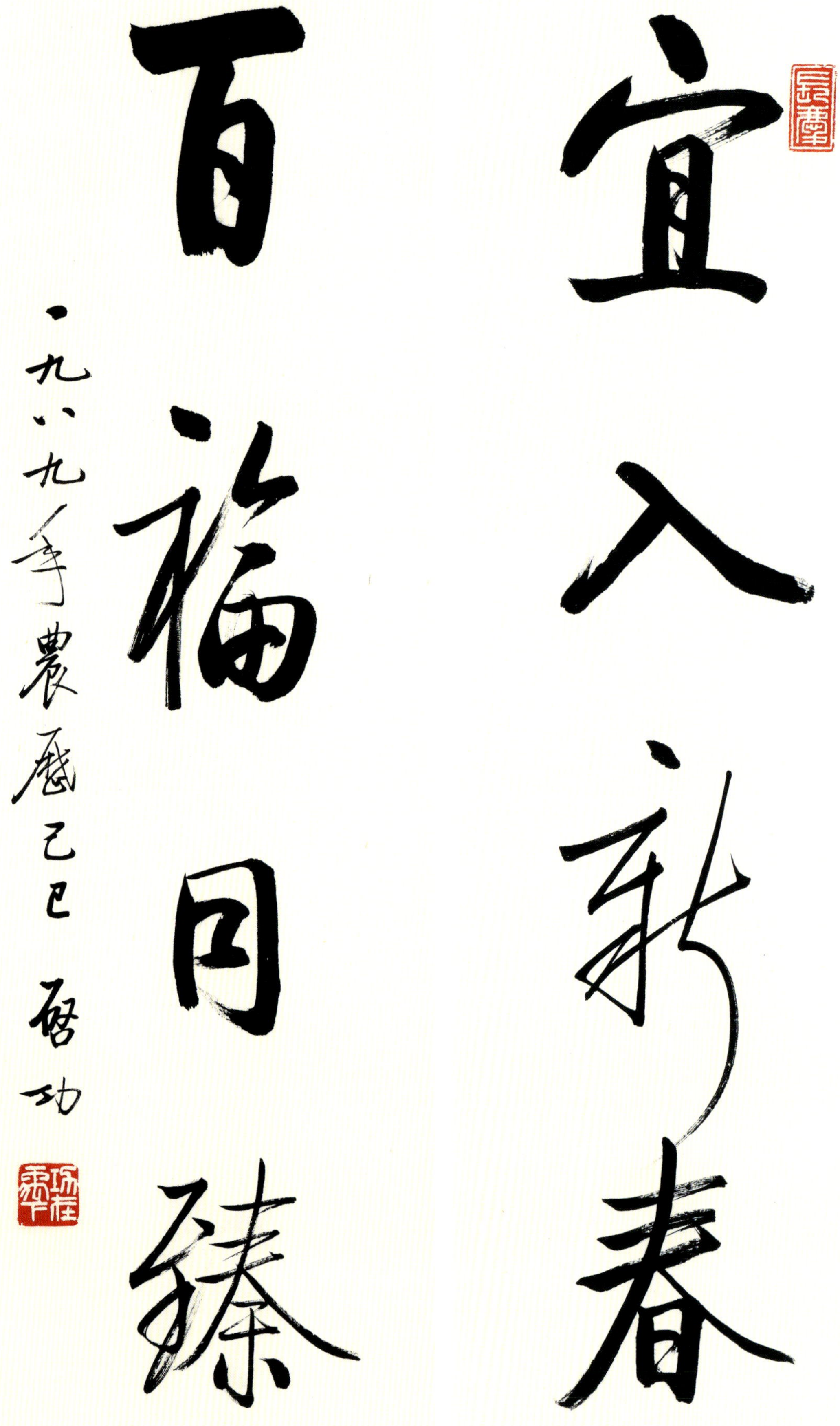

一九八九年农历己巳，启功书“宜入”“百福”四言联。每幅纵七十四厘米，横四十四厘米

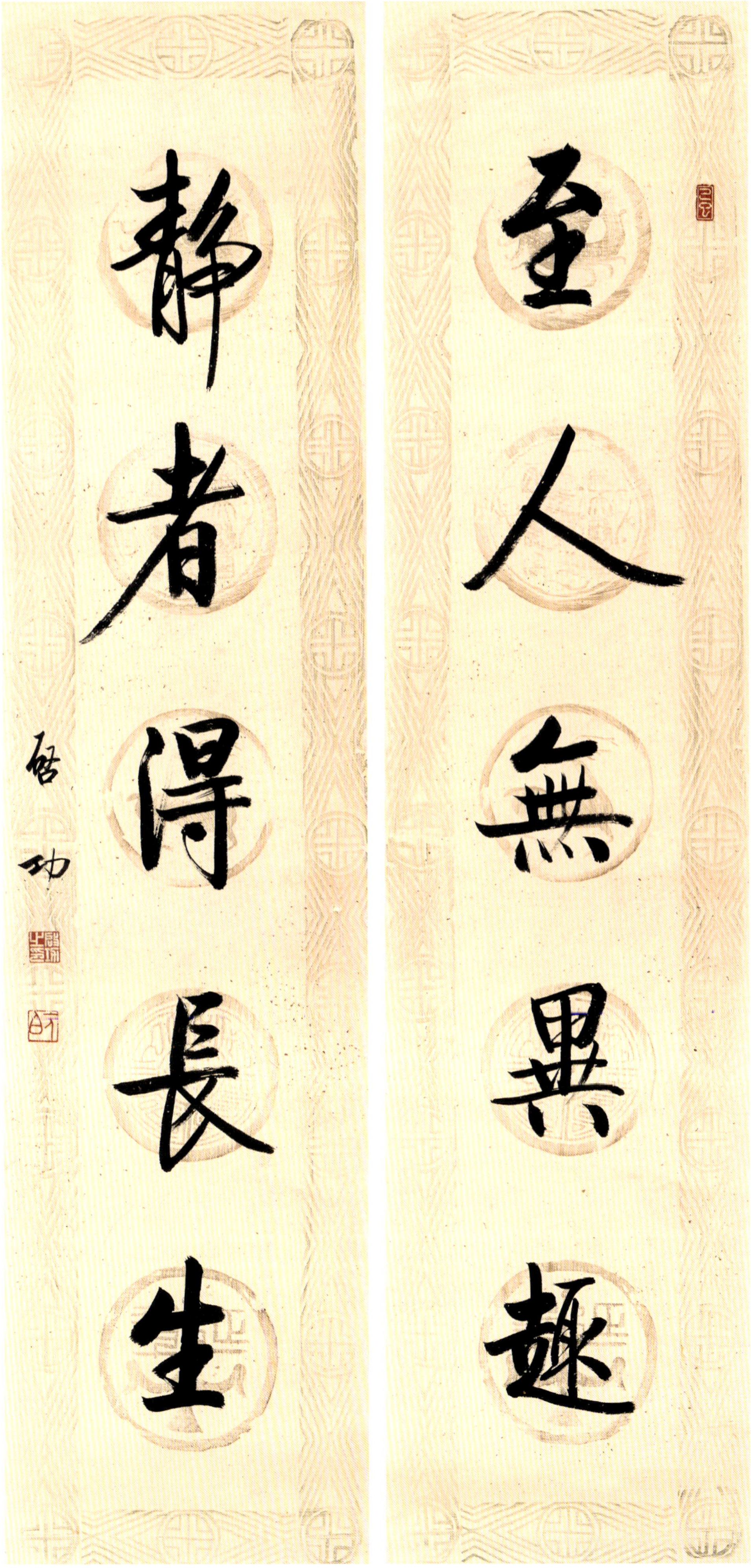

己巳（一九八九年），启功书“至人”“静者”五言联。每幅纵一百二十九厘米，横三十一厘米，启功家藏

二十世纪八十年代，启功书“顾视”“文章”七言联。每幅纵一百三十三厘米，横三十一厘米

癸酉（一九九三年），启功书“松柏”“园林”五言联。每幅纵一百三十厘米，横三十二厘米

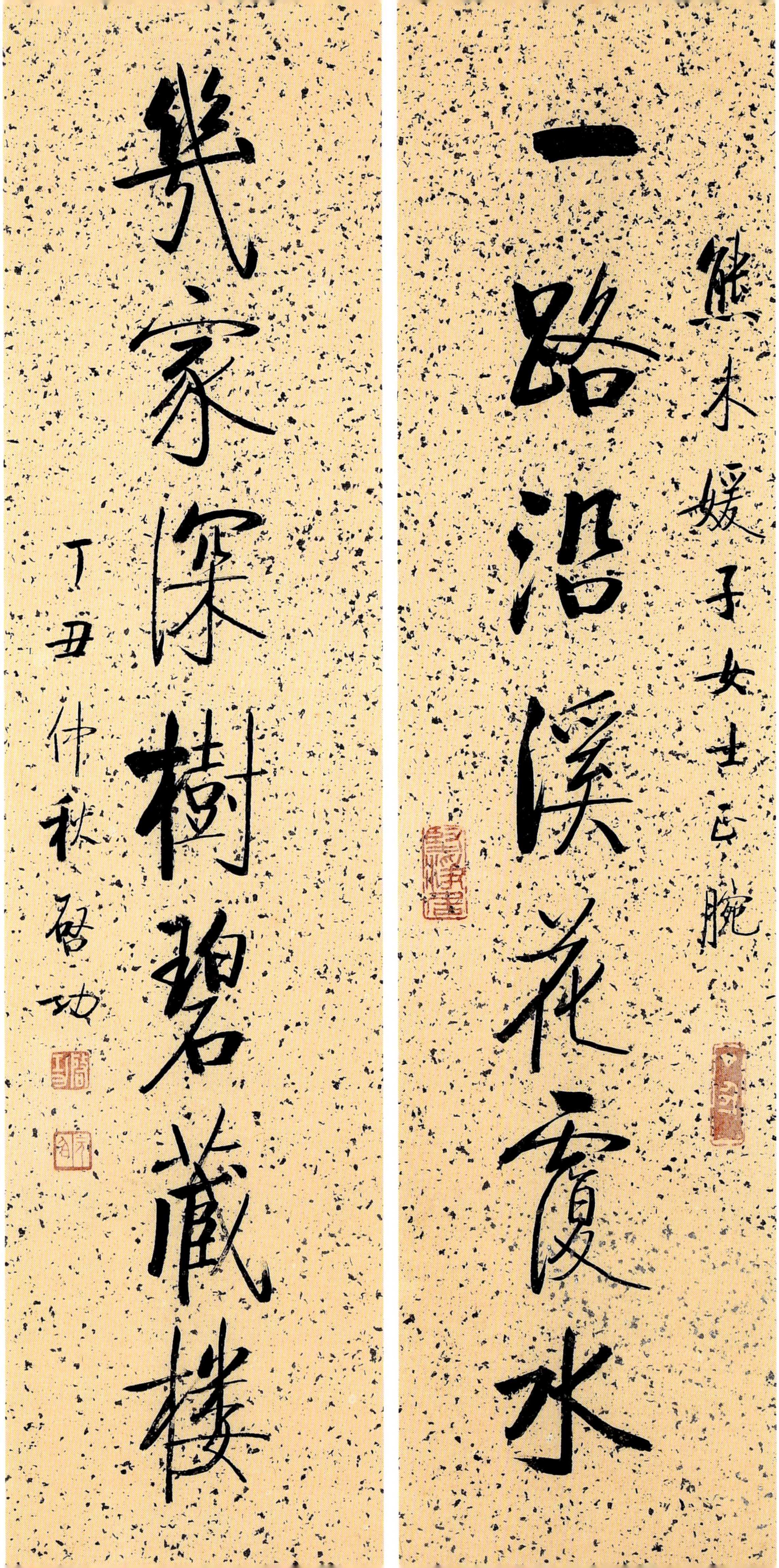

丁丑（一九九七年）仲秋，启功书“一路”“几家”七言联。每幅纵六十点五厘米，横十五厘米

戊寅（一九九八年），启功书“名下”“余事”五言联。每幅纵一百二十七厘米，横三十一厘米

滄海未全歸

春城無處不

啓功

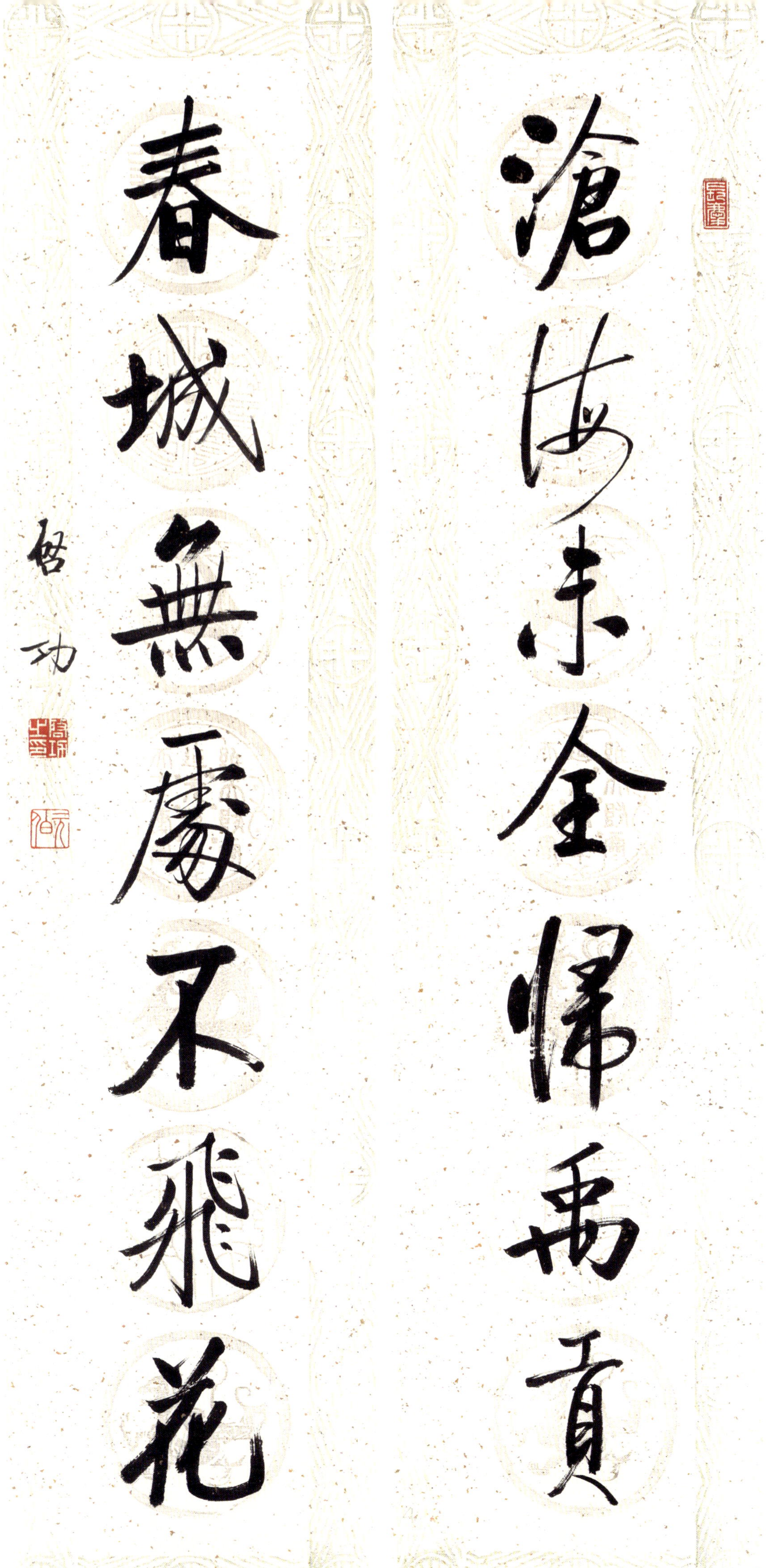

二十世纪九十年代，启功书“沧海”“春城”七言联。每幅纵一百二十九点五厘米，横三十点三厘米，启功家藏

二十世纪九十年代，启功书“鸾飘”“水曲”七言联。纵一百三十五厘米，横六十七厘米，启功家藏

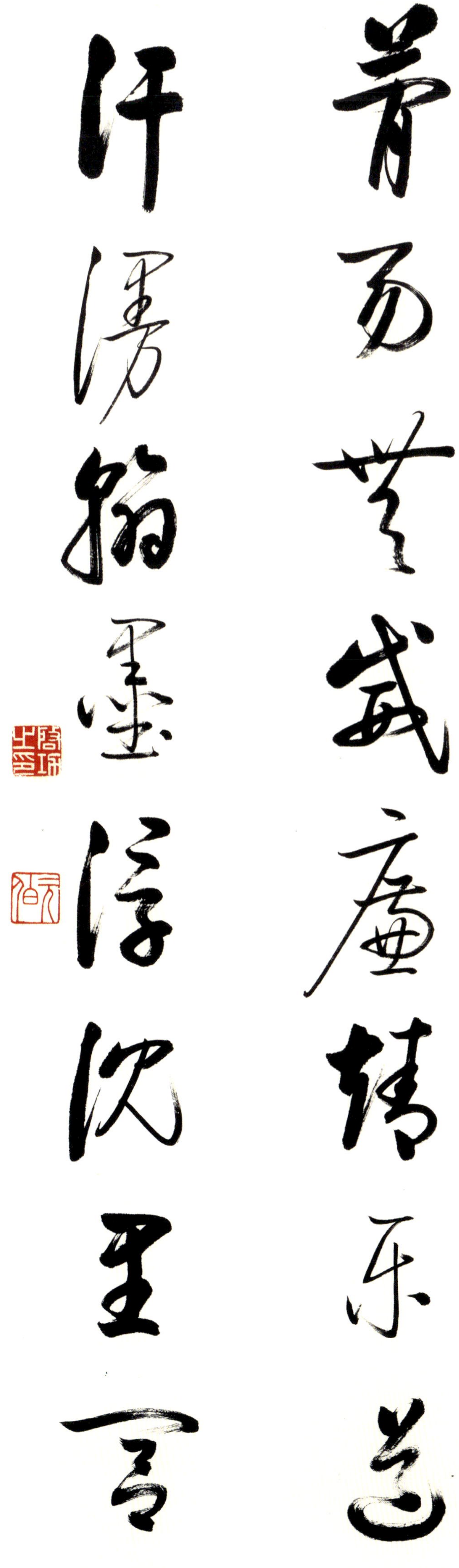

二十世纪九十年代，启功书“简易”“汗漫”八言联。每幅纵一百零一厘米，横十八点三厘米，启功家藏

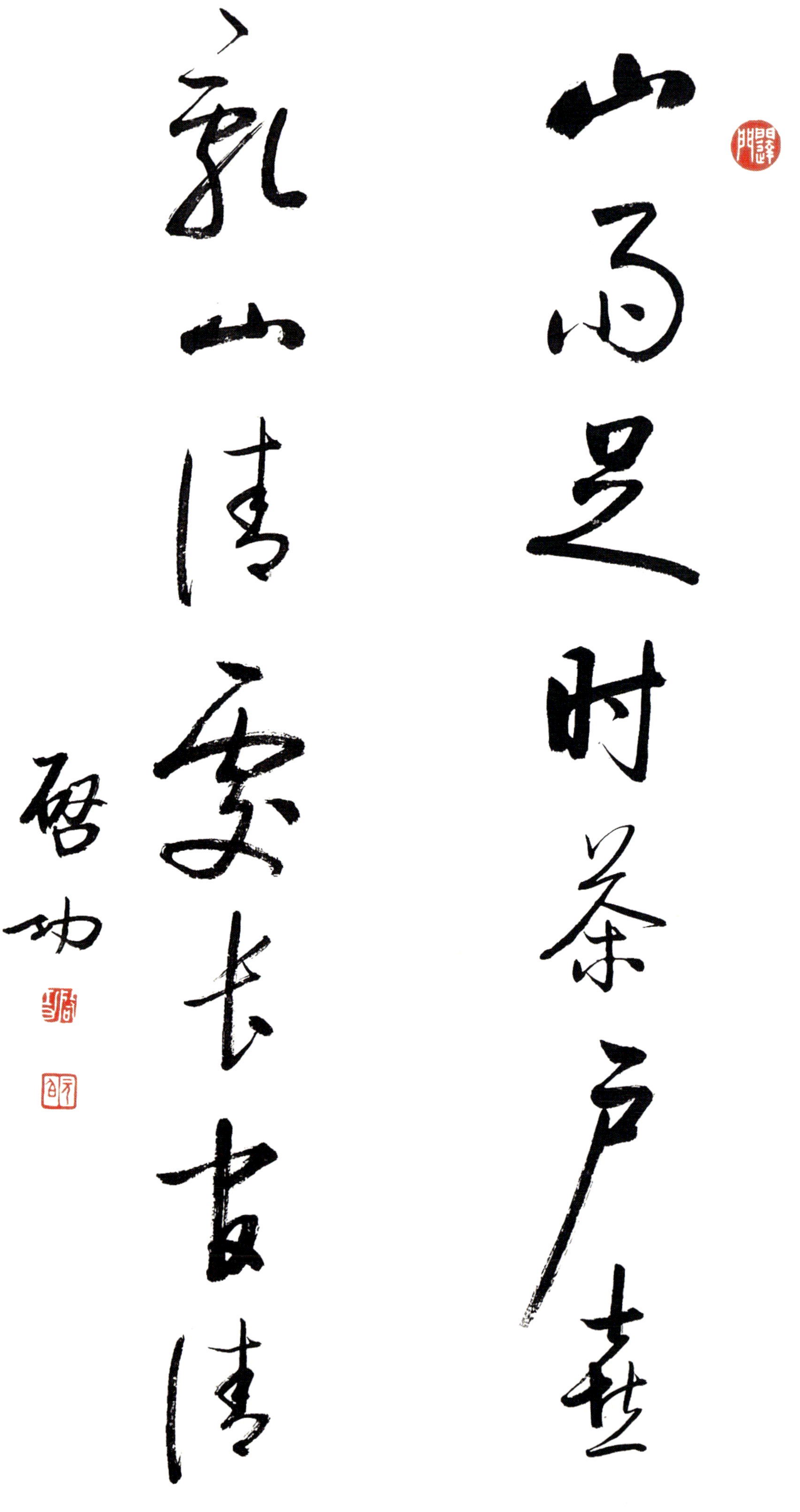

二〇〇〇年以后，启功书“山雨”“乱山”七言联。每幅纵六十八厘米，横二十二厘米

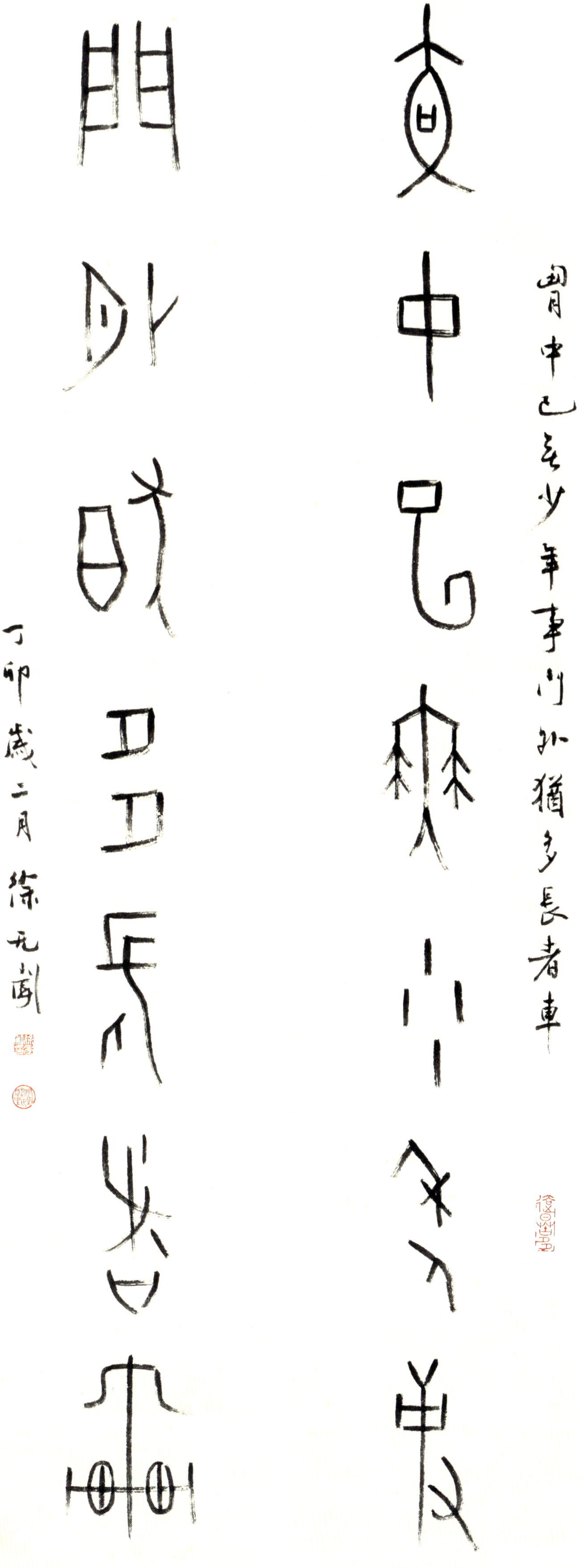

丁卯（一九八七年）岁二月，徐无闻书“胸中”“门外”七言联。每幅纵一百一十七厘米，横二十二厘米，徐无闻家藏

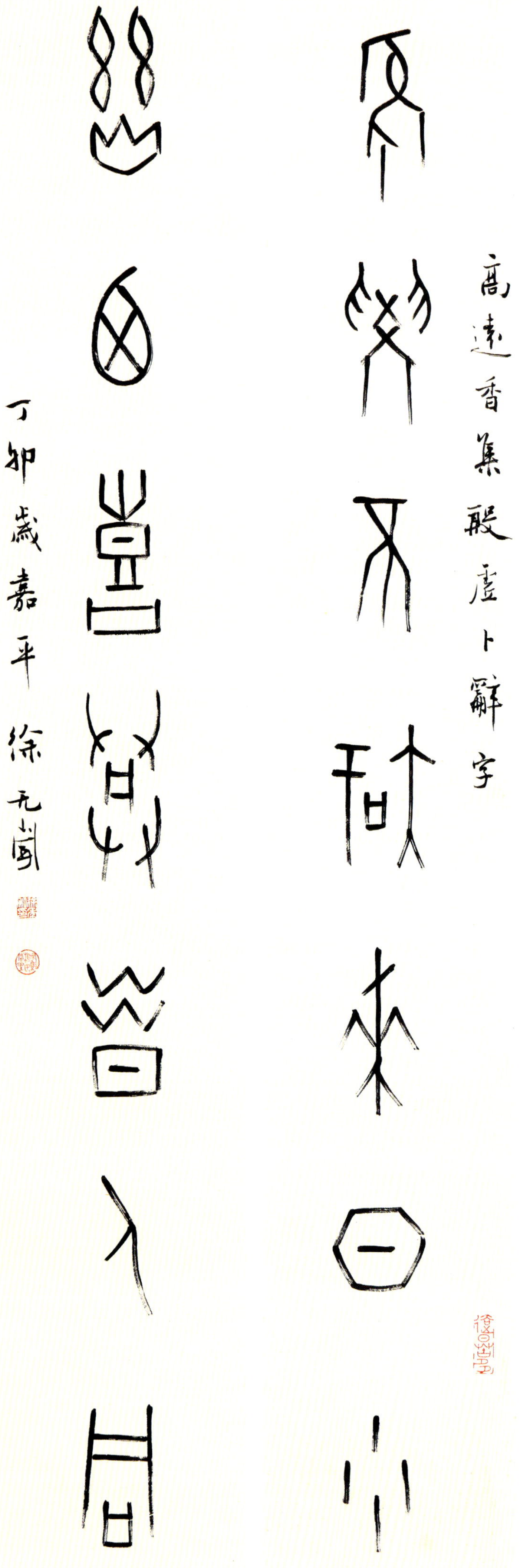

丁卯（一九八七年）岁嘉平，徐无闻书“老学”“幽栖“七言联。每幅纵一百一十七点八厘米，横十八点五厘米

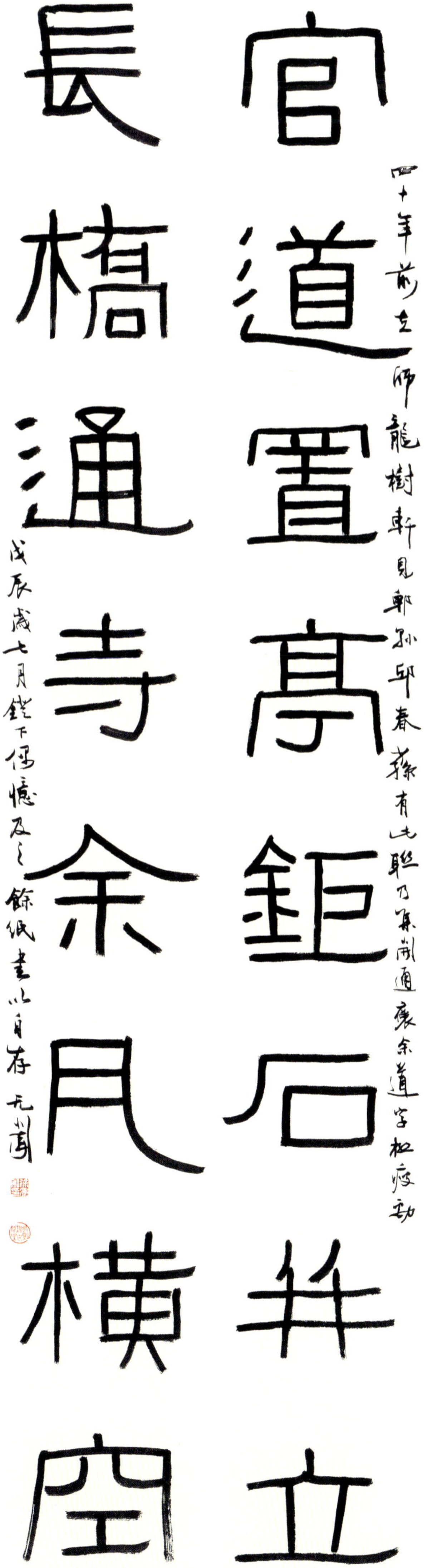

戊辰（一九八八年）岁七月，徐无闻书“官道”“长桥”八言联。每幅纵一百三十二厘米，横十六点五厘米，徐无闻家藏

戊辰（一九八八年）岁重九，徐无闻书“在公”“遇事”七言联，徐无闻题签。每幅纵一百二十一点五厘米，横二十八厘米，徐无闻家藏

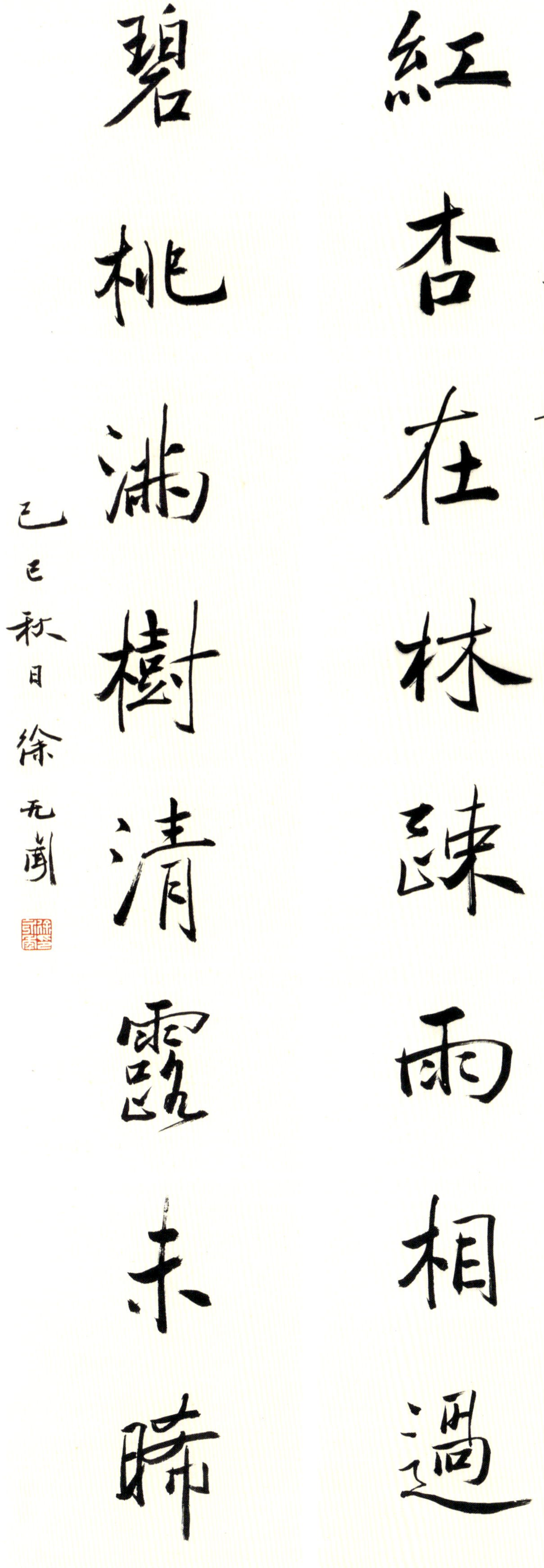

己巳（一九八九年）秋日，徐无闻书“红杏”“碧桃”八言联。每幅纵一百三十三厘米，横二十五厘米，徐无闻家藏

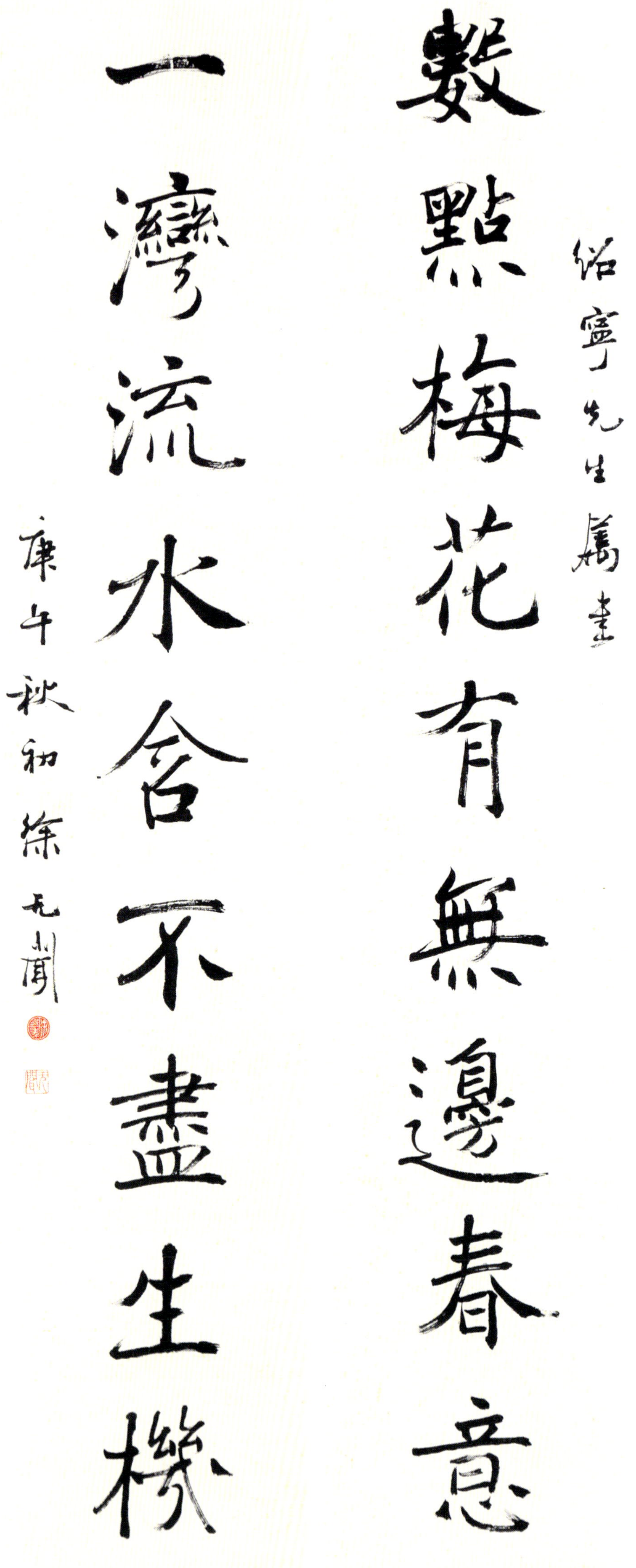

庚午（一九九〇年）秋初，徐无闻书“数点”“一湾”九言联。每幅纵一百四十一厘米，横二十八厘米

庚午（一九九〇年）岁重九，徐无闻书“石亭”“烟水”十二言联。每幅一百八十一厘米，横二十四厘米，徐无闻家藏

庚午（一九九〇年）岁大寒，徐无闻书“慎起”“忘得”七言联。每幅纵一百三十一点五厘米，横二十二点五厘米，徐无闻家藏

辛未（一九九一年）岁十月五日，徐无闻书
“为文”“作事”七言联。每幅纵一百三十八
厘米，横二十二点五厘米，徐无闻家藏

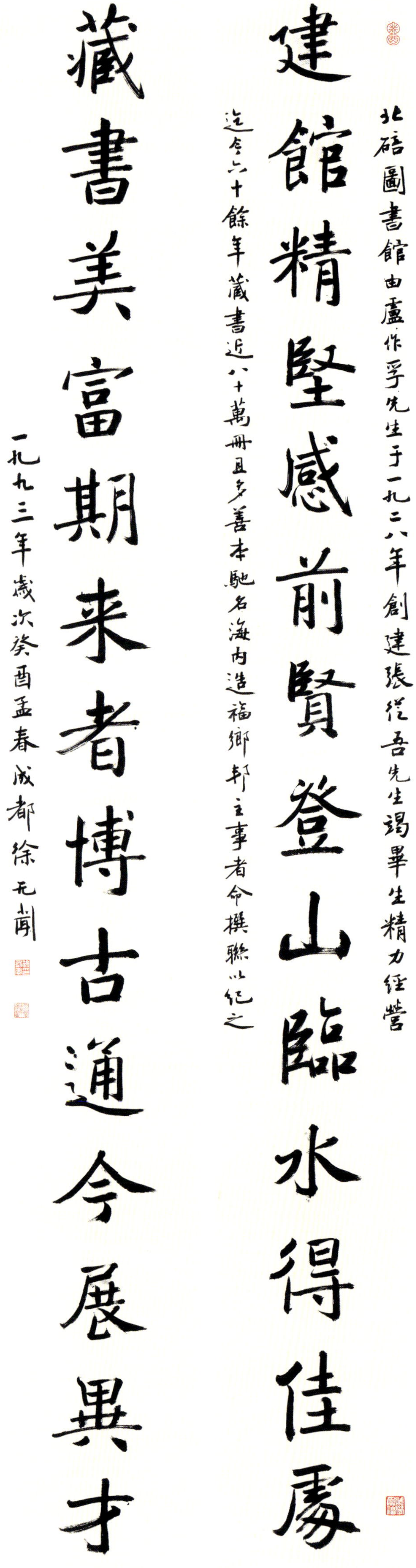

一九九三年岁次癸酉孟春，徐无闻为重庆北碚图书馆书“建馆”“藏书”十四言联。每幅纵二百六十一厘米，横三十四厘米，徐无闻家藏

题辞　垂露春光满

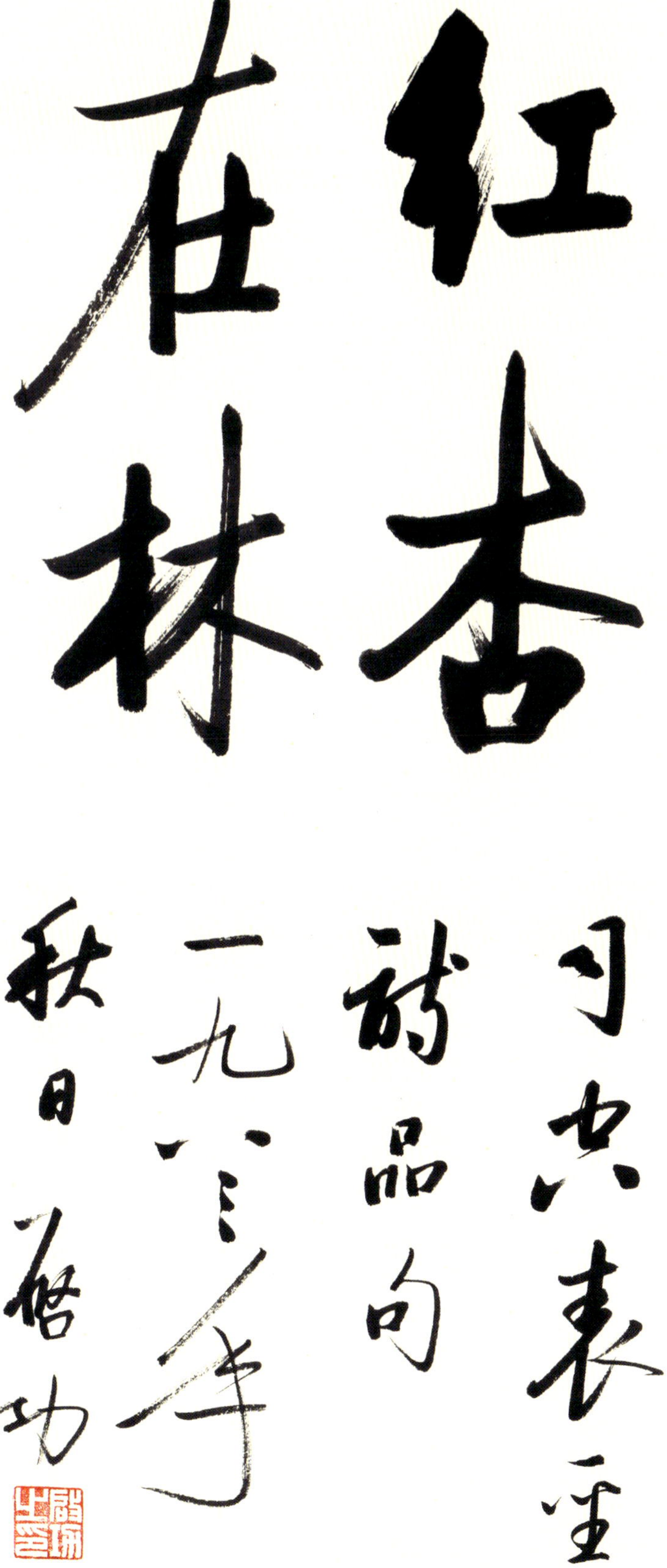

一九八三年秋日，启功书“红杏在林”。纵六十八厘米，横三十五点七厘米，启功家藏

乙丑（一九八五年），启功书“惜阴书屋”。纵三十三厘米，横九十二厘米

乙丑（一九八五年），启功书“天机笔妙”。纵六十七厘米，横三十四厘米

一九八八年春日，启功书“萍踪聚胜”。纵四十四点五厘米，横六十一点五厘米

二十世纪八十年代，启功书“传薪”。纵四十二点五厘米，横四十九点二厘米，启功家藏

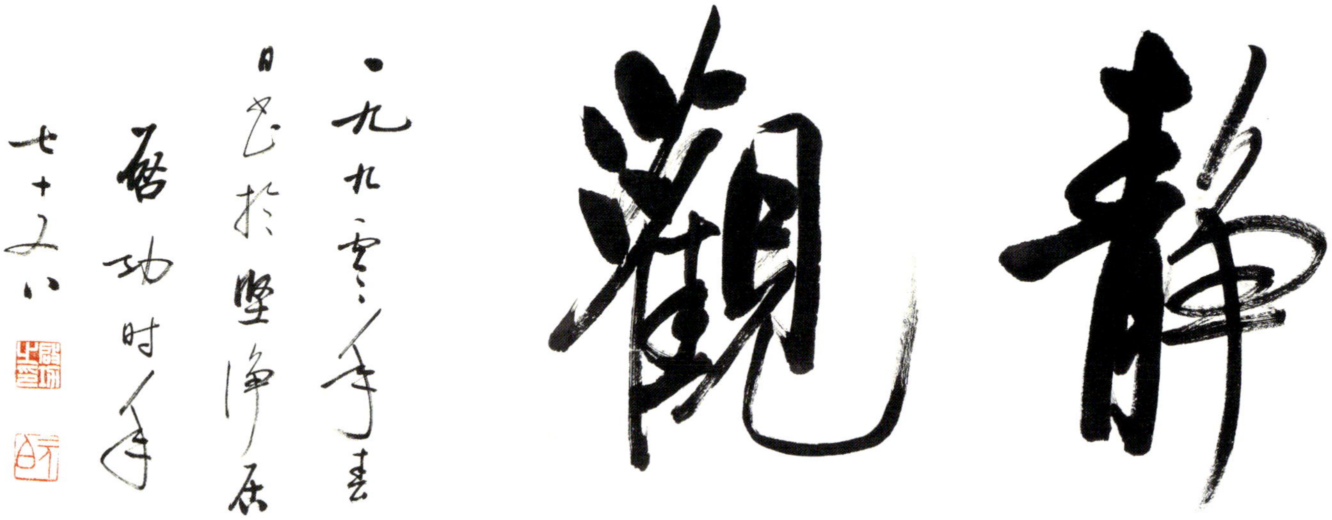

一九九〇年春日，启功书“静观”。纵三十五厘米，横一百零一点二厘米，启功家藏

二十世纪九十年代，启功书“静观”。纵三十四厘米，横九十五厘米

一九九一年秋，启功书“有朋自远方来不亦乐乎”。纵六十九厘米，横一百三十七厘米

乙亥（一九九五年），启功书“淡泊明志”。纵四十五点五厘米，横六十八厘米，启功家藏

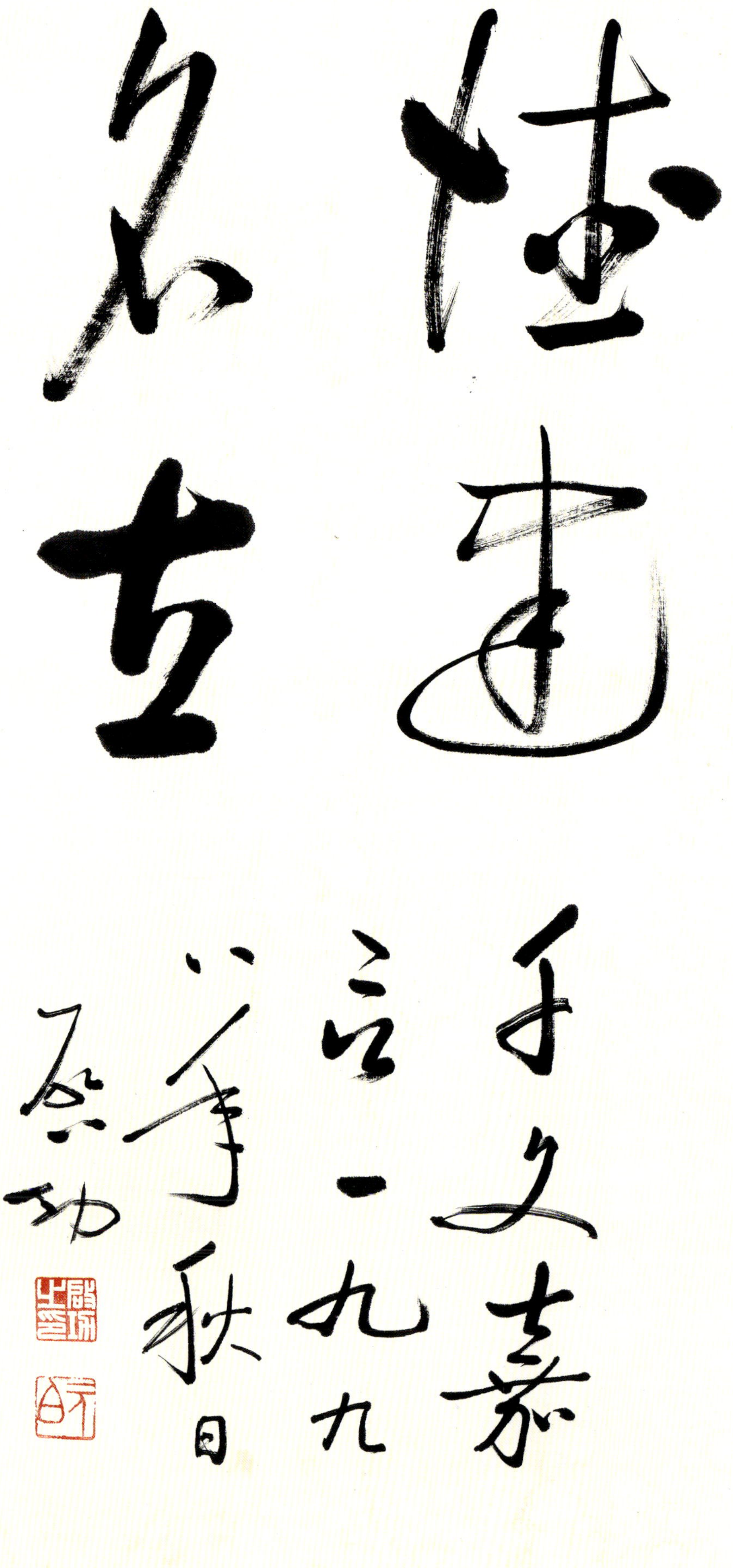

一九九八年秋日，启功书“德建名立”。纵六十八点五厘米，横三十九点五厘米，启功家藏

一九九九年，启功书“松老忘年”。纵一百七十六点七厘米，横三十五点二厘米

二十世纪九十年代，启功书“飞腾”。纵一百点五厘米，横三十四厘米，启功家藏

二十世纪九十年代，启功书“寰龙蹶起　腾飞万里”。纵四十六厘米，横六十八厘米

集门

二十世纪九十年代，启功书“瑞气集门”。纵三十一点五厘米，横九十五厘米，启功家藏

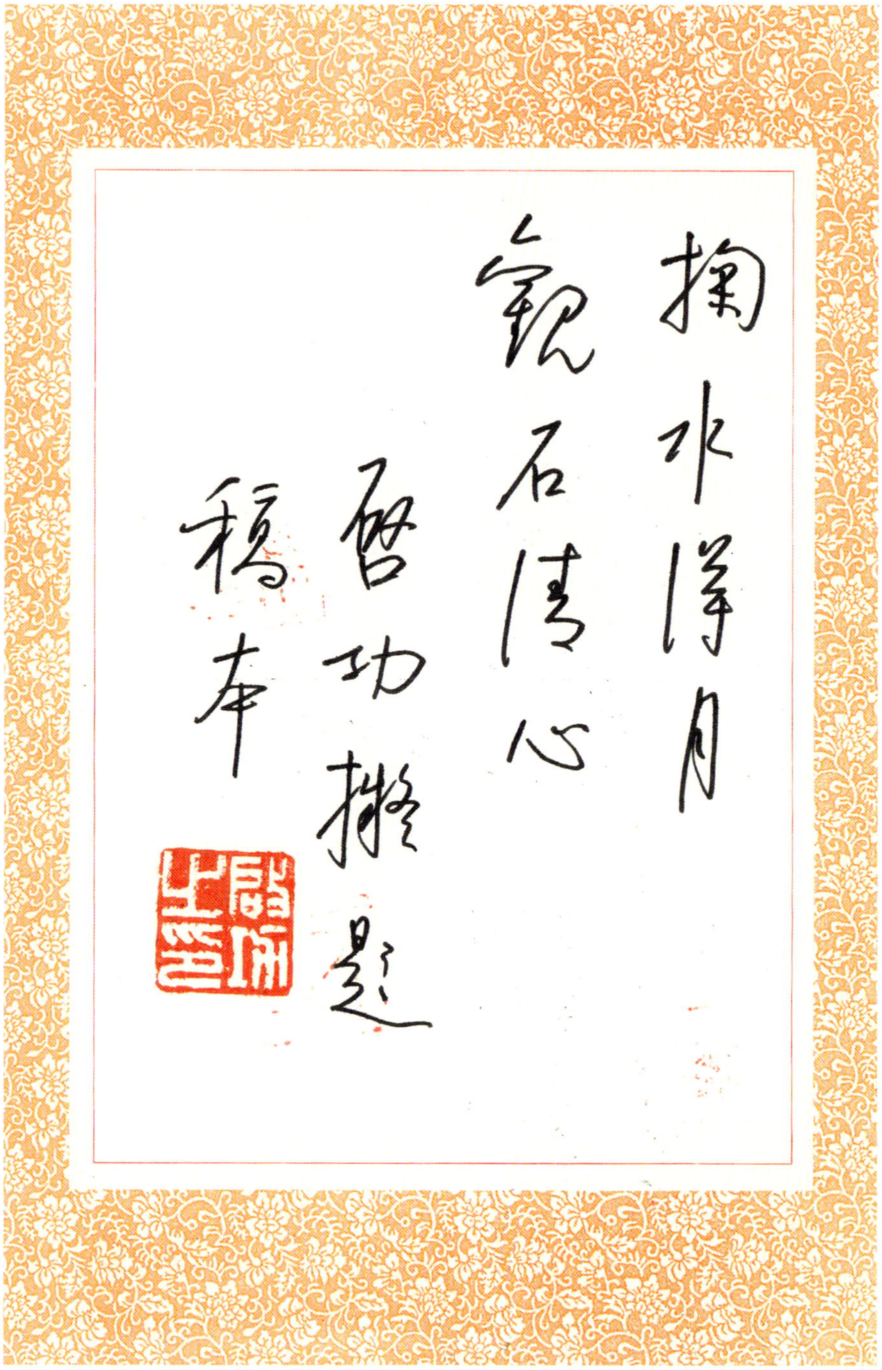

二十世纪九十年代，启功书“掬水得月　观石清心”。纵十八厘米，横十三厘米

二〇〇〇年以后，启功书“顺兴和斋”，纵三十点五厘米，横一百一十九厘米

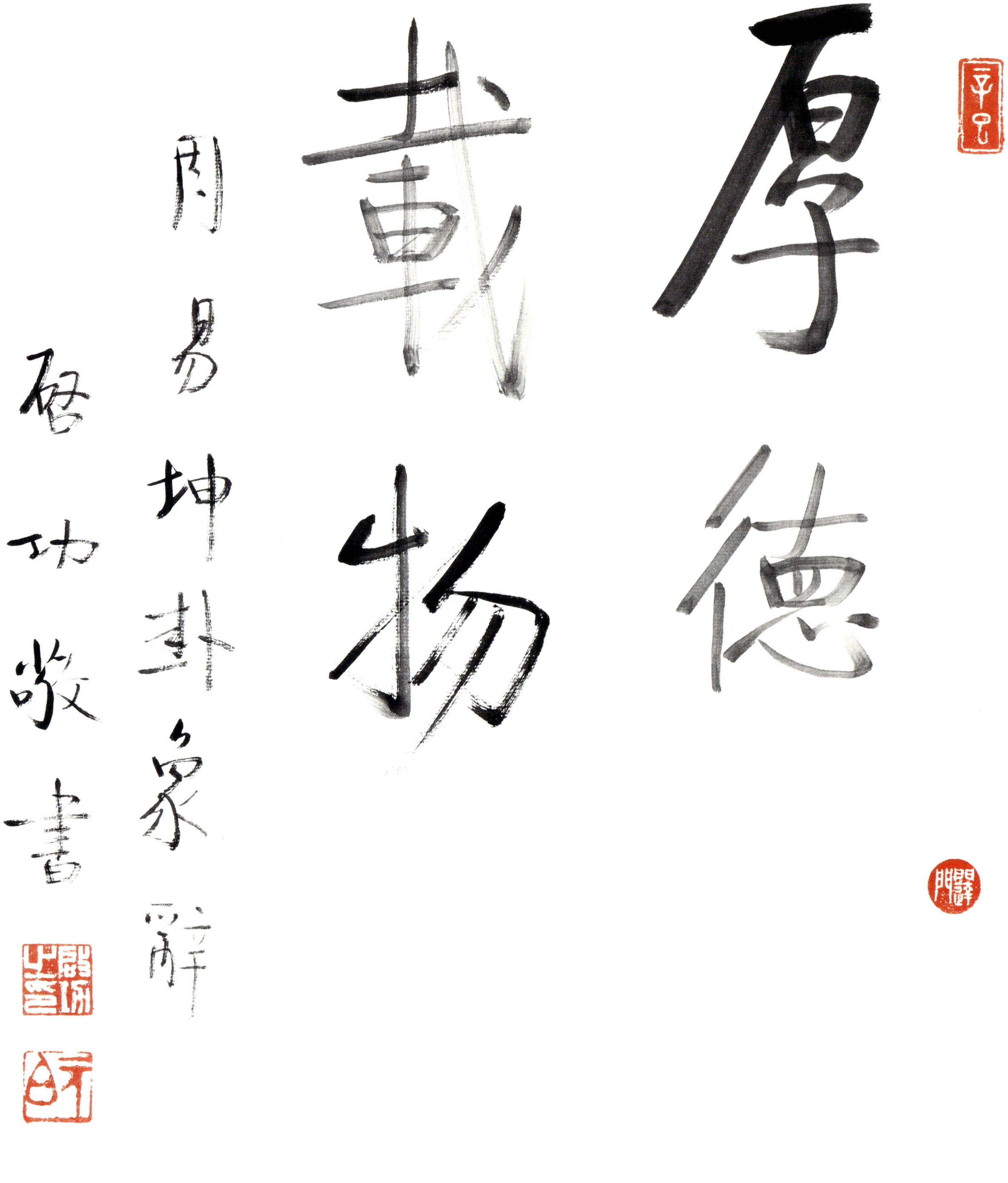

辛巳（二〇〇一年），启功书“厚德载物”。纵五十二厘米，横四十四厘米

丁卯（一九八七年）二月，徐无闻书“江上峰青”。纵二十二厘米，横九十厘米

一九九〇年，徐无闻书“腾飞”。
纵一百一十厘米，横四十五厘米

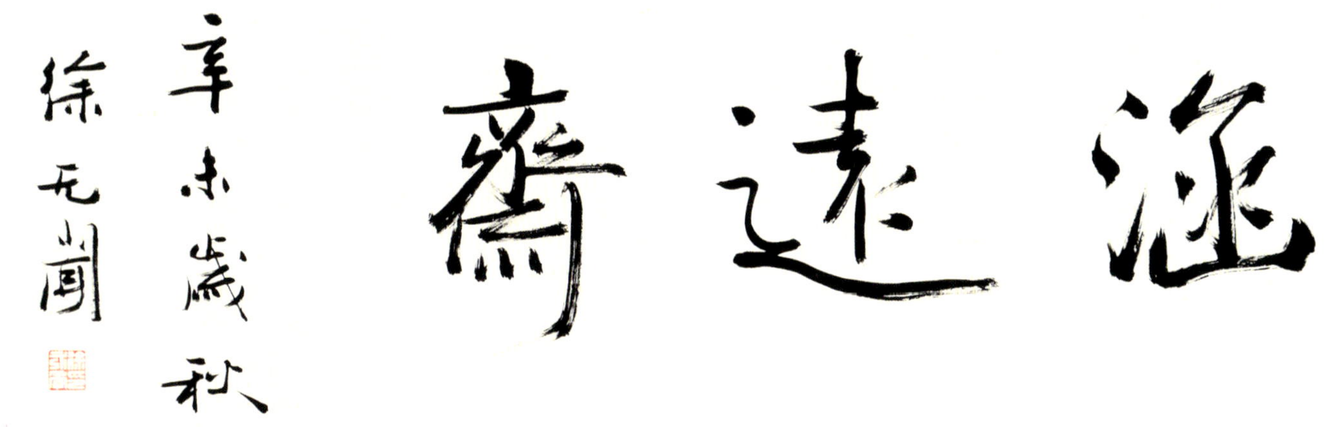

辛未（一九九一年）岁秋，徐无闻书“涵远斋”。纵四十二厘米，横一百零三厘米

二十世纪九十年代，徐无闻书“艺光斋”。纵三十八厘米，横七十五厘米

丹青　杳与真心冥

乙亥（一九三五年）夏，启功为台静农绘山水。纵四十二点二厘米，横二十二点一厘米

雪齋主人命寫
曼殊元白居士啟功

二十世纪三十年代，启功为溥雪斋绘《群玉凌波》。纵三十六点九厘米，横一千零六十二点五厘米，启功家藏

二十世纪三十年代，启功绘《夜雨谈诗图》。纵六十五点五厘米，横三十三点五厘米

庚午（一九四二年）新秋，启功绘《秋山图》。纵十六厘米，横七十厘米

二十世纪四十年代，启功绘《竹石图》。纵二十四厘米，横二十九点七厘米

二十世纪四十年代，启功拟倪瓒笔意。一九八五年，启功题跋。纵九十九厘米，横三十三厘米

二十世纪四十年代，启功绘《秋山红树图》。纵一百二十二厘米，横六十二厘米

二十世纪四十年代，启功绘《九峰春霁图》。
纵九十六点五厘米，横三十二厘米

二十世纪四十年代，启功绘《晏坐观云图》。
纵一百二十九厘米，横三十二厘米

一九八三年十月，启功绘《松泉高士图》。癸亥（一九八三年）秋暮，谢稚柳题诗堂。纵一百三十厘米，横八十一厘米

一九九〇年春，启功绘《兰竹双清图》。纵四十四厘米，横六十一点五厘米

二十世纪九十年代，启功绘《竹石图》。纵一百零五点五厘米，横五十一厘米，启功家藏

二十世纪九十年代，启功绘《枯木竹石图》。纵一百一十四点五厘米，横五十一厘米，启功家藏

二十世纪九十年代，启功绘《长松图》。
纵一百三十八厘米，横六十九厘米，
启功家藏

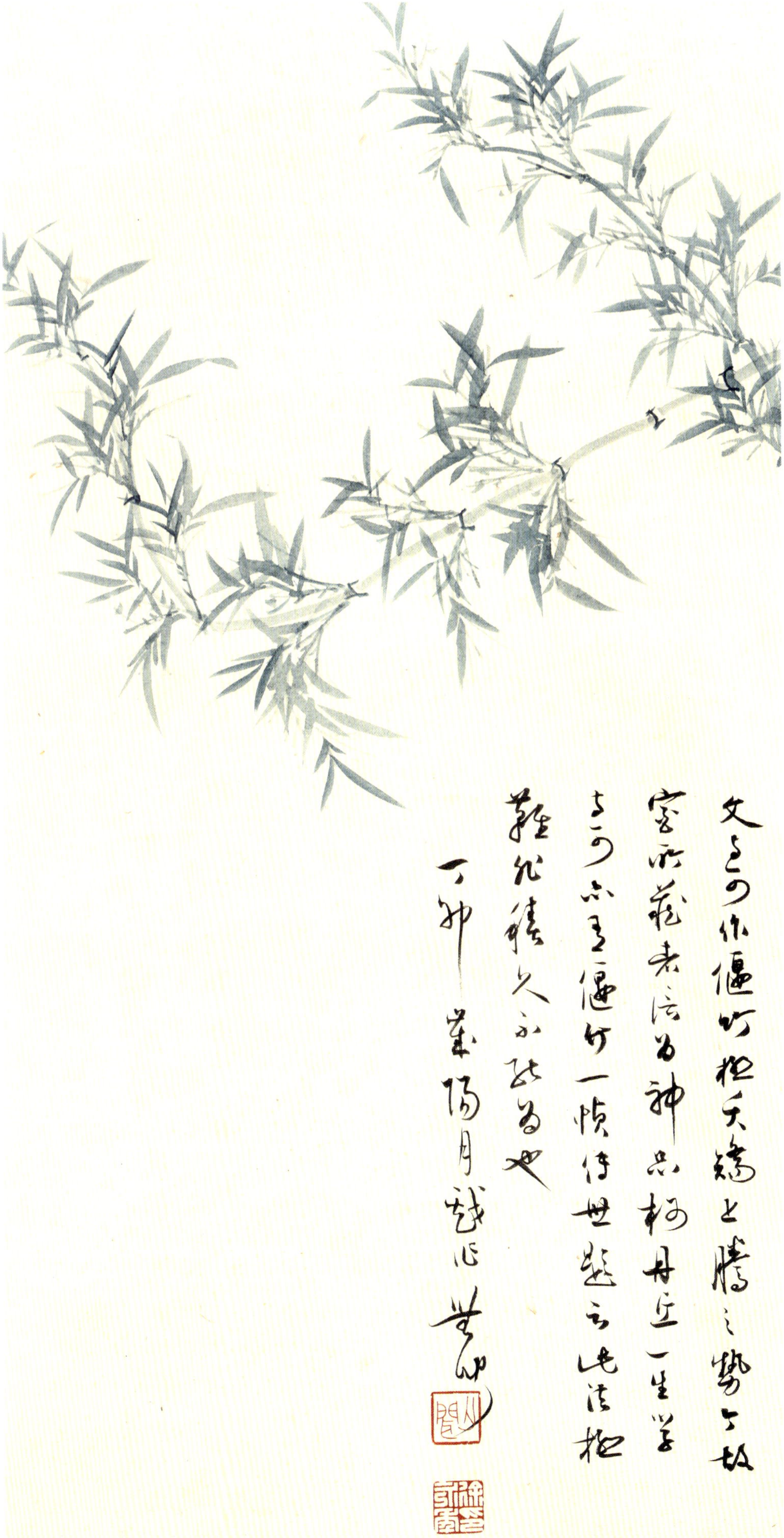

丁卯（一九八七年）岁阳月，徐无闻绘《偃竹图》。纵七十三厘米，横三十七厘米，徐无闻家藏

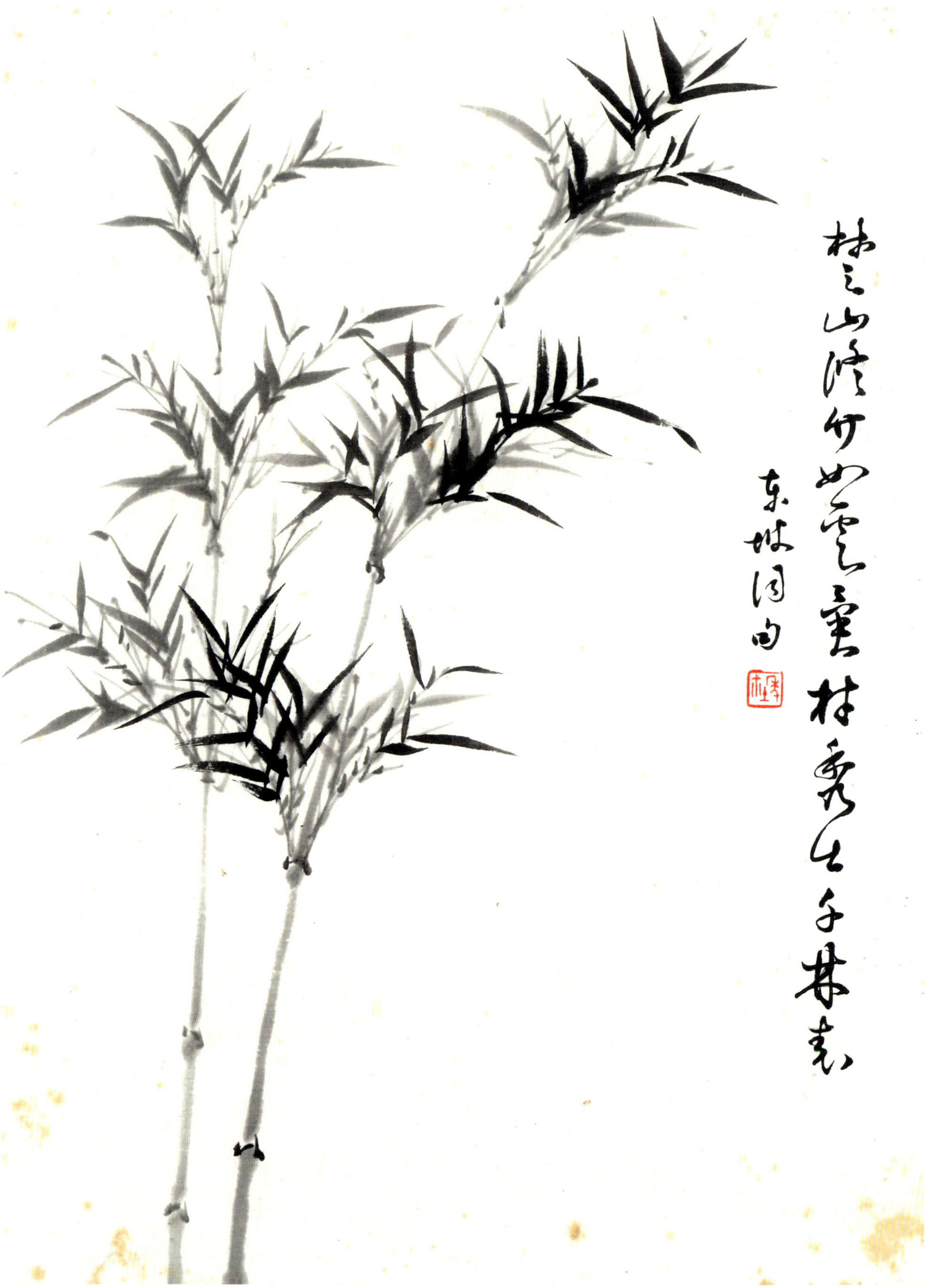

二十世纪七十年代，徐无闻拟苏轼《水龙吟　赠赵晦之吹笛侍儿》词意。纵二十三厘米，横十七厘米

二十世纪七十年代，徐无闻绘《松石图》。纵二十三厘米，横十七厘米

二十世纪七十年代，徐无闻拟姜夔《疏影》词意。纵二十三厘米，横十七厘米

二十世纪七十年代，徐无闻拟姜夔《念奴娇　闹红一舸》词意。纵二十三厘米，横十七厘米

己巳（一九八九年）秋日，徐无闻绘《墨竹图》。纵六十七点六厘米，横四十五点五厘米

二十世纪八十年代，徐无闻绘《竹石图》。纵九十九厘米，横六十五点五厘米，徐无闻家藏

二十世纪八十年代，徐无闻拟吴镇笔意。纵九十一厘米，横六十九厘米，徐无闻家藏

己巳（一九八九年）岁暮，徐无闻绘《朱竹图》。纵七十四厘米，横三十四点五厘米

辛未（一九九一年）岁腊月二十七日，徐无闻绘《墨竹图》。纵一百三十七厘米，横四十五厘米

二十世纪九十年代，徐无闻绘《溪流竹石图》。纵六十九厘米，横三十四厘米，徐无闻家藏

二十世纪九十年代，徐无闻临梁楷《李白行吟图》。纵四十六厘米，横三十厘米

文字　得失寸心知

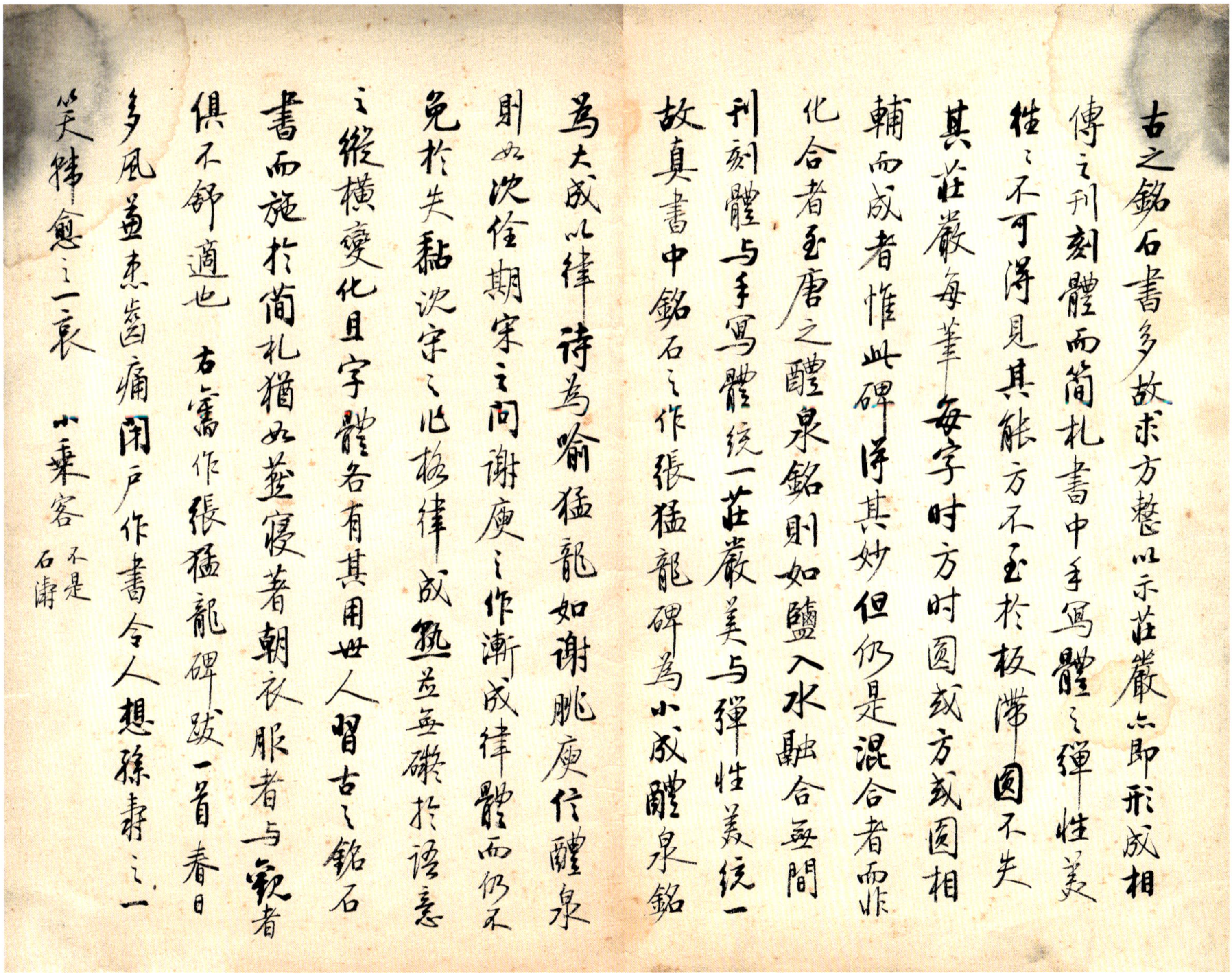

二十世纪六十年代，启功题跋旧拓《张猛龙碑》。纵三十一点五厘米，横四十一点三厘米，启功家藏

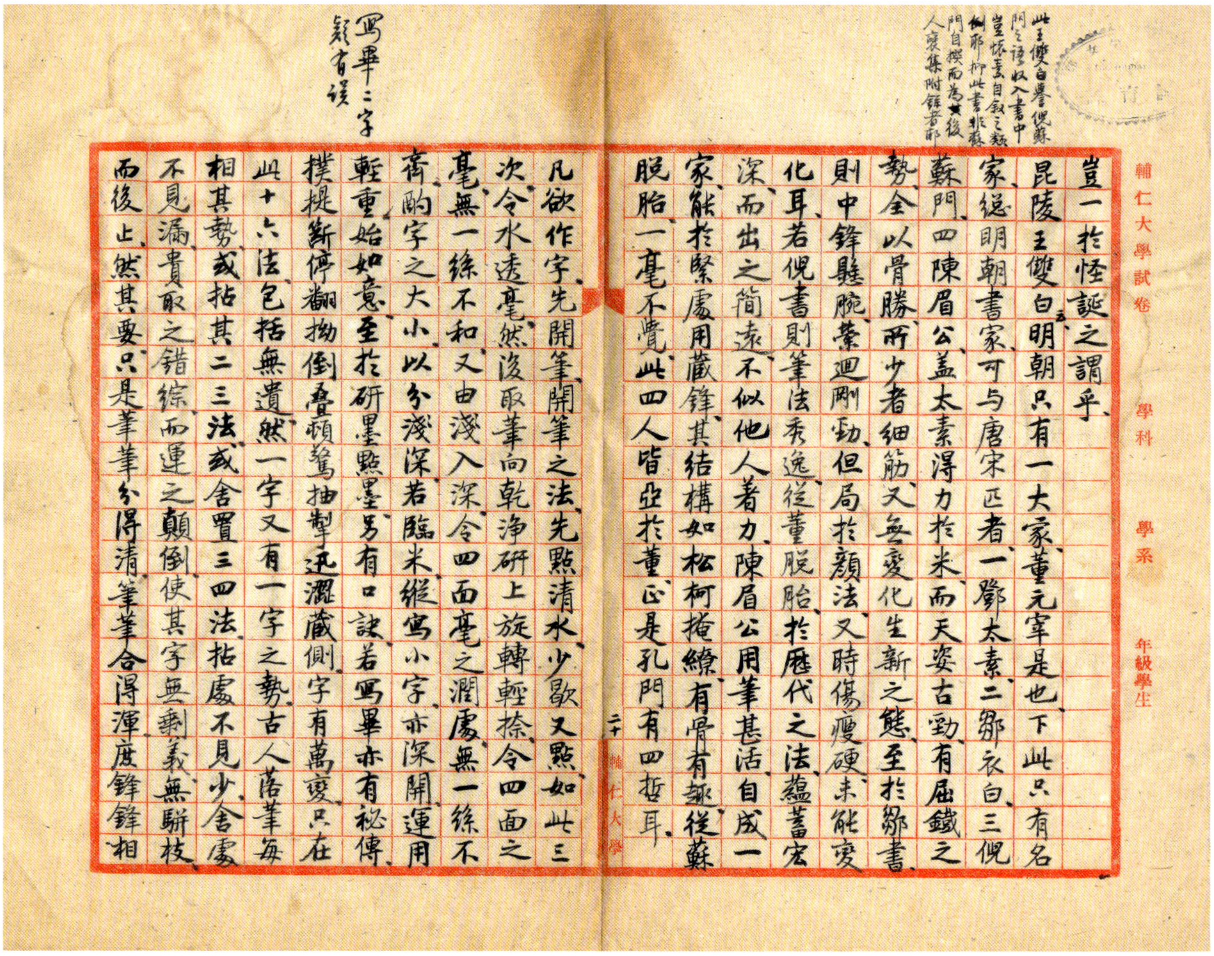

豈一於怪誕之謂乎
毘陵王僕白明朝只有一大家董元宰是也下此只有名
家縂明朝書家可与唐宋匹者一鄧太素二鄒衣白三倪
蘇門四陳眉公蓋太素得力於米而天姿古勁有屈鐵之
勢全以骨勝所少者細筋又無變化生新之態至於鄒書
則中鋒懸腕叢迴剛勁但局於顏法又時傷瘦硬未能變
化耳若倪書則筆法秀逸從董脫胎於歷代之法蘊蓄宏
深而出之簡遠不似他人着力陳眉公用筆甚活自成一
家能於緊處用藏鋒其結構如松柯捲繚有骨有趣從蘇
脫胎一毫不覺此四人皆亞於董公是孔門有四哲耳

此王僕白譽倪蘇門之語收入書中豈嫌其自敘之類似耶抑此書非蘇門自撰而為其後人裒集附錄者耶

凡欲作字先開筆開筆之法先點清水少歇又點如此三
次令水透毫然後取筆向乾淨研上旋轉輕捺令四面之
毫無一絲不和又由淺入深令四面毫之潤處無一絲不
齊酌字之大小以分淺深若臨米縱寫小字亦深開運用
輕重始如意至於研墨點墨另有口訣若寫畢亦有祕傳
撲提斷停擲拗倒疊頓駕抽掣迅澀藏側字有萬變只在
此十六法包括無遺然一字又有一字之勢古人落筆每
相其勢或括其二三法或舍置三四法括處不見少舍處
不見濫貫取之錯綜而運之顛倒使其字無剩義無駢枝
而後止然其要只是筆筆分得清筆筆合得渾處鋒鋒相

寫畢二字疑有誤

❸

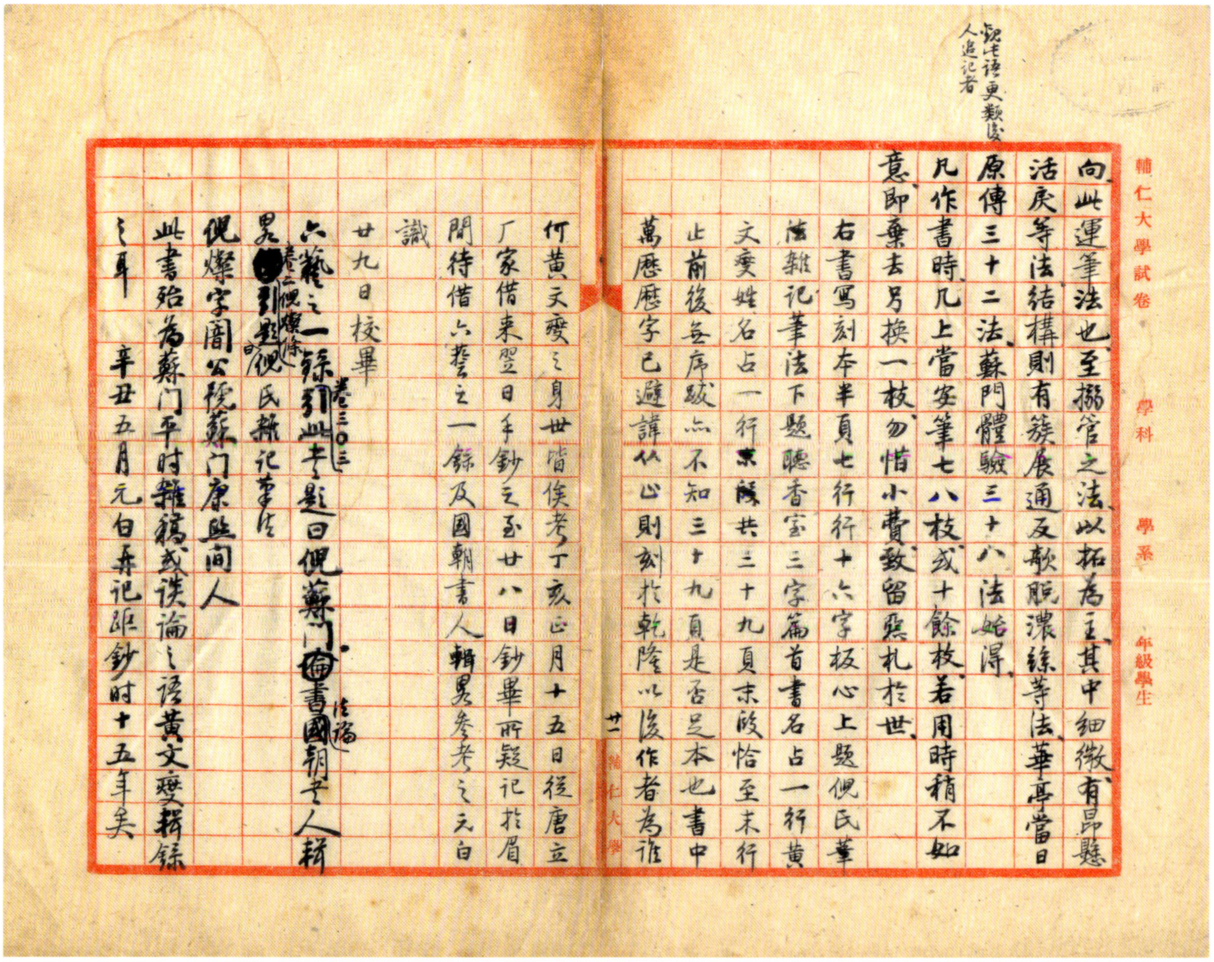

向此運筆法也至擫管之法以拓為主其中細微有昂懸
活戾等法結構則有簇展通反軟脫濃纖等法華亭當日
原傳三十二法蘇門體驗三十八法始得
凡作書時几上當安筆七八枝或十餘枝若用時稍不如
意即棄去另換一枝勿惜小費致留惡札於世
右書寫刻本半頁七行行十六字板心上題倪氏筆
法雜記筆法下題聽香室三字篇首書名占一行黃
文燮姓名占一行宗藩共三十九頁末段恰至末行
止前後無序跋亦不知三十九頁是否足本也書中
萬歷歷字已避諱似必則刻於乾隆以後作者為誰

此七語更類後人追記者

何黃文燮之身世俟考丁亥正月十五日從唐立
厂家借來翌日手鈔之至廿八日鈔畢所疑記於眉
間待借六藝之一錄及國朝書人輯略參考之元白
識
廿九日校畢
六藝之一錄卷三〇三引此書題曰倪蘇門論書法語國朝書人輯
略[illegible]卷二倪燦條引題倪氏雜記筆法
倪燦字闇公號蘇門康熙間人
此書殆為蘇门平时雜稿或談論之語黃文燮輯錄
之耳 辛丑五月元白弄記距鈔时十五年矣

❹

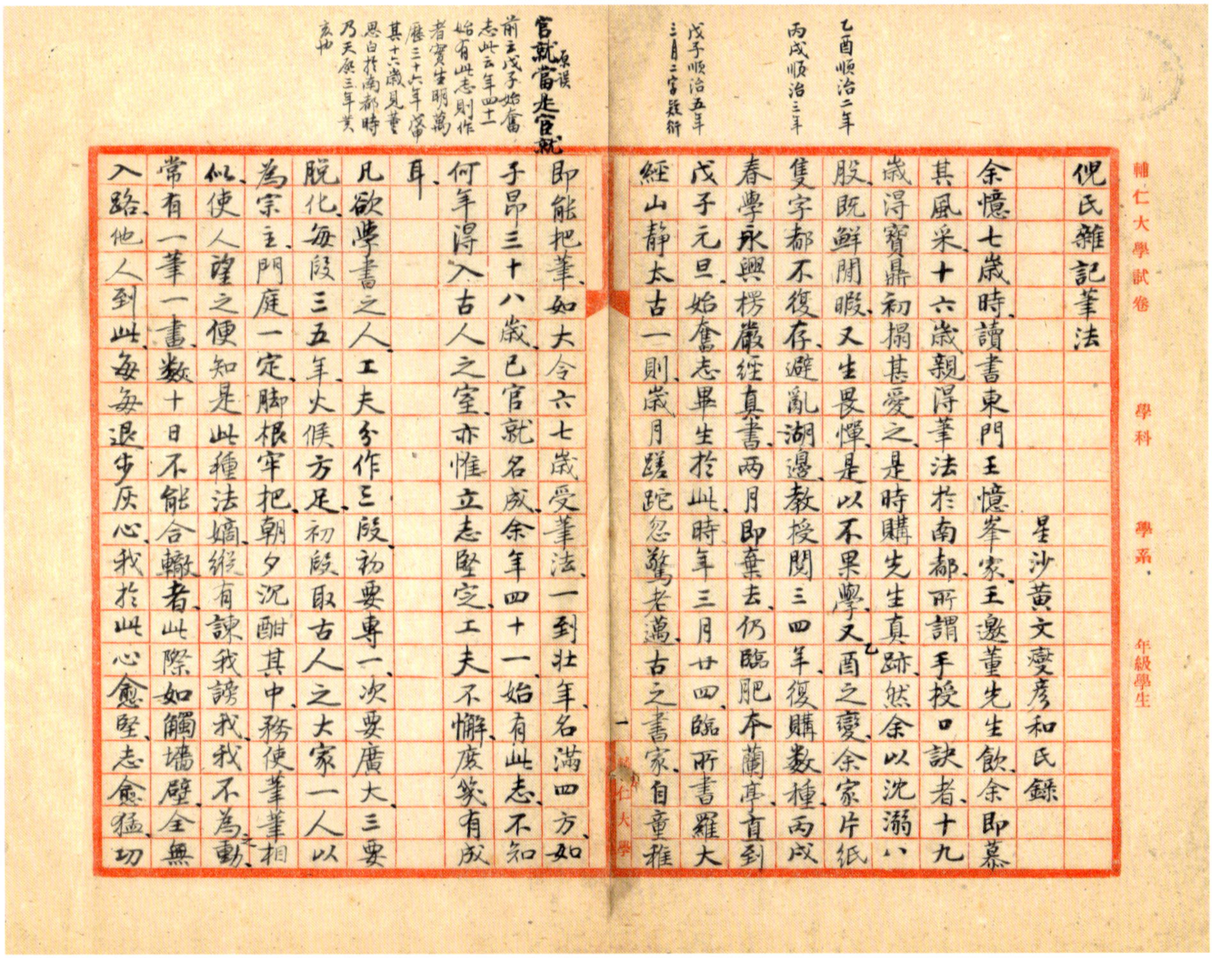

輔仁大學試卷　學科　學系　年級學生

乙酉順治二年
丙戌順治三年
戊子順治五年
三月二字疑衍

倪氏雜記筆法

星沙黃文夔彥和氏錄

余憶七歲時讀書東門王憶峯家王邀董先生飲余即慕其風采十六歲親得筆法於南都所謂手授口訣者十九歲得寶鼎初搨甚愛之是時購先生真跡然余以沈溺八股既鮮閒暇又生畏憚是以不果學又乙酉之變余家片紙隻字都不復存避亂湖邊教授閱三四年復購數種丙戌春學永興楞嚴經真書兩月即棄去仍臨肥本蘭亭直到戊子元旦始奮志畢生於此時年三月廿四臨所書羅大經山靜太古一則歲月蹉跎忽驚老邁古之書家自童稚即能把筆如大令六七歲受筆法一到壯年名滿四方如子昂三十八歲已官就名成余年四十一始有此志不知何年得入古人之室亦惟立志堅定工夫不懈庶幾有成耳

凡欲學書之人工夫分作三段初要專一次要廣大三要脫化每段三五年火候方足初段取古人之大家一人以為宗主門庭一定腳根牢把朝夕沉酣其中務使筆筆相似使人望之便知是此種法嫡派有譏我謗我我不為動常有一筆一畫數十日不能合轍者此際如觸墻壁全無入路他人到此每每退步灰心我於此心愈堅志愈猛切

官就當是宦就　原誤

前云戊子始奮志此云年四十一始有此志則作者實生明萬曆三十六年嘗其十六歲見董思白於南都時乃天啟三年癸亥也

❶

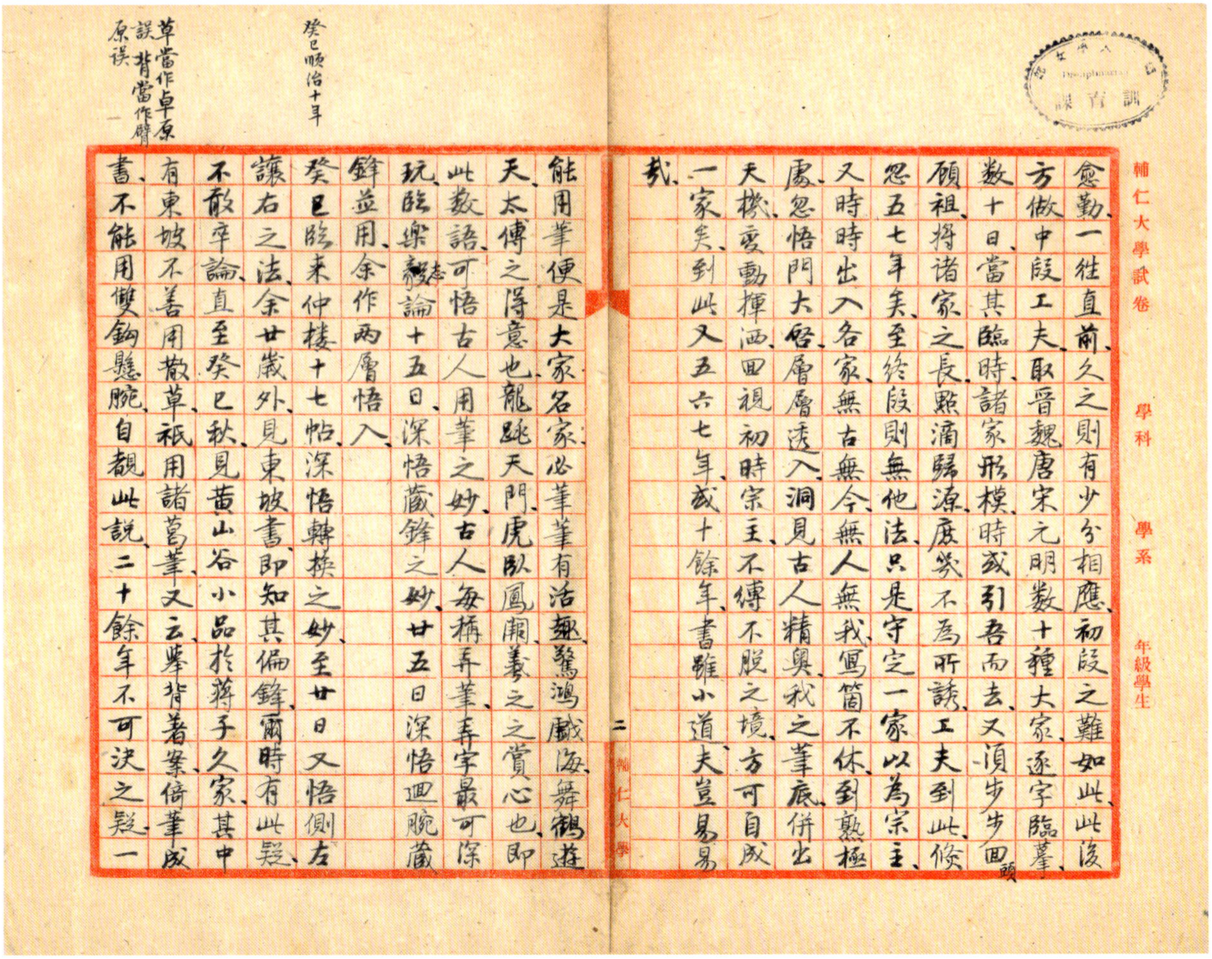

輔仁大學試卷　學科　學系　年級學生

愈勤一往直前久之則有少分相應初段之難如此此後方做中段工夫取晉魏唐宋元明數十種大家逐字臨摹數十日當其臨時諸家形模時或引吾而去又須步步回頭顧祖將諸家之長點滴歸源庶幾不為所誘工夫到此儵忽五七年矣至終段則無他法只是守定一家以為宗主又時時出入各家無古無今無人無我寫箇不休到熟極處忽悟門大啟層層透入洞見古人精奧秘之筆底併出天機變動揮洒回視初時宗主不得不脫之境方可自成一家矣到此又五六七年或十餘年書雖小道夫豈易易哉

能用筆便是大家名家必筆筆有活趣驚鴻戲海舞鶴遊天太傅之得意也龍跳天門虎臥鳳闕羲之之賞心也即此數語可悟古人用筆之妙古人每稱弄筆弄字最可深玩臨樂毅論十五日深悟藏鋒之妙廿五日深悟迴腕藏鋒並用余作兩層悟入

癸巳臨來仲樓十七帖深悟轉換之妙至廿日又悟側讓右之法余廿歲外見東坡書即知其偏鋒爾時有此疑不敢卒論直至癸巳秋見黃山谷小品於蔣手久家其中有東坡不善用散草祇用諸葛筆又云皋背著案倚筆成書不能用雙鉤懸腕自覩此說二十餘年不可決之疑一

癸巳順治十年

草當作卓　原誤　背當作臂　原誤

❷

丁亥（一九四七年）正月十六日—二十八日，启功抄录《倪氏杂记笔法》。辛丑（一九六一年）五月，启功再记。每页纵二十五点四厘米，横十六点五厘米，启功家藏

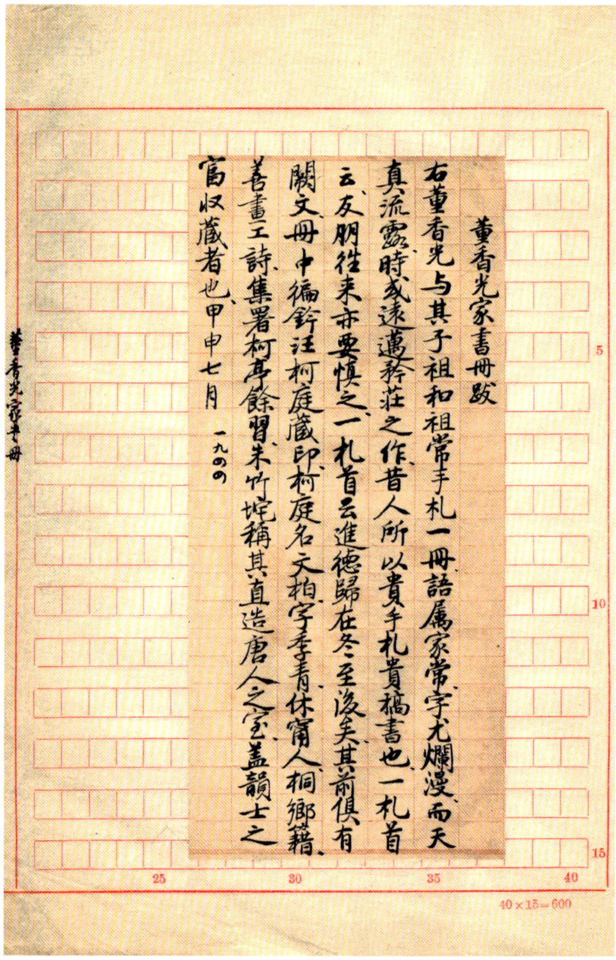
董香光家書冊跋

右董香光与其子祖和祖常手札一冊，語屬家常，字尤爛漫，而天真流露，時或遠邁矜莊之作，昔人所以貴手札貴稿書也。一札首云：友朋往来亦要慎之。一札首云：進德歸在冬至後矣。其前俱有闕文。冊中編釘汪柯庭藏印，柯庭名文柏，字季青，休甯人，桐鄉籍，善畫工詩，集署柯亭餘習，朱竹垞稱其直造唐人之室，蓋韻士之富收藏者也。甲申七月

一九四四

董香光家書冊

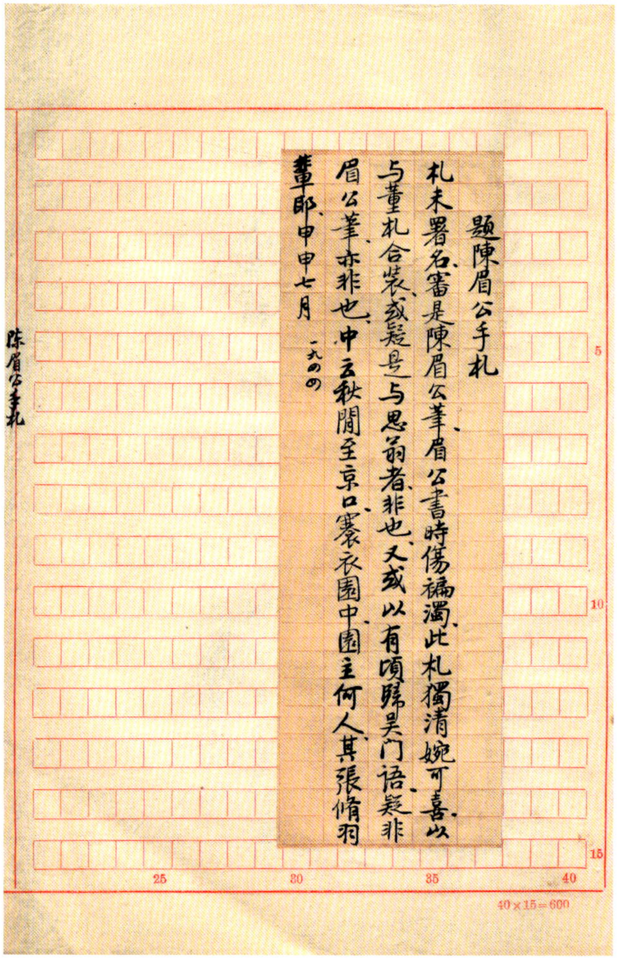
題陳眉公手札

札末署名，審是陳眉公筆。眉公書時傷褊濁，此札獨清婉可喜。以与董札合裝，或疑是与思翁者，非也。又或以有頃歸吳门語，疑非眉公筆，亦非也。中云秋間至京口，褰衣園中，園主何人，其張脩羽華耶。甲申七月

一九四四

陈眉公手札

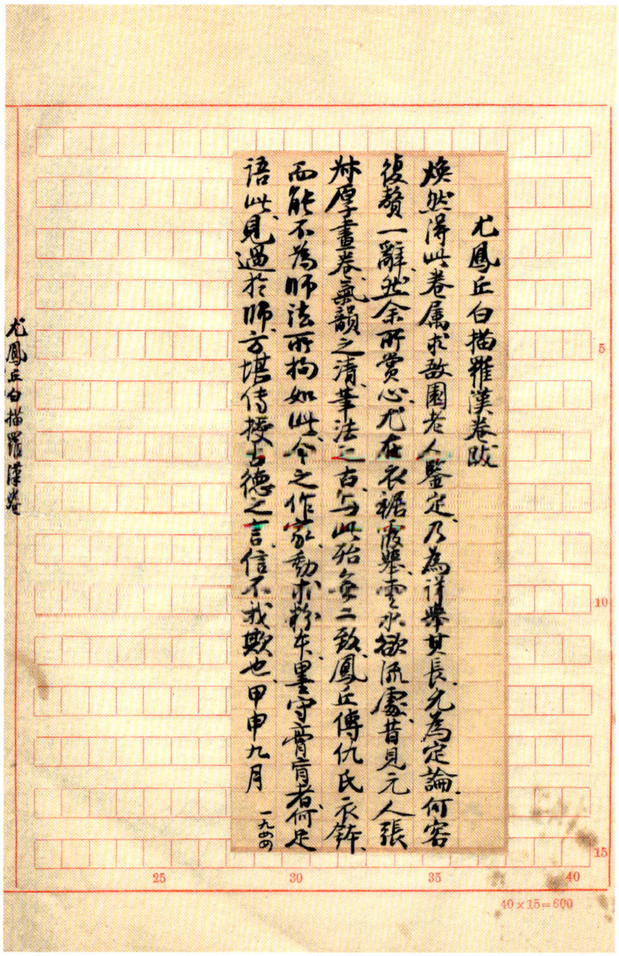
尤鳳丘白描羅漢卷跋

煥然得此卷，屬求敬園老人鑒定，乃為詳辨其長，允為定論，何容復贅一辭。然余所賞心尤在衣摺霞舉，雲水欲流處。昔見元人張渥畫卷，氣韻之清，筆法之古，与此殆無二致。鳳丘傳仇氏衣鉢，而能不為師法所拘如此。今之作家動亦稱東里守膏肓者，何足語此。見過於師，方堪傳授，古德之言，信不我欺也。甲申九月

一九四四

尤鳳丘白描羅漢卷

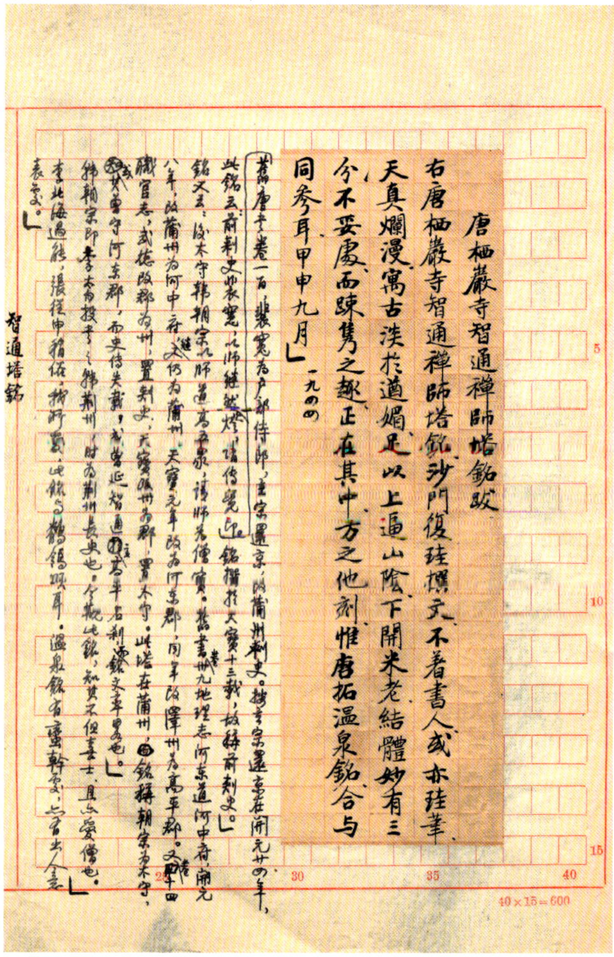
唐栖巖寺智通禪師塔銘跋

右唐栖巖寺智通禪師塔銘，沙門復珪撰文，不著書人，或亦珪筆。天真爛漫，寓古洪於遒媚，足以上通山陰，下開米老，結體妙有三分不要處，而疏雋之趣正在其中。方之他刻，惟唐拓溫泉銘，合与同參耳。甲申九月

一九四四

智通塔銘

❷ ❶
❹ ❸

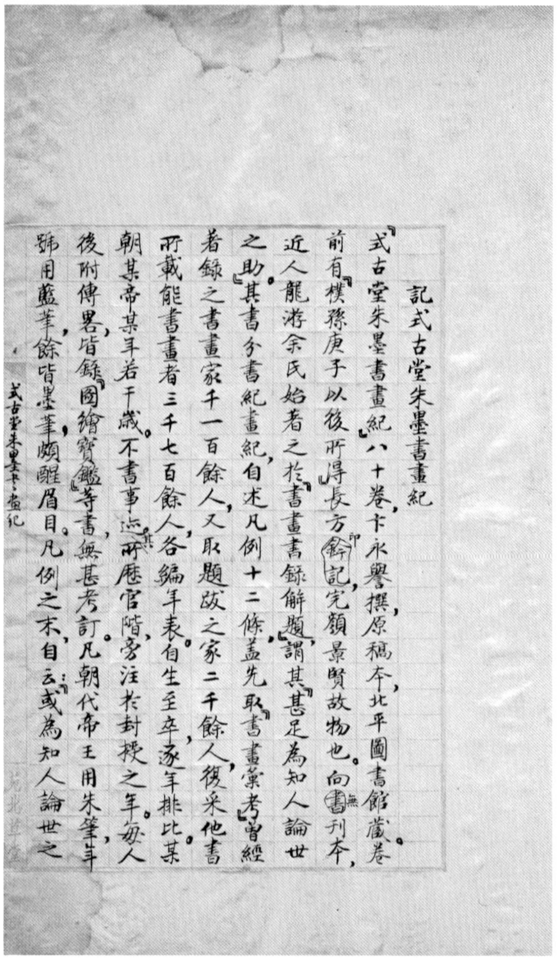
記式古堂朱墨書畫紀

式古堂朱墨書畫紀八十卷，卞永譽撰，原稿本，北平圖書館藏。卷前有模孫庚子以後所得長方印記，兄額景賢故物也。向無刊本，近人龍游余氏始著之於書畫書錄解題，謂其甚足為知人論世之助。其書分書紀畫紀，自述凡例十二條，蓋先取書畫彙考曾經著錄之書畫家千一百餘人，又取題跋之家二千餘人，復采他書所載能書畫者三千七百餘人，各編年表，自生至卒，逐年排比，某朝某帝某年若干歲，不書事迹，所歷官階，旁注於封授之年。每人後附傳略，皆錄圖繪寶鑑等書，無甚考訂。凡朝代帝王用朱筆，年歲用藍筆，餘皆墨筆，頗醒眉目。凡例之末，自云或為知人論世之

式古堂朱墨書畫紀

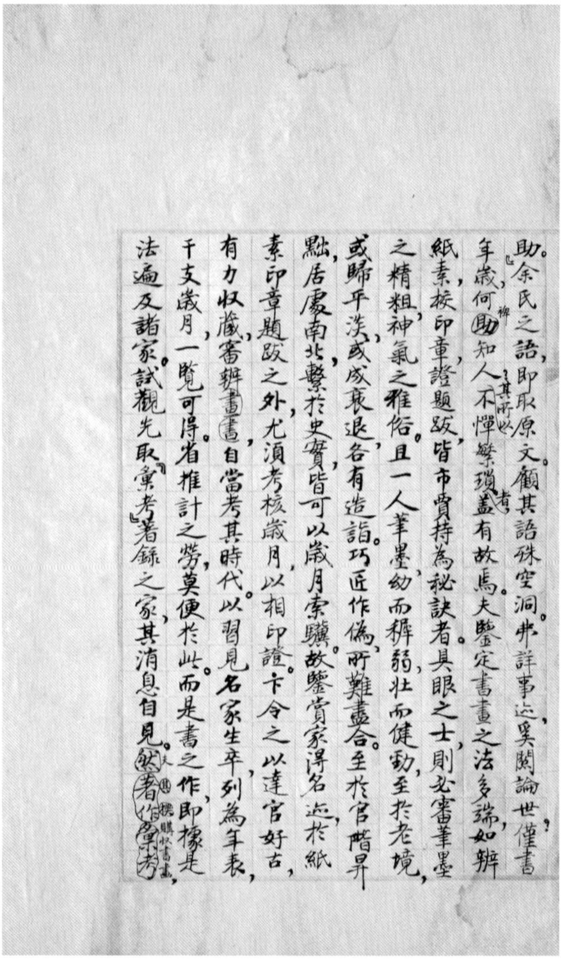
助。余氏之語，即取原文，顧其語殊空洞，弗詳事迹，奚關論世，僅書年歲，何助知人，不憚繁瑣，蓋有故焉。夫鑒定書畫之法多端，如辨紙素，核印章，證題跋，皆市賈持為秘訣者。具眼之士則必審筆墨之精粗，神氣之雅俗，且一人筆墨，幼而稚弱，壯而健勁，至於老境，或歸乎漢，或成衰退，各有造詣，巧匠作偽，所難盡合。至於官階昇黜，居處南北，繫於史實，皆可以歲月索驥，故鑒賞家得名迹於紙素印章題跋之外，尤須考核歲月，以相印證。卞令之以達官好古，有力收藏，審辨書畫，自當考其時代，以習見名家生卒，列為年表，千文歲月，一覽可得，省推計之勞，莫便於此，而是書之作，即據是法遍及諸家，試觀先取彙考著錄之家，其消息自見。然著作彙考

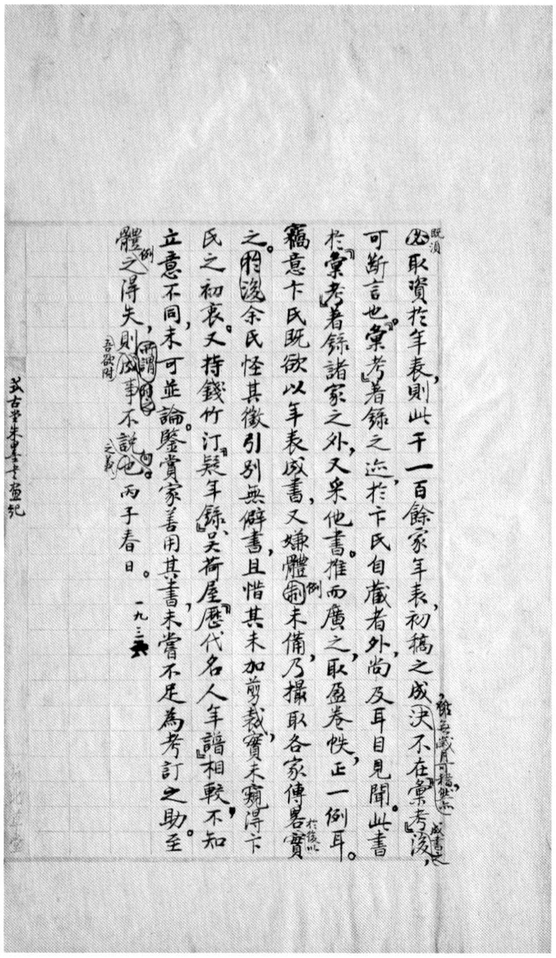
必取資於年表，則此千一百餘家年表，初稿之成，決不在彙考後，可斷言也。彙考著錄諸家之迹，於卞氏自藏者外，尚及耳目見聞，此書於彙考著錄之外，又采他書，推而廣之，取盈卷帙，正一例耳。竊意卞氏既欲以年表成書，又嫌體例未備，乃撮取各家傳略實之，所後余氏怪其徵引別無僻書，且惜其未加剪裁，實未窺得卞氏之初衷。又持錢竹汀疑年錄，吳荷屋歷代名人年譜相較，不知立意不同，未可並論，鑒賞家善用其書，未嘗不足為考訂之助。至體例之得失，則所謂事不說也。丙子春日。一九三六

式古堂朱墨書畫紀

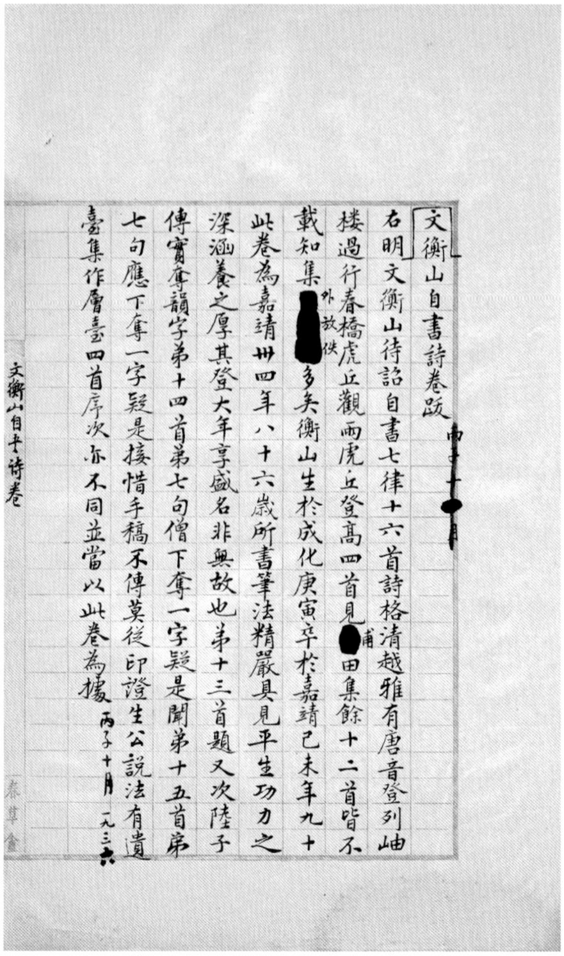
文衡山自書詩卷跋

右明文衡山待詔自書七律十六首，詩格清越，雅有唐音。登列岫樓、過行春橋、虎丘觀雨、虎丘登高四首見[redacted]田集，餘十二首皆不載知集[redacted]多矣。衡山生於成化庚寅，卒於嘉靖己未，年九十。此卷為嘉靖卅四年八十六歲所書，筆法精嚴，具見平生功力之深涵養之厚。其登大年享盛名，非無故也。第十三首題又次陸子傳寶本韻，字第十四首第七句僧下奪一字，疑是關第十五首七句應下奪一字，疑是接。惜手稿不傳，莫從印證。生公說法有遺臺集作層臺，四首序次亦不同，並當以此卷為據。丙子十月。一九三六

文衡山自書詩卷

二十世纪四十年代，启功著《启功丛稿》。每页纵二十六点五厘米，横十七点五厘米，启功家藏

❺
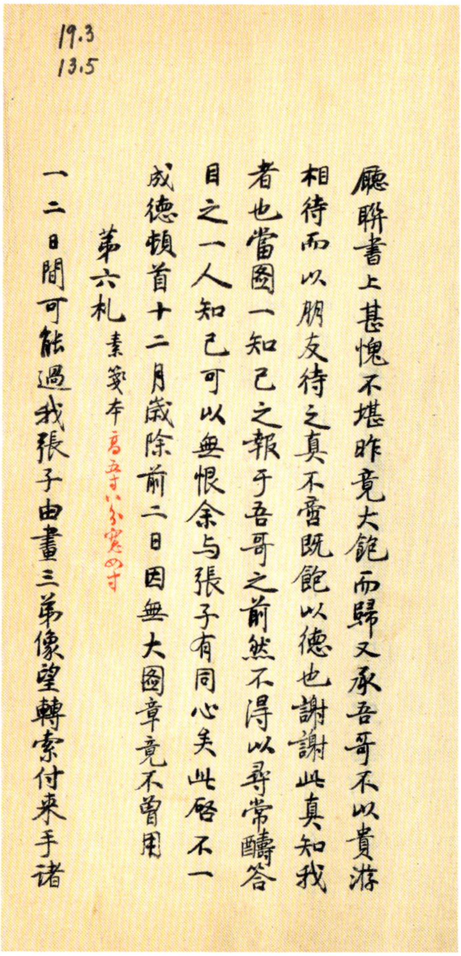
19.3
13.5

廳聯書上甚愧不堪昨竟大飽而歸又承吾哥不以貴游
相待而以朋友待之真不啻既飽以德也謝謝此真知我
者也當圖一知己之報于吾哥之前然不得以尋常酬答
目之一人知己可以無恨余与張子有同心矣此啓不一
成德頓首十二月歲除前二日因無大圖章竟不曾用

第六札 素箋本 高五寸八分宽四寸

一二日間可能過我張子由畫三弟像望轉索付來手諸

❻
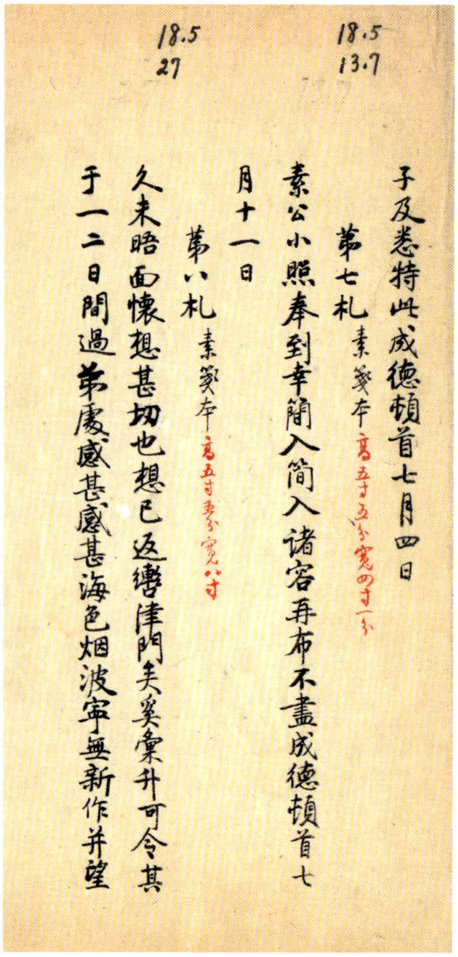
18.5
13.7

18.5
27

子及卷特此成德頓首七月四日

第七札 素箋本 高五寸五分宽四寸一分

素公小照奉到幸簡入简入諸容再布不盡成德頓首七
月十一日

第八札 素箋本 高五寸八分宽八寸

久未晤面懷想甚切也想已返津門矣奚橐升可令其
于一二日間過弟處感甚感甚海色烟波寧無新作并望

❼
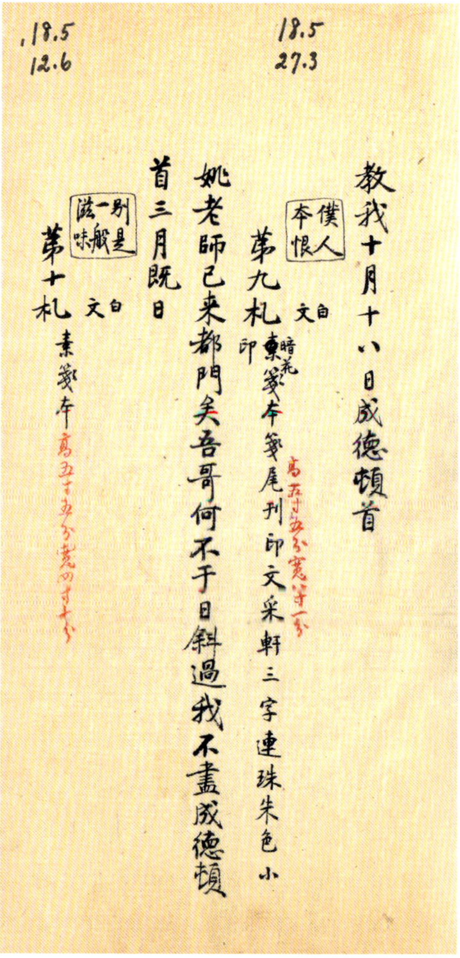
18.5
27.3

18.5
12.6

教我十月十八日成德頓首

僕人本恨（白文印）

第九札 暗花素箋本 箋尾刊印文采軒三字連珠朱色小印 高五寸五分宽七寸一分

姚老師已來都門矣吾哥何不于日斜過我不盡成德頓
首三月既日

別是一般滋味（白文）

第十札 素箋本 高五寸五分宽四寸七分

❽
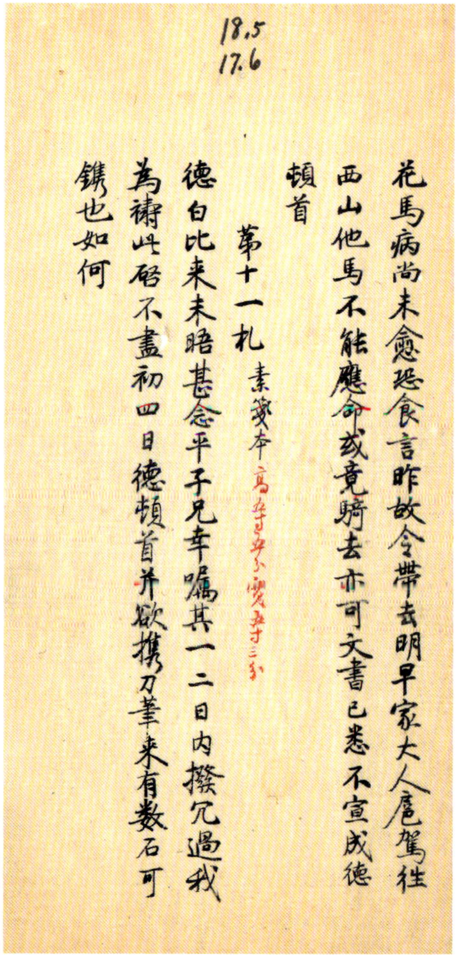
18.5
17.6

花馬病尚未愈恐食言昨故令帶去明早家大人扈駕往
西山他馬不能應命或竟騎去亦可文書已悉不宣成德
頓首

第十一札 素箋本 高五寸五分宽五寸三分

德白比來未晤甚念平子兄幸囑其一二日内撥冗過我
為禱此啓不盡初四日德頓首并欲携刀筆來有數石可
鐫也如何

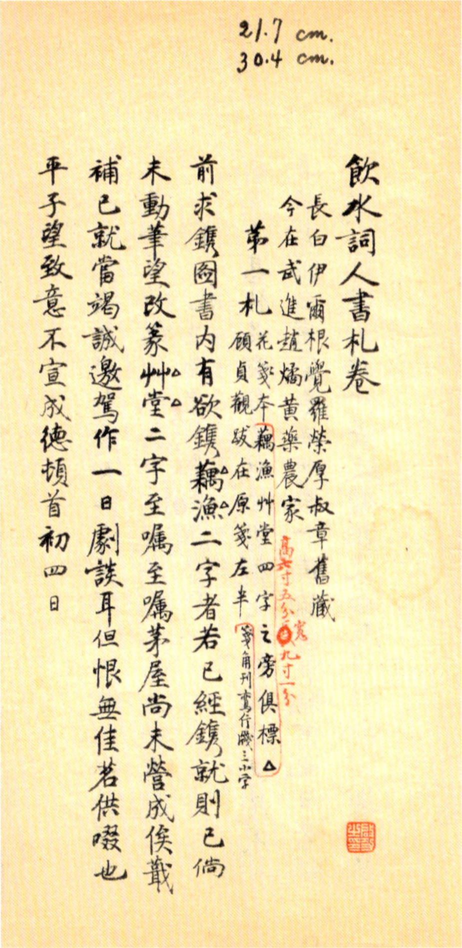
21.7 cm.
30.4 cm.

飲水詞人書札卷
長白伊爾根覺羅榮厚叔章舊藏
今在武進趙煴黃藥農家
第一札 花箋本 鶴漁艸堂四字之旁俱標△ （高六寸五分 寬九寸一分）
顧貞觀跋在原箋左半 箋角刊寫行艸三小字
前求鐫圖書內有欲鐫鶴漁二字者若已經鐫就則已倘
未動筆望改篆艸堂二字至囑至囑茅屋尚未營成俟戴
補已就當竭誠邀駕作一日劇談耳但恨無佳者供啜也
平子望致意不宣 成德頓首 初四日

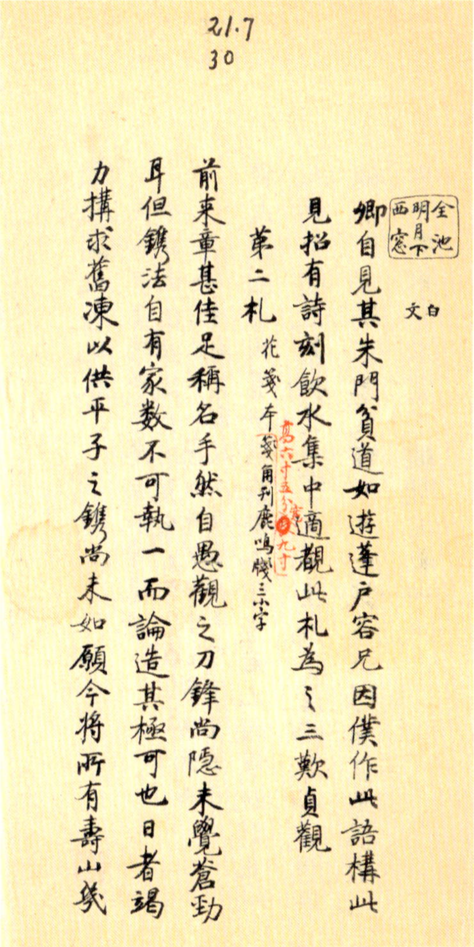
21.7
30

全池明月下西窗 白文
鄉自見其朱門貧道如游蓬戶容兄因僕作此語構此
見招有詩刻飲水集中適觀此札為之三歎 貞觀
第二札 花箋本 箋角刊鹿鳴牋三小字 （高六寸五分 寬九寸）
前來章甚佳足稱名手然自愚觀之刀鋒尚隱未覺蒼勁
耳但鐫法自有家數不可執一而論造其極可也日者竭
力搆求舊凍以供平子之鐫尚未如願今將所有壽山幾

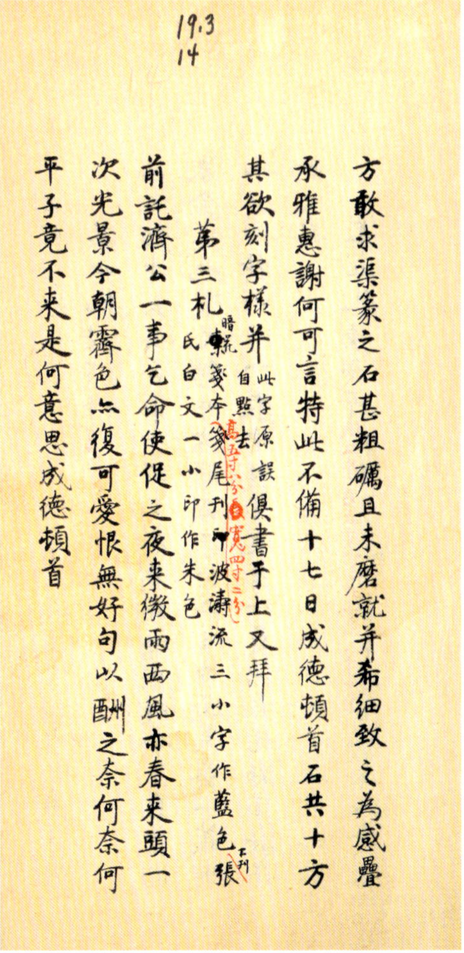
19.3
14

方敢求渠篆之石甚粗礪且未磨就并希細致之為感疊
承雅惠謝何可言特此不備十七日 成德頓首 石共十方
其欲刻字樣并 此字原誤自點去 俱書于上 又拜
第三札 暗花箋本 箋尾刊[illegible]波濤流三小字作藍色 張氏白文一小印作朱色 （高五寸八分 寬四寸二分）
前託濟公一事乞命使促之夜來微雨西風亦春來頭一
次光景今朝霽色亦復可愛恨無好句以酬之奈何奈何
平子竟不來是何意思 成德頓首

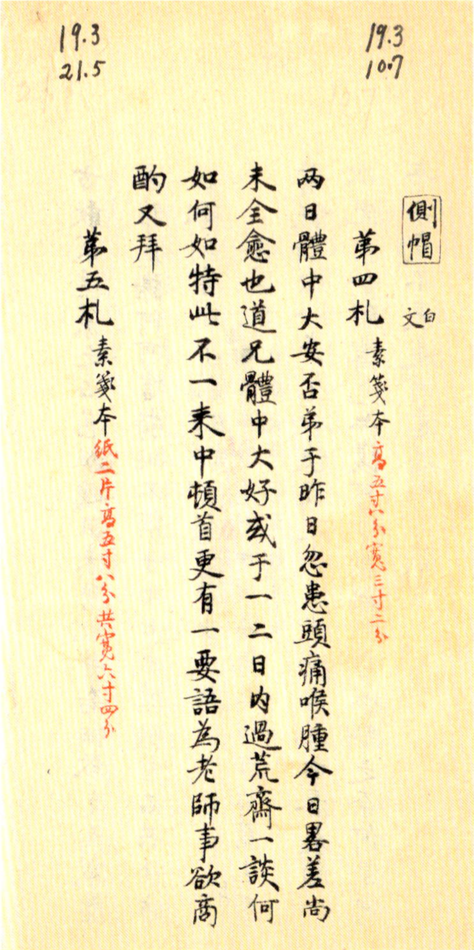
19.3
21.5
19.3
10.7

側帽 白文
第四札 素箋本 （高五寸六分 寬三寸二分）
兩日體中大安否弟于昨日忽患頭痛喉腫今日略差尚
未全愈也道兄體中大好或于一二日內過荒齋一談何
如何如特此不一 來中頓首 更有一要語為老師事欲商
酌 又拜
第五札 素箋本 （紙二片 高五寸八分 共寬六寸四分）

❶ ❷ ❸ ❹

二十世纪四十年代，启功抄辑《饮水词人翰墨录》。每页纵二十二点八厘米，横十二厘米，启功家藏

❸
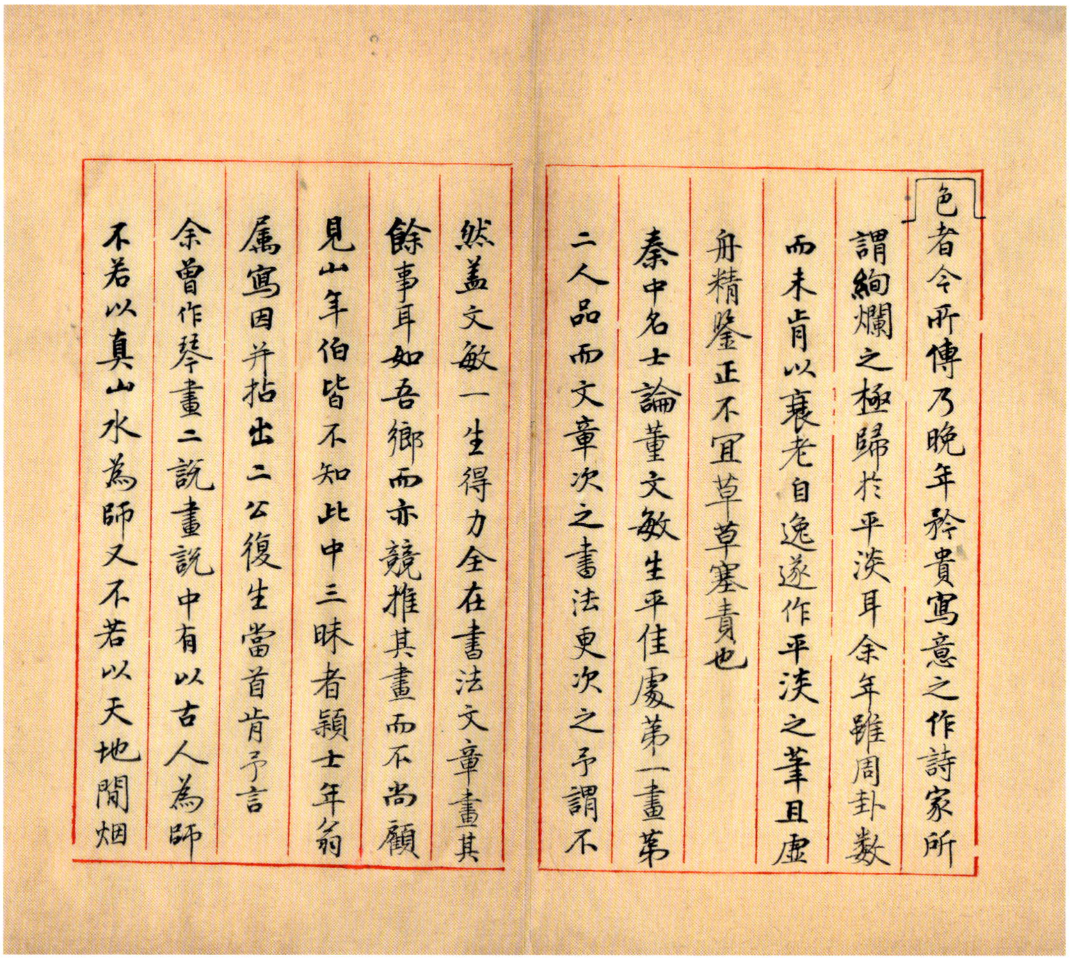
色者今所傳乃晚年矜貴寫意之作詩家所
謂絢爛之極歸於平淡耳余年雖周卦數
而未肯以衰老自逸遂作平淡之筆且虛
舟精鑒正不宜草草塞責也
秦中名士論董文敏生平佳處第一畫第
二人品而文章次之書法更次之予謂不
然蓋文敏一生得力全在書法文章畫其
餘事耳如吾鄉而亦競推其畫而不尚顧
見山年伯皆不知此中三昧者穎士年翁
屬寫因并拈出二公復生當首肯予言
余曾作琴畫二說畫說中有以古人為師
不若以真山水為師又不若以天地間烟

❹
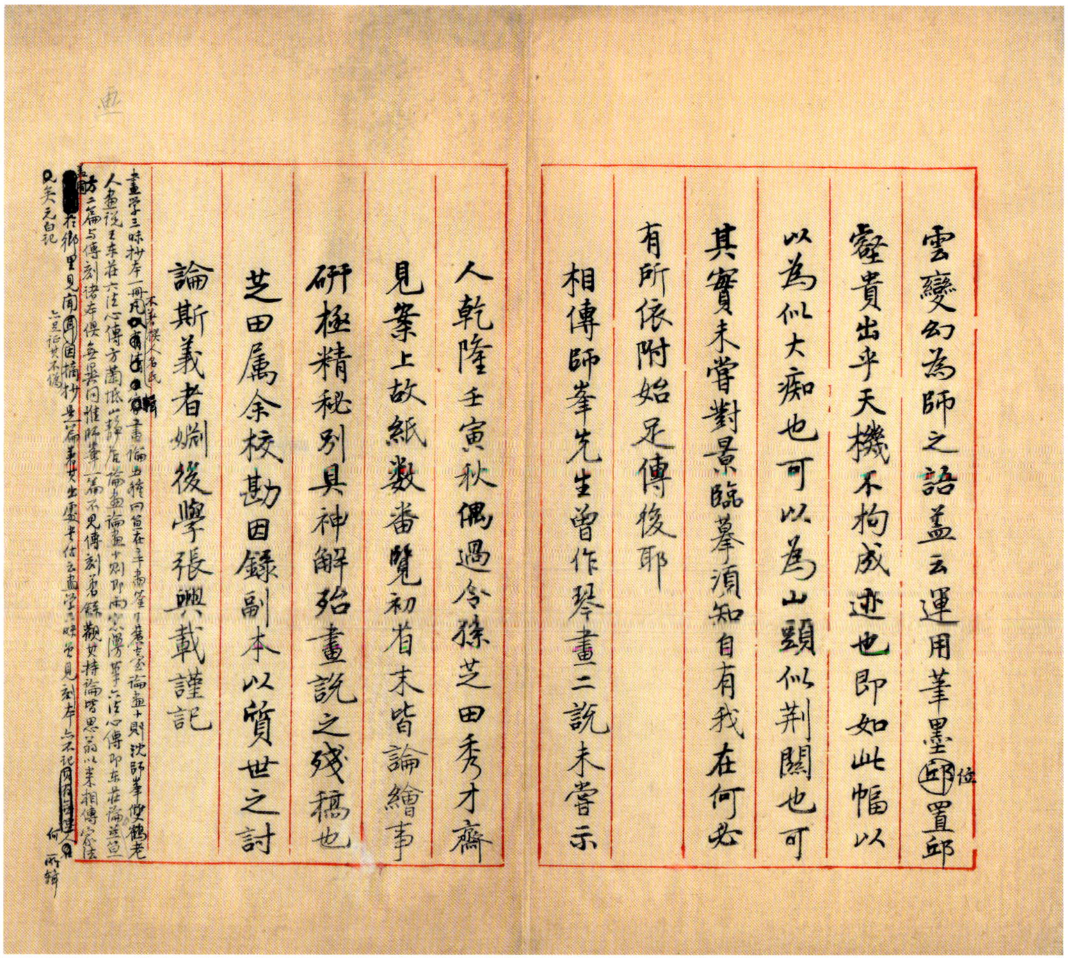
雲變幻為師之語蓋云運用筆墨位置邱
壑貴出乎天機不拘成迹也即如此幅以
以為似大痴也可以為山顕似荊關也可
其實未嘗對景臨摹須知自有我在何必
有所依附始足傳後耶
相傳師峯先生曾作琴畫二說未嘗示
人乾隆壬寅秋偶遇令孫芝田秀才齋
見案上故紙數番覽初首末皆論繪事
研極精秘列具神解殆畫說之殘稿也
芝田屬余校勘因錄副本以貿世之討
論斯義者媊後學張興載謹記

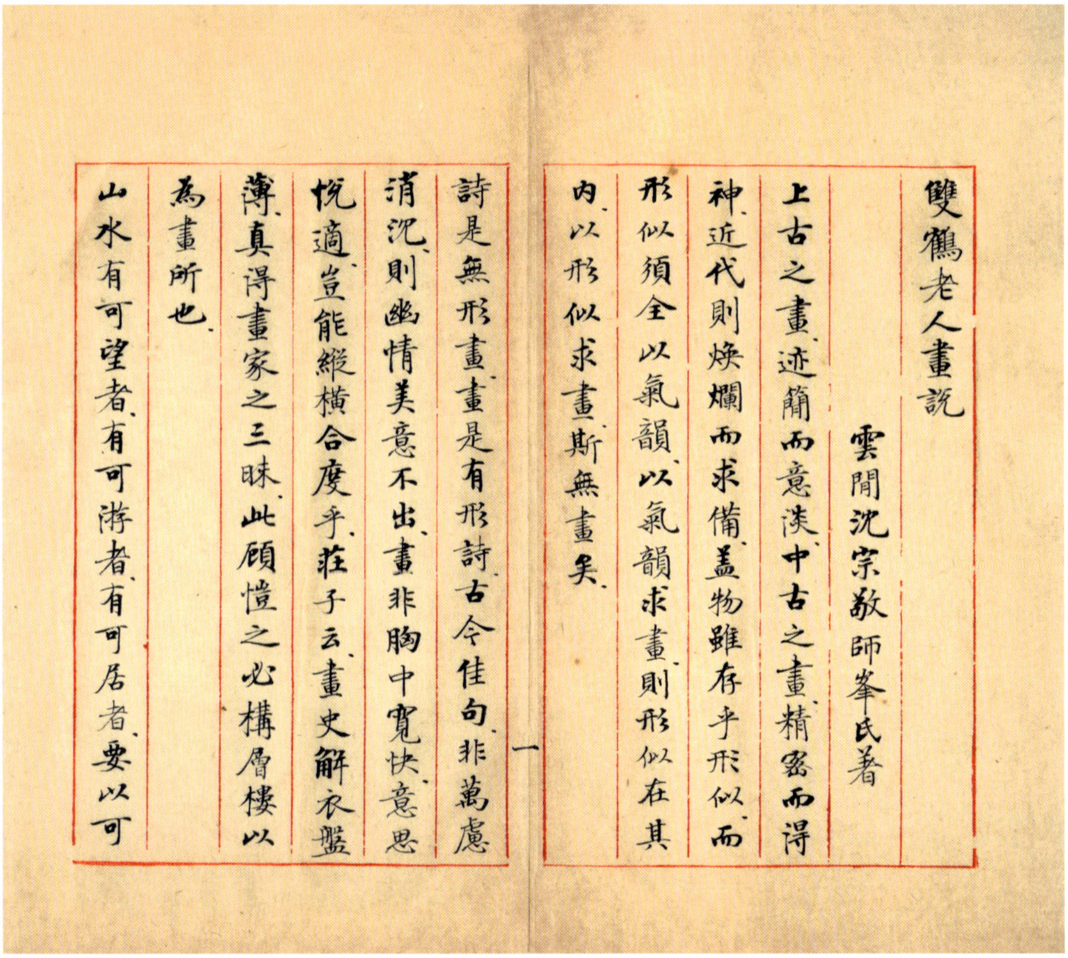

雙鶴老人畫說

雲間沈宗敬師峯氏著

上古之畫迹簡而意淡中古之畫精密而得神近代則煥爛而求備蓋物雖存乎形似而形似須全以氣韻以氣韻求畫則形似在其內以形似求畫斯無畫矣

一

詩是無形畫畫是有形詩古今佳句非萬慮消沉則幽情美意不出畫非胸中寬快意思悅適豈能縱橫合度乎莊子云畫史解衣盤薄真得畫家之三昧此顧愷之必構層樓以為畫所也

山水有可望者有可游者有可居者要以可

❶

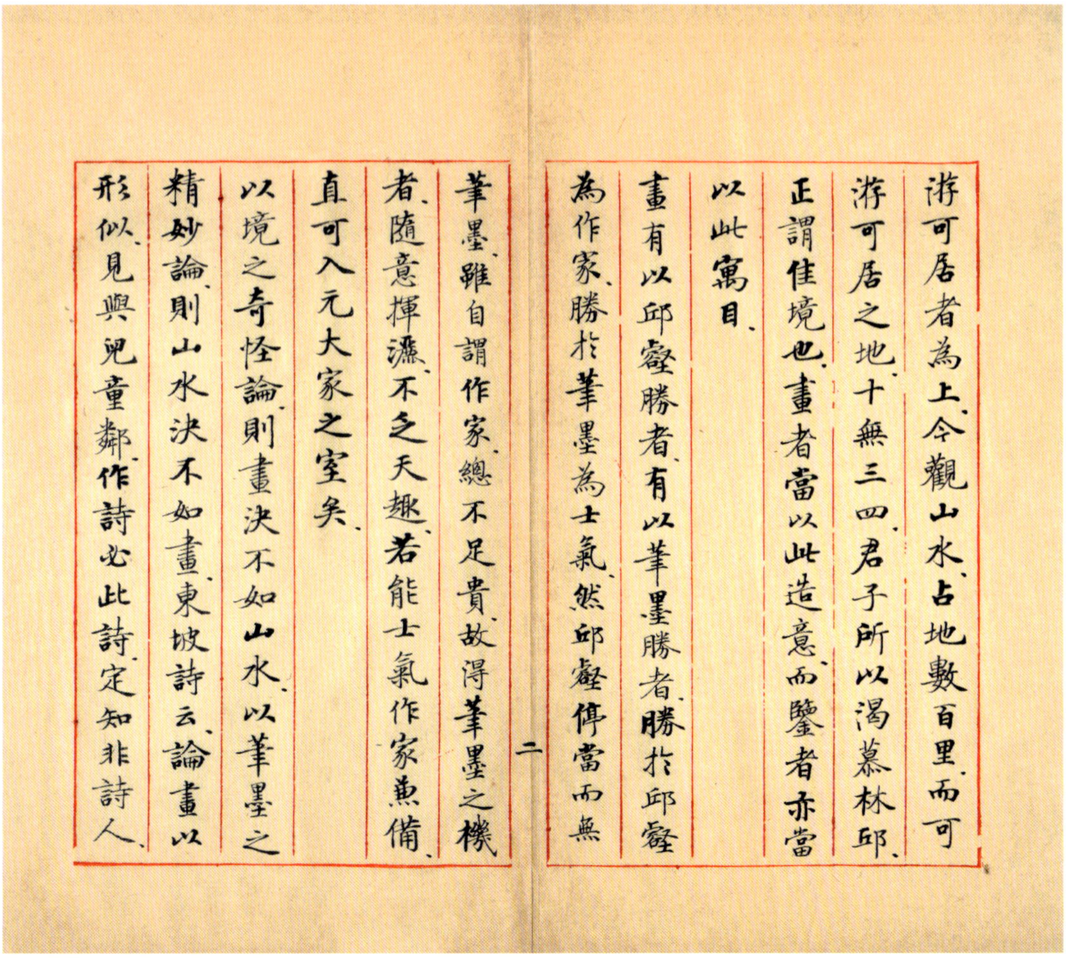

游可居者為上今觀山水占地數百里而可游可居之地十無三四君子所以渴慕林邱正謂佳境也畫者當以此造意而鑒者亦當以此竆目

畫有以邱壑勝者有以筆墨勝者勝於邱壑為作家勝於筆墨為士氣然邱壑傳當而無

二

筆墨雖自謂作家總不足貴故得筆墨之機者隨意揮灑不乏天趣若能士氣作家兼備直可入元大家之室矣

以境之奇怪論則畫決不如山水以筆墨之精妙論則山水決不如畫東坡詩云論畫以形似見與兒童鄰作詩必此詩定知非詩人

❷

二十世纪四十年代，启功抄录《双鹤老人画说》。每页纵二十八厘米，横十六厘米，启功家藏

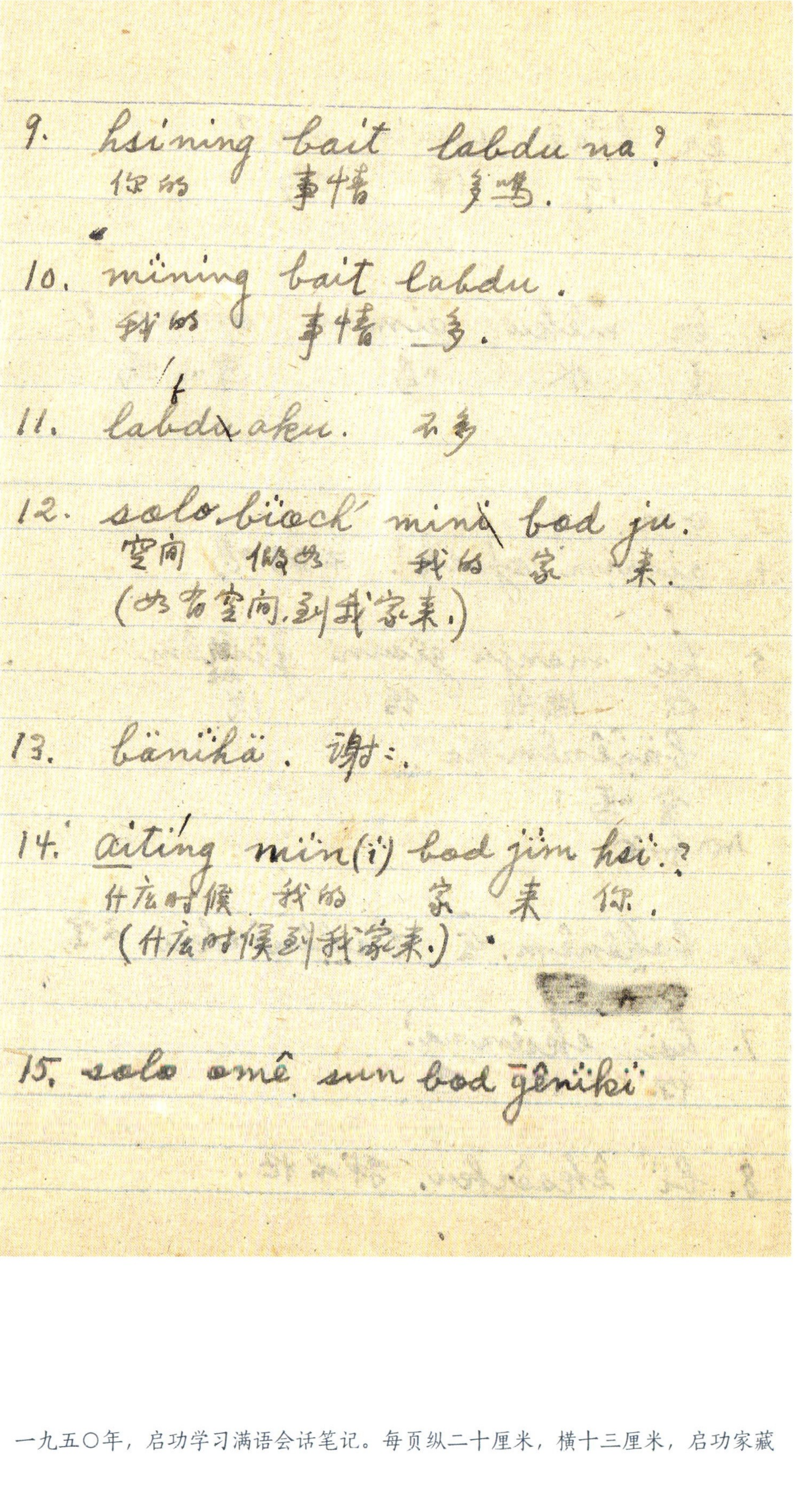

9. hsining bait labdu na?
你的 事情 多吗.

10. mïning bait labdu.
我的 事情 多.

11. labdu aku. 不多

12. solo biäch' mini bod ju.
空闲 做的 我的 家 来.
(如有空闲,到我家来.)

13. bänihä. 谢谢.

14. aiting min(i) bod jim hsi.?
什么时候 我的 家 来 你.
(什么时候到我家来.)

15. solo omê sun bod gēniki

⑩

一九五〇年，启功学习满语会话笔记。每页纵二十厘米，横十三厘米，启功家藏

3	2	1
6	5	4
9	8	7

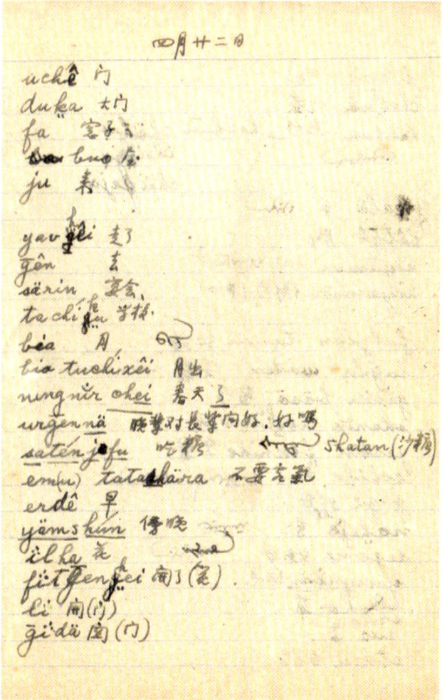
四月廿二日
uchê 门
duka 大门
fa 窗子
buo 房
ju 来
yavgi 走了
gên 去
särin 宴会
tachi 学校
béa 月
bio tuchixêi 月出
nungnür chei 春天了
urgennä 晚辈对长辈问好, 好吗
satenjafu 吃糖 šatan(沙糖)
emu tatabära 不要客气
erdê 早
yämshun 傍晚
ilha 花
fütfenjei 开了(花)
li 开(门)
gidü 关(门)

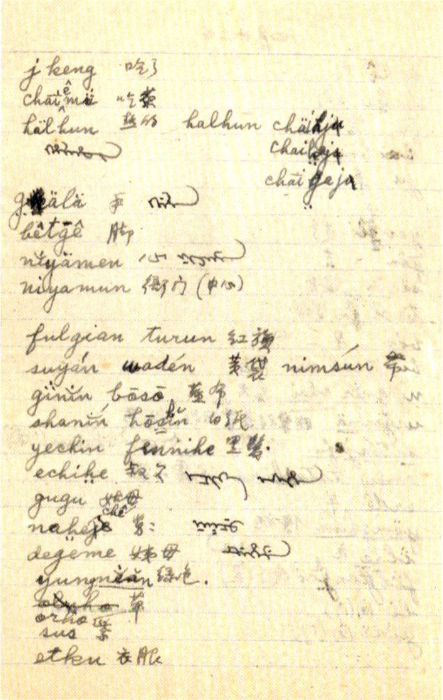
jkeng 吃了
chaimä 吃茶
hälhun 热的 halhun chaij
chaifej
chaifeja
gäälä 手
bêtgê 脚
niyamen 心
niyamun 衙门(中心)
fulgian turun 红旗
sujan waden 黄袋 nimsun
ginün bösö 蓝布
shanün hödün 白的
yechin finnihe 黑发
echike 叔叔
gugu 姑
nahja 舅
degeme 姨母
yungnään 绿色
orho 草
sus 柴
etku 衣服

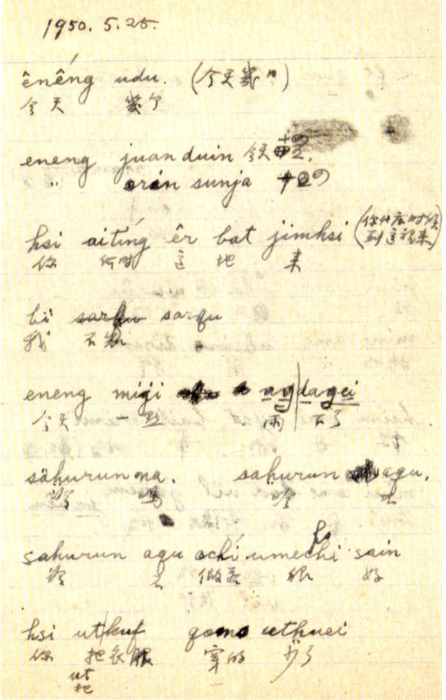
1950. 5. 25.
ênêng udu. (今天几号)
今天 几号
eneng juan duin 初四
oran sunja 廿五
hsi aiting êr bat jimhsi (什么时候到这里来)
你 何时 这 地 来
bi sarfu saifu
我 不知
eneng miji agdagei
今天 一整 雨 下了
sahurun na. sahurun agu.
冷 吗 冷 了
sahurun agu echi umechi sain
冷 了 你 多穿 好
hsi utkuf gama ucthei
你 把衣服 穿的 少了

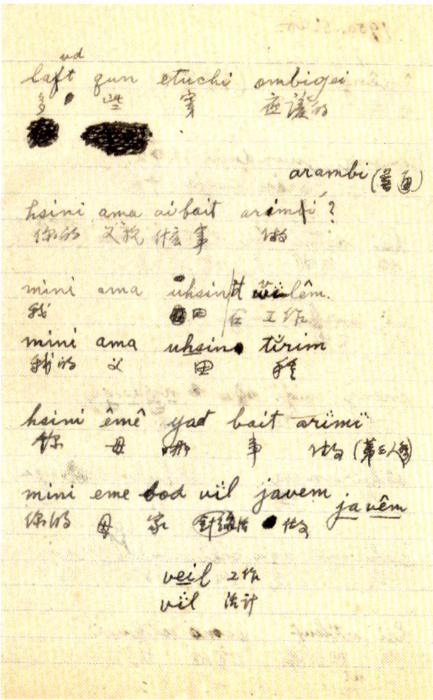
laft gun etuchi ombigei
多 穿 衣 好
[redacted]
arambi(算自)
hsini ama ai bait arimji?
你的 父亲 做 事 做
mini ama uhsin lêm
我 田 工作
mini ama uhsine türim
我的 父 田 种
hsini êmê yad bait arimi
你 母 哪 事 做的
mini eme bod vil javem javêm
你的 母 家 做
veil 工作
vil 活计

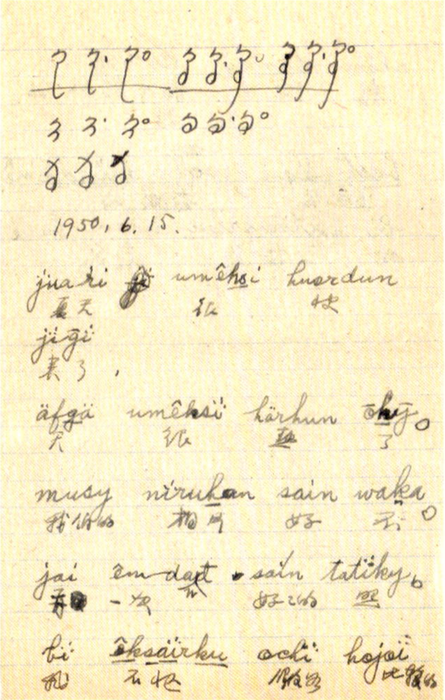
1950, 6. 15.
juaki umêhsi huordun
夏天 很 快
jigi
来了,
äfgü umêksü härhun ohej
天 很 热 了
musy niruhan sain waka
我们的 相片 好 不
jai êm dant saín tatiky
再 一次 好的 照
bi êksäirku echi hojai
我 不忙 做 好的

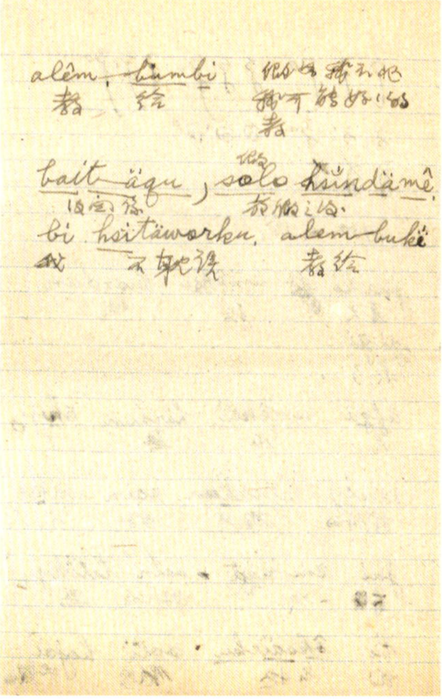
alêm, bumbi
拿 给 拿不能够给
bait ägu, solo hündämê
没有事 有空的
bi höitäworku alem bukê
我 不愿意 拿给

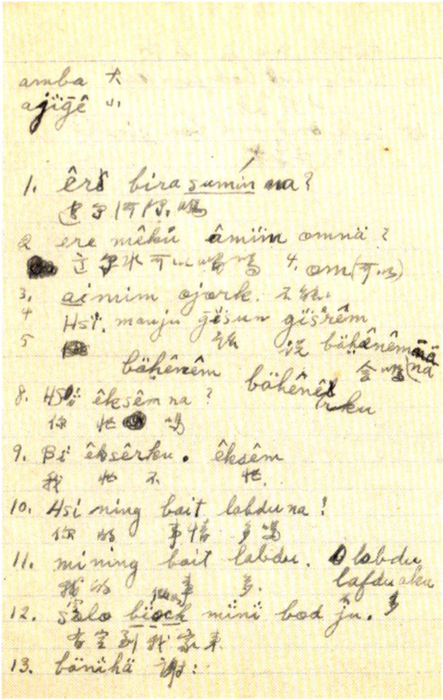
amba 大
ajigê 小
1. êrê bira sumin na?
这条河深吗
2. ere mêkü âmiim omnä?
这个水可以喝吗 4. om(可以)
3. aimim ojork. 不能
4. Hsi manju gisun gisrêm
5. bähênêm 会吗
8. Hsi êksêm na?
你忙吗
9. Bi êksêrku. êksêm
我不忙 忙
10. Hsi ning bait labdu na?
你的事情多吗
11. mining bait labdu. labdu
我的事多
12. Salo bisch mini bod ju.
有空到我家来
13. bänihä 谢

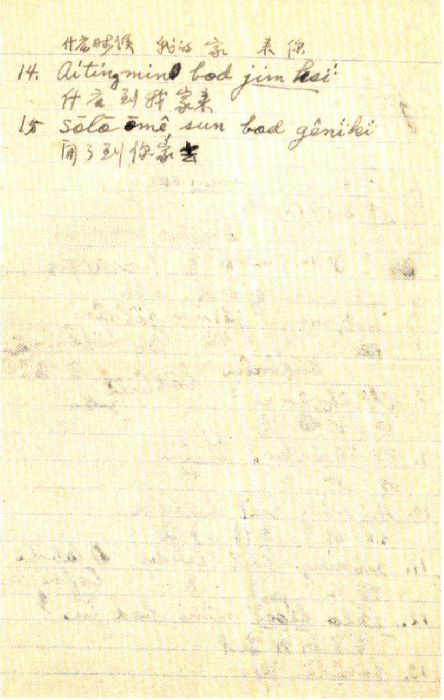
什么时候 我的 家 来你
14. Aiting mini bod jimksi
什么到我家来
15. Solo ômê sun bod gêniki
闲了到你家去

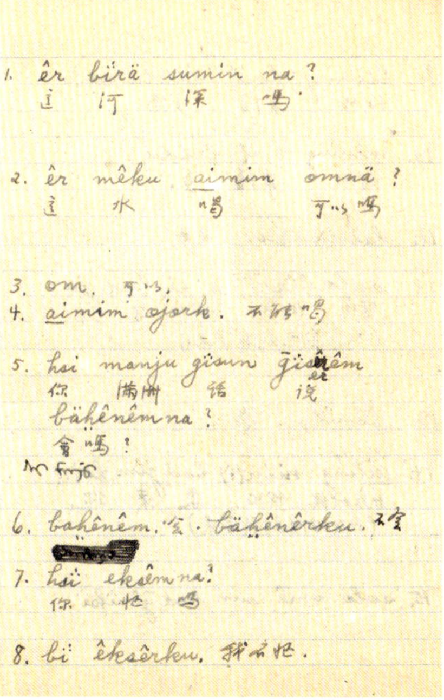
1. êr birä sumin na?
这 河 深 吗
2. êr mêku aimim omnä?
这 水 喝 可以吗
3. om. 可以
4. aimim ojork. 不能喝
5. hsi manju gisun gisrêm
你 满洲 话 说
bähênêmna?
会吗?
6. bähênêm. 会 · bähênêrku. 不会
[redacted]
7. hsi eksêmna?
你 忙 吗
8. bi êksêrku. 我不忙.

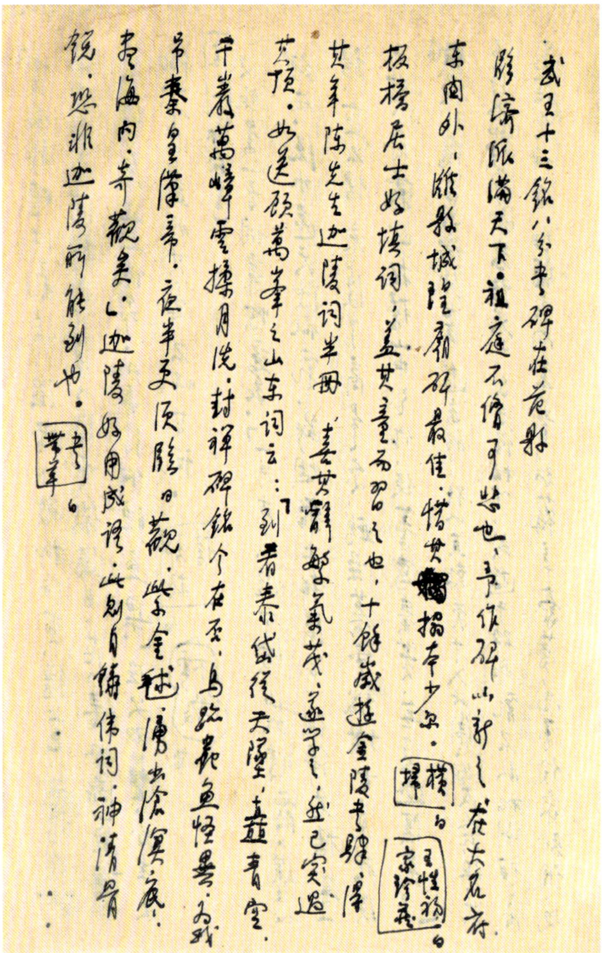

武王十三铭八分书碑在花县
睦济派满天下，祖庭不传可悲也，予作碑以新之，在大名府
东门外。旧称城隍庙碑最佳，惜其摘本少存。
板桥居士好填词，盖其童而习之也。十余岁游金陵书肆，得
其年陈先生迦陵词半册，喜其辞气豪放，遂学之，然已定过
其顶。如迦陵万峰之山东词云：「到着泰岱绝天堑，青空
千岩万壑云搂月悦，封禅碑铭今在否，鸟迹虫鱼怪异。为我
吊秦皇汉帝，夜半更须临日观，紫金球涌出沧溟底，
惊海内，奇观矣」。迦陵好用成语，此则自铸伟词，神清骨
锐，恐非迦陵所能到也。

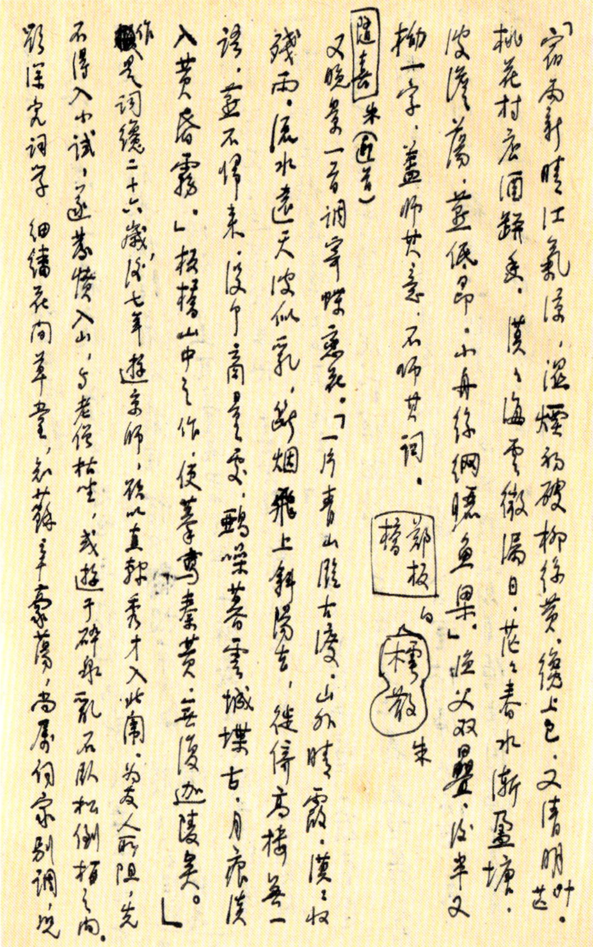

「宿雨新晴江气凉，湿烟初破柳丝黄，绕上巳，又清明，叶
桃花村店酒醉香。浅浅海棠微漏日，花花春水渐盈塘。
沙浅荡，堤偎岸，小舟系网听鱼梁」。临又双叠，以半文
拗一字，盖师其意，不师其词。
又晚景一首调寄蝶恋花：「一片青山临古渡，山外晴霞，浅浅收
残雨，流水远天沙似乳，断烟飞上斜阳去，徙倚高楼无一
语，燕不归来，没个商量处，鸦噪暮云城堞古，月痕浅
入黄昏雾」。板桥山中之作，使芳勇亲黄，无复迦陵矣。
其词绝二十六岁后七年游京师，欲以直节秀才入北闱，为友人所阻，先
不得入小试，遂愤愤入山，与老僧枯坐，或游于碑林乱石眼松树杉之间。
补渠先词学，细绣花间草堂，知苏辛豪荡，尚属何宗别调，说

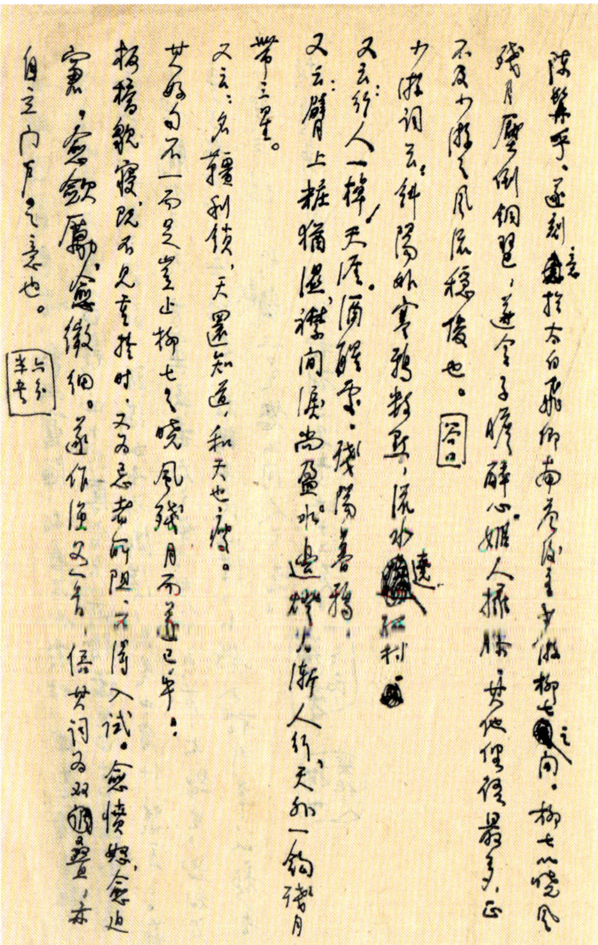

陈，其乎，迹刻之于太白飞仰南唐后主少游柳七之间。柳七以晓风
残月压倒铜琶，遂令子瞻辞心媚人排胜，其他作者最多，正
不及少游之风流稳俊也。
少游词云：「斜阳外，寒鸦数点，流水绕孤村」。
又云：「行人一棹，天涯酒醒乘，残阳暮鸦」。
又云：「臂上妆犹湿，襟间泪尚盈，水边灯火渐人行，天外一钩残月
带三星」。
又云：「名缰利锁，天还知道，和天也瘦」。
其好句不一而足，岂止柳七之晓风残月而已乎。
板桥既寝没不见重于时，又为忌者所阻，不得入试，愈愤愈疾，愈逗
穷，愈饮愈溺，愈微细，遂作淡文之，自信其词为双调叠，亦
自立门户之意也。

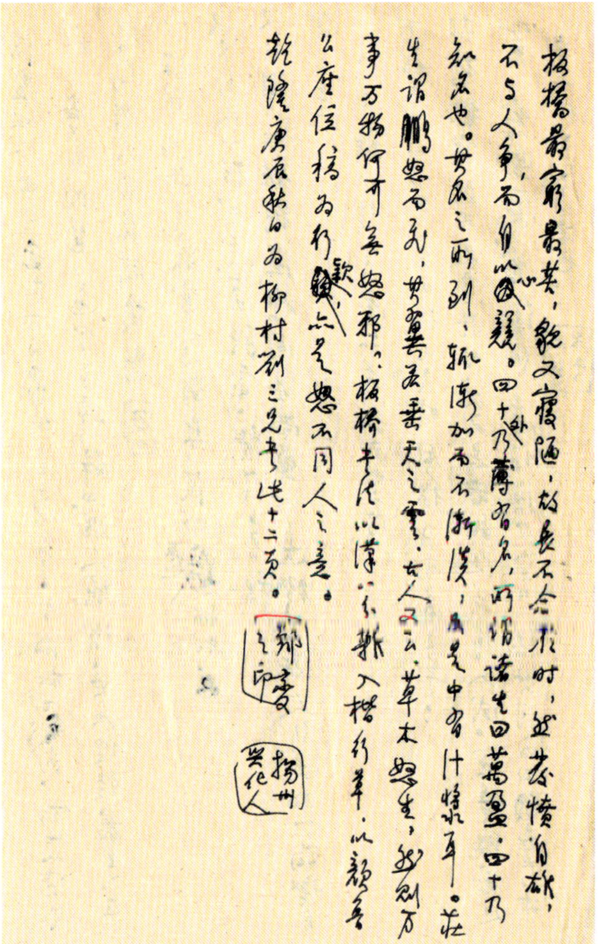

板桥最穷最苦，能又寝陋，故长不合于时，然落愤自放，
不与人争而自以心疑。四十外乃薄有名，所谓诸生四万，四十乃
知名也。其后之所到，独渐加而不渐淡，岁岂中有什怪耶。庄
生谓鹏怒而飞，其翼若垂天之云。古人又云：草木怒生，然则万
事万物何可无怒耶。板桥书法以汉八分杂入楷行草，以颜鲁
公座位稿为行款，亦是怒不同人之意。
乾隆庚辰秋日为柳村刘三兄书，此十二页。
郑燮之印
扬州兴化人

❷ ❶
❹ ❸

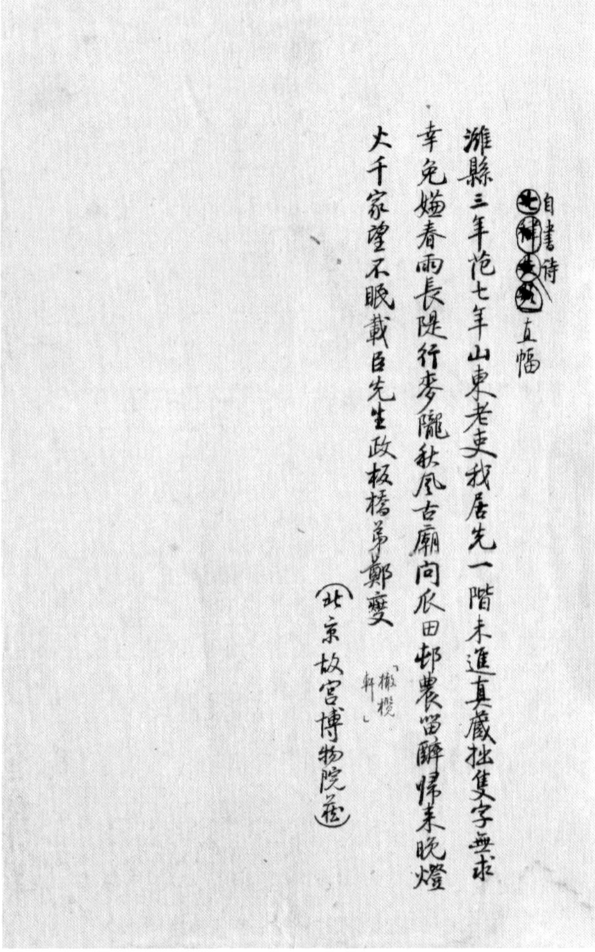
自書詩直幅

濰縣三年范七年山東老吏我居先一階未進真藏拙隻字無求幸免嫌春雨長隄行麥隴秋風古廟向仸田邨農留醉歸來晚燈火千家望不眠 載呈先生政 板橋弟鄭燮 「橄欖軒」

（北京故宮博物院藏）

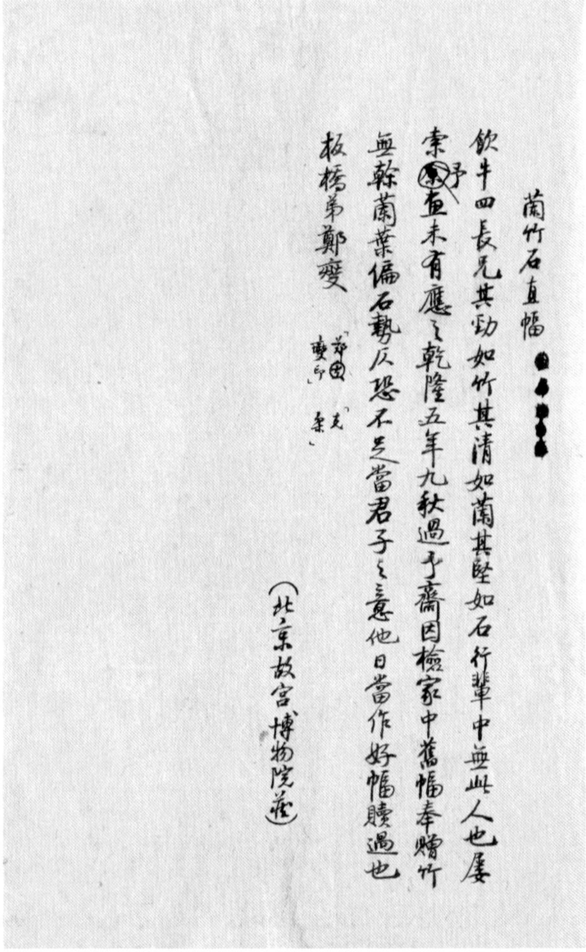
蘭竹石直幅

飲牛四長兄其勁如竹其清如蘭其堅如石行輩中無此人也屢索予畫未有應之乾隆五年九秋過予齋因檢家中舊幅奉贈竹無幹蘭葉偏石勢仄恐不足當君子之意他日當作好幅贖過也 板橋弟鄭燮 「鄭燮印」「克柔」

（北京故宮博物院藏）

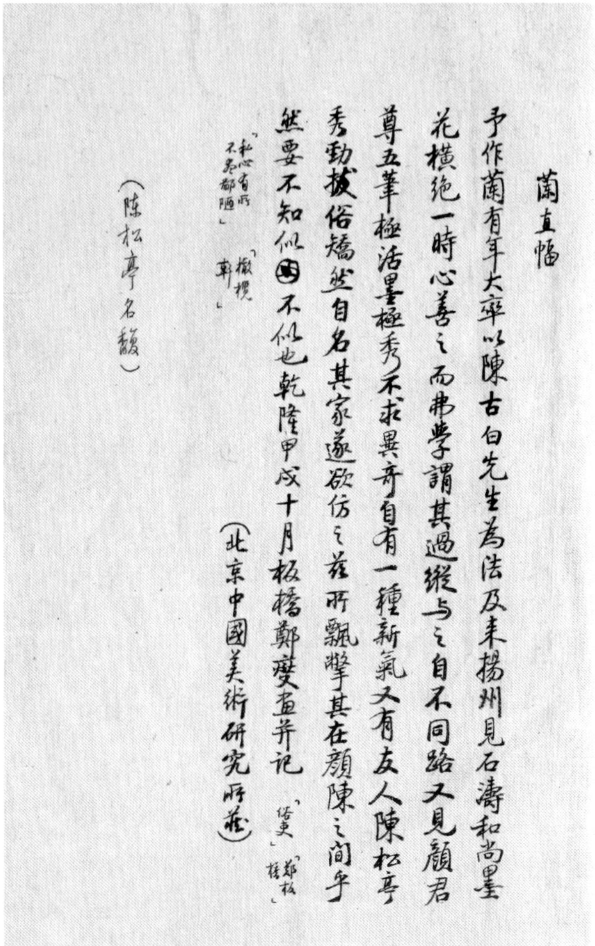
蘭直幅

予作蘭有年大率以陳古白先生為法及來揚州見石濤和尚墨花橫絕一時心善之而弗學謂其過縱與之自不同路又見顏君尊五筆極活墨極秀不求異奇自有一種新氣又有友人陳松亭秀勁拔俗矯然自名其家遂欲仿之並所飄擊其在顏陳之間乎然要不知似固不似也乾隆甲戌十月板橋鄭燮畫并記 「燮史」「鄭板橋」

（北京中國美術研究所藏）

「橄欖軒」「私心有所不免鄙陋」

（陈松亭名馥）

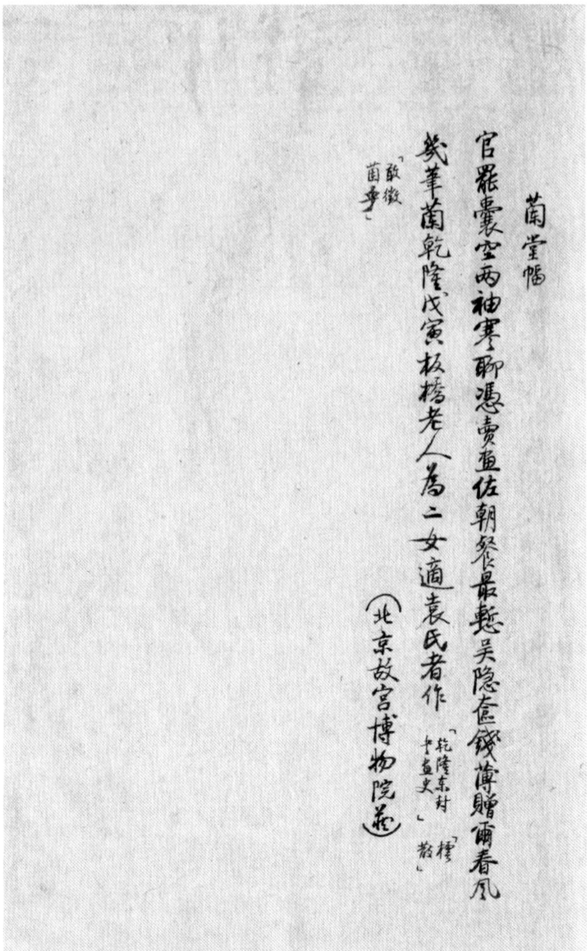
蘭堂幅

官罷囊空兩袖寒聊憑賣畫佐朝餐最憐吴隱奩錢薄贈爾春風幾筆蘭 乾隆戊寅板橋老人為二女適袁氏者作 「乾隆東封書畫史」「樗散」「敢徵蘭亭」

（北京故宮博物院藏）

二十世纪六十年代，启功抄辑《击脑编　郑板桥集外诗文》。每页纵二十四厘米，横十六厘米，启功家藏

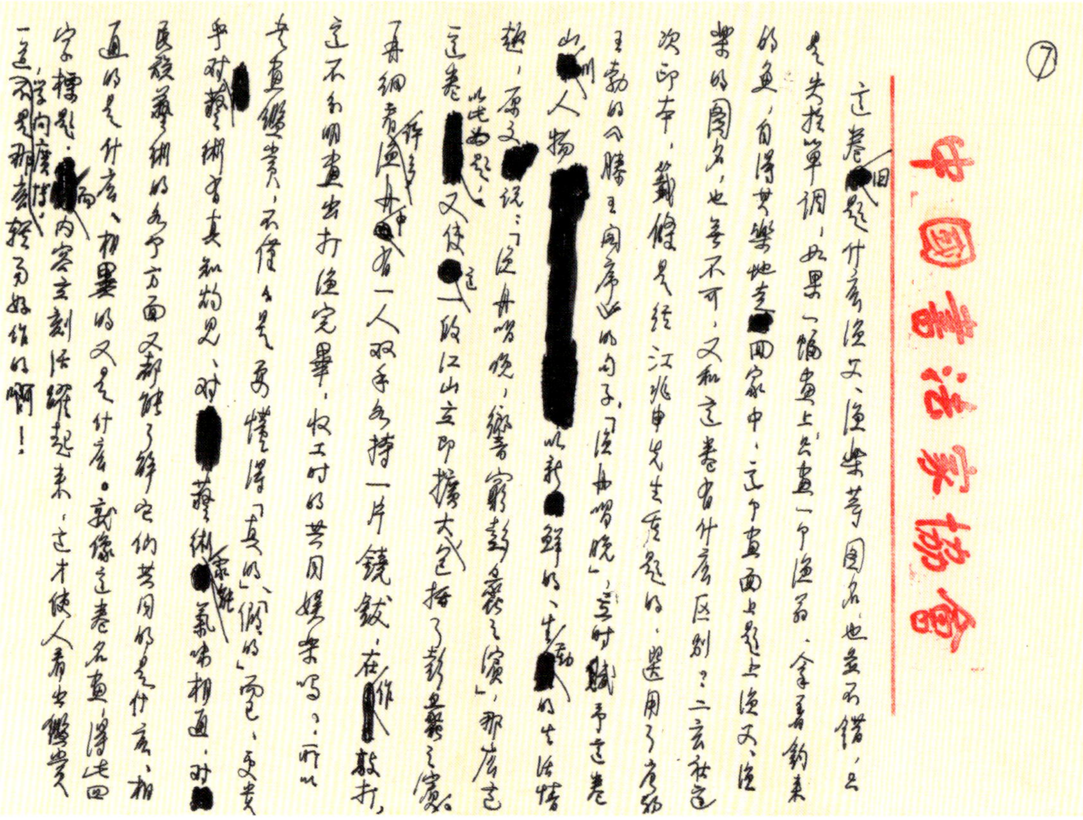

❸

❹

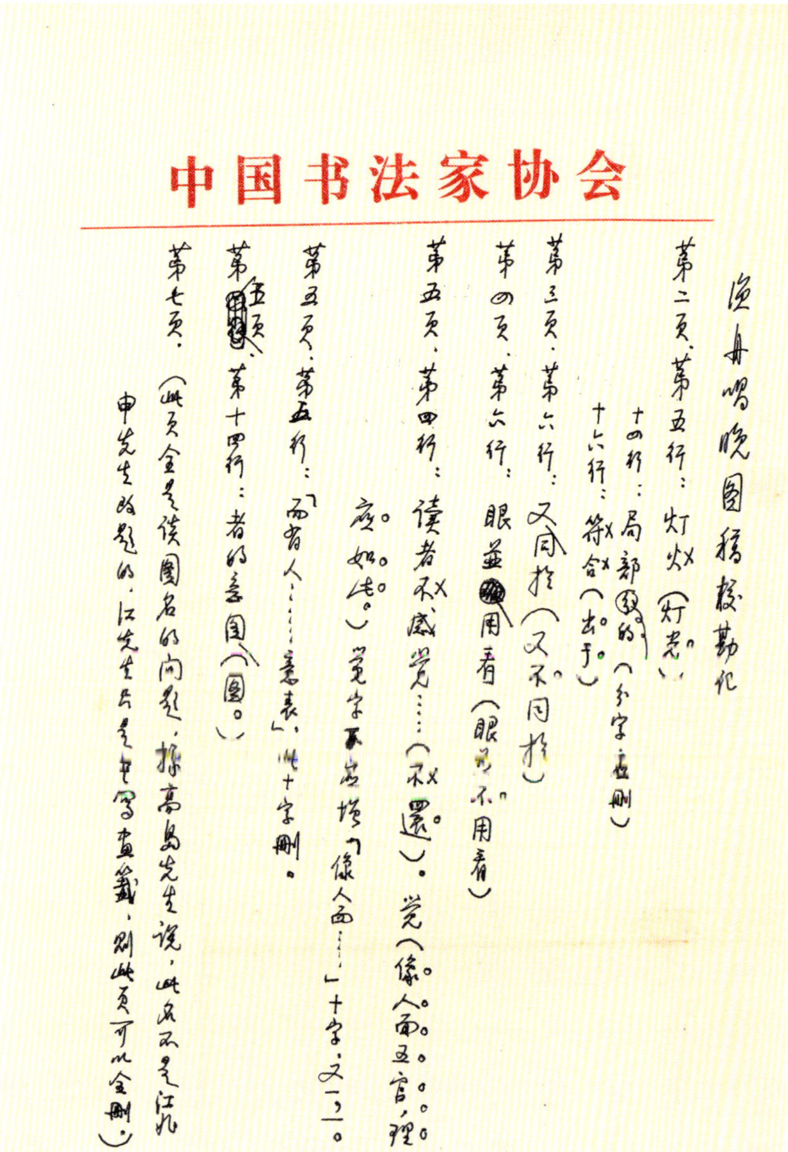

一九九二年十一月十三日—十四日，启功往日本东京三井纪念美术馆观赏碑帖。在参观二玄社时，面交二玄社美术部部长高岛义彦所约《喜观二玄社影印宋许道宁（传）渔舟唱晚图卷》。本月二十一日，回京。二十五日，致高岛函，言及发现约稿有错漏之字，著《渔舟唱晚图稿校勘记》。每页纵十九厘米，横二十七厘米

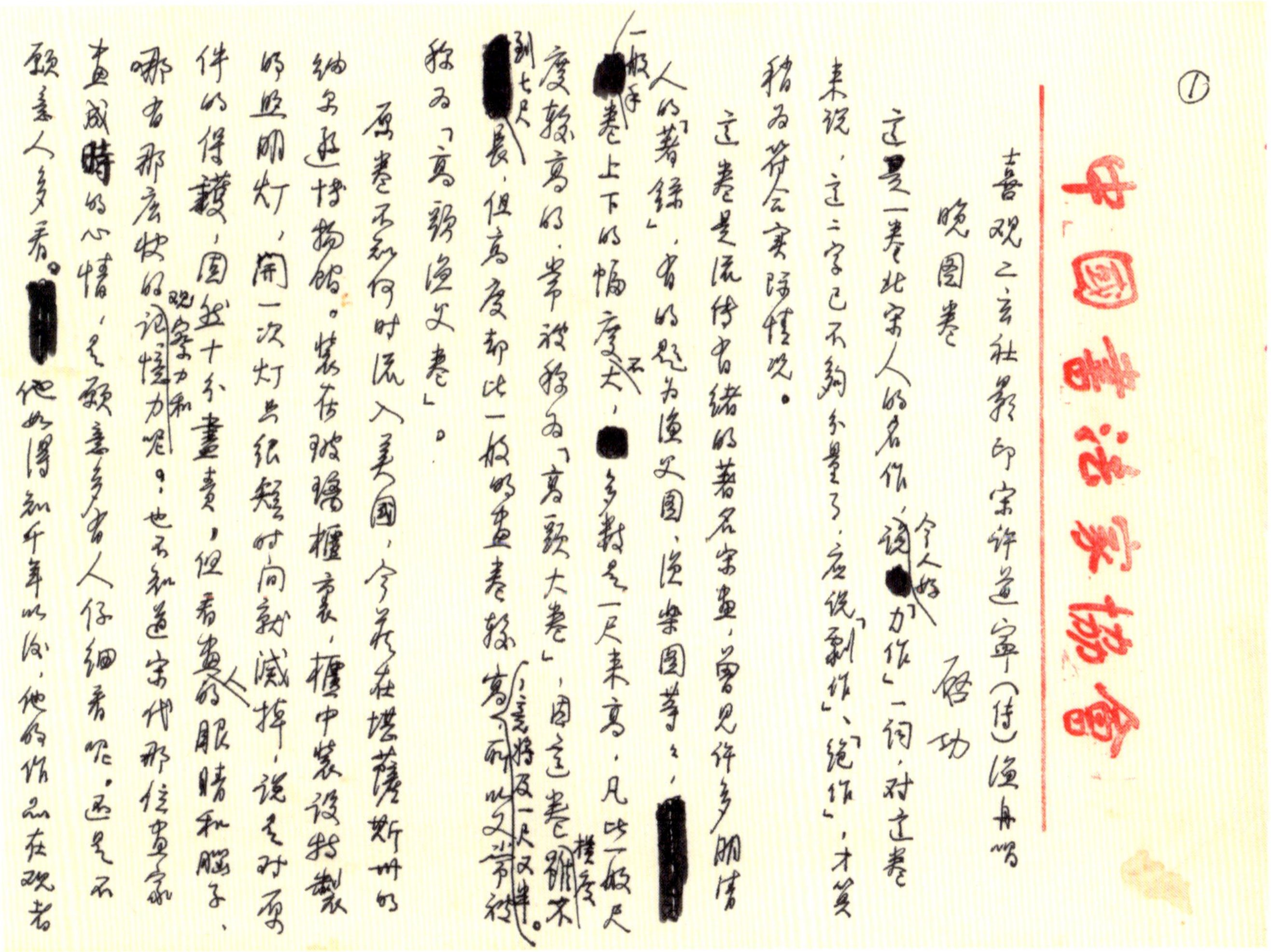

①

中國書法家協會

喜观二玄社影印宋许道宁（传）渔舟唱晚图卷

启功

这[redacted]是一卷北宋人的名作，说[redacted]今人好"力作"一词，对这卷来说，这二字已不够分量了，应说"剧作"、"绝作"，才算稍为符合实际情况。

这卷是流传有绪的著名宋画，曾见许多明清人的"著录"，有的题为渔父图、渔乐图等等，[redacted]一般手[redacted]卷上下的幅度不太大，[redacted]多数是一尺来高，凡比一般尺度较高的，常被称为"高头大卷"，因这卷横度虽不[redacted]到七尺长，但高度却比一般的画卷竟将及一尺又半，所以又常被称为"高头渔父卷"。

原卷不知何时流入美国，今藏在堪萨斯州的纳尔逊博物馆。装在玻璃柜里，柜中装设特制的照明灯，开一次灯出纸短时间就灭掉，说是对原件的保护，固然十分尽责，但看画人的眼睛和脑子、哪有那么快的观察力和记忆力呢？也不知道宋代那位画家画成时的心情，是愿意多有人仔细看呢，还是不愿意人多看。[redacted]他如得知千年以后，他的作品在观者

❶

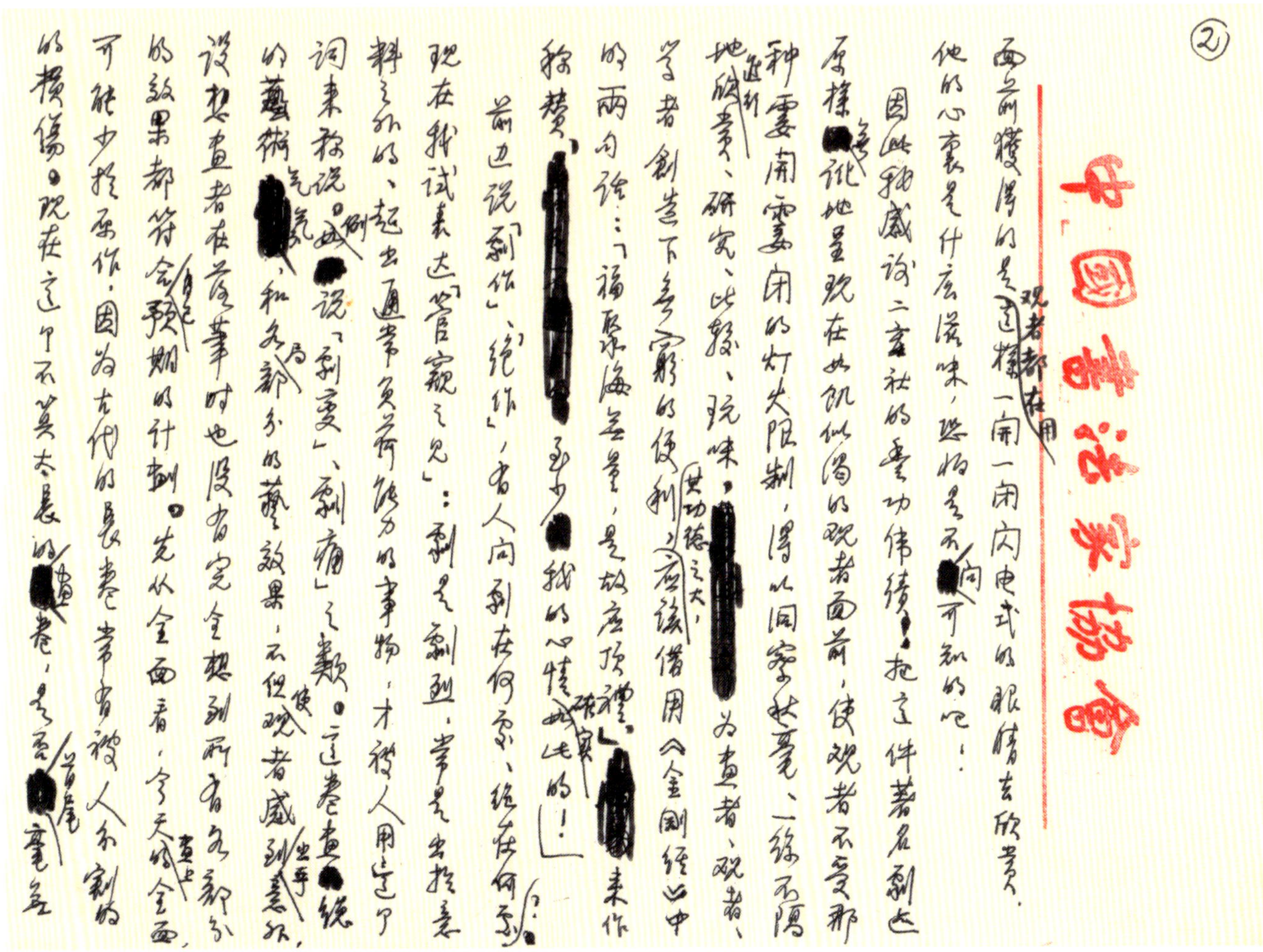

②

中國書法家協會

面前获得的是观者都在用这样一闭一开闪电式的眼睛去欣赏，他的心里是什么滋味，恐怕是不[redacted]向可知的吧！

因此我感谢二玄社的丰功伟绩！把这件著名剧迹原样[redacted]无讹地呈现在如饥似渴的观者面前，使观者不受那种要开要关的灯光限制，得以从容地、一丝不隐地进行欣赏、研究、比较、玩味。其功德之大，[redacted]为画者、观者、学者创造下无穷的便利，应该借用《金刚经》中的两句话："福聚海无量，是故应顶礼。"[redacted]来作称赞，[redacted]至少[redacted]我的心情确实如此的！

前边说"剧作"、"绝作"，有人问剧在何处、绝在何处？现在我试表达"管窥之见"：剧是剧烈，常是出于意料之外的、超出通常负荷能力的事物，才被人用这个词来称说。例如[redacted]说"剧变"、"剧痛"之类。这卷画[redacted]绝的艺术气[redacted]、和各局部分的艺术效果，不但使观者感到出乎意外，设想画者在落笔时也没有完全想到所有各部分的效果都符合自己预期的计划。先从全面看，今天的全画画上可能少于原作，因为古代的长卷常有被人分割的横伤。现在这个不算太长的[redacted]画卷，是否首尾完整

❷

②

名称叫它「猪跑学」。这时常常开会和北大金克木先生见面，谈到社会上所见文章、信札中出现种种错误。我谈起讲过「猪跑学」的事，金先生拍案称快，以为现在这种毛病，可能出于几项原因：一是中学读物包括课本中缺少有关这方面常识的教导，二是到了大学本科时课程和讲法都向高处追求，常识方面的问题容易被列入「高论」的范畴，到研究班的硕士、博士时间，追求的方向和选择的研究课题，

启功先生专用稿纸（14行×12字=168字）

第 页 共 页 6.

❸

距离更高更远。因而趋势也缺少这方面补充注意的机会。由于被忽视的原因，在文章中以及往来的书信的封套和信笺上都常出现一些被人挑出的差错。这里累举朋友们谈话中所提的一些例：「累不容误」，有人在今读中记那个人累学不大，用不着关；[illegible]

第 页 共 页 7.

❹

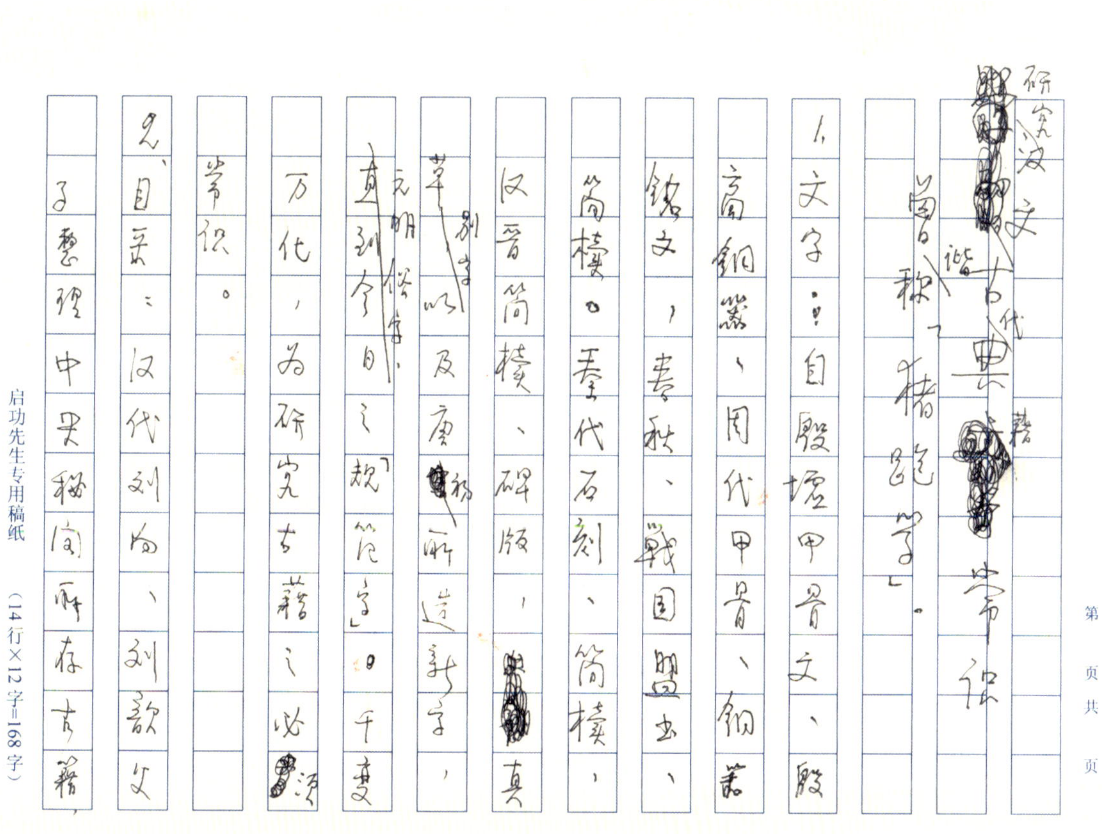

❶

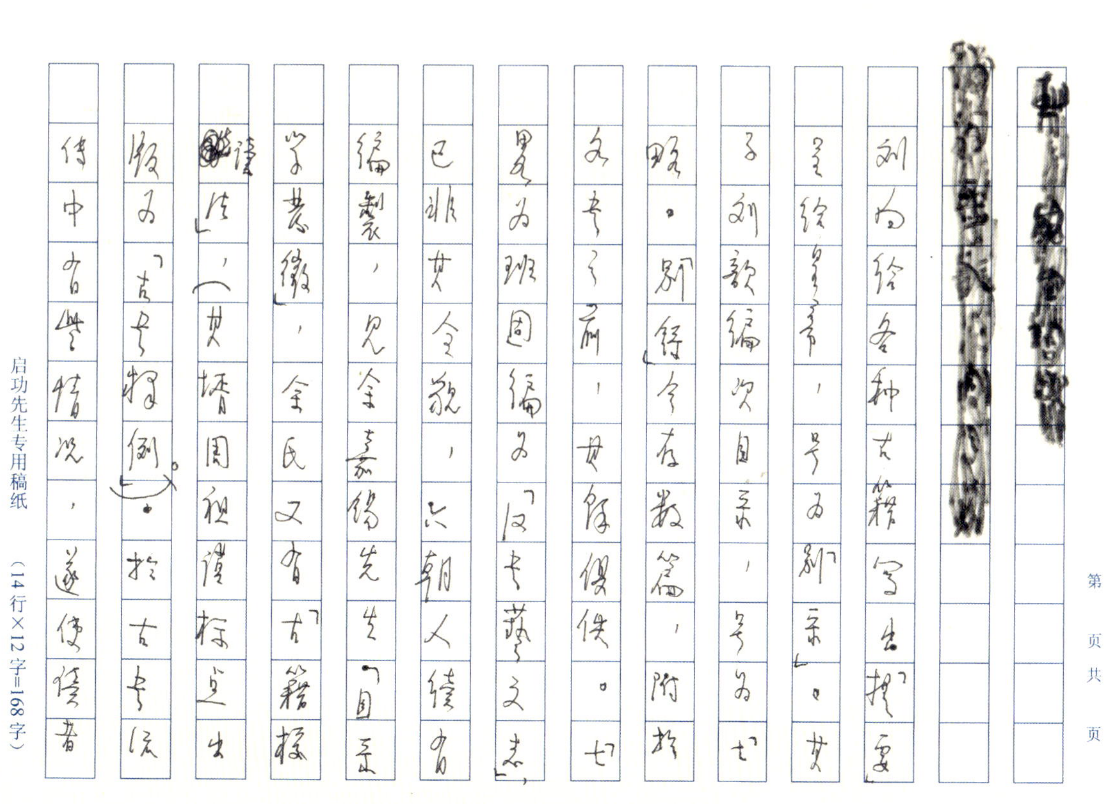

❷

二〇〇〇年以后，启功著《猪跑学》。每页纵二十点八厘米，横二十九点三厘米，启功家藏

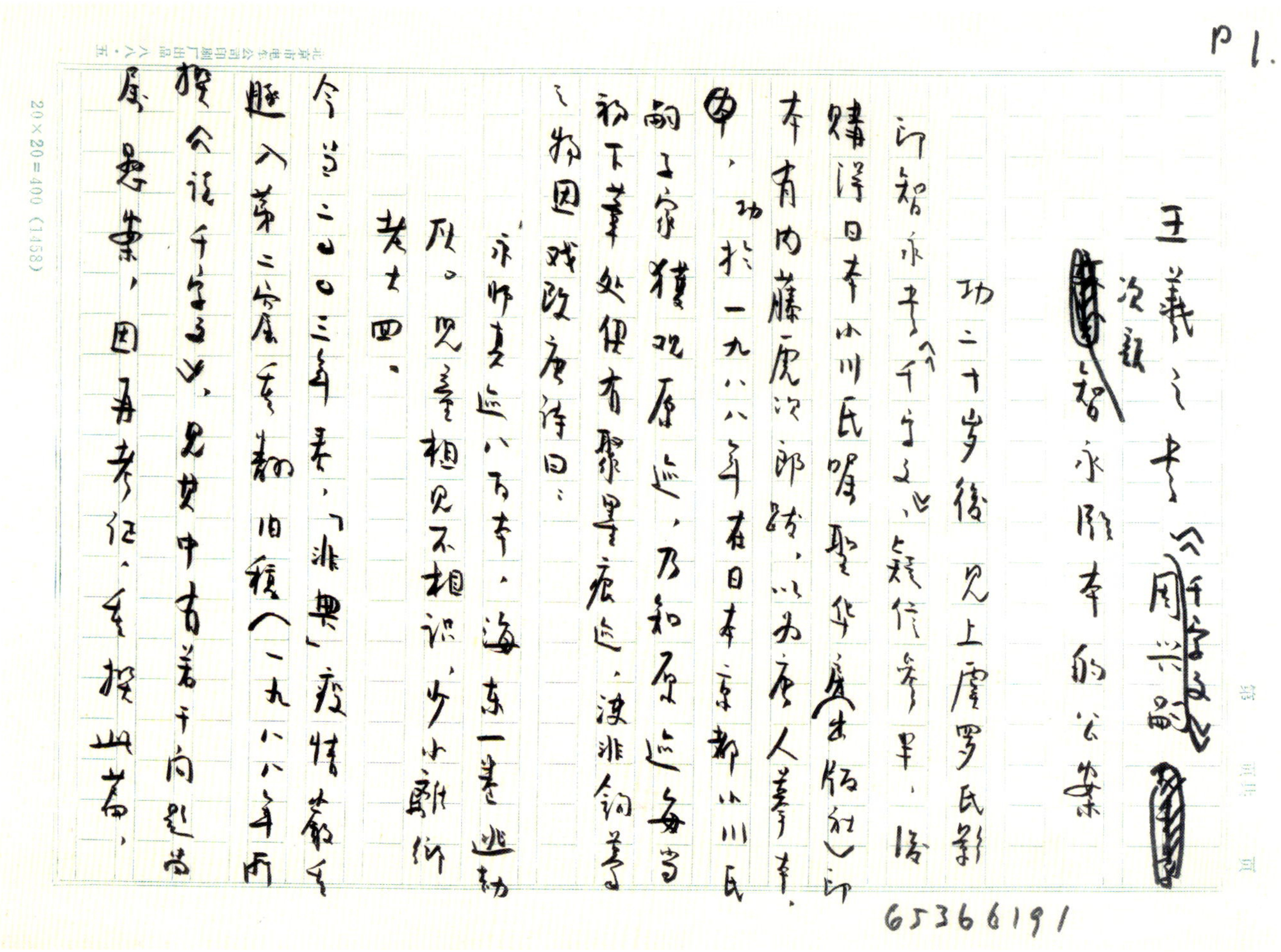

P1.

王羲之书《周兴嗣千字文》

隋智永临本的公案

功二十岁后，见上虞罗氏影印智永书《千字文》，疑信参半。后睹日本小川氏唱聖华房（出版社）印本，有内藤虎次郎跋，以为唐人摹本。功於一九八八年在日本京都小川氏家获观原迹，乃知原迹每当笔下笔处俱有聚墨痕迹，决非钩摹之物。因戏改唐诗曰：

"永师真迹八百本，海东一卷幽劫后，见之相见不相识，少小离家老大回。"

今当二〇〇三年春，"非典"疫情苛重，避入第二密室，整理旧稿（一九八八年所撰《论千字文》），见其中有若干向起曰原思集，因再考证，重撰此篇。

65366191

❸

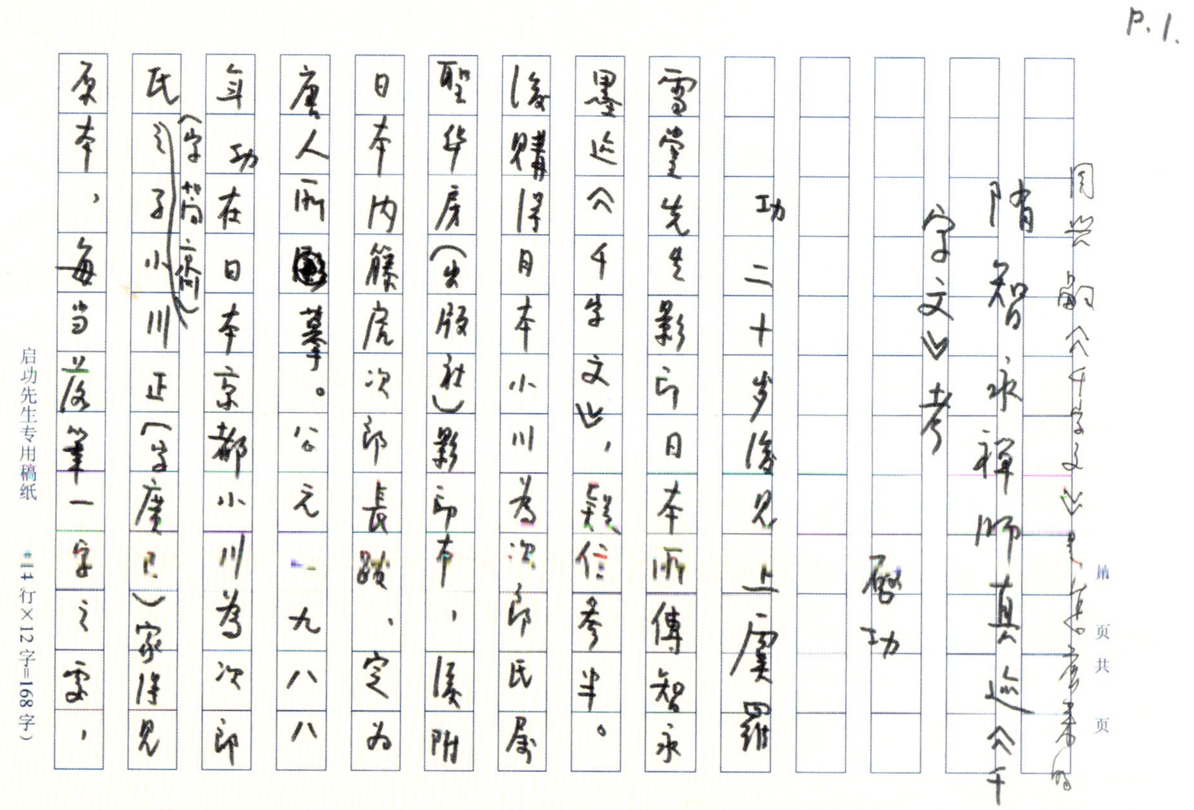

P.1.

周兴嗣《千字文》之真书本的

隋智永禅师真迹《千字文》考

启功

功二十岁后见上虞罗雪堂先生影印日本所传智永墨迹《千字文》，疑信参半。后睹日本小川为次郎氏藏圣华房影印本，后附日本内藤虎次郎长跋，定为唐人所摹。公元一九八八年功在日本京都小川为次郎氏之子（字简斋）小川正（字广巳）家得见原本，每当落笔一字之处，

启功先生专用稿纸 （14行×12字=168字）

❹

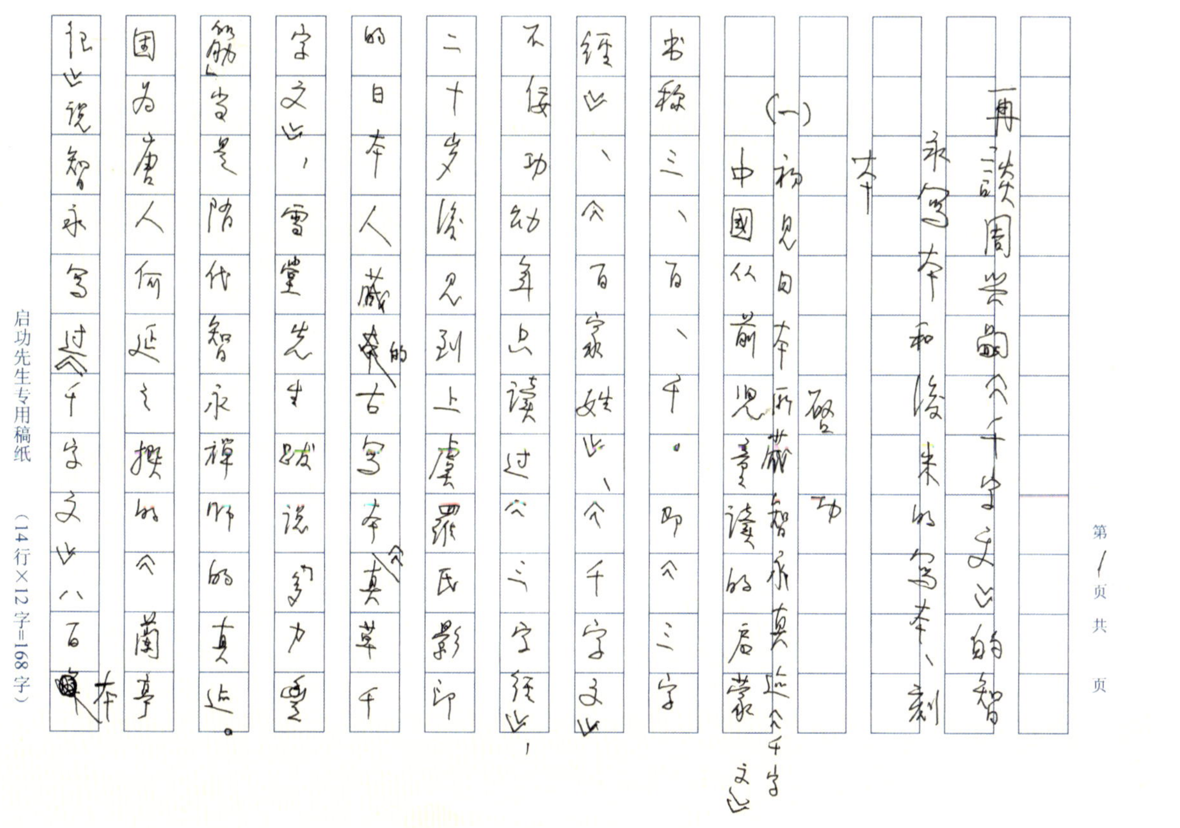

❶

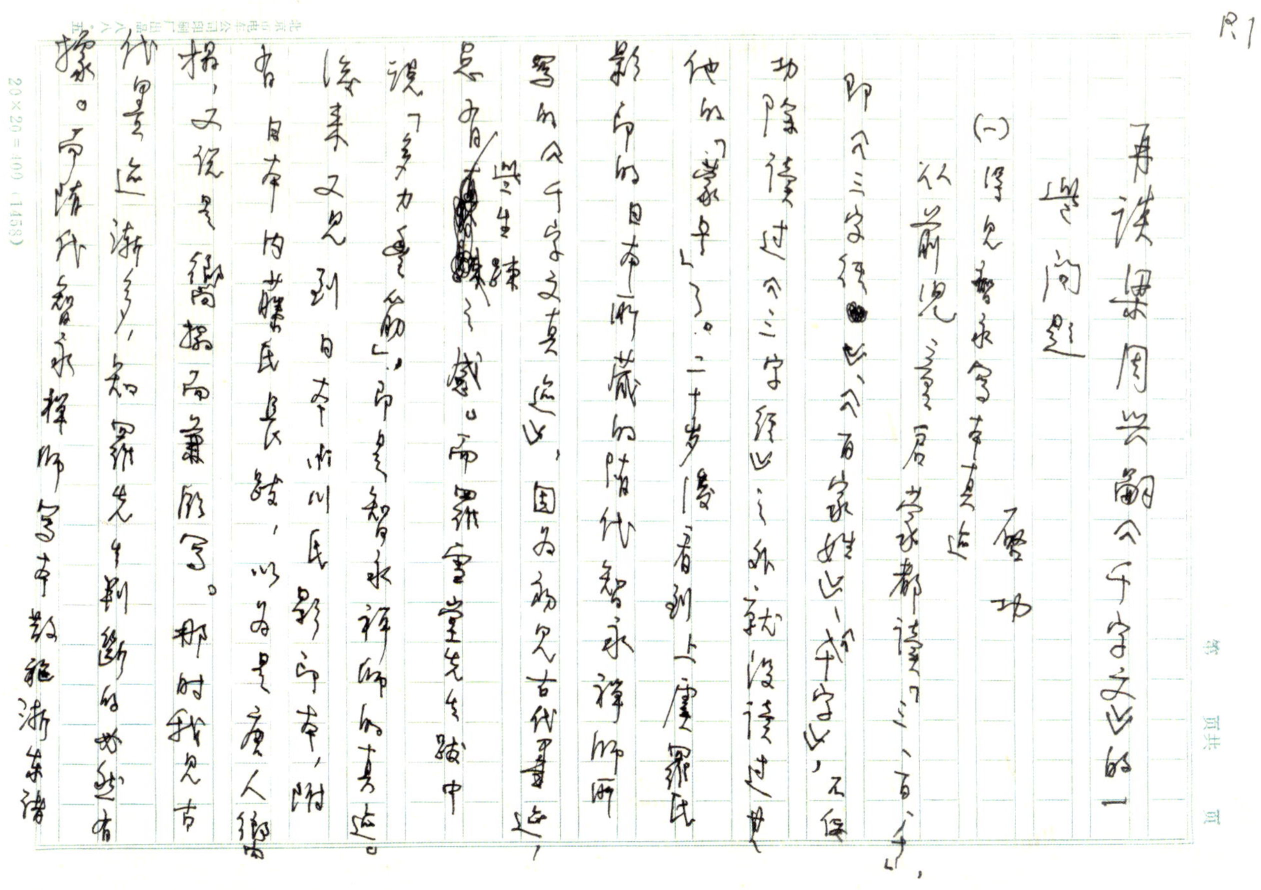

❷

二〇〇〇年以后，启功著关于《千字文》研究四种。每页纵二十点八厘米，横二十九点三厘米，启功家藏

⑤

（三）清初满族人常用汉姓

金、元时，少数民族常袭译用汉姓，如完颜为王姓、蒲察为李姓等等。元代作曲家有蒲察李五，清初有李荣保，其后人则名傅恒，傅恒三子皆以"傅"字冠于名上，如傅长安、傅隆安、傅康安。乾隆不欲视其仍沿用汉姓，改"傅康安"为"福康安"。在古代（至明末、清初）少有二字以上之名，姓与复姓及名字之义不联，只有借释对之官员之名，如"敖"姓者改为"钱"，名

⑥

"新唐"，钱（铜）新唐，其光信名，正是艺人取笑之名，而士大夫则无此例。乾隆改傅恒之子时，盖未考虑到汉族古代习俗。又乾隆以前有大臣名阿克敦（满语），其后代即以"阿"为姓，名"桂"，阿桂之孙名"阿彦成"。即沿"阿"为汉姓。乾隆于其满文奏折中"阿"字之满文字母旁加一点，便成了"那（阴平声）彦成"，与福康安之名同例。足见乾隆之前（实自金元已肇其端），已常借用汉姓之例，而乾隆特改之。又乾隆时一蒙籍

？

⑦

官员名"运昌"，乾隆因其音与三国时关云长之"云长"同音，即改其名为"法式善"（满文音），如此改法，未免可笑了。

（四）《祭神典礼》与《三史语解》

清代有"堂子"祭天祭神之举。在宫内则于坤宁宫举行。官修之书称名《祭祀条例》，后定名为《满洲祭天祭神典礼》。又编了一部《三史语解》，是把辽、金、元三代历史中的少数民族语辞（读音），有所改译。在《祭神典礼》序中说：有许多神名

⑧

辽、金相传，其源甚远，但自"大金天兴甲午以来"，文献失传。如"武都本贝子"、"华尔欢钟依"、"鄂啰啰"等。其实东北满族人还有知道译义的，如"鄂啰啰"即迎神之辞，如古代之"魂兮归来"。再观《三史语解》所改多是人名中汉语不雅之字。祭祀神名已多不解，而辽代更远于金，改译从何来呢？我的一位朋友恒煦先生与他的儿子金启孮两代研究金朝文字，有很大的成绩。但辽代的大、小字还是不

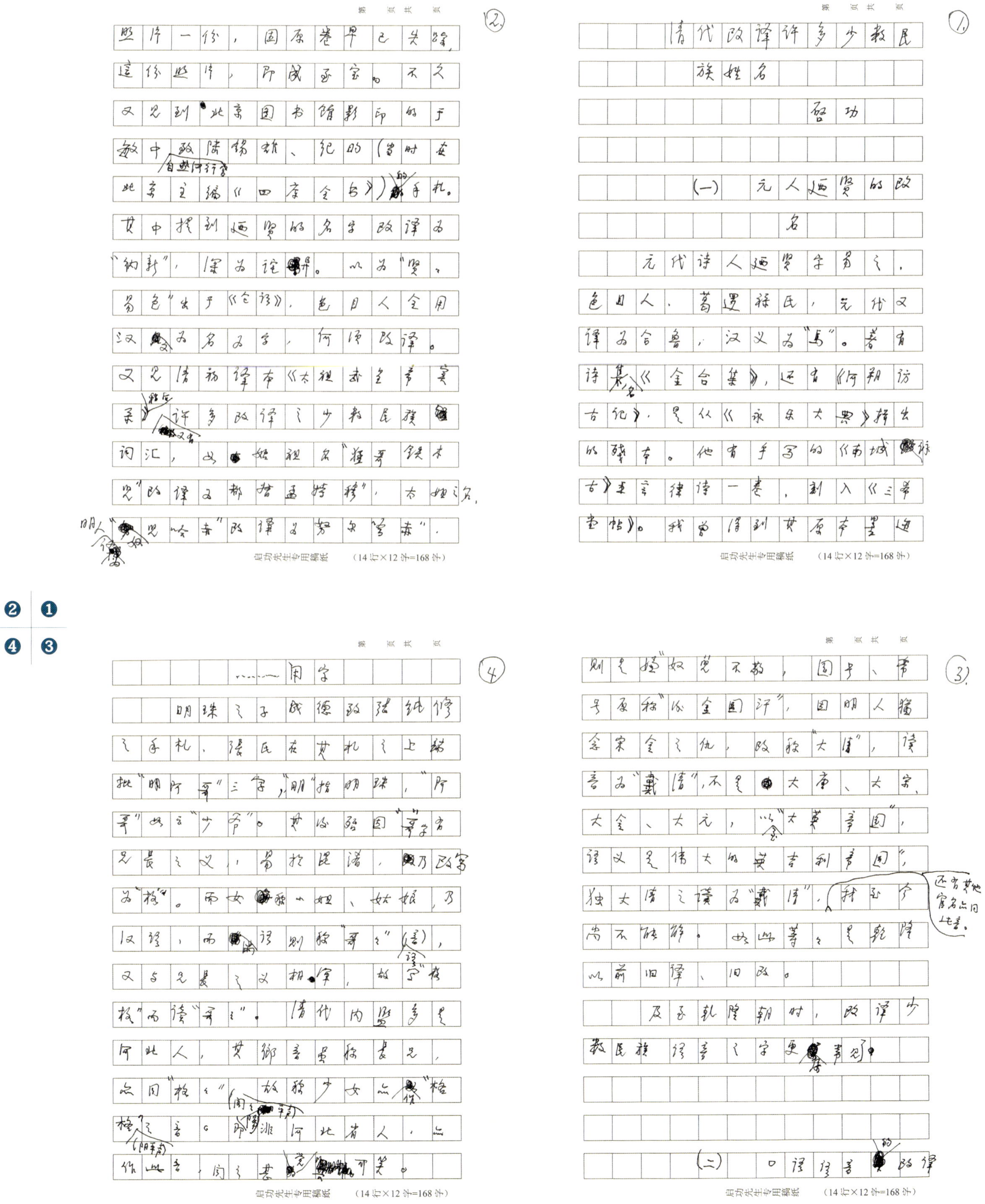

清代改译许多少数民族姓名

启功

（一）元人迺贤的改名

元代诗人迺贤字易之，色目人，葛逻禄氏，元代又译为合鲁，汉义为"马"。著有诗集《金台集》，还有《河朔访古记》，是从《永乐大典》辑出的残本。他有手写的《南城咏古》五言律诗一卷，刻入《三希堂帖》。我曾得到其原本墨迹照片一份，因原卷早已失踪，这份照片，即成孤宝。不久又见到北京图书馆影印的于敏中致陆锡熊、纪昀（当时在北京主编《四库全书》）的手札。其中找到迺贤的名字改译为"纳新"，仍为迺贤。以为"贤、易之"出于《论语》，色目人全用汉文为名为字，何须改译。又见清初译本《太祖武皇帝实录》许多改译了少数民族姓氏词汇，如始祖名"猛哥铁木儿"改译为"都督孟特穆"，太祖之名，明人"奴儿哈赤"改译为"努尔哈赤"。则是"奴儿"不敬，国号、帝号原称"后金国汗"，因明人独念宋金之仇，改称"大清"，读音为"戴青"，不是大唐、大宋、大金、大元，以"大某某国"，译义是伟大的英吉利帝国"，独大清之读为"戴青"，种种今尚不能解。（还有其他官名亦同此意。）如此等等是乾隆以前旧译、旧改。

及至乾隆朝时，改译少数民族语音之字更为普遍。

（二）口语语音的改译

……用字

明珠之子成德致张纯修之手札，张氏在其札之上端批"明阿哥"三字，"明"指明珠，"阿哥"如言"少爷"。其以强固"哥"字有兄长之义，易於混淆，乃改写为"格"。而女孩小姐、姑娘，乃汉语，而满语则称"哥哥"（音），又与兄长之义相同，故写"格格"而读"哥哥"。清代内监多是河北人，其乡音呼长兄，亦因"格格"，故称少女亦"格格"之音，即河北省人，亦作此音，闻之甚可笑。

二〇〇二年六月五日，启功著《清代改译许多少数民族姓名》。每页纵二十九点二厘米，横二十点九厘米

（11）

颇为最多，一为改易汉文旧译不雅之字，二为即据旧译汉字改其谐音而已。其中易改者乃女真语或蒙古语，有者仍在通行，只改其不雅之字，是改汉字，并非改译罢了。

（五）迺贤在元代用"马"姓。

迺贤姓"葛逻禄"，又译"合鲁"，汉义是"马"。我求友人王连起先生代我翻阅元代和明初时文人的诗文集，他查了十个人的集子，

（12）

其中七个元代人，三个已到明初的。明代唐桂芳称他为葛逻禄易之、元代余阙称他为合鲁易之。其他元代张宪、元代张翥、元代陈基、元代成廷珪、元代袁士元、元代沈梦麟、明代乌斯道、明代林弼都称他为"马易之"。这些人的诗文集并非某一个"出版社"统一出版的，也不是像《永乐大典》和《四库全书》统一编辑的。在统一编辑或同一出版单位所印，我当可能把某个作家的姓加以统一，像以上

启功先生专用稿纸　（14行×12字=168字）

（13）

不同的许多人共称一人姓马，这在迺贤当时曾用马姓是毫无可疑的。

不佞昔撰《论诗绝句》，有一首云："细楷清妍弱自持，五言绝调晚唐诗。平生每踏燕郊路，最忆金台迺易之。"当时自注误以其诗中所咏之"金台"即今北京北海之琼岛，又不知易之因以马为姓，未曾当迺易之之号。后经详考，辽金都城在今北京之西南方，今琉璃厂之海王村乃因曾经

启功先生专用稿纸　（14行×12字=168字）

（14）

出土金人墓志，言其地名海王村，在金都之东北部。始知今北京乃在元大都旧址上另加改建，与金都全无关系。迺贤所咏之"金台"，大约在今京城西南郊外，荒烟蔓草，已不易寻觅了。

2002.6.5.

启功先生专用稿纸　（14行×12字=168字）

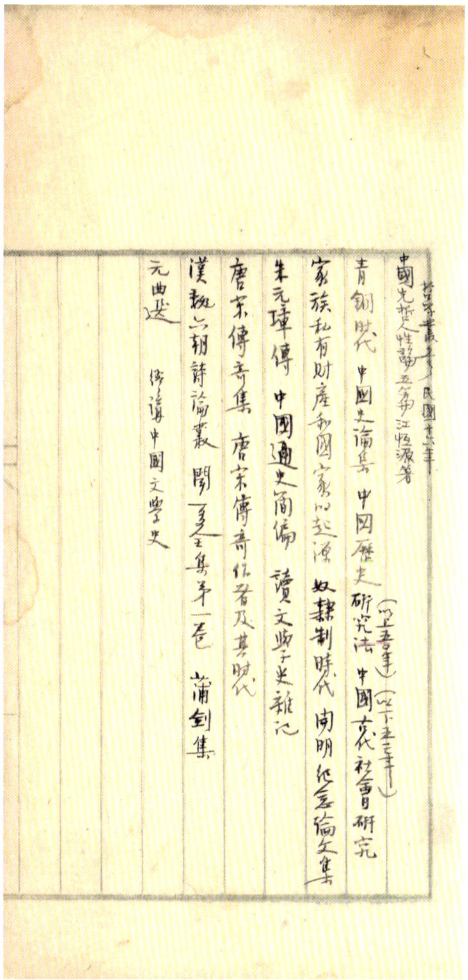

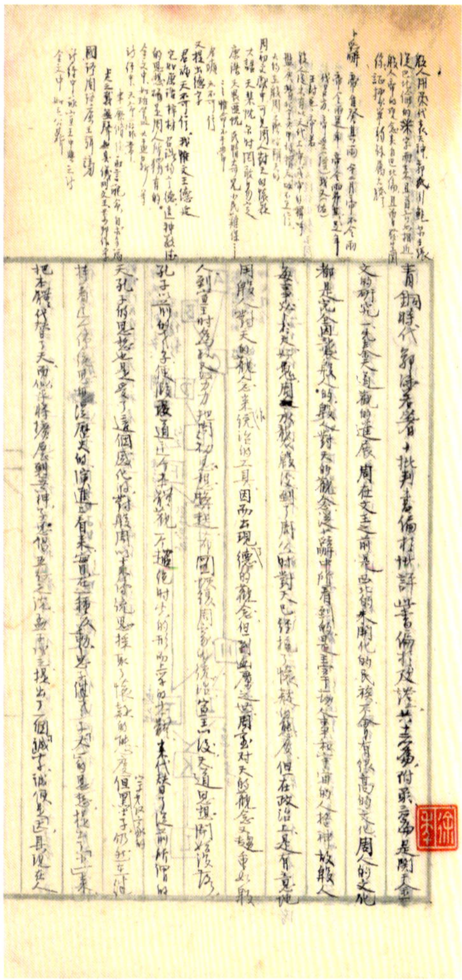

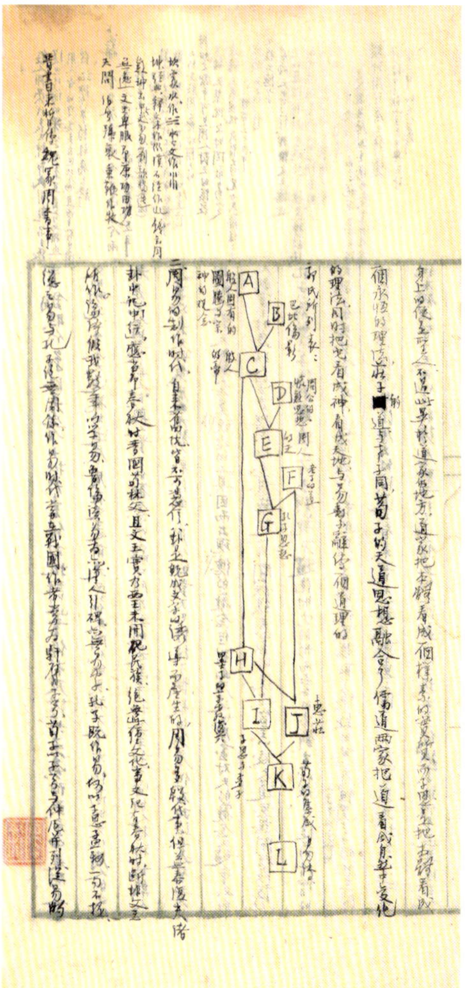

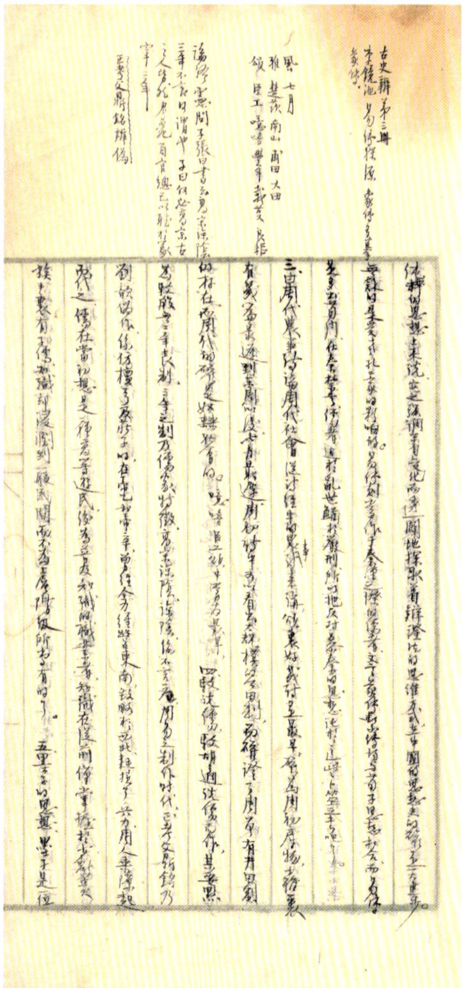

二十世纪五十年代，徐无闻著《守墨居读书杂记》。每页纵二十一厘米，横十厘米，徐无闻家藏

漢宫秋

马致远。字千里，①号东篱。大都人。元贞书会。四大家，四大神物。大约生于一二五〇左右，卒于一三二一—二〇年间。曾任江浙行省务官。晚年隐居，过着闲适生活。其作品现存杂剧七种。《汉宫秋》是其代表作。作品中以神仙道化占多数。总的倾向是消极的，有些作。散曲的基调也是如此。

《汉宫秋》，王昭君故事的发展。

《汉书·元帝纪》：竟宁元年春正月，匈奴呼韩邪单于来朝……赐单于待诏掖庭王嫱为阏氏

《汉书·匈奴传》：竟宁元年，单于复入朝，……自言愿婿汉氏以自亲。元帝以后宫良家子王嫱——字昭君——赐单于，号宁胡阏氏，生一子伊屠智牙师，为右日逐王。……呼韩邪死，雕陶莫皋立为复株累若鞮单于……复妻王昭君，生二女，长女云，为须卜居次，小女为当于居次。

《后汉书·南匈奴传》：昭君字嫱，南郡人也。初以良家子选入掖庭。……昭君入

① 清张大复寒山堂曲谱，但不一定可靠。

❷

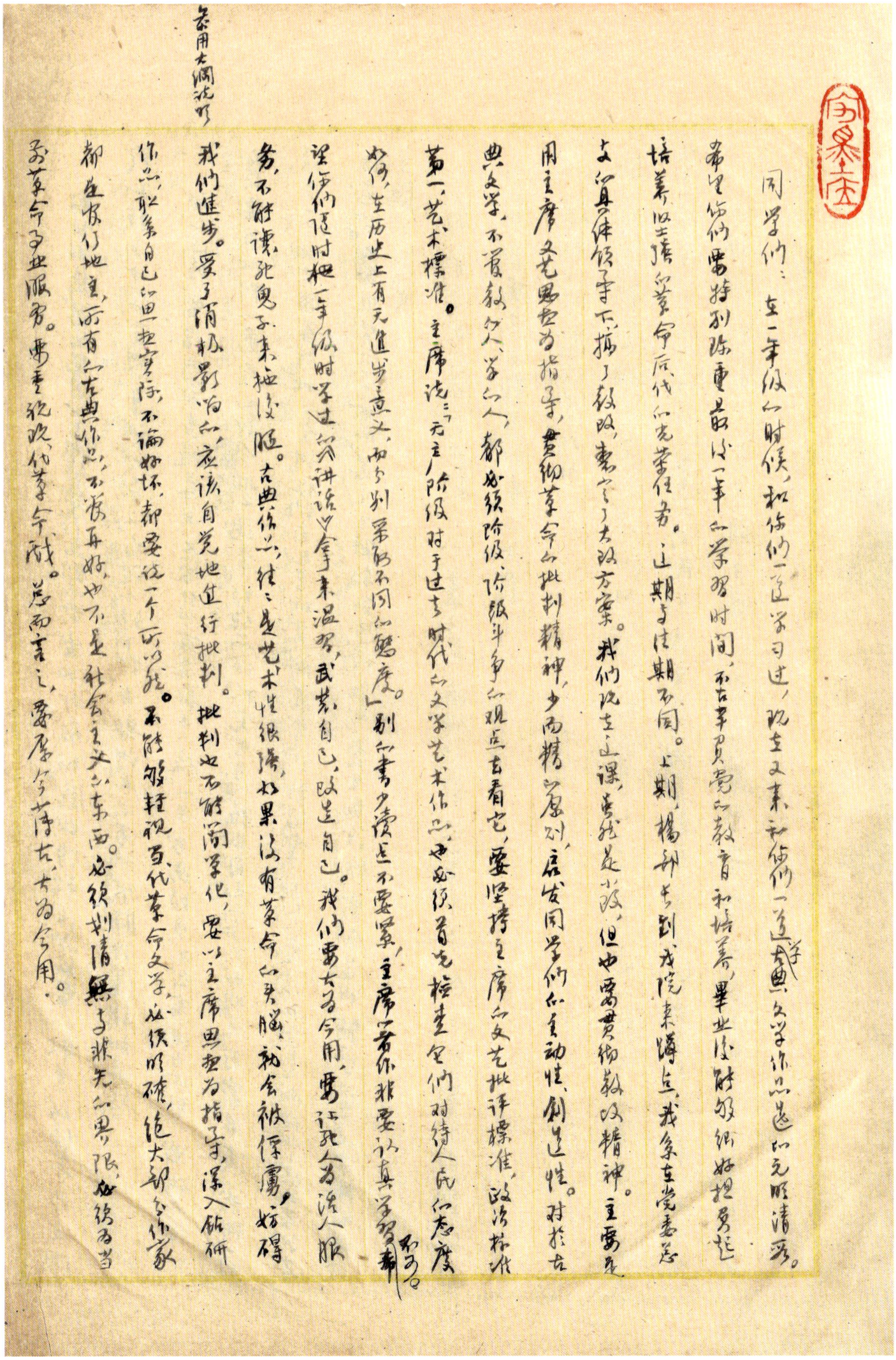
参用大纲说明

同学们：在一年级的时候，和你们一道学习过，现在又来和你们一道学习古典文学作品选的元明清部分。
希望你们要特别珍重最后一年的学习时间，不辜负党的教育和培养，毕业后能够很好担负起
培养以后接班的革命后代的光荣任务。这期与往期不同。上期，杨某先生到我院来讲过，我系在党委总
支的具体领导下，搞了教改，制定了教改方案。我们现在上课，虽然是小改，但也需贯彻教改精神。主要是
用毛主席文艺思想为指导，贯彻革命的批判精神，少而精的原则，启发同学们的主动性、创造性。对于古
典文学，不管教的人、学的人，都必须以阶级、阶级斗争的观点去看它，要坚持毛主席的文艺批评标准，政治标准
第一，艺术标准第二。毛主席说："无产阶级对于过去时代的文学艺术作品，也必须首先检查它们对待人民的态度
如何，在历史上有无进步意义，而分别采取不同的态度。"别的书少读些不要紧，毛主席的著作非要认真学习不可。
望你们随时把一年级时学过的《讲话》拿来温习，武装自己，改造自己。我们要古为今用，要让死人为活人服
务，不能让死鬼子来拖后腿。古典作品，往往是艺术性很强，如果没有革命的头脑，就会被俘虏，妨碍
我们进步。要肃清旧的影响，应该自觉地进行批判。批判也不能简单化，要以毛主席思想为指导，深入钻研
作品，联系自己的思想实际，不论好坏，都要说一个所以然。不能够轻视近代革命文学，必须明确，绝大部分作家
都是农村地主，所有的古典作品，不管再好，也不是社会主义的东西。必须划清無与非无的界限，必须为当
前革命事业服务。要重视现代革命戏。总而言之，要厚今薄古，古为今用。

1

一九六四年，徐无闻著《元明清文学作品选讲稿》。每页纵二十三点五厘米，横十六厘米，徐无闻家藏

趙撝叔為餘杭陳寶庵書聯新繁余氏
大邑楊氏遞藏今不知流落何所此板刻成
僅拓得十餘本五一年送博物館鋸為播
版矣丁未葉葊歸玉局邨檢存
重栢仁兄存賞
無聞記

丁未（一九六七年）岁暮，徐无闻题跋旧拓赵之谦“黄昏”“细雨”七言联。每幅纵一百四十八厘米，横三十五厘米

郭沫若曰：帝象花蒂之形。用為天帝義者，亦生殖崇拜之一例也。帝之興，必在漁獵牧畜已進展於農業種植以後。蓋其所崇祀之生殖，已由人身或動物之物，而轉化為植物。花落蒂存，蒂熟而為果，果多碩大無朋，人畜賴之以為生，果復含子，子之一粒復可化而為億萬無窮之子孫，所謂「鄂不韡韡」，所謂「綿綿瓜瓞」，天下之神奇，更無過於此者矣。此必至神者之所寄，故宇宙之真宰即以帝為尊號也。

6. 帝 帝 前式一 帝 後下三七。帝 河六三一 旁方 帝 林一、一七 一五 帝 庫一五九六

7. 下 二 前肆三七 ⌒ 同上

羅曰：孫玉裁注說文，改正古文之上下二字為二二，而君未嘗睹於古金文，而冥與古合，其精思至可驚矣。

8. 示 示 前式一 示 同上 示 同上 示 同上 示 同上 示 同上 示 同上 示 後上十 示 林式一九

郭沫若曰：卜辭示字，多作丅形，上不必從二，下不必垂三。其旁更有作二點者，如祝或作𥛚，祀或作𥙐，宗或作𡧊，金文獻鐘之一用樂好宗，宗作𡧊。此由字形而言，丅實且之倒懸，其旁垂乃毛形也。……彝有或祝盤曰或𥛚作父丁彝，此以卜辭之祝或作𥛚，若𥛚例之，自是祝字，而為象形，更顯著可知余說之非妄誕矣。知此則可知卜辭於天神地祇人鬼何以皆稱示？蓋示之初意本即生殖神之偶象也。又凡從示之字，得此亦明白如畫：故宗即祀此神象之地，祝象人跪於此神象之前，祀象跪而有所禱也，祭則持肉以獻於神。凡此等字，均卜辭所有，且為未脫圖畫文字之畛域，據其意實象形文字也。

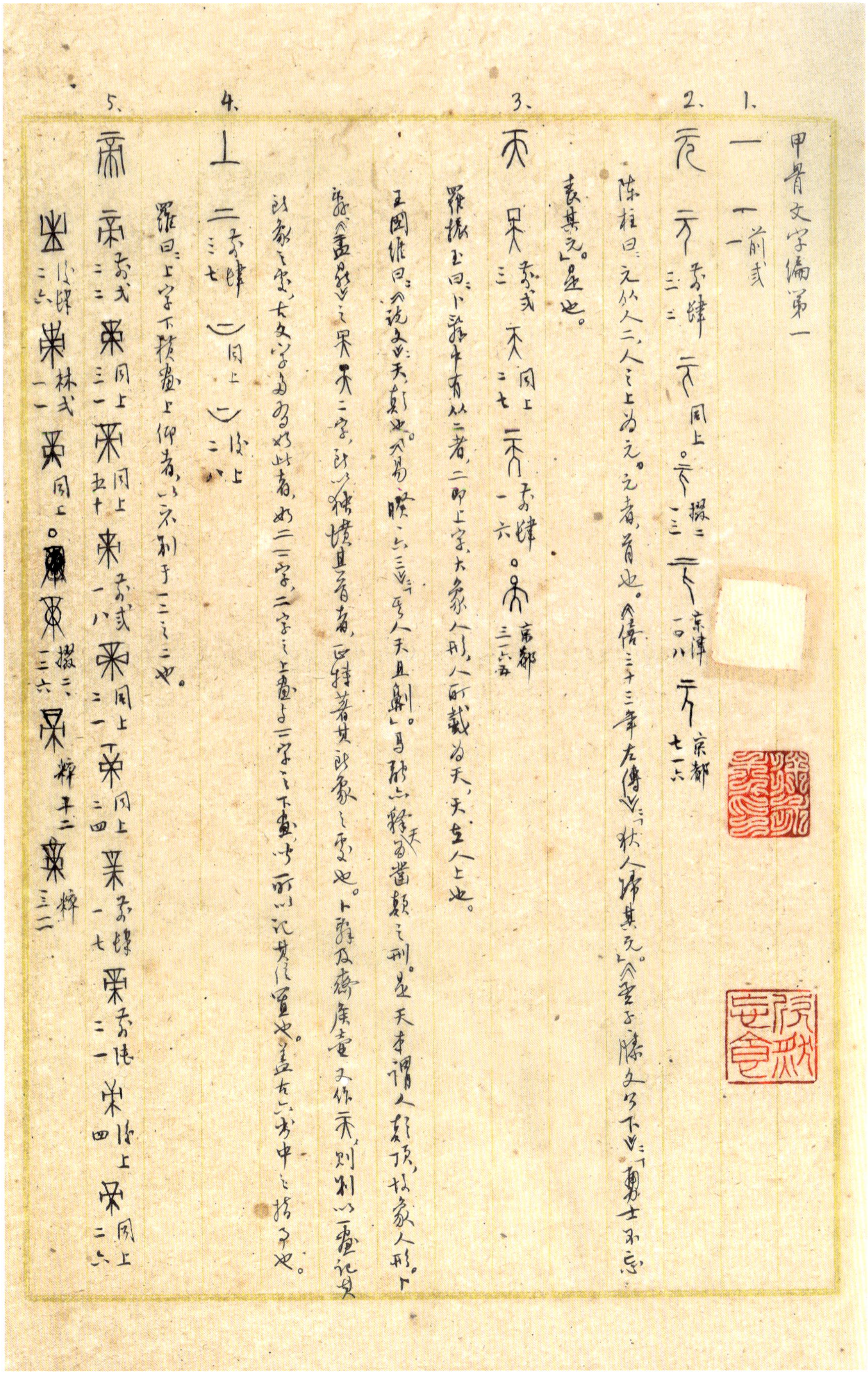
甲骨文字編第一

1. 一 前弍

2. 元 前肆 三二 同上 拾二 京津 一〇八 京都 七一六

陈柱曰：元从人二，人之上为元。元者，首也。《僖三十三年左传》：狄人归其元。《孟子·滕文公下》："勇士不忘丧其元。"是也。

3. 天 前弍 三 同上 二七 前肆 一六 京都

罗振玉曰：卜辞中有从二者，二即上字。大象人形，人所戴为天，天在人上也。

王国维曰：《说文》：天，颠也。《易·睽》六三："其人天且劓。"马融亦释天为凿颠之刑。是天本谓人颠顶，故象人形。卜辞、《盂鼎》之天二字，所以独坟其首者，正特著其所象之处也。卜辞及齐侯壶又作天，则别以一画记其所象之处，古文字多有如此者。如上下二字，二字之上画与下字之下画，皆所以记其位置也。殷古文中之指事也。

4. 上 前肆 三七 同上 后上 二八

罗曰：上字下横画上仰者，以示别于一二之二也。

5. 帝 前弍 二二 同上 三一 同上 五十 前弍 一八 同上 二一 同上 二四 前肆 一七 前伍 二一 后上 四 同上 二六 后上 二六 林弍 一一 同上 拾三 二六 粹 十二 粹 三二

❶

一九七〇年，徐无闻录《甲骨文字编》。一九七〇年九月，据考古研究所编《甲骨文编》校补。

每页纵二十三点五厘米，横十五厘米，徐无闻家藏

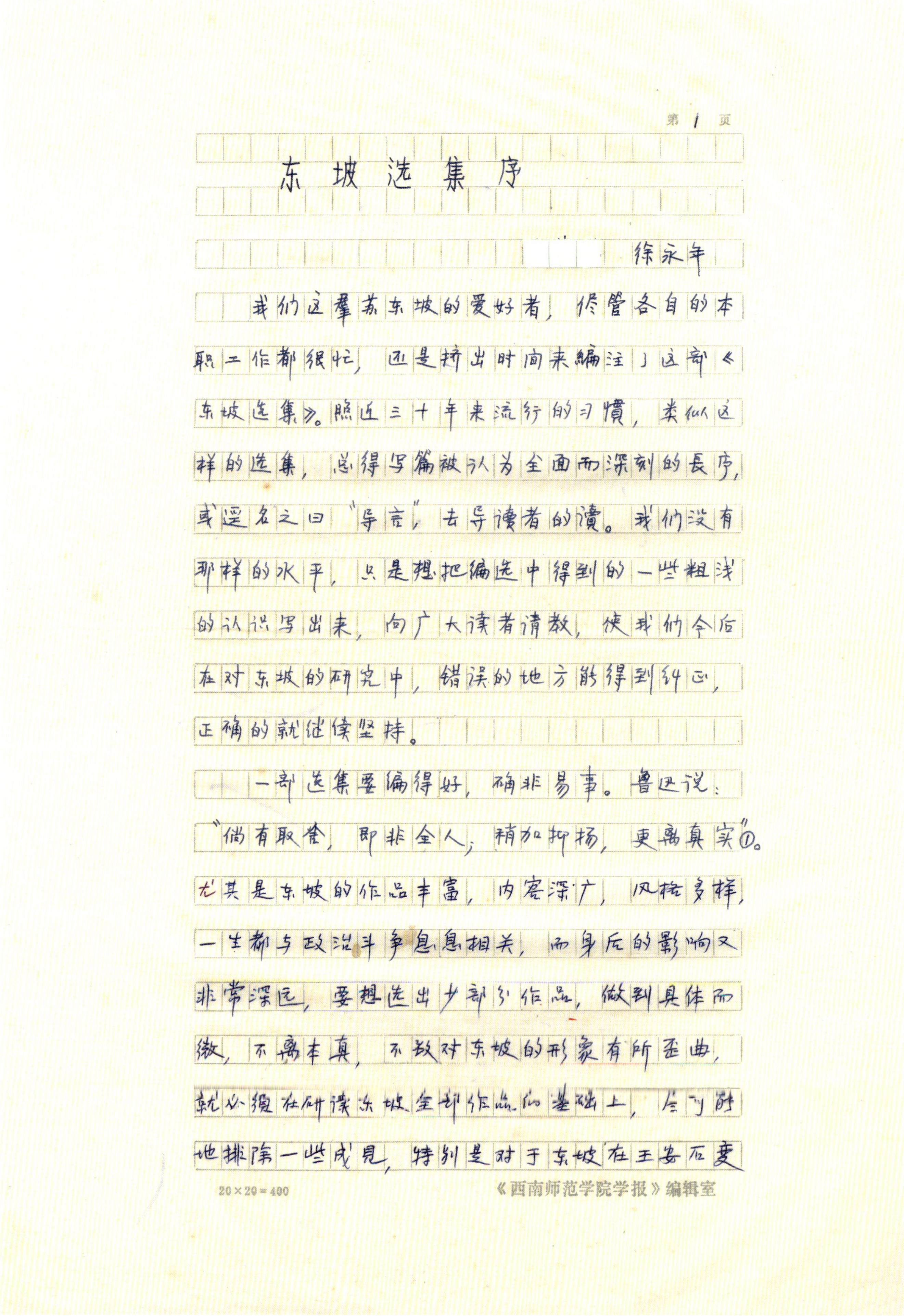

第 1 页

东坡选集序

徐永年

我们这群苏东坡的爱好者，尽管各自的本职工作都很忙，还是挤出时间来编注了这部《东坡选集》。照近三十年来流行的习惯，类似这样的选集，总得写篇被认为全面而深刻的長序，或逕名之曰"导言"，去导读者的讀。我们没有那样的水平，只是想把编选中得到的一些粗浅的认识写出来，向广大读者请教，使我们今后在对东坡的研究中，错误的地方能得到纠正，正確的就继续坚持。

一部选集要编得好，确非易事。鲁迅说："倘有取舍，即非全人；稍加抑扬，更离真实"①。尤其是东坡的作品丰富，内容深广，风格多样，一生都与政治斗争息息相关，而身后的影响又非常深远，要想选出少部分作品，做到具体而微，不离本真，不致对东坡的形象有所歪曲，就必须在研读东坡全部作品的基础上，尽可能地排除一些成見，特别是对于东坡在王安石变

20×20=400　《西南师范学院学报》编辑室

一九八三年二月，徐无闻著《东坡选集序》。每页纵三十八厘米，横二十六厘米，徐无闻家藏

《寰宇貞石圖》浅说

迄至目前，杨守敬编集的《寰宇貞石图》，仍然是研究中国古代碑刻的重要参考书。尽管这部书有种种的缺憾，但其价值是不可磨灭的。

上起先秦，下至明清，~~我国~~的碑刻，是我国一大宗宝贵的文化遗产。现存的碑刻遍及全国各地，至今没有一个确切的统计。近代收藏碑刻拓本的收藏家，有达到二万八千余种的。这个数字与现存的碑刻实数还有很大的距离。即以龙门造象题记而言，人们通常见到的是四品、十品、二十品，多的也就是五十品、百品，

五十年

~~经过全面拔拓~~三十年代，关百益全面拔拓的结果有二千二百多种。再如山东掖县的云峰山石刻，过去所谓的“全拓”，至多四十余种，近年经

一九八七年四月，徐无闻著《〈寰宇贞石图〉浅说》。每页纵二十六厘米，横十九厘米，徐无闻家藏

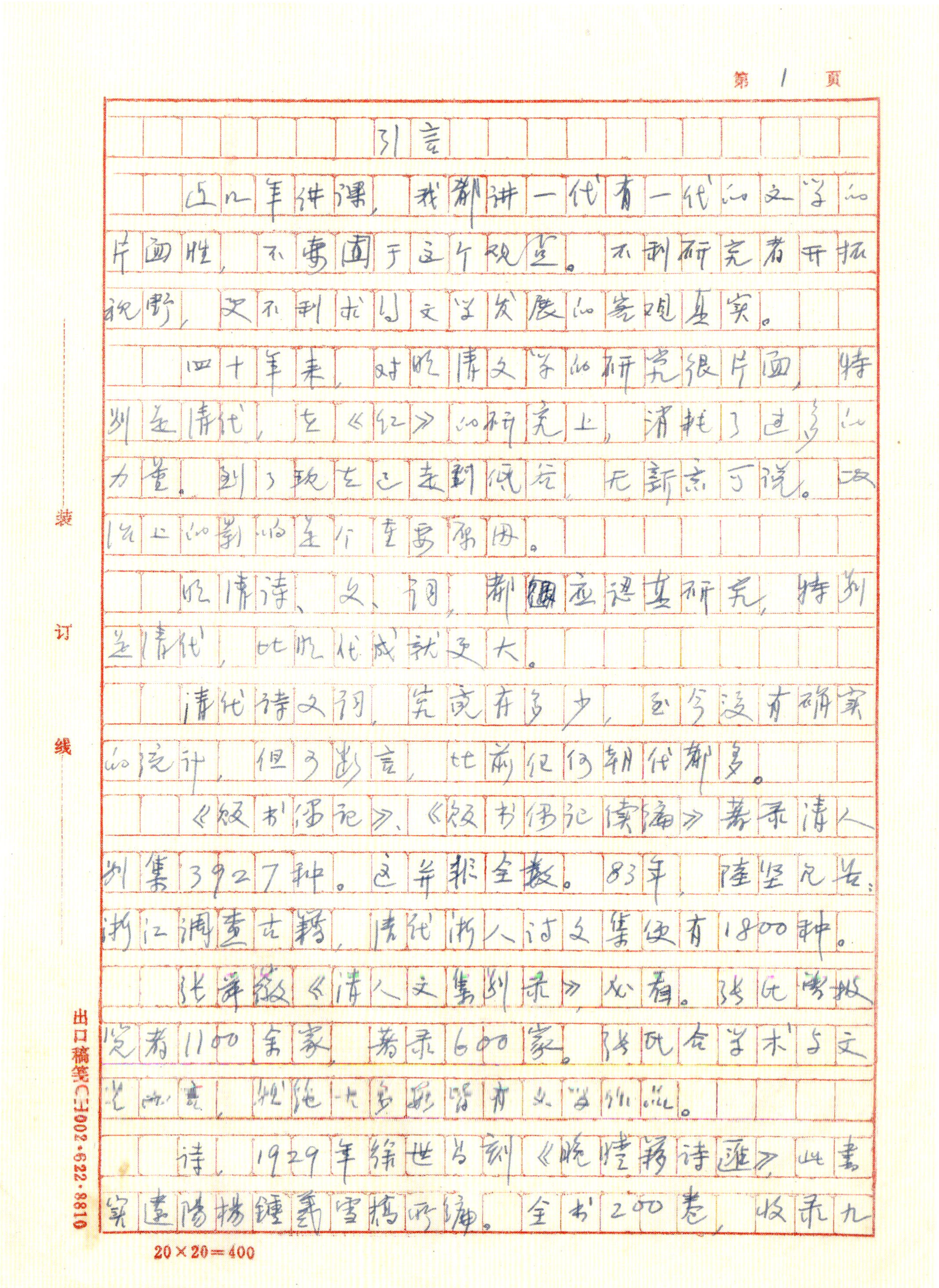
第 1 页

引言

近几年讲课，我都讲一代有一代的文学的片面性，不要囿于这个观念。不利研究者开拓视野，又不利于认识文学发展的客观真实。

四十年来，对明清文学的研究很片面，特别是清代，在《红》的研究上，消耗了过多的力量，到了现在已走到低谷，无新东西可说。政治上的影响是个重要原因。

明清诗、文、词，都应该进行研究，特别是清代，比明代成就更大。

清代诗文词，究竟有多少，至今没有确实的统计，但可断言，比前代何朝代都多。

《贩书偶记》、《贩书偶记续编》著录清人别集3927种。这并非全数。83年，陆坚说在浙江调查古籍，清代浙人诗文集便有1800种。

张舜徽《清人文集别录》，好看。张氏所披览者1100余家，著录600家。张氏合学术与文学的书，但绝大多数都有文学作品。

诗，1929年徐世昌刻《晚晴簃诗汇》，此书实遼阳杨锺羲雪桥所编。全书200卷，收录九

出口稿笺(C.I)002·622·8810

20×20=400

装订线

二十世纪八十年代，徐无闻著《明清诗文研究讲稿》。每页纵二十五厘米，横十九厘米，徐无闻家藏

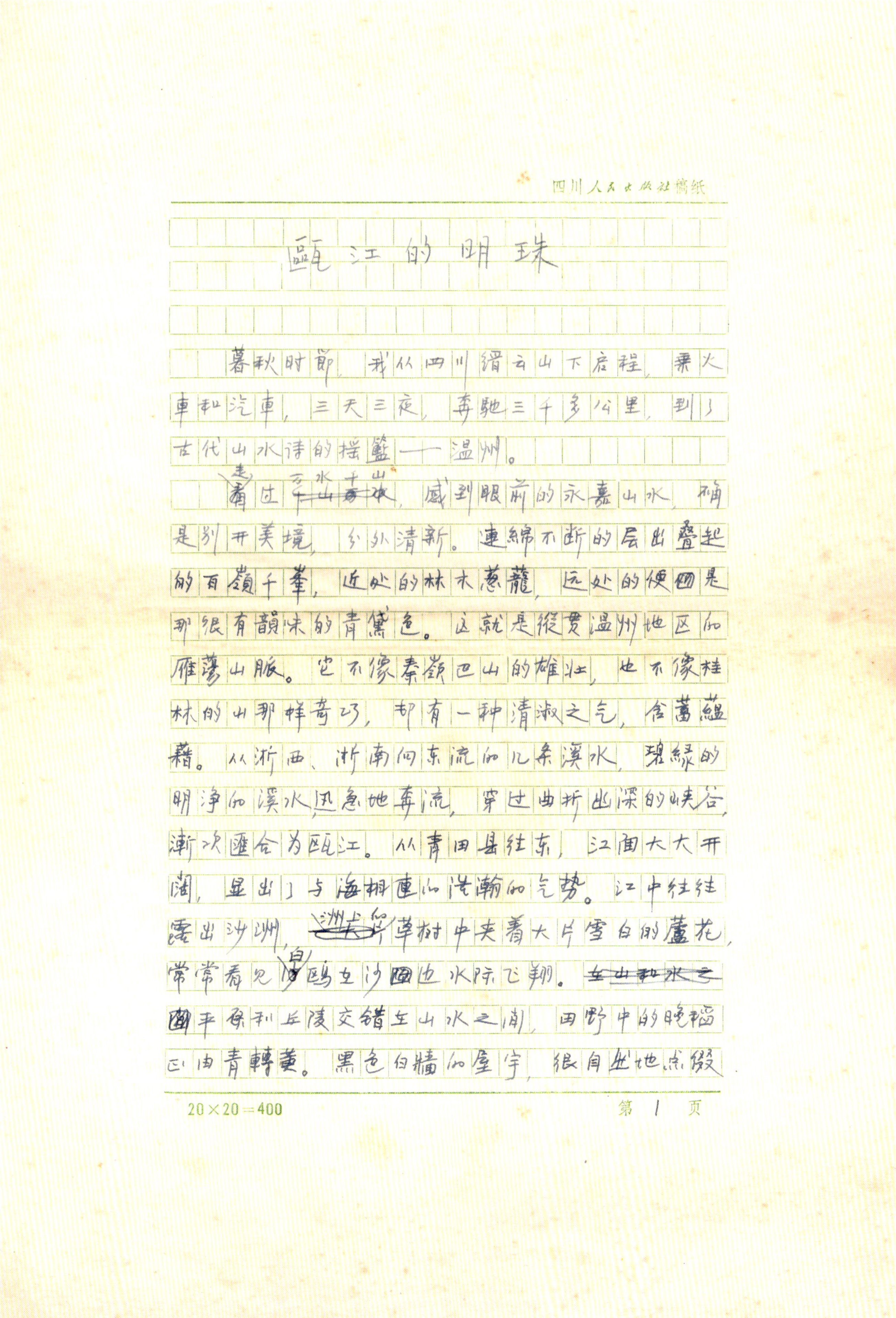

二十世纪八十年代，徐无闻著《瓯江的明珠》。每页纵三十七点七厘米，横二十六厘米，徐无闻家藏

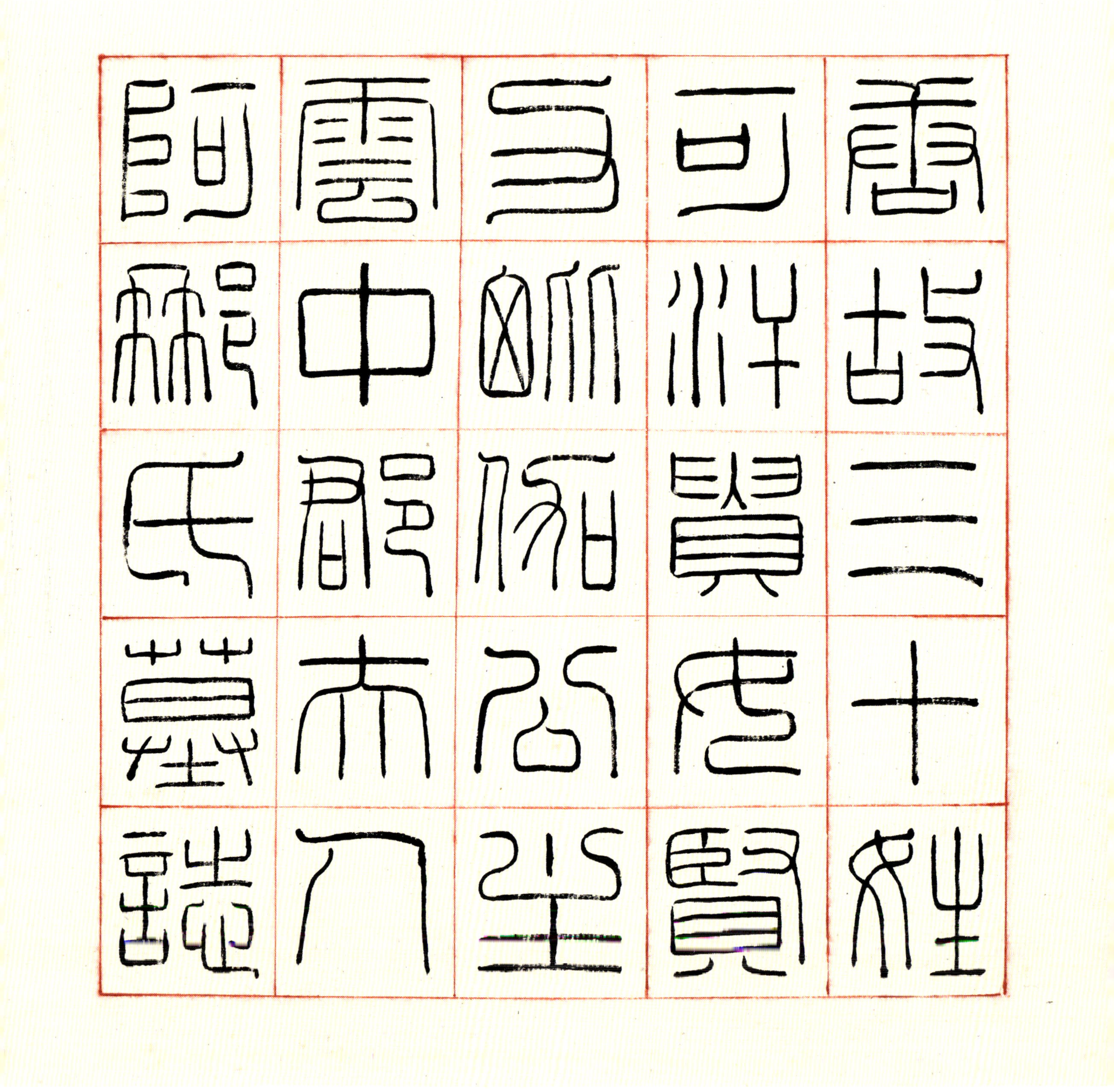

庚午（一九九〇年）岁大寒，徐无闻拟补毗伽公主墓志盖，题跋旧拓《毗伽公主墓志》。
辛未（一九九一年）岁春，题签。纵一百五十八厘米，横六十九厘米，徐无闻家藏

唐毗伽公主墓志

原石已亡 張生力裝池

辛未歲春 无聞

唐故三十姓可汗貴女賢力毗伽公主雲中郡夫人阿那
氏之墓誌并序
駙馬都尉故特進兼左衛大將軍雲中郡開國公踏沒施
達干阿史德覓覓
漠北大國有三十姓可汗愛女建冊賢力毗伽公主比漢
主公焉自入漢封雲中郡夫人父天上得果報天男突
厥聖天骨咄祿默啜大可汗天授奇姿靈降英德君臨右
地九姓□其神明霸居左衽十二部忻承美化貴主斯誕
天垂織女之星雄渠作配日在牽牛之野須屬家國喪
亂蕃落分崩委命南奔歸誠北闕家得犯法身入
宮闈聖渥曲流齒妃嬪之倖女任天恩載
敍禮秦晉□家兄家兄郎三十姓天上得毗伽煞可汗
也曰承□歡澤特許歸親兄右賢王墨特勤私第兼
錫絹帛衣服以充廉用剝被弄合從花蕚之相輝棠棣未
華遽風霜之凋墜春秋廿有五以大唐開元十一年歲次
癸亥六月十一日薨於右賢王京師懷德坊之第以其年
月癸巳朔十一日壬寅葬於長安縣龍首原禮也天漢月
銷無復粧樓之影星河散空餘錦帳之魂男懷恩兄右
賢王手足斯斷鳶行之痛于深膝下長違鳥哺之情永絕
雖送終之禮已啓松塋而推改之俗慮為蕪沒撫貞石以
作固鑿斯文以為憑廣海變可知由移物或其詞曰
倏鋒壹□卧荒墳人生至此天道寧論日催薤露風急
□門千秋萬古寂寞孤魂

此誌不詳何時出土清咸豐同治時在西安後歸寧武楊氏繼歸渭南縣陳氏張彥生曾見此石云已斷裂王壯弘補校碑隨筆謂石已毀拓本流傳甚尠此本首行唐字未損百餘年前物也黃□□瞿木夫陸星農王靜安諸家攷之已詳唯公主之沒入宮闈諸家未申言之誌云聖渥曲流齒妃嬪之倖女任寶明之玄宗寵幸之已妃嬪同徵諸史籍亦昧鮮見前有楚莊王之取息夫人後有清太祖之取攝政睿王之母兀喇氏蓋正史所謂古來以強凌弱滅人之國而納其子女于後宮大有為之君往往有之此誌所載亦一例也黃跋謂誌中之男懷恩未知即僕固懷恩否余以為非是新唐書僕固懷恩傳載懷恩爲肅宗時健在何得為此誌之懷恩耶書法虛靈秀朗甚有褚河南筆意而須屬誤爲續屬宮闈誤爲官闈蓋書者八法雖工實不學子也

庚午歲大寒書于縉雲寓舍

徐无聞年五十有九

陳氏蓋以史所謂書來以強湊附會人之國所紀
其子女于後宮大有爲之君往往有之此誌所載
亦一例也黄跋謂誌中之男懷恩未知即僕固
懷恩否余以爲非是新唐書僕固懷恩傳載
懷恩母肅宗時健在何得爲此誌之懷恩耶
書法虛靈秀朗甚有褚河南筆意而須屬
誤爲須屬宮闈誤爲官闈蓋書者八法雖工
實不學也
庚午歲大寒書于縉雲寓舍
徐无聞年五十有九

此誌不詳何時出土清咸豐同治時在西安後
歸寧武楊氏繼歸劇縣陳氏張彥生曾見
此石云已斷裂王壯弘補校碑隨筆謂石已毀
拓本流傳甚尠此本首行唐字未損百餘年
前物也黄虎癡瞿木夫陸星農王靜安諸家
攷之已詳唯以主之沒入宮闈諸家未申言之誌
云聖寵曲流逾妃嬪之倖女住寶明之玄宗嘗
幸之与妃嬪同徽諸史以稽亦非鮮見前有楚莊
王之取息夫人後有清太祖之取嚮汲耆王之母兀

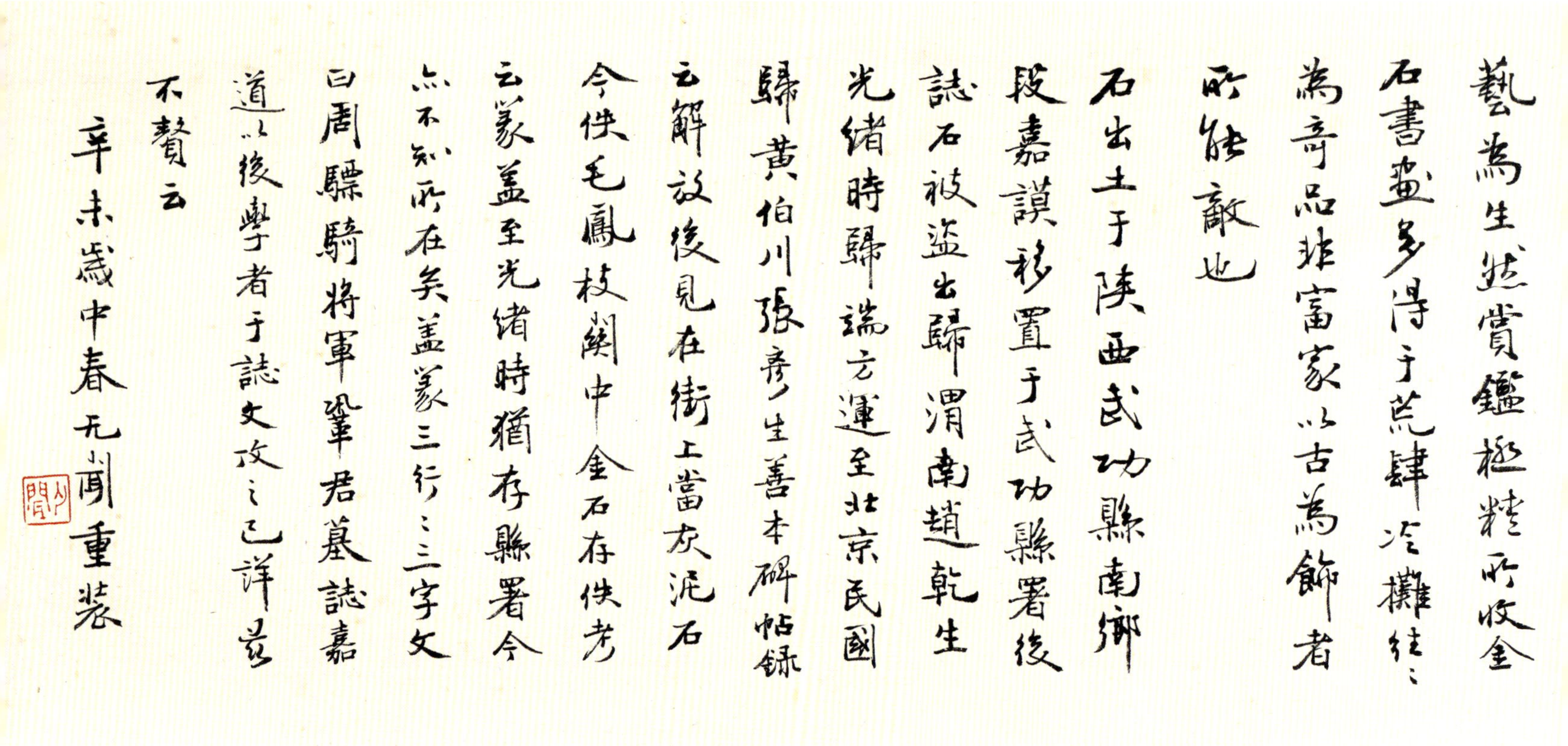
藝為生然賞鑑極精所收金
石書畫多得于荒肆冷攤往往
為奇品非富家以古為飾者
所能敵也
石出土于陝西武功縣南鄉
段嘉謨移置于武功縣署後
誌石被盜出歸渭南趙乾生
光緒時歸端方運至北京民國
歸黃伯川張彥生善本碑帖錄
云解放後見在街上當灰泥石
今佚毛鳳枝關中金石存佚考
云蓋至光緒時猶存縣署今
亦不知所在矣蓋篆三行行三字文
曰周驃騎將軍鞏君墓誌嘉
道以後學者于誌文攷之已詳甚
不贅云
辛未歲中春　無聞重裝

辛未（一九九一年）岁孟春、中春，徐无闻题签、题跋《巩宾墓志》。纵一百一十三厘米，横五十七厘米，徐无闻家藏

舊搨翟賓墓志銘　王椒題　周
吉收馬浮記

周驃騎將軍右光祿大夫雲陽縣開國男翟君墓誌銘
公諱賓字荅卿張掖永平人也自壽丘之山御雲照三星之色襄城之野童子為七
聖之師繼喆傳賢翟終古而長懋垂陰擢本歷寒暑而流芳曾祖澄西河鼎望行滿
鄉閭後涼呂拜中書侍郎建威將軍玉門太守屬涼王無諱擁戶北遷士女波流生
民塗炭乃与燉煌公李保立義歸誠魏太武皇帝深加礼辟授使持節大鴻臚散騎
常侍高昌張掖二郡太守封永平侯贈涼州刺史祖幼文西平鎮將考天慶汝南太
守政脩奇績世襲茅土州閭畏憚豪右敬推家享孝子之名朝揖良臣之譽門稱通
德里号歸仁公惟岳惟神克岐克嶷幼而卓尒爽慧生知長則風雲英聲自遠永安
二年從隴西王尒朱天光入關任中兵參軍內決機籌外綏軍要除平東將軍太中
大夫周太祖龕定關河公則功參草創沙苑昔戰勳冠二軍封雲陽縣男邑五百戶
大統十七年除岐州陳倉令周二年除敦州中部郡守應居室莅民慶來蘇野有三
異之祥朝承九里之潤保定二年授司土上士四年遷下大夫濟濟鏘鏘允具瞻之
望競競謇謇見匪躬之節天和二年授驃騎將軍右光祿大夫四年任豫州長史別
駕駸駸驥足起千里之清塵鬱〻鳳林灑三春之憓澤君子仰其風猷小人懷其感
化諒人物之指南寔明君之魚水、俄以其年十二月遘疾薨於京第春秋五十有五
大人許昌陳氏開府儀同金紫光祿大夫岐州使君西都公豐德之長女也鯀翔飛
鳳則四世其昌天聚德星則三君顯号清音嚴響与金石而鎗鏘秀嶺奇峯隨風雲
而縈鬱夫人資光發采粟教嚴閨淑慎內和容言外皎高門儷德君子好逑保定元
年先從朝露春秋卌五為仁難恃天無獨善之徵樹德遂孤神聞聰明之鑒唱隨俄
頃相繼云亡逝者如斯嗚呼何已公夫人之即世也時鍾金革齊秦交爭車軌未并
主祭幼沖且隨攜塵令世子營州總管司馬武陽男志次子右勳衛大都督上洪男
寧運屬昌朝宦成名立思起蓼莪心纏霜露攀風枝而永慟哀二親之不待陟岵屺
而長歸痛百身之罔贖乃以今開皇十五年歲次乙卯十月丙戌朔廿四日己酉奉
厝於雍州始平縣孝義鄉永豐里高岸為谷恐公啓生屋之山深谷為陵三州塞長
河之水懼此貿遷故以陳諸石鏡銘曰
白帝朱宣寔嚳金天西河良將張掖開邊承暉接響世挺英賢賢式上喆時人傑
夏雨春風松心竹節肅学霜嚴清同冰潔司戎幕府作宰敦陽蝗歸河翔瑞見陳倉
大夫濟濟士實鏘鏘文龜玉印紫綬金章首僚驥足曜此龍光必齊之美必宋之子
懷德寫門寒桃李行潔婦藏聲揚女史春秋代序春非昔春閱人成世世不常人
精華已矣空想芳塵[illegible]日恒逝時屬屯窮萬里尚陽黃泉未通孝子惟孝追遠追終
卜茲玄宅窆此幽宮山浮昔霧樹動悲風流冰噎水上月凝空修修自古冥冥皆塵
嘉慶己卯四月偃師段嘉謨訪出此石於武功縣之南鄉移至縣署大堂南海吳榮光觀並記

此錢唐沈靖卿先生舊
藏嘉慶時初拓本首行將
軍〻字未損沈先生題識云
有蓋不知何時失去深可惜
也沈先生終生貧窶授徒鬻
藝為生然賞鑑極精所收金
石書畫多得于荒肆冷攤往〻
為奇品非富家以古為飾者
所能敵也
石出土于陜西武功縣南鄉
段嘉謨移置于武功縣署後
誌石被盜出歸渭南趙乾生
光緒時歸端方運至北京民國
歸黃伯川張彥生善本碑帖錄
云解放後見在街上當灰泥石
今佚毛鳳枝關中金石存佚考
云墓蓋至光緒時猶存縣署今
亦不知所在矣蓋篆三行〻三字文
曰周驃騎將軍翟君墓誌嘉
道以後學者于誌文攷之已詳茲
不贅云
辛未歲中春无聞重裝

此錢唐沈靖卿先生舊
藏嘉慶時初拓本首行將
軍〻字未損沈先生題識云
有蓋不知何時失去深可惜

周翟賓墓誌舊拓
辛未歲孟春張生力君裝　徐无聞藏

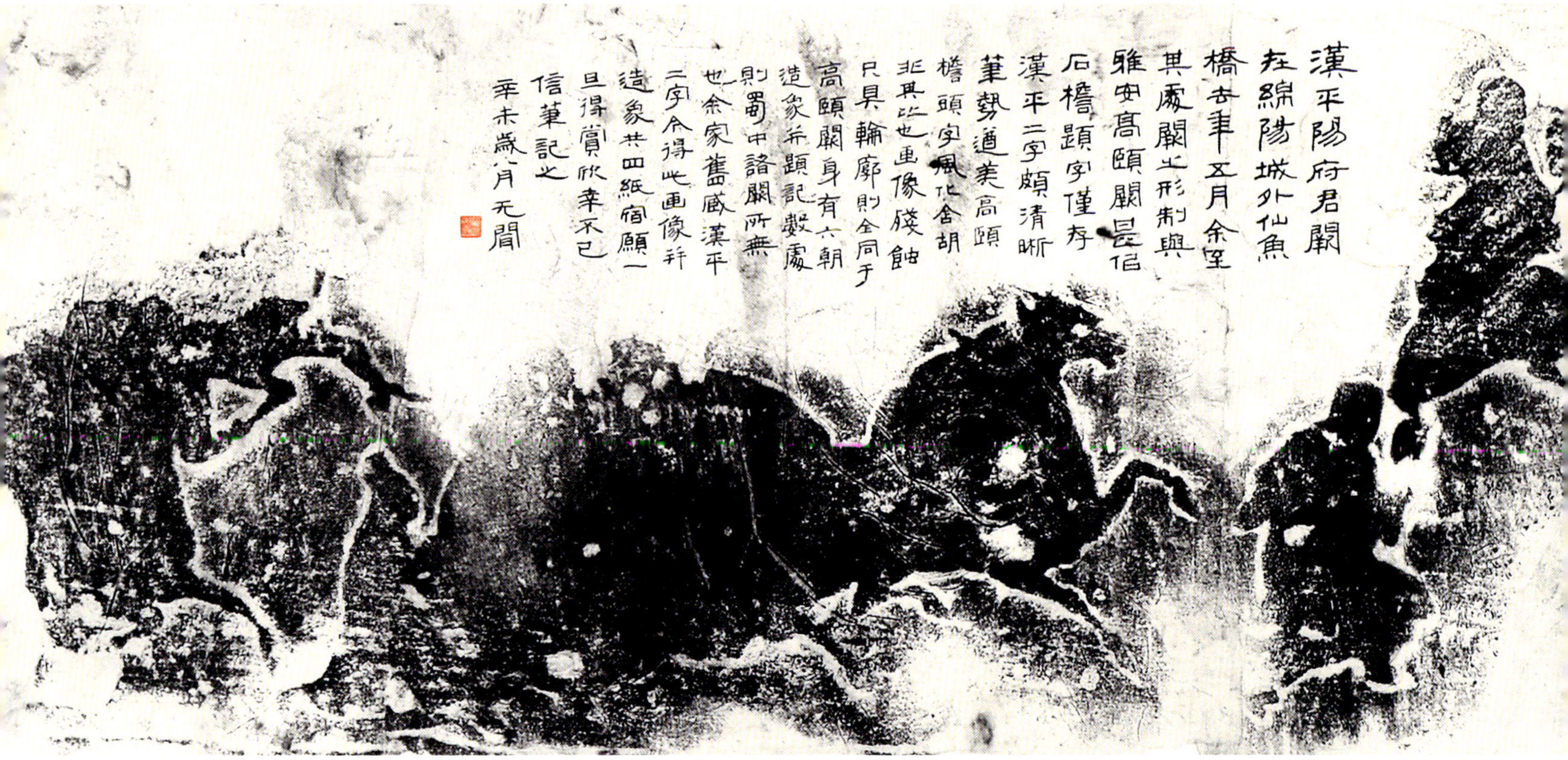

辛未（一九九一年）岁八月，徐无闻题跋旧拓《平阳府君阙》。纵三十三厘米，横四百五十厘米

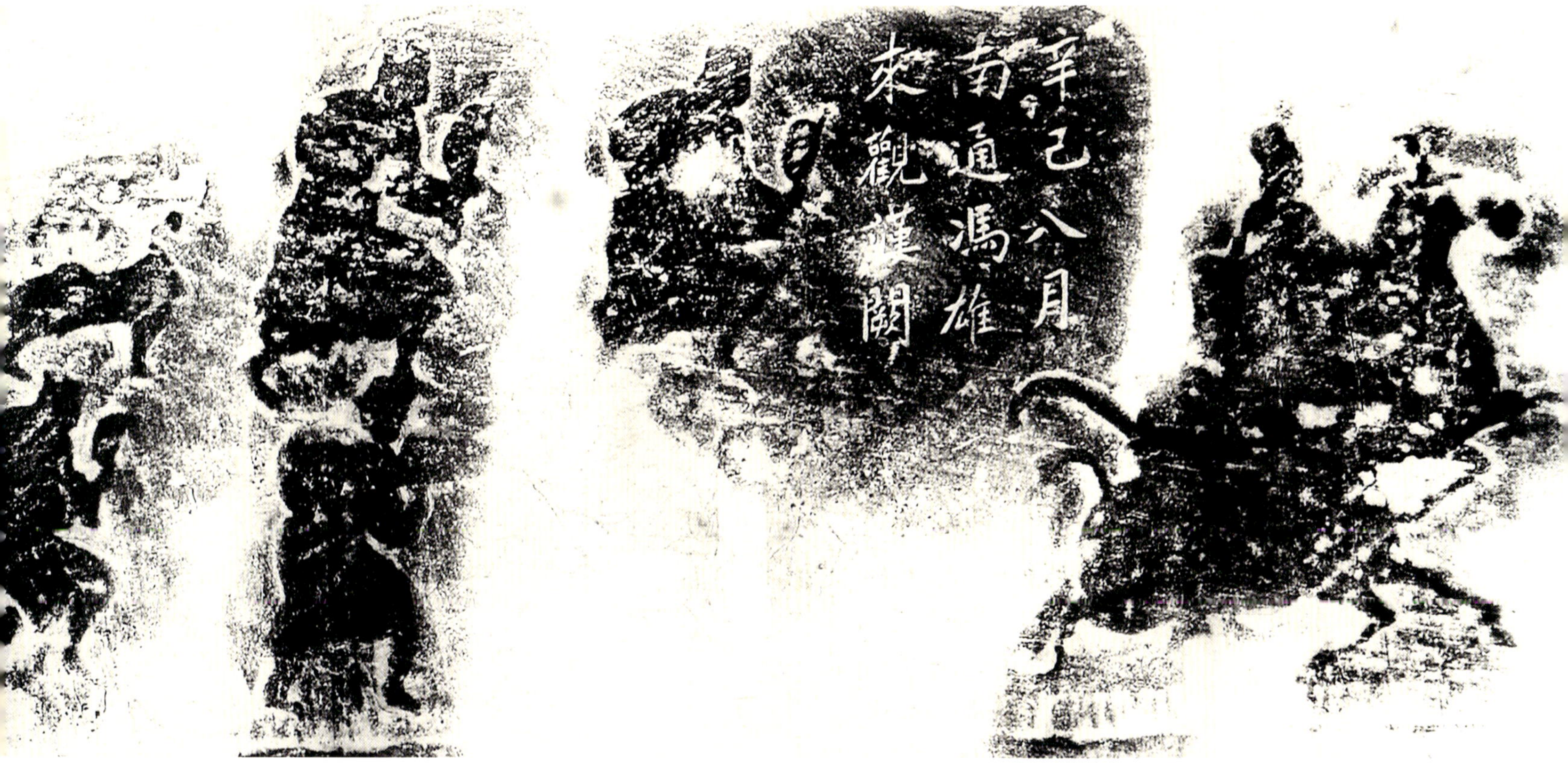

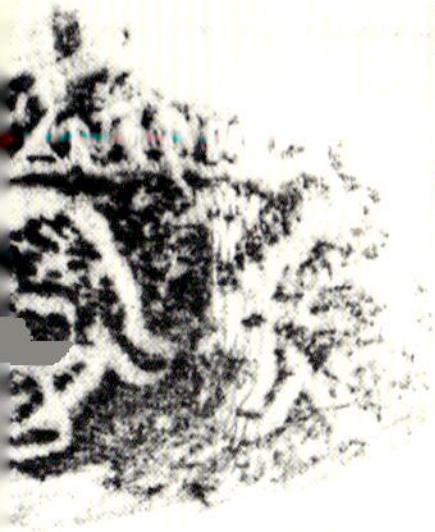

梁章景造无量壽佛像記

此像雕刻于平陽府君闕右闕中部，即記中所謂依碑石像也。記首年號殘毀，辛未歲即簡文帝大寶二年，公元五五一年。

後二十四辛未中秋，清屹 九尉

梁韋景造无量壽佛像記

此像雕刻于平陽府君闕右闕中部即記中所謂依碑石像也記首年號殘毀辛未歲即簡文帝大寶二年公元五五一年。

後二十四辛未中秋待屺 无尚

华翰　寸心凭雁足

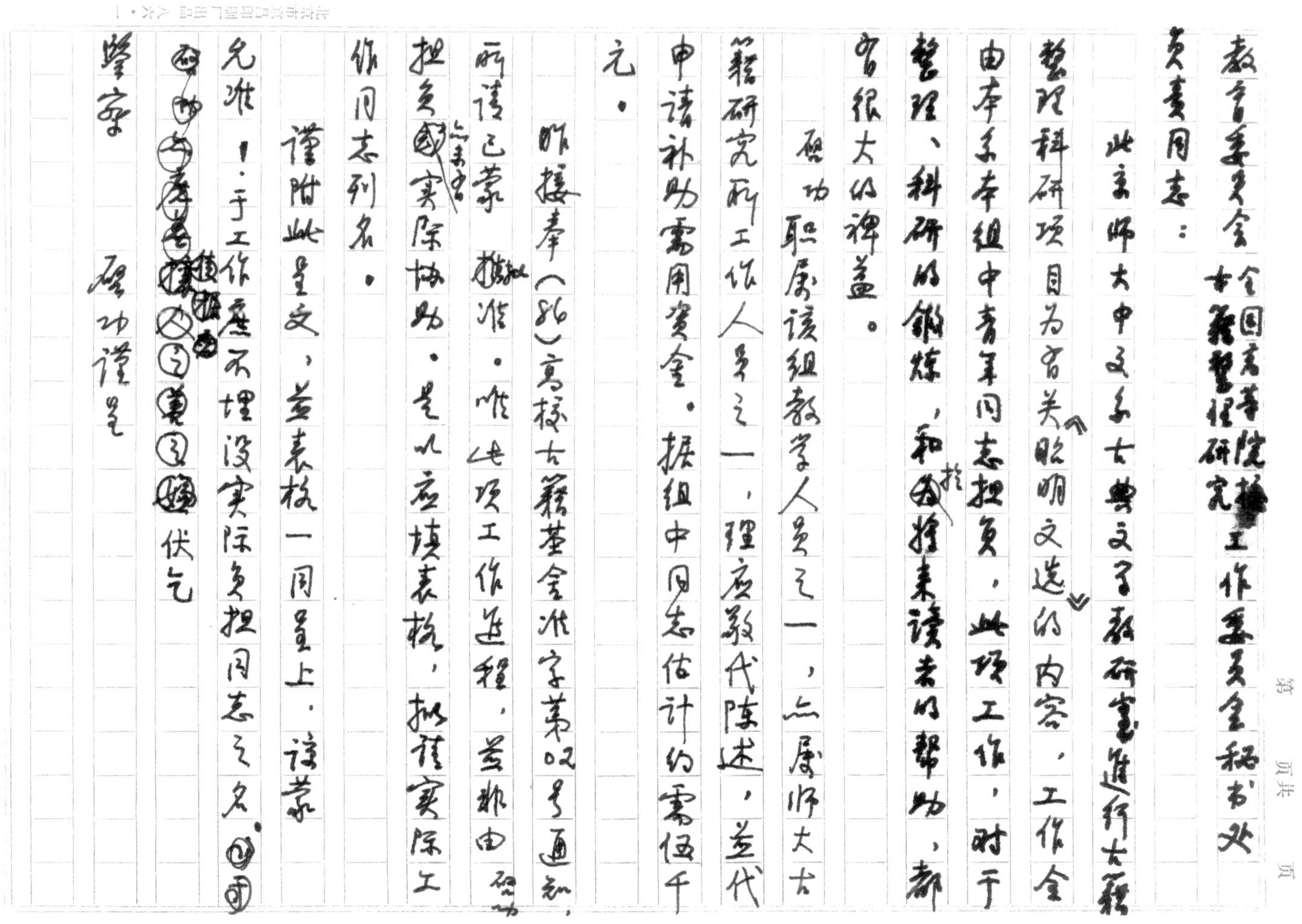
教育委员会全国高等院校古籍整理研究工作委员会秘书处
负责同志：
北京师大中文系古典文学教研室进行古籍整理科研项目为有关昭明文选的内容，工作全由本系本组中青年同志担负。此项工作，对于整理、科研的锻炼，和对于将来读者的帮助，都有很大的裨益。
启功职属该组教学人员之一，亦属师大古籍研究所工作人员之一，理应敦代陈述，并代申请补助需用资金。据组中同志估计约需伍千元。
昨接奉（86）高校古籍基金准字第四号通知，所请已蒙批准。唯此项工作进程，并非由启功担负，亦未尝实际协助，是以应填表格，拟请实际工作同志列名。
谨附此呈文，并表格一同呈上。请蒙允准！于工作庶不埋没实际负担同志之名，伏乞
鉴察
启功谨呈

二十世纪九十年代，启功致教育委员会全国高等院校古籍整理研究工作委员会秘书处函草稿。
纵十九厘米，横二十六点四厘米，启功家藏

但論蔡書此本，實非上品。此其意在存稿，非為手見書法藝術之長，故當時潦草，當時筆力不能自行控制，遂較故宮所藏尺牘舒適多多，此意不知高明以為如何？蔡書以論帖為最精美，惜石已破碎，且無早拓精本。其次顏書以告身後跋，再次故宮所藏諸尺牘，以此卷詩稿而為最下。鄙見如斯，敢求印可！此件或朱氏印本，俱易見精美本逢，異時陪宴見，上呈垂問之殷，自顧鄙陋，知無當於大雅也。專此奉復，

即致

敬禮！

啟功謹上言

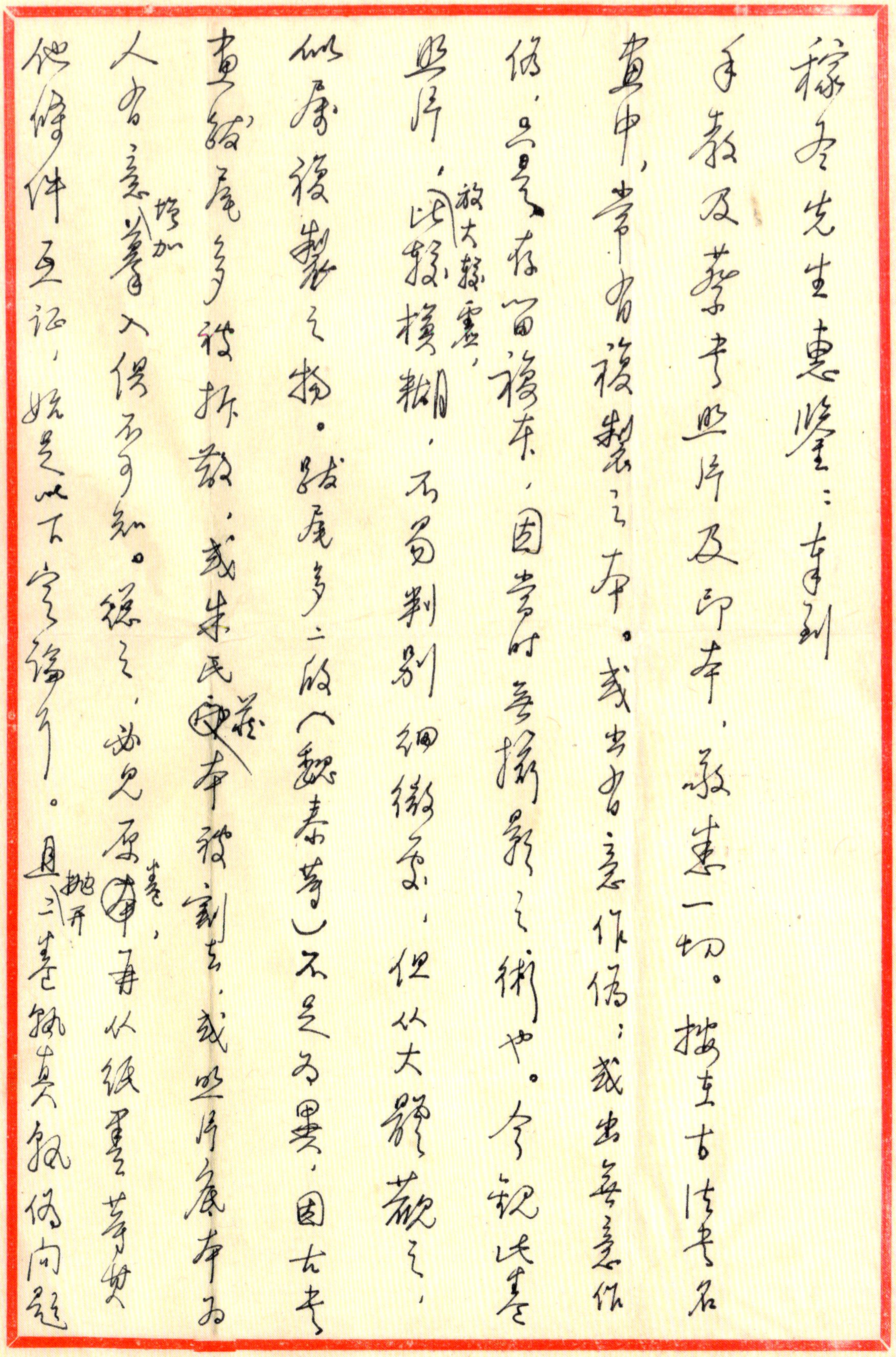

稼冬先生惠鉴：奉到手教及摹本照片及印本，敬悉一切。按古书名画中，常有复制之本。或出有意作伪；或出无意作伪，只是存留复本，因当时无摄影之术也。今观此卷照片，放大较甚，比较模糊，不易判别细微处，但从大体观之，似属复制之物。跋尾多段（魏泰等）不足为异，因古书画跋尾多被拆散，或朱氏藏本被割去，或照片底本为人有意增加羼入，俱不可知。总之，必见原卷，再从纸墨等其他条件互证，始足以下定论。且抛开二卷孰真孰伪问题

二十世纪九十年代，启功致稼冬函。每页纵二十九厘米，横二十点五厘米，启功家藏

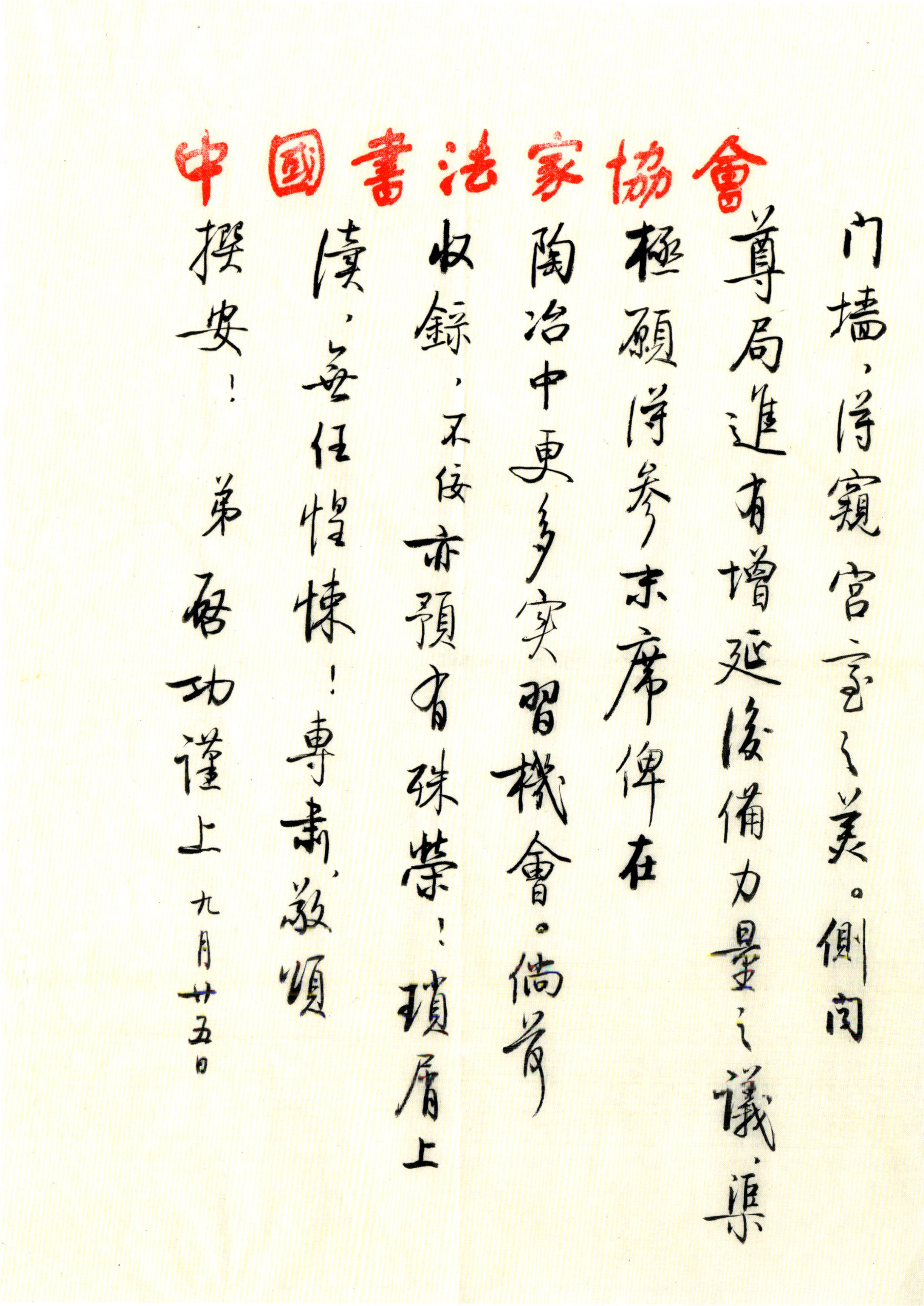
中國書法家協會

門牆，得窺宮室之美。側聞
尊局進有增延後備力量之議，渠
極願得參末席，俾在
陶冶中更多實習機會。倘荷
收錄，不佞亦預有殊榮；瑣屑上
瀆，無任惶悚！專肅，敬頌
撰安！
弟啓功謹上
九月廿五日

❷

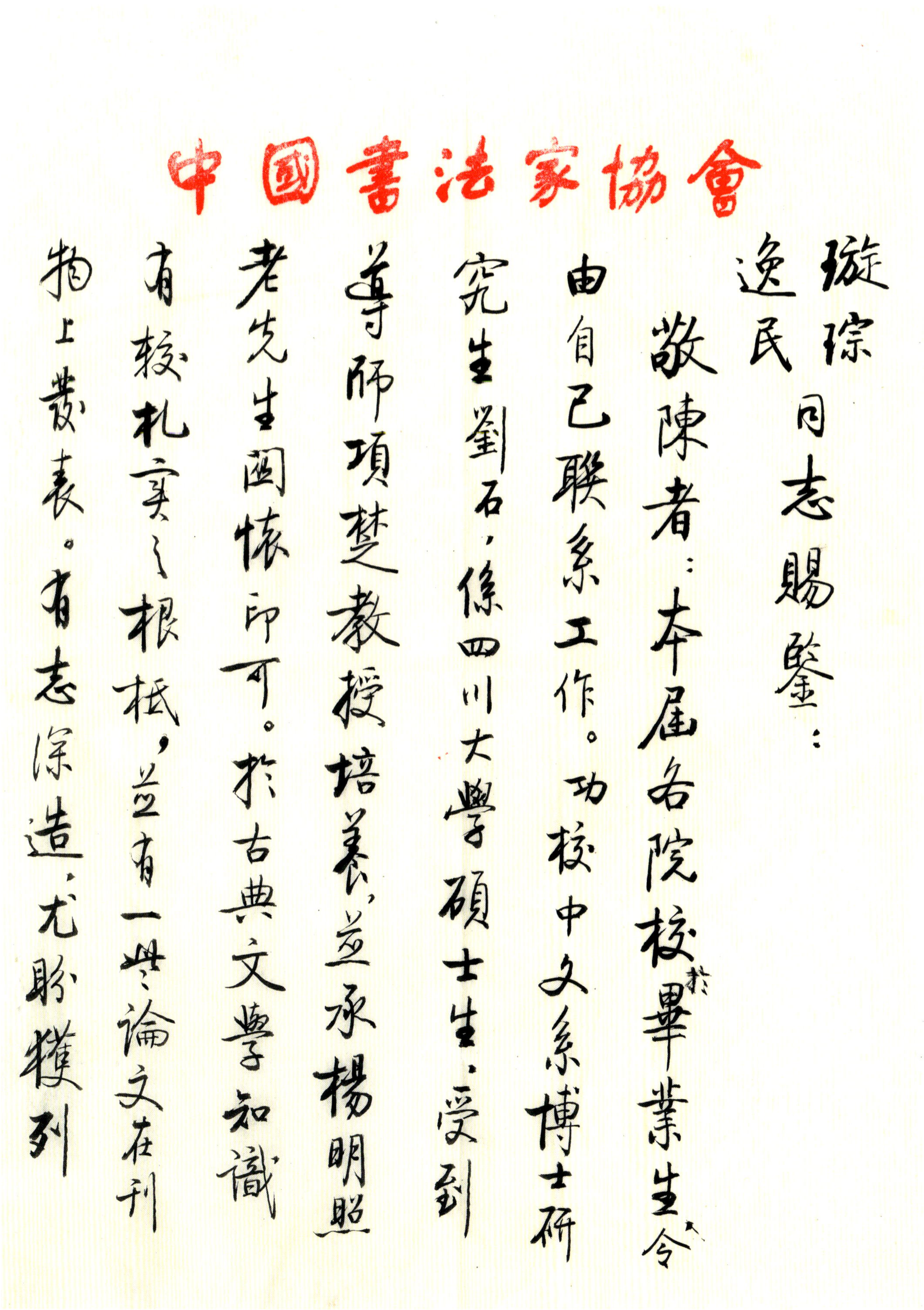
中國書法家協會

璇琮
逸民同志賜鑒：
敬陳者：本屆各院校於畢業生令由自己聯系工作。功校中文系博士研究生劉石，係四川大學碩士生，受到導師項楚教授培養，並承楊明照老先生函懷印可。於古典文學知識有較札實之根柢，並有一些論文在刊物上發表。有志深造，尤盼樸列

❶

一九九〇年九月二十五日，启功致傅璇琮、许逸民函。每页纵二十六厘米，横十八点八厘米

中國書法家協會

幅，然近时心绞痛甚剧，政协已请假两日矣。许多芜稿俱待整理，为恐来日无多，此幅能否重写，殊不可知，此际即取一片速致硝，醵其面容之。

又前承 代查苏文中有关姚安世材料一纸目录，其时借住招待所，后因病住进医院，辗转经人收拾，竟致并 尊札全失。今仍须一引之，拟求 便中再代一查，不知便否，如事忙不便，则置之，容功细查也。功手边只有孔凡礼先生校本六册，虽称有所补充，实仍多所脱漏，如承代查，并请注其版本为祷！

尊著出版，承赐为谢！

工作想甚忙，在 许傅二公座右，工作即是学习，进益日速，是可贺也！

专此致谢，即颂

撰绥！

启功上言 十六日

❷

中國書法家協會

劉石同志：前接

手書，久未奉复為歉！所示拙書論書劄記中誤處二則，至感！

其一："寫字不同於作雜技，並非當幼工不可者。"此處"並非"下宜重一"非"

字，邏輯始合。我於"並非"下加"必"字亦可。推於原稿"非"字下加"、"重文之

号，此須待再版時重製此頁之版矣。

其二："眼前無精粗紙，手下無乖合字，胸中無得失念"三句，承示其

次序相反，誠如尊見。以心手眼為序始為合理。此處之所以顛倒者，

蓋由作書之常習論耳。先見紙之精粗，首見佳紙，則心手俱怯，不

復敢下筆矣。既拚出去，不怕將紙寫壞，再拚出去，不怕寫出之字

有無優劣，再拚出去，不管此紙為何人所屬，我所贈何人。此臨

臨作書時之順序耳，探其原委，俱根於心也。拙作此條，只顧手

下順序，不覺有背心理發展了。此頁已無法改，我再版時重寫一

①

一九九八年，启功致刘石函。每页纵二十六厘米，横十八点八厘米

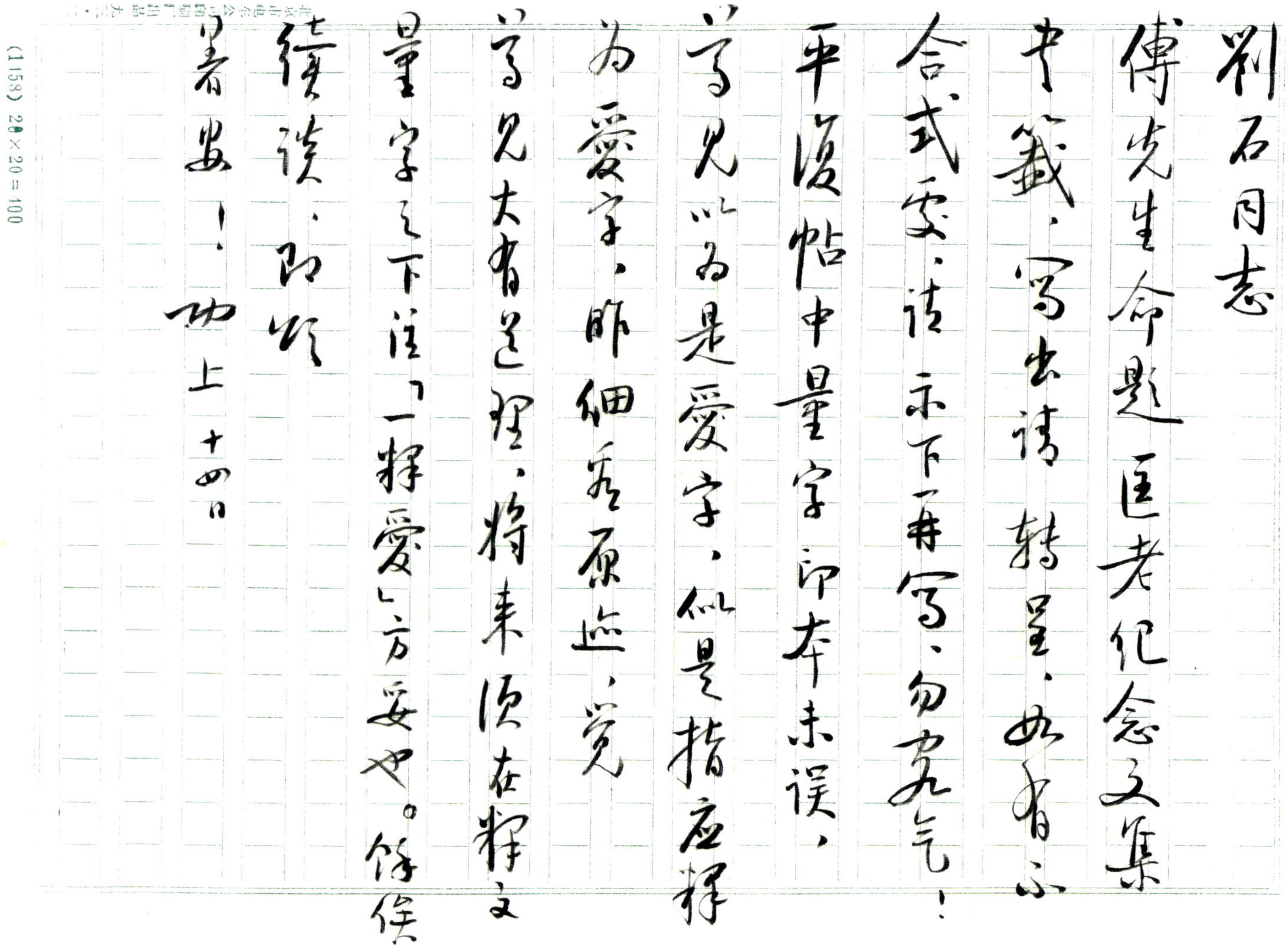

刘石同志：

傅先生命题《匡老纪念文集》书签，写出请转呈，如有不合式处，请示下再写，勿客气！

平复帖中量字印本未误，前见所为是爱字，似是指应释为爱字，昨细看原迹，觉前见大有道理，将来须在释文量字之下注「一释爱」方妥也。余俟续谈，即颂

著安！

功上 十四日

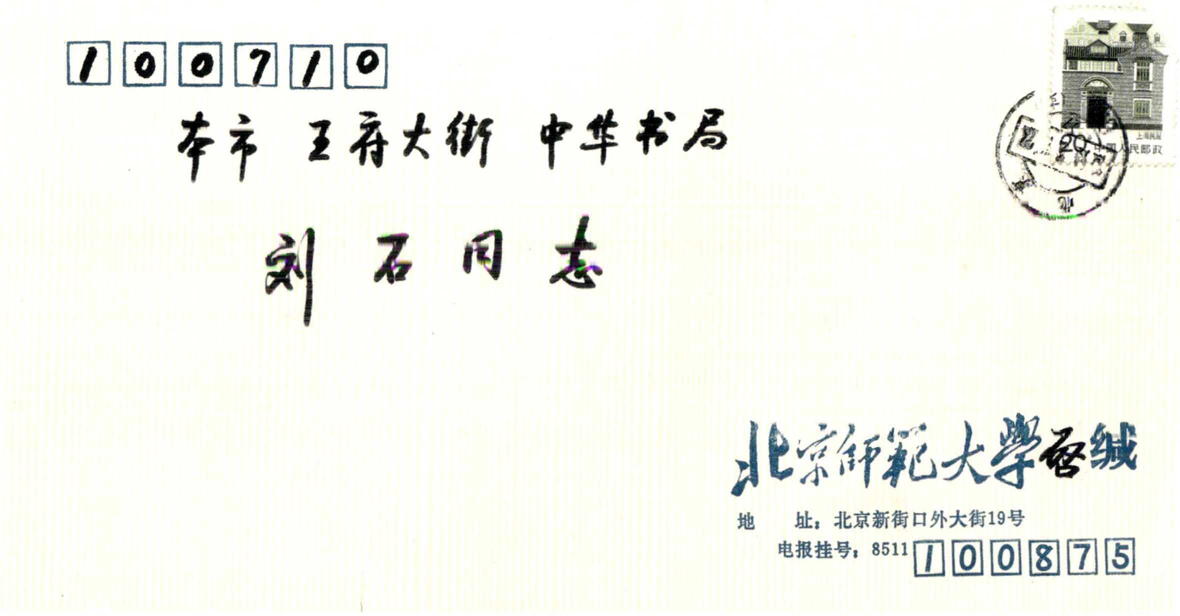

100710

本市 王府井大街 中华书局

刘石同志

北京師範大學函緘

地　址：北京新街口外大街19号

电报挂号：8511 100875

一九九七年，启功致刘石函附封。纵十八点八厘米，横二十六点四厘米

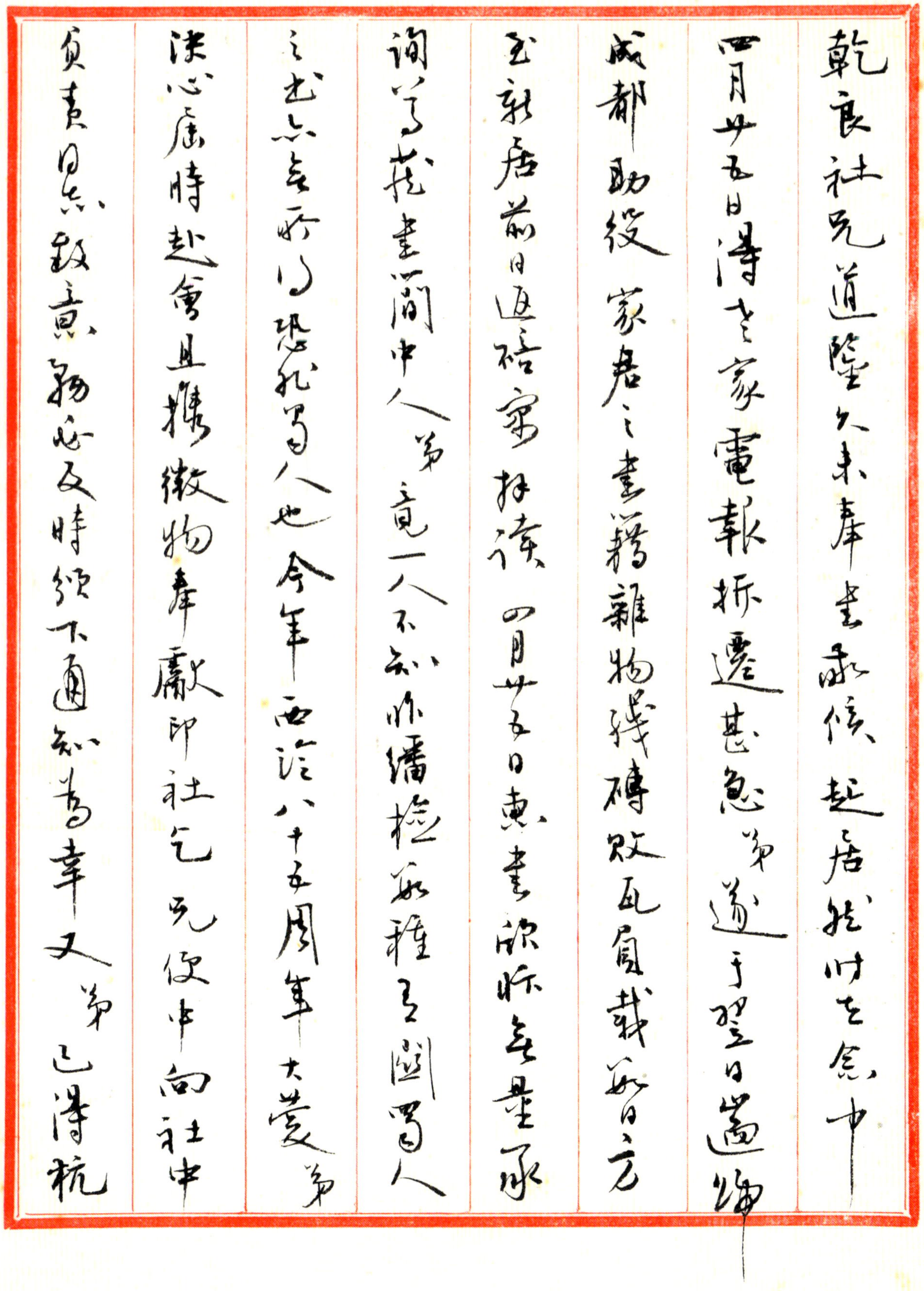
乾良社兄道鑒：久未奉書承候起居，殊時在念中。四月廿五日得尊家電報，拆還甚急，弟遂于翌日遄返成都助役。家君之書籍雜物、殘磚敗瓦，局載萬方至新居。前日返杭，家居抄讀。四月廿五日惠書，欣悉無量。承詢尊藏書畫中人，弟竟一人不知，亦非緬懷舊雅之闕罔人之書，亦無所聞，恐非寫人也。今年西泠八十五周年大慶，弟決心届時赴會，且携微物奉獻印社，乞兄便中向社中負責同志致意，務必及時頒下通知爲幸。又 弟已得杭

❶

戊辰（一九八八年）岁五月十日，徐无闻致林乾良函。每页纵二十六厘米，横十九点五厘米

伯寔先生之《稽園印譜》弟欲爲之印行八十周年時沙

先生曾面允惠題，俟八五大慶時或可得沙先生一揮

也。匆匆不盡，即頌

著安

弟元闇頓首

附拙刻乞

教

戊辰五月十日

❸

州市文聯所發邀請參加今年十月下旬或十一月上旬在杭

州召開蘇軾年會通知，但聞西泠之會期雖與東坡年會

相衝接，弟之重視西泠社員資格過于教授職稱，蓋

教授至今日之中國成千上萬，而西泠社員不過二三人而已。然

近年出版之西泠社員印集外有社員被遺漏，祇弟一人，

甚感遺憾，亦乞兄代為反映意見。兩月前弟曾寄所刻

印稿若干與西泠藝報，所刊為印人王個簃，至今亦未見刊出，

亦祈兄代詢如何。沙先生近甚康健否？先師易

时，不免遗憾。
前一向抄了我有关书法篆刻和诗十来首，还打算
复印你没有的我写的有关书法篆刻和文字寄给你。
过几天寄钱十元给你，好买书。
你去参加六月上旬的东西师范主持汉代文字学会议。
给家候陈一氓问
近佳

无闻手书
五月十五日

一九九二年五月十五日，徐无闻致刘石函。每页纵三十二点五厘米，横二十二点五厘米

小石：

五月一日从宁波回北碚，便收到去腊吉经前板寄包，七天前又收到夷坚志、万历野获编等一大包，真是十分高兴，但你也很够麻烦了。这包书够我看两个月了。夷坚志里有苏东坡故事，还有意思，而我年有东编坡轶多而未收。

四月下旬廿四一廿六日参加沙孟海学书院成立典礼，去鄞县耍了三天，到了天一阁，先后去参拜了阿育王寺和天童寺，乃此行最大收获。这两座佛寺建筑宏壮坚实，造象庄严精丽，非四川寺庙所能及，可惜无暇顾，只看了一二小石函：徐君来京，託他带来歙砚一方，以供常用。此砚一般，并不贵重，只取其盖琢成而已。这向杂事甚多，想清出我写的有关书法文字复印，竟未能及。以后遂当再复印几篆隶书法简论和诗稿数页。中华书局藏名人书简将来收到，际由徐君面缴。此问

编安

无闻 [illegible]

五月廿四日

一九九二年五月二十四日，徐无闻致刘石函。纵三十二点五厘米，横二十二点五厘米

朱记　虫鱼天不老

一九七七年，方介堪为启功治“启功手稿”。

印面纵二点九厘米，横二点九厘米，高四点六厘米，启功家藏

丁巳（一九七七年）谷雨，方介堪为启功治“启功”“元白”。二十世纪七十年代，刘博琴为启功治“启功印信”“元伯辞翰”。印面纵四厘米，横三点九厘米，高六点九厘米，启功家藏

丁巳（一九七七年）初夏，方介堪为启功治“元白无恙”。
印面纵一点八厘米，横一点八厘米，高七点五厘米，启功家藏

一九七七年，方介堪为启功治“元伯”。
印面纵一点四厘米，横一点四厘米，高四点八厘米

一九七三年六月—九月，方介堪为徐无闻治“风物长宜放眼量”。
印面纵二点四厘米，横二点四厘米，高四点八厘米，徐无闻家藏

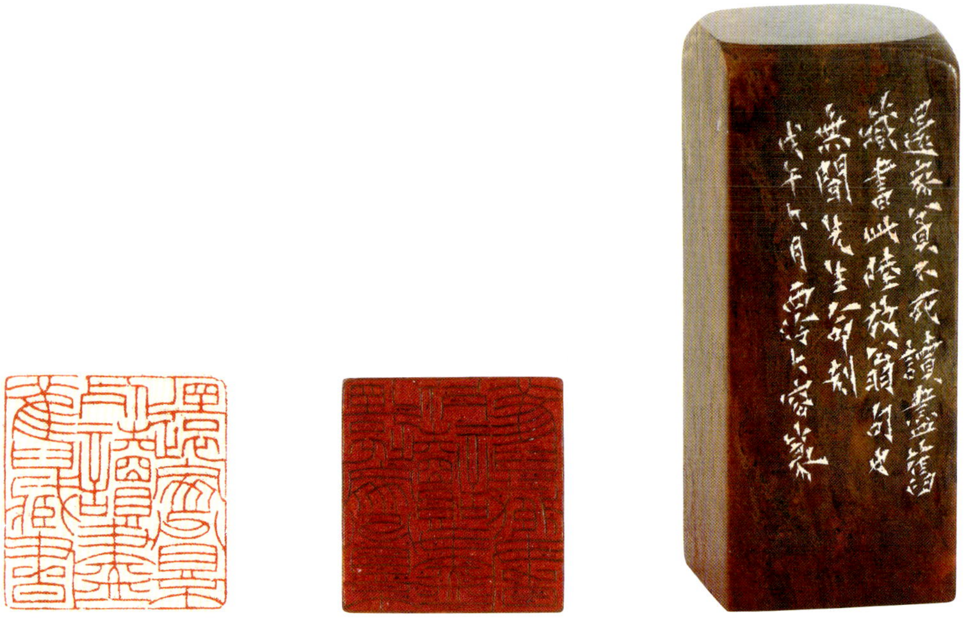

戊午（一九七八年）九月，茅大容为徐无闻治“还家贫不死　读尽旧藏书”。
印面纵三点一厘米，横三厘米，高七点五厘米，徐无闻家藏

癸亥（一九八三年）元月，韩天衡为徐无闻治“徐无闻”。
印面纵二点四厘米，横二点四厘米，高八厘米，徐无闻家藏

缥缃　读尽旧藏书

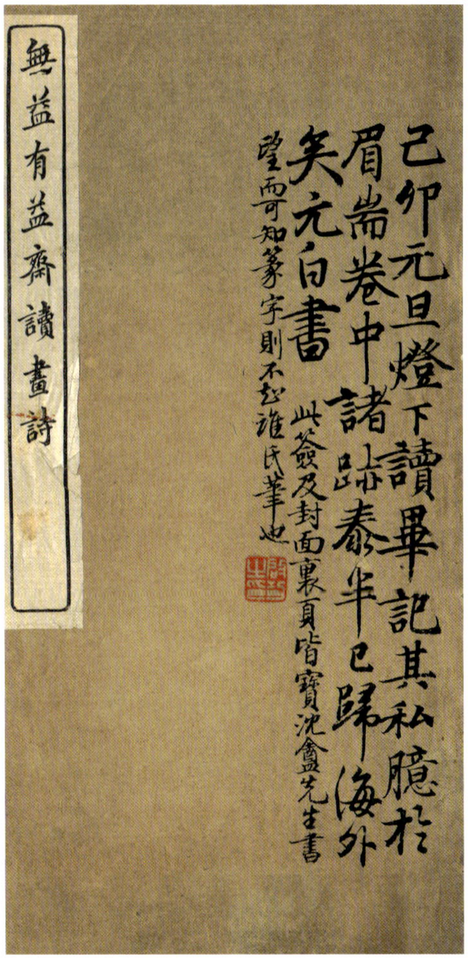

無益有益齋讀畫詩

己卯元旦燈下讀畢記其私臆於眉端卷中諸跡泰半已歸海外矣元白書

此簽及封面裏頁皆寶沈盦先生書璧而可知篆字則不知誰氏筆也

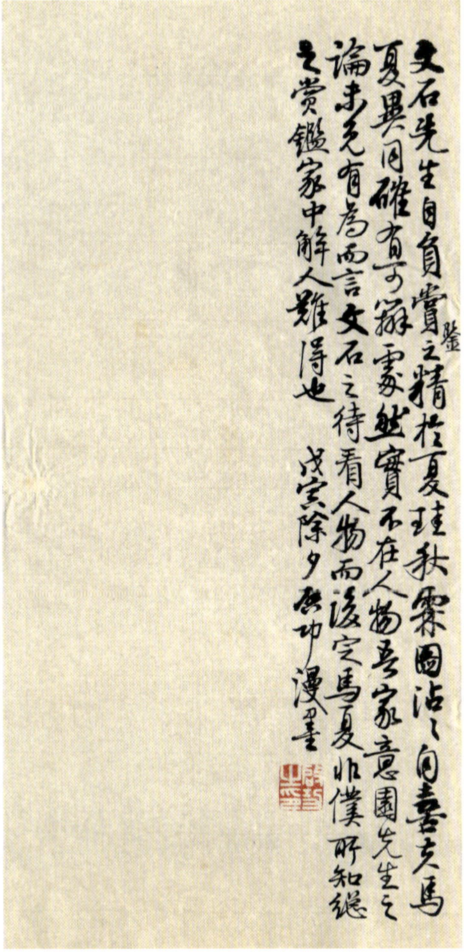

文石先生自負賞鑒之精於夏珪秋霖圖沾沾自喜夫馬夏異同雖有可疑處然寶不在人物吾家意園先生之論未免有爲而言文石之待看人物而後定馬夏亦僕所知總之賞鑒家中解人難得也

戊寅除夕啟功漫墨

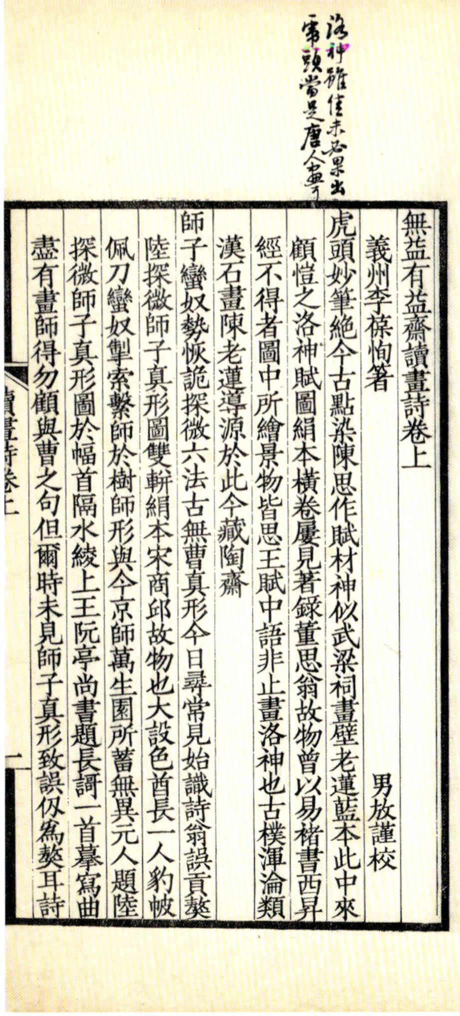

洛神雖佳未必果出虎頭當是唐人畫

無益有益齋讀畫詩卷上

義州李葆恂著　男放謹校

虎頭妙筆絕今古點染陳思作賦材神似武梁祠畫壁老蓮藍本此中來

顧愷之洛神賦圖絹本橫卷屢見著錄董思翁故物曾以易楷書西昇經不得者圖中所繪景物皆思王賦中語非止畫洛神也古樸渾淪類漢石畫陳老蓮導源於此今藏陶齋

師子蠻奴勢恢詭探微六法古無儔真形今日尋常見始識詩翁誤貢獒

陸探微師子真形圖雙軿絹本宋商邱故物也大設色首長一人豹帔佩刀蠻奴掣索繫師於樹師形與今京師萬生園所蓄無異元人題陸探微師子真形圖於幅首隔水綾上王阮亭尚書題長詞一首摹寫曲盡有畫師得勿顧與曹之句但爾時未見師子真形致誤仍爲獒耳詩

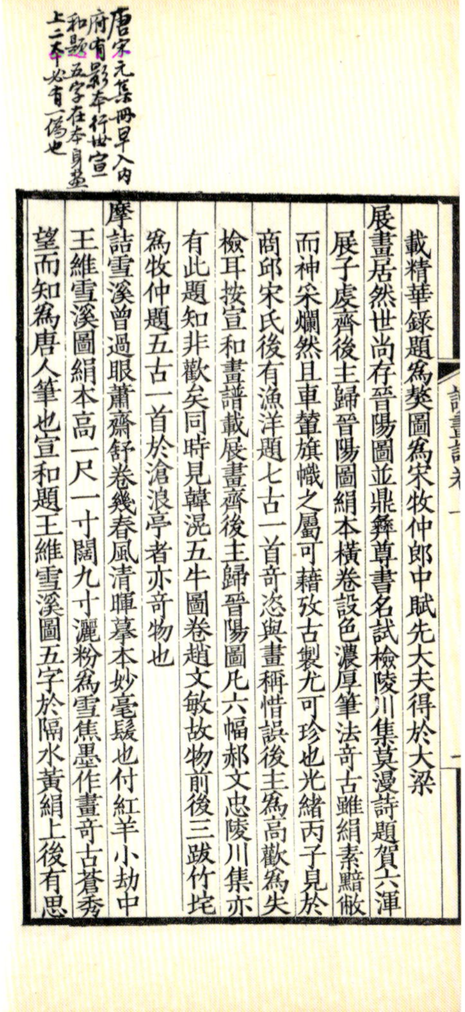

唐宋元集册早入内府有影本行世宣和題五字在本身其上二本必有一僞也

載精華錄題爲葵圖爲宋牧仲郎中賦先大夫得於大梁

展畫居然世尚存晉陽圖並鼎彝尊書名試檢陵川集莫漫詩題賀六渾

展子虔齋後主歸晉陽圖絹本橫卷設色濃厚筆法奇古雖絹素黯黴而神采爛然且車輦旗幟之屬可藉攷古製尤可珍也光緒丙子見於商邱宋氏後有漁洋題七古一首奇恣與畫稱惜誤後主爲高歡爲失檢耳按宣和畫譜載展畫齊後主歸晉陽圖凡六幅郝文忠陵川集亦有此題知非歡矣同時見韓滉五牛圖卷趙文敏故物前後三跋竹垞爲牧仲題五古一首於滄浪亭者亦奇物也

摩詰雪溪曾過眼蕭齋舒卷幾春風清暉摹本妙毫髮也付紅羊小劫中

王維雪溪圖絹本高一尺一寸闊九寸灑粉爲雪焦墨作畫奇古蒼秀望而知爲唐人筆也宣和題王維雪溪圖五字於隔水黃絹上後有思

❷ ❶
❹ ❸

戊寅（一九三八年）除夕、己卯（一九三九年）元旦，启功批校、题跋丙辰（一九一六年）仲秋刻本《无益有益斋读画诗》。每页纵二十五点八厘米，横十四点八厘米，启功家藏

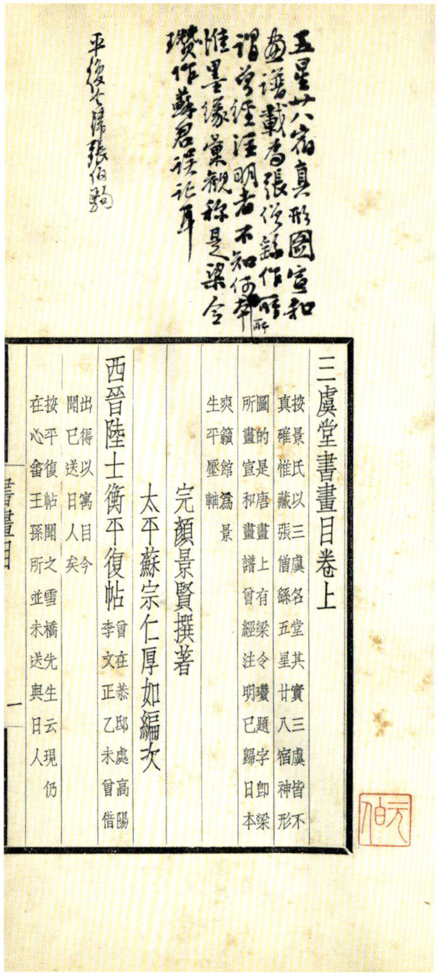
五星廿八宿真形圖宣和畫譜載為張僧繇作所謂曾經注明者不知何本 惟墨緣彙觀稱是梁令瓚作蘇君誤記耳

平復今歸張伯駒

三虞堂書畫目卷上

按景氏以三虞名堂其實三虞皆不真確惟藏張僧繇五星廿八宿神形圖的是唐畫上有梁令瓚題字即梁所畫宣和畫譜曾經注明已歸日本

爽籟館為景生平壓軸

完顏景賢撰著

太平蘇宗仁厚如編次

西晉陸士衡平復帖 曾在恭邸處高陽李文正乙未曾借出得以寫目今聞已送日人矣

按平復帖聞之雪橋先生云現仍在心畬王孫所並未送與日人

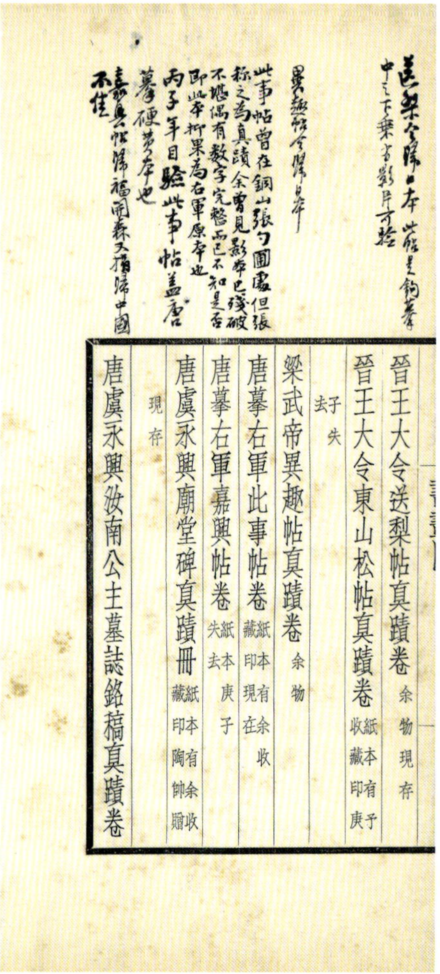
送梨今歸日本 此簽是鈎摹中之下乘者 影片可證

異趣帖今歸日本

此事帖曾在銅山張勺圃處 但張稱之為真蹟 余曾見影本 已殘破不堪 偶有數字完整而已 不知是否即此本 抑果為右軍原本也 丙子年目驗此事帖 蓋唐摹硬黄本也

嘉興帖歸福開森 又損歸中國 不佳

晉王大令送梨帖真蹟卷 余物現存

晉王大令東山松帖真蹟卷 紙本有余收藏印庚子失去

梁武帝異趣帖真蹟卷 余物

唐摹右軍此事帖卷 紙本有余收藏印現在

唐摹右軍嘉興帖卷 紙本庚子失去

唐虞永興廟堂碑真蹟冊 紙本有余收藏印陶帥贈 現存

唐虞永興汝南公主墓誌銘稿真蹟卷

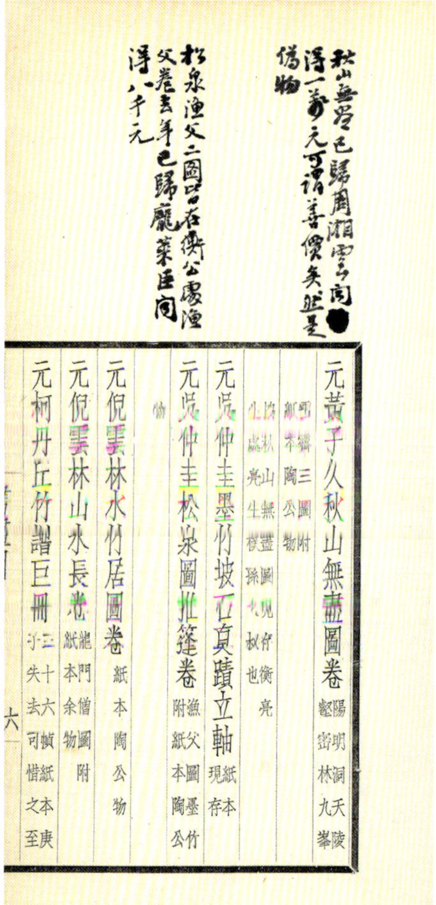
秋山無盡已歸周湘雲 聞得一萬元 可謂善價矣 此是偽物

松泉漁父二圖昔在衡公處 漁父卷去年已歸龐萊臣 聞得八千元

元黃子久秋山無盡圖卷 陽明洞天[illegible]

元吳仲圭墨竹坡石真蹟立軸 紙本現存

元吳仲圭松泉圖推篷卷 漁父圖墨竹附紙本陶公物

元倪雲林水竹居圖卷 紙本陶公物

元倪雲林山水長卷 紙本余物

元柯丹丘竹譜巨冊 三十六幀紙本庚子失去可惜之至

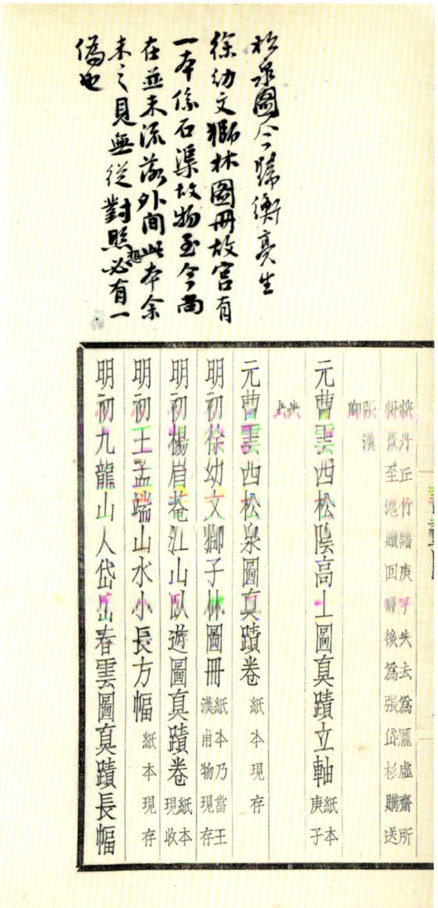
松泉圖今歸衡亮生

徐幼文獅林圖冊故宮有一本 係石渠故物 至今尚在 並未流落外間 此本余未之見 無從對照 想必有一偽也

元曹雲西松陰高士圖真蹟立軸 紙本庚子

元曹雲西松泉圖真蹟卷 紙本現存

明初徐幼文獅子林圖冊 紙本乃當王漢甫物現存

明初楊肩菴江山臥遊圖真蹟卷 紙本現收

明初王孟端山水小長方幅 紙本現存

明初九龍山人[illegible]春雲圖真蹟長幅

二十世纪三十年代，启功批校一九三三年排印本《三虞堂书画目》。每页纵二十五点六厘米，横十二点三厘米，启功家藏

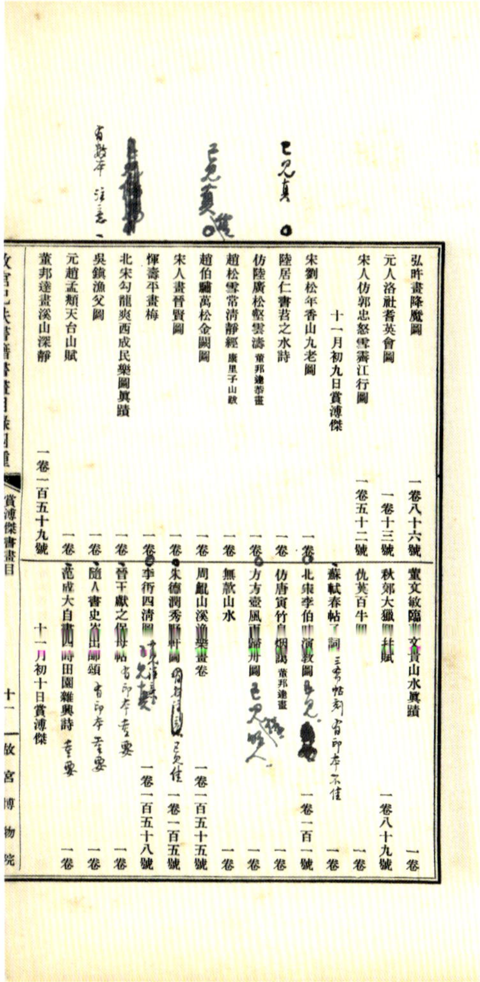

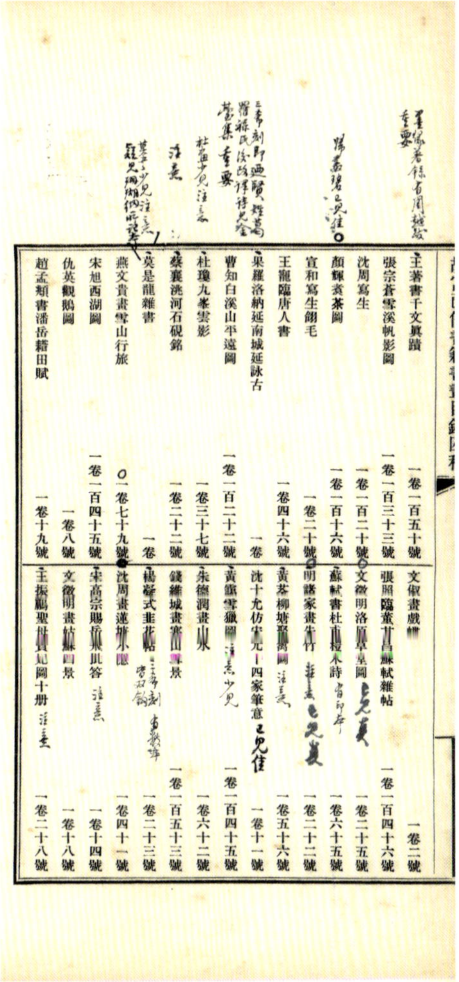

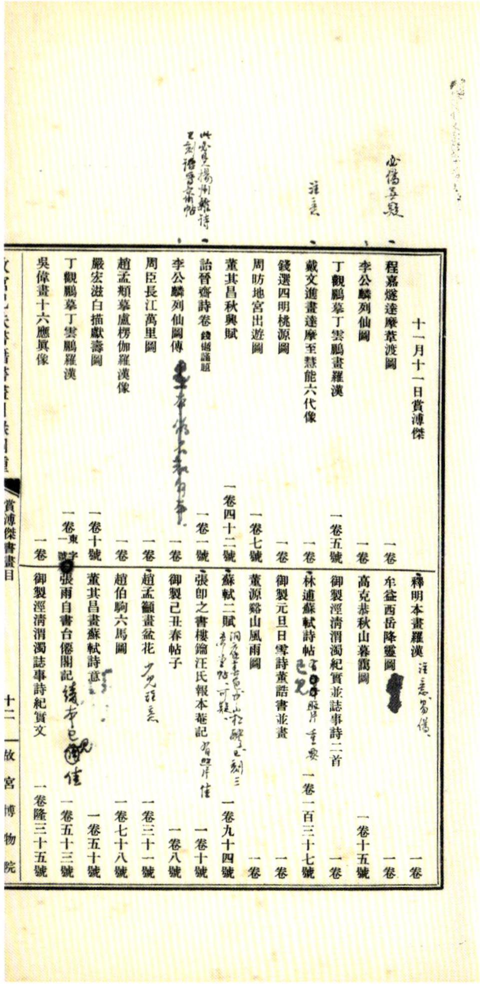

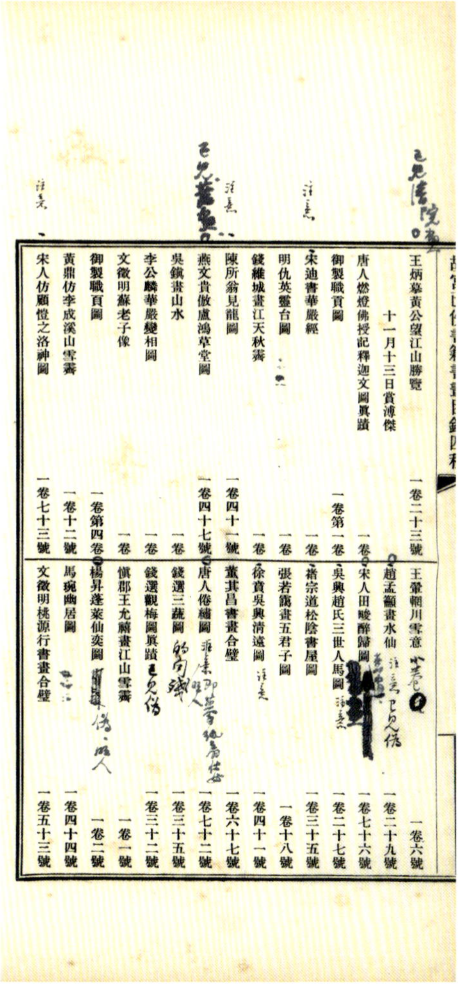

二十世纪三十年代，启功批校一九三四年九月国立北平故宫博物院排印本《故宫已佚书籍书画目录四种》。每页纵二十六点五厘米，横十二点八厘米，启功家藏

❻ ❺
❽ ❼

別二十三

董苑書帖此段爲禪悅 十三
中末的後款甲寅二月廿日
吉 具萬萬貫帖作具百萬萬貫

擊而道存者也
大慧禪師論參禪云譬如有人具萬萬貫吾皆
籍沒盡更與索債此語殊類書家關捩子米
元章云如撑急水灘船用盡氣力不離故處
蓋書家妙在能合神在能離所欲離者非歐
虞褚薛諸名家伎倆直欲脫去右軍老子習
氣所以難耳那吒拆骨還父拆肉還母若別
無骨肉說甚虛空粉碎始露全身晉唐以後

別集興的至見在上下
注「黃庭帖」

別二十三
實原四 收官奴帖跋三首
四十二頁者為第一跋此為第二
跋下後宋高宗云云為第三跋
玉烟堂四下

惟楊凝式解此竅耳趙吳興未夢見在 余
此語悟之楞嚴八還義明還日月暗還虛空
不汝還者非汝而誰然余解此意筆不與意
隨也甲寅二月
書法雖貴藏鋒然不得以糢糊爲藏鋒須有用
筆如太阿剸截之意蓋以勁利取勢以虛和
取韻顏魯公所謂如印印泥如錐畫沙是也
細參玉潤帖思過半矣

別二十三
實原四
玉烟堂四下署董其昌題

宋高宗於書法最淡觀其以蘭亭賜太子令寫
五百本更換 本郎功力可知思陵運筆全
自玉潤帖中來學褉帖者參取

下款
董其昌題

別二十三
十種堂帖卷六題四實
是前難書有此段
十種堂續帖卷二牘柳
十蘭亭詩跋與此段全同
僅首句柳誠懸書十四字改
為柳誠懸書四十二蘭亭詩
八字尾題癸卯暮春撰
日董其昌識

柳誠懸書極力變右軍法蓋不欲與褉帖面目
相似所謂神奇化爲臭腐故離之耳凡人學
書以姿態取媚鮮能解此余於虞褚顏歐皆
曾彷彿十一自學柳誠懸方悟用筆古淡處
自今以往不得舍柳法而趨右軍也

別二十三
毋書是冊 原刻是冊

吾松書自陸機陸雲創於右軍之前以後遂不
復繼響二沈及張南安陸文裕莫方伯稍振
之都不甚傳世爲吳中文祝二家所掩耳文
祝二家一時之標然欲突過二沈未能也以
空疏無實際故余書則並去諸君子而自快
不欲爭也以待知書者品之 此則論雲間書派
余性好書而嬾矜莊鮮寫至成篇者雖無日不
執筆皆縱橫斷續無倫次語耳偶以册置案

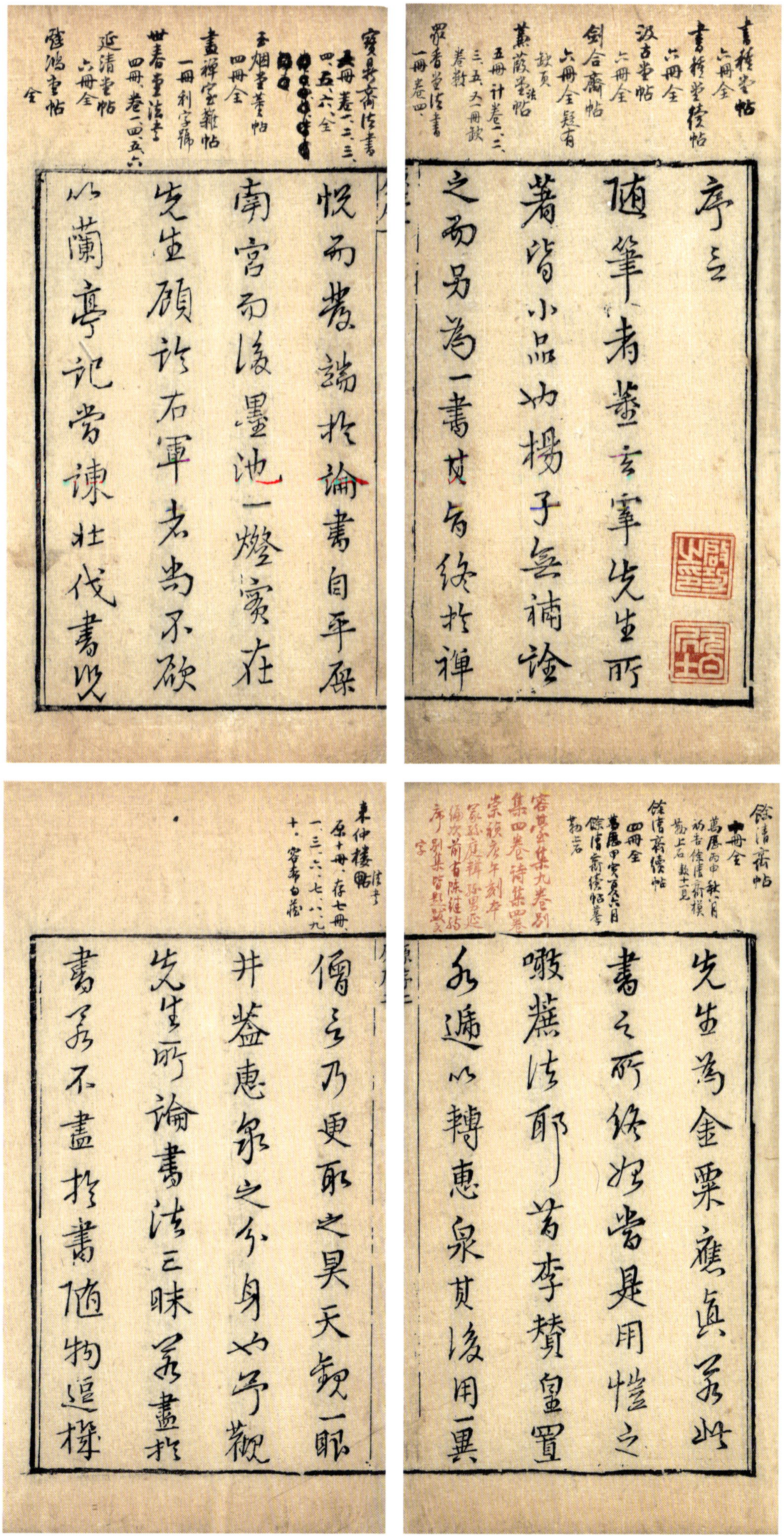

二十世纪四十年代，启功批校康熙庚子（一七二〇年）刻本《画禅室随笔》。每页纵二十四厘米，横十二点五厘米，启功家藏

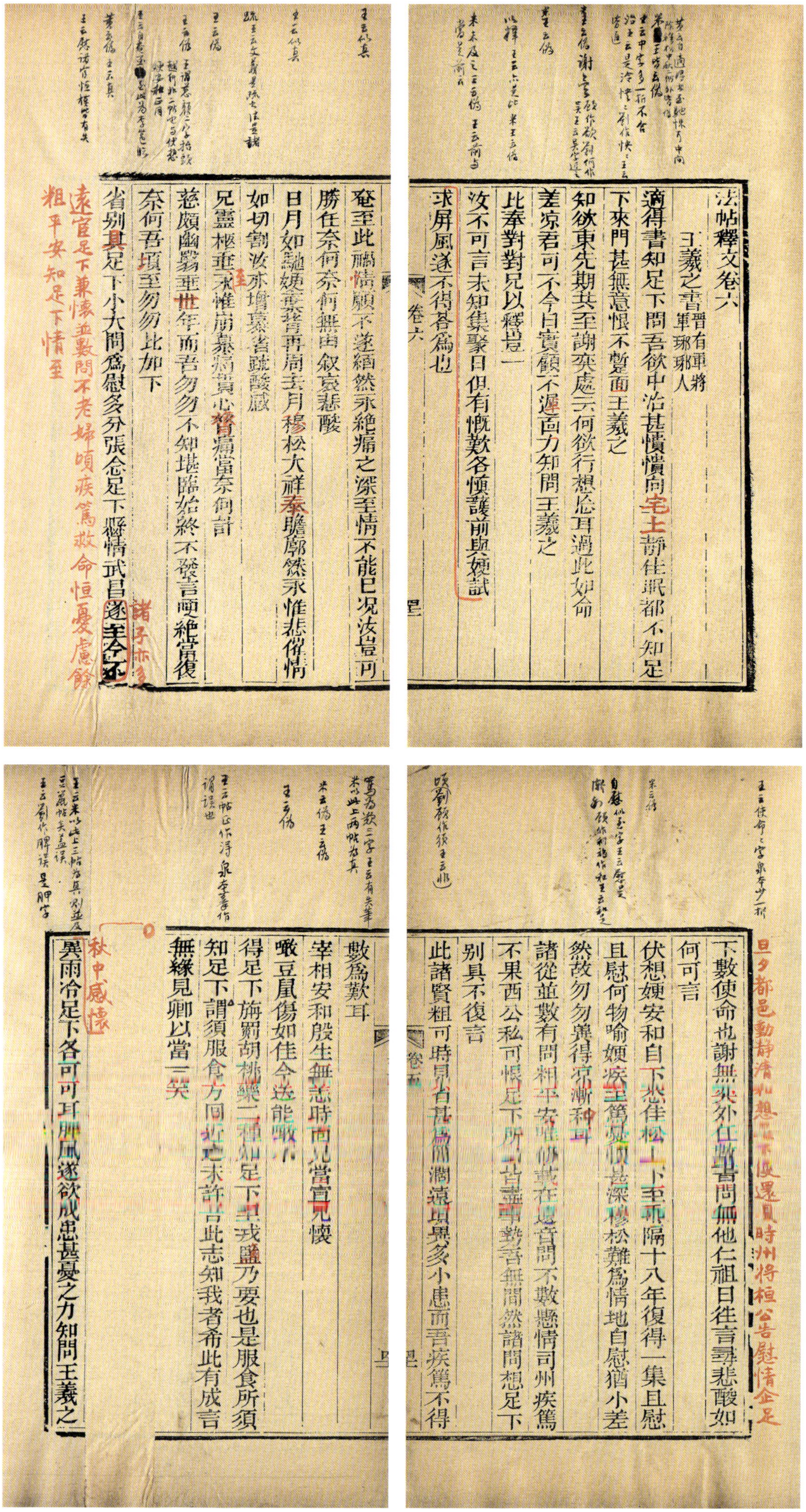

法帖釋文卷六

王羲之書 晉右軍將軍瑯琊人

適得書知足下問吾欲中治甚憒憒向宅上靜住毗都不知足下來門甚無意恨不暫面王羲之

知欲東先期共至謝奕處云何欲行想必耳過此如命差凉君可不今白寶顧不遲面力知問王羲之

此奉對對兄以釋豈一

汝不可言未知集聚日但有慨歎各慎護前與嫂試求屏風遂不得答爲也

奄至此禍情願不遂緬然永絶痛之深至情不能已況汝豈可勝任奈何奈何無由叙哀悲酸

日月如馳嫂棄背再周去月穆松大祥奉瞻廓然永惟悲摧情如切割汝亦增慕省疏酸感

兄靈柩垂至永惟崩慕痛貫心肾痛當奈何計

慈顔幽翳垂世年而吾勿勿不知堪臨始終不發言哽絶當復奈何吾頃至勿勿比加下

省別具足下小大問爲慰多分張念足下懸情武昌遂至今不

遠宦足下兼懷並數問不老婦頃疾篤救命恒憂慮餘粗平安知足下情至

諸子亦多

旦夕都邑動靜清和想足下使還具時州將桓公告慰情企足

下數使命也謝無奕外任數書問無他仁祖日往言尋悲酸如何可言

伏想嫂安和自下小大佳松上下至冊隔十八年復得一集且慰且慰何物喻嫂深至篤疑慎甚深穆松難爲情地自慰猶小差然故勿勿冀得涼漸和耳

諸從並數有問粗平安唯脩載在遠音問不數懸情司州疾篤不果西公私可恨足下所云皆盡事勢吾無間然諸問想足下別具不復言

此諸賢粗可時見省甚爲濶遠如其多小患而吾疾篤不得數爲歎耳

幸相安和殷生無志時向見當寫懷

嗷豆鼠傷如佳今送能敢不

得足下旃罽胡桃樂二種知足下至戲鹽乃要也是服食所須知足下謂須服食方回近之未許吾此志知我者希此有成言

無緣見卿以當一笑

秋中感懷

異雨冷足下各可耳脚風遂欲成患甚憂之力知問王羲之

二十世纪四十年代，启功批校嘉庆十七年（一八一二年）刻本《淳化阁法帖释文》。每页纵二十七厘米，横十五点二厘米，启功家藏

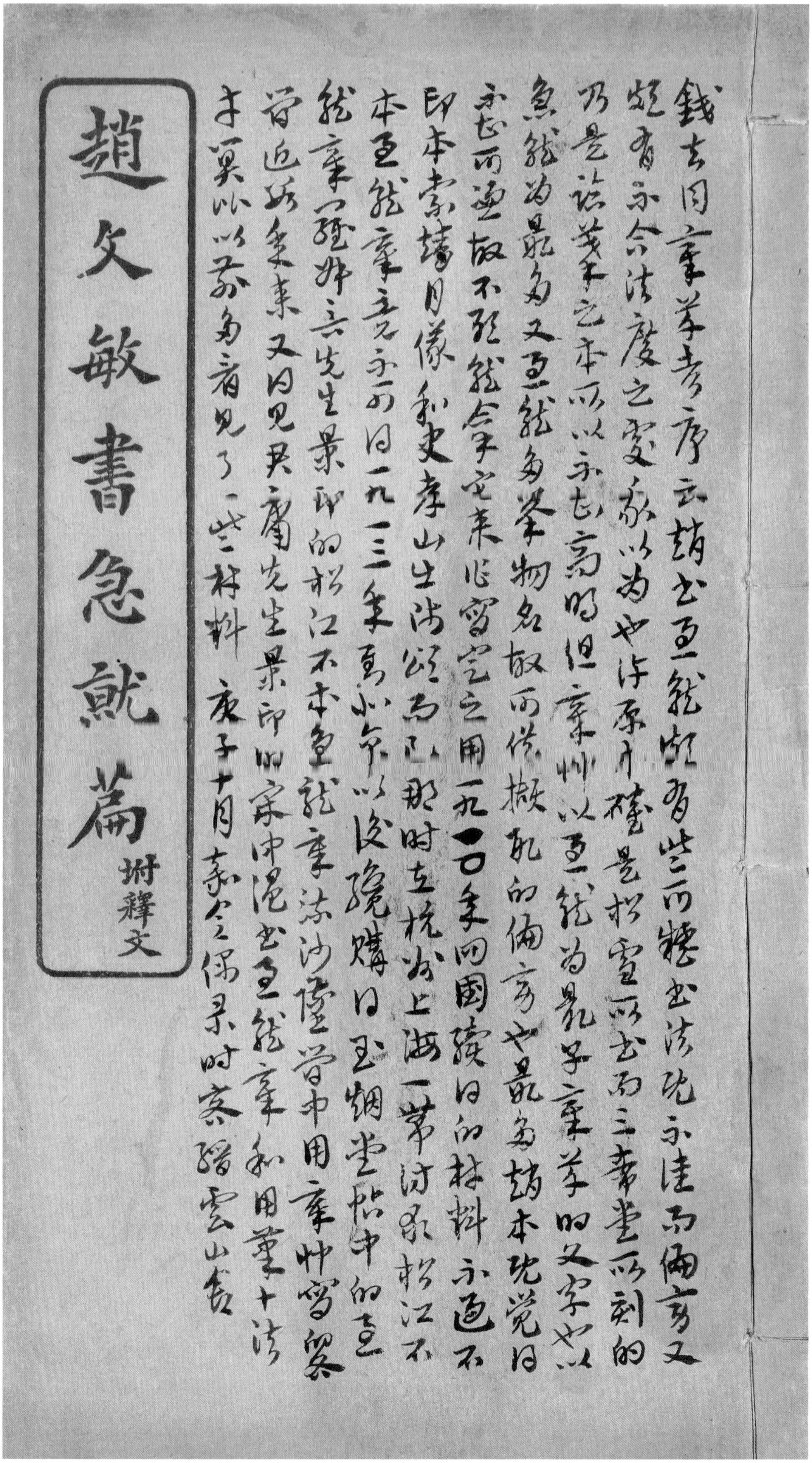

庚子（一九六〇年）十月，徐无闻批校、题跋一九一五年商务印书馆金属版影印本《赵文敏书急就篇》。每页纵二十六厘米，横十六点五厘米，徐无闻家藏

❷

丙申歲五月江原劉元樹兄自滬上寄贈此書与余頻經憂患失而復得庚戌歲中秋將別湄雲檢點行篋遂重裝之良友惠愛沒齒弗忘元閒記

❶

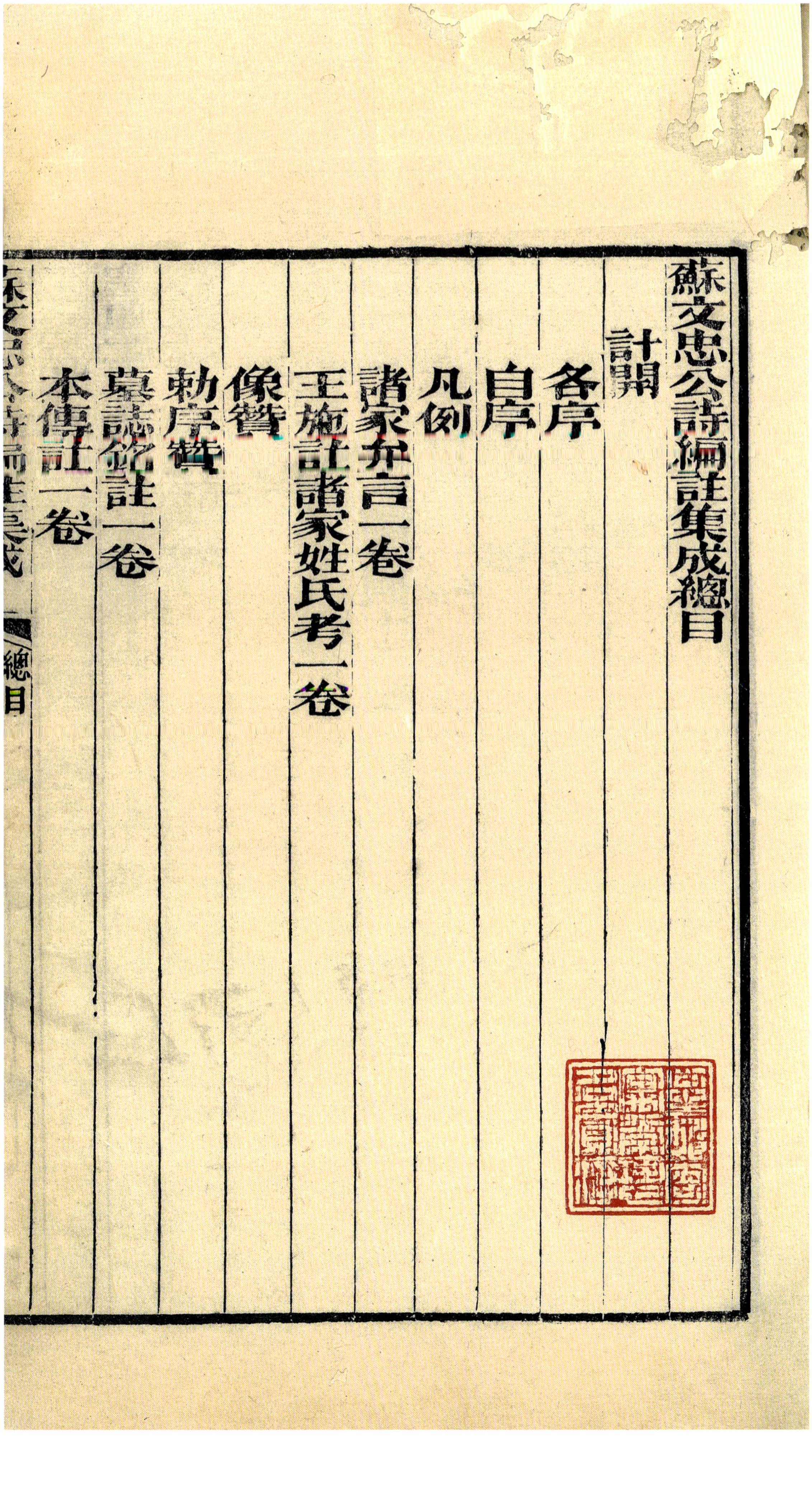
蘇文忠公詩編註集成總目

計開

各序

自序

凡例

諸家弁言一卷

王施註諸家姓氏考一卷

像贊

勅序贊

墓誌銘註一卷

本傳註一卷

蘇文忠公詩編註集成　總目

丙申（一九五六年）岁五月，刘元树赠徐无闻嘉庆二十四年（一八一九年）刻本《苏文忠公诗编注集成》。庚戌（一九七〇年）岁中秋，徐无闻题跋。刘元树赠徐无闻一甲子之后，丙申（二〇一六年）岁秋九月，徐无闻子徐立回赠刘元树子刘石，可见两辈相交情深。纵二十八点五厘米，横十七点五厘米

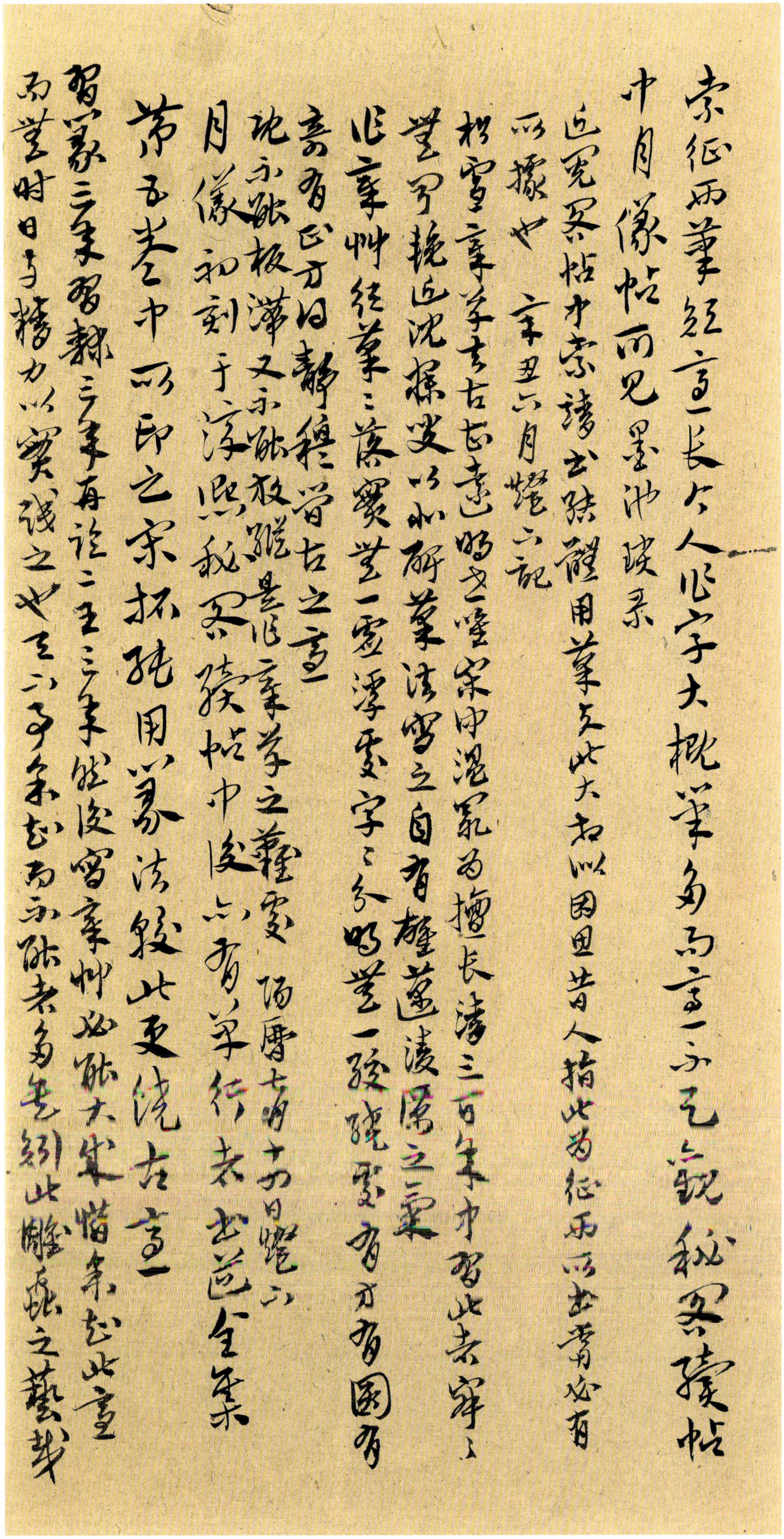

❷

庚子（一九六〇年）秋日、初冬，辛丑（一九六一年）岁阑、三月、六月、阳历七月十四日，己酉（一九六九年）岁立秋日，徐无闻批校、题跋民国时期金属版影印本《明拓索靖月仪帖》。每页纵二十六点二厘米，横十五点二厘米

❶

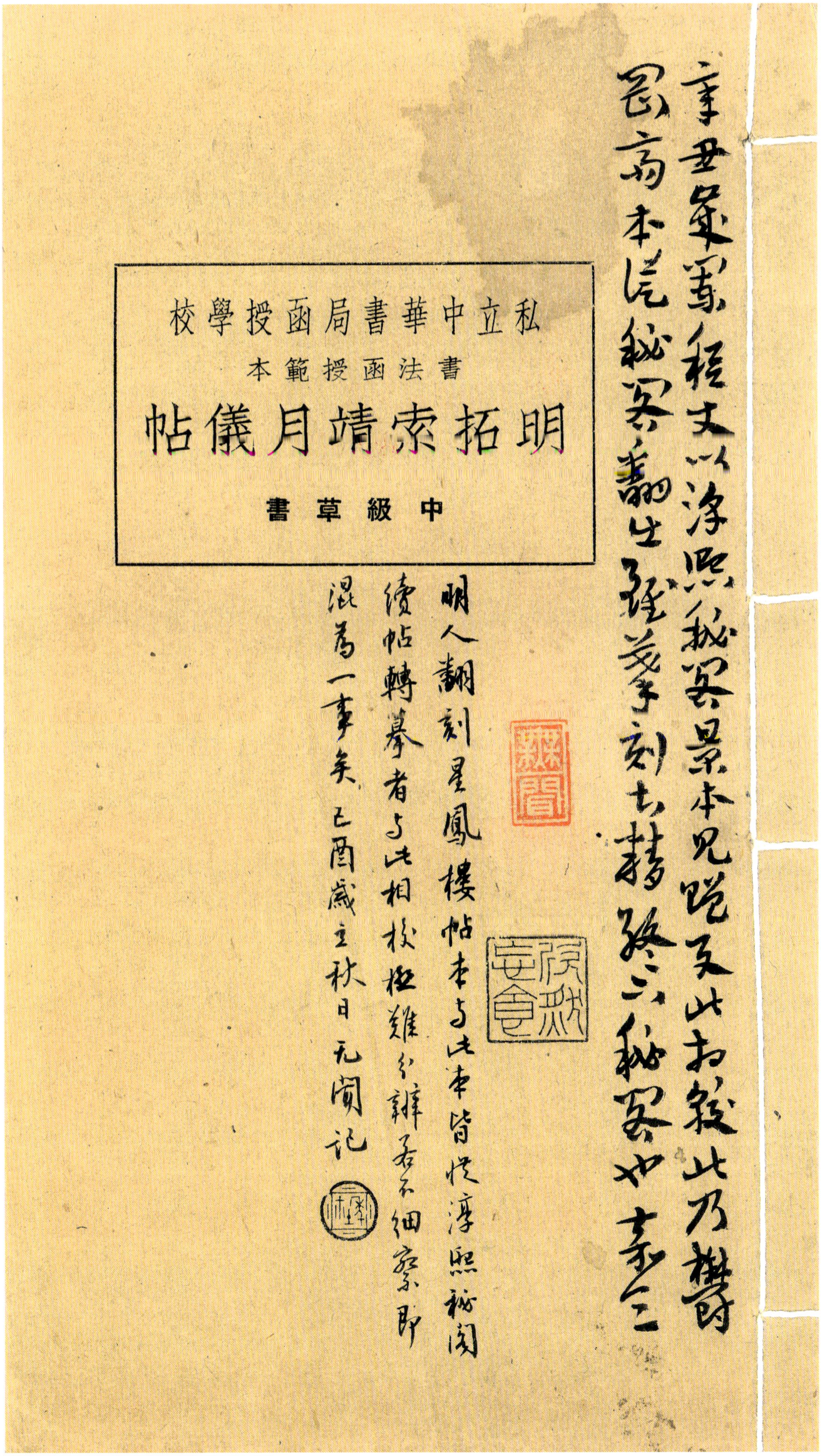

私立中華書局函授學校
書法函授範本
明拓索靖月儀帖
中級草書

辛丑冬蒙程丈以淳熙秘閣景本見貺又出此本較此乃樊
閣高本是秘閣翻出經第刻去精發亦秘閣也壽二

明人翻刻星鳳樓帖本與此本皆從淳熙秘閣續帖轉摹者與此相校極難分辨苟不細察即混為一事矣 己酉歲立秋日元閬記

❹

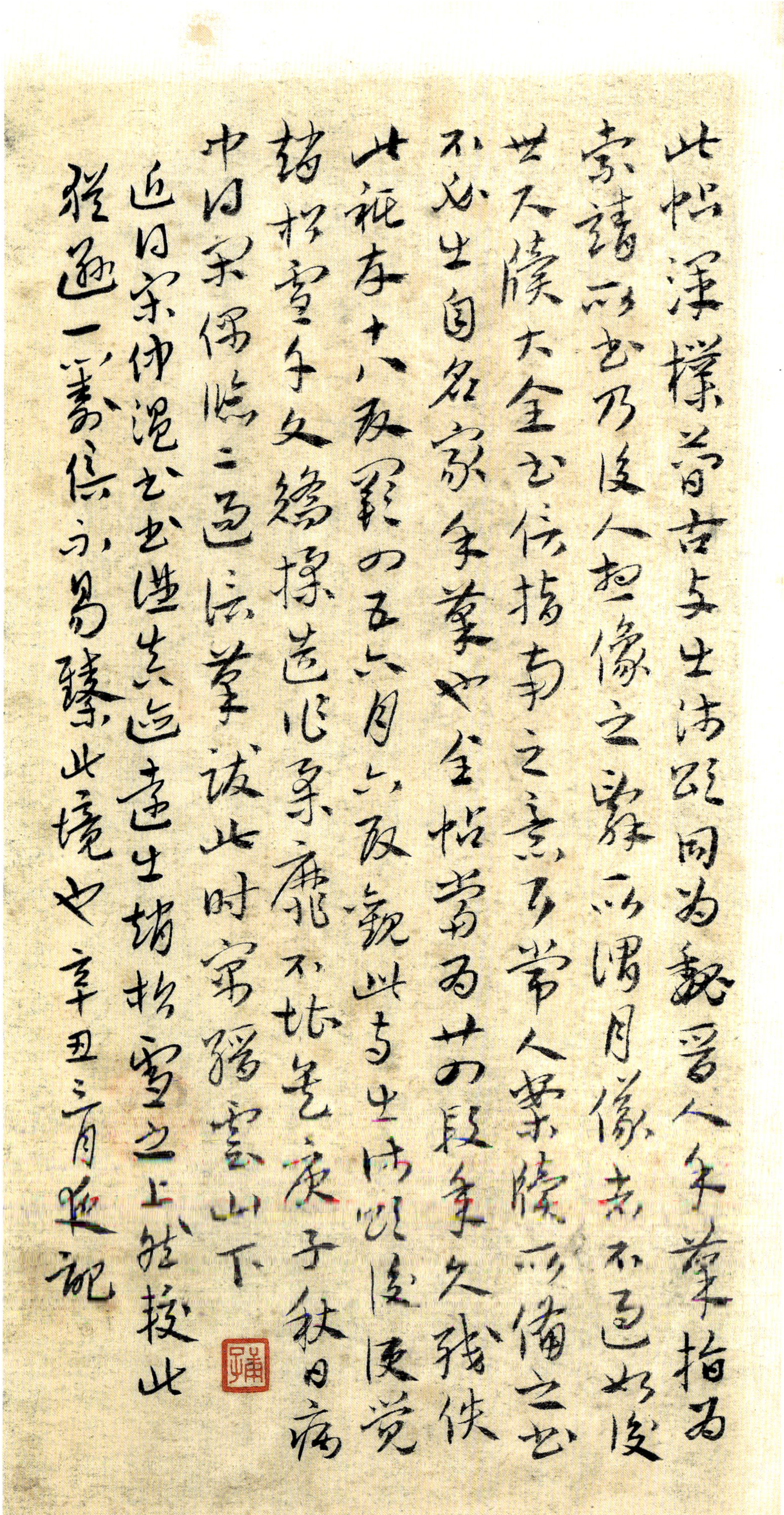
此帖渾樸蒼古，先生認同為魏晉人手筆，指為索靖所書，乃後人想像之辭。所謂月儀者，亦不過如後世尺牘大全書法指南之意，乃常人案牘所備之書，不必出自名家手筆也。全帖當為廿四段，年久殘佚，此祇存十八段，缺四五六月六段。觀此先生認同後，便覺結構豐于文，緒樸茂非柔靡不堪。庚子秋日病中日來偶臨一過，法筆試此時寫瑞雲山下。近日宋仲溫書出其先達，生堵指雪之上，能接此殆遜一籌，俟示尚臻此境也。辛丑三月瑱記

③

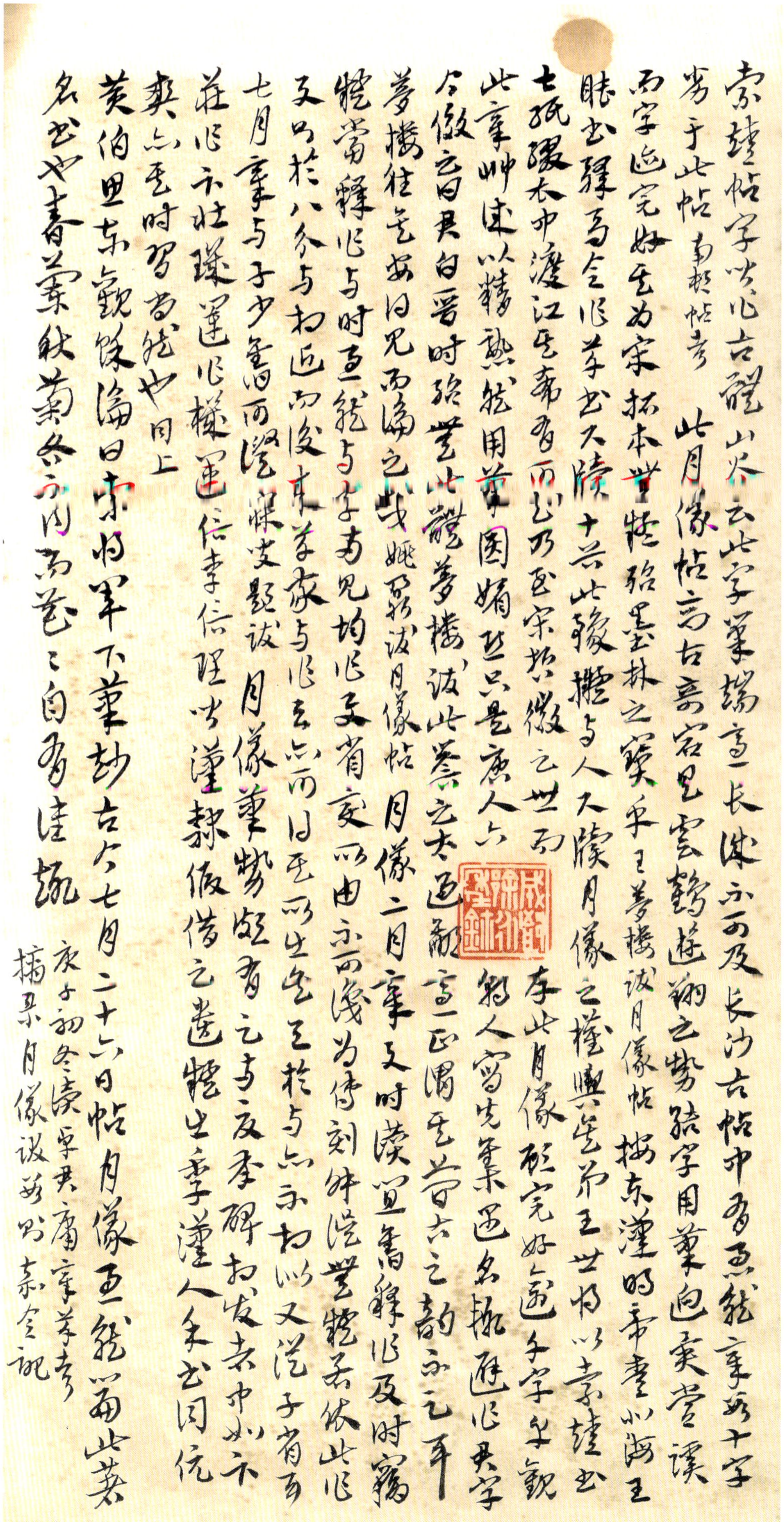

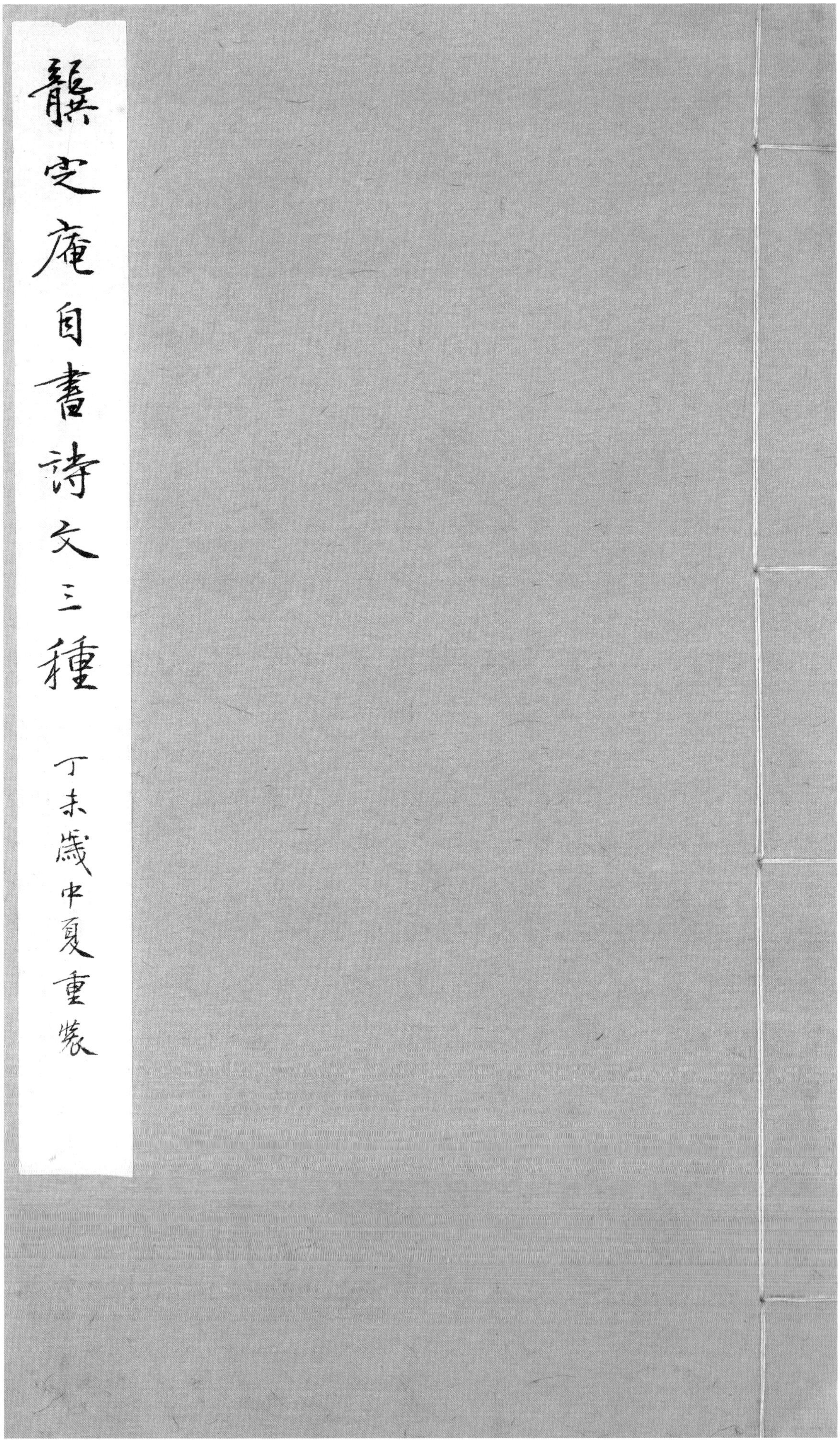

丁未（一九六七年）岁中夏，徐无闻题签民国时期中华书局石印本《龚定盦诗文真迹三种》。每页纵三十厘米，横十八厘米

文衡山瀟湘八景

此册甚精妙宋人筆墨元人意趣盡而有之原本當是金箋設色

丁未歲七月歸玉局邨重裝題記

丁未（一九六七年）岁七月，徐无闻题签、题记民国时期文明书局珂罗版影印本《文衡山潇湘八景》。
每页纵三十七点五厘米，横二十六点五厘米

二十世纪六十年代，徐无闻题签民国时期上海神州国光社珂罗版影印本《阮芸台珠湖草堂图》。每页纵二十二点八厘米，横三十点五厘米

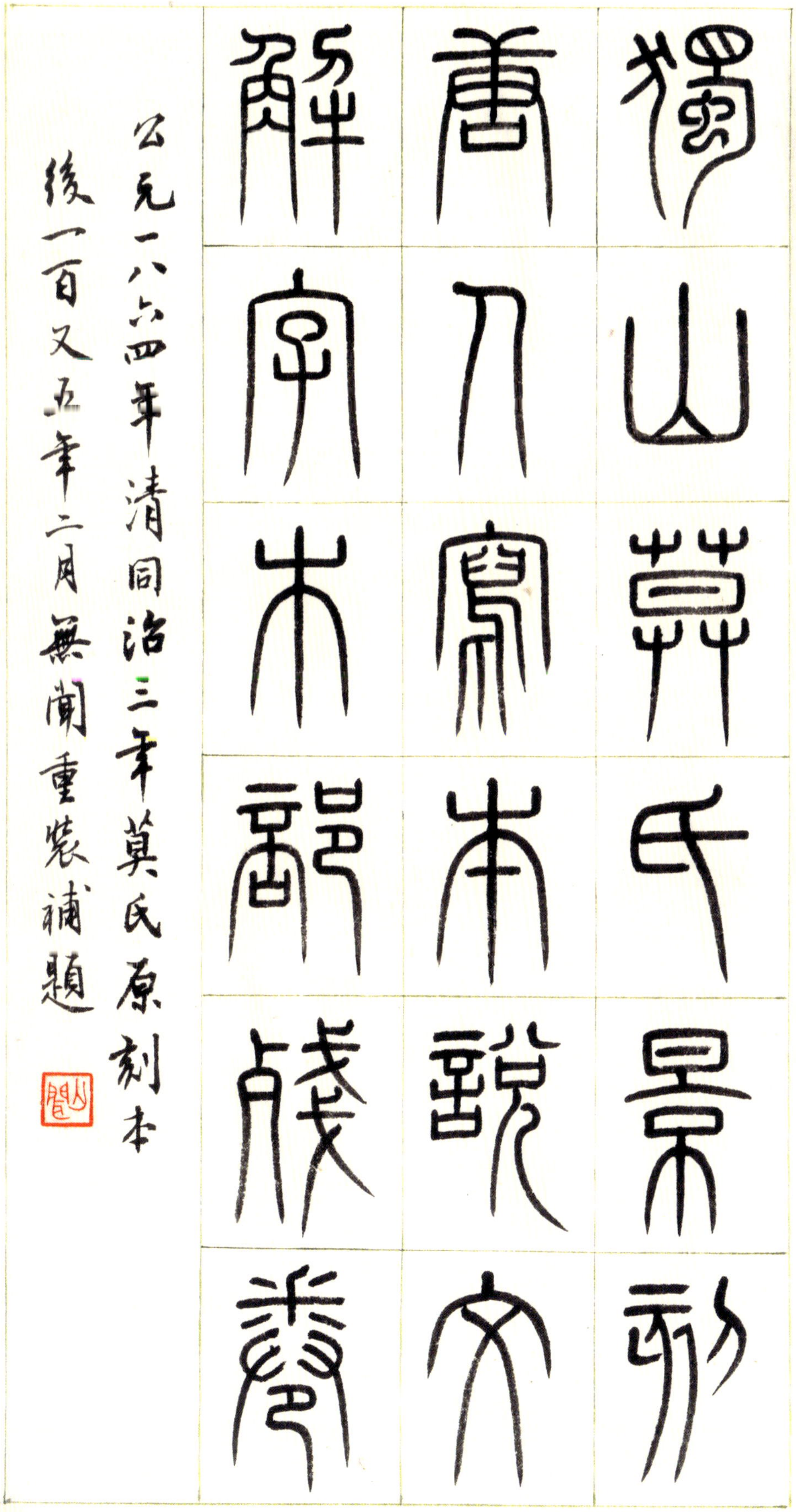

二十世纪六十年代，易忠箓批校、徐寿题跋，一九六九年二月，徐无闻题引，庚戌（一九七〇年）上巳、上章淹茂（一九七〇年）之岁窝月晦，徐无闻题跋同治三年（一八六四年）刻本《独山莫氏景刻唐人写本说文解字木部残卷》。每页纵二十八点五厘米，横十四点七厘米，徐无闻家藏

❶

注校者以木絞校即械是也至士昏禮注之校為几
足祭統注之校為豆中央直者亦皆取交木貫穿為
義凡為許所未舉者可引而申之矣廣雅釋木校極
柴也說者謂田校馬校必以柴為之故柴亦可名校
予意此柴即今寨砦音義同鍇通釋所謂師行野次
豎散材為區落名曰柴籬者亦足與木由之校相發
明同治三年歲次甲子夏四月既望男彝孫謹述

右跋文三首為此原刻初印本所無今從清末影本補鈔
莫彝孫跋後另有桐城方宗誠跋一首言無可采故刪之

上章淹茂之歲寎月晦无聞于缙雲寓舍

❸

光緒三十四年二月

匋齋尚書出示此卷同觀者蒙自楊文 新建程志和吳璆遼陽楊鍾羲

閩縣鄭孝胥義寧陳三立豐潤張志潛閩縣陳寶琛題

光緒辛丑二月

子靜觀察寄示翁同龢讀畢記

此卷黄麻堅韌墨光如漆与守敬所藏唐人書左傳無異獨惜

當同治時沈西雝說文古本考慧琳一切經音義皆未出故子偲先

生所撰說文木部箋異未之及守敬嘗以此二書及所得日本古小

學書撰說文唐本考稿存鄂中他日當寫寄

匋公為子偲先生補闕也

光緒丁未四月七日宜都楊守敬倚裝記於金陵節署

光緒戊申長水沈曾桐獲觀於江寧節署之西園

❷

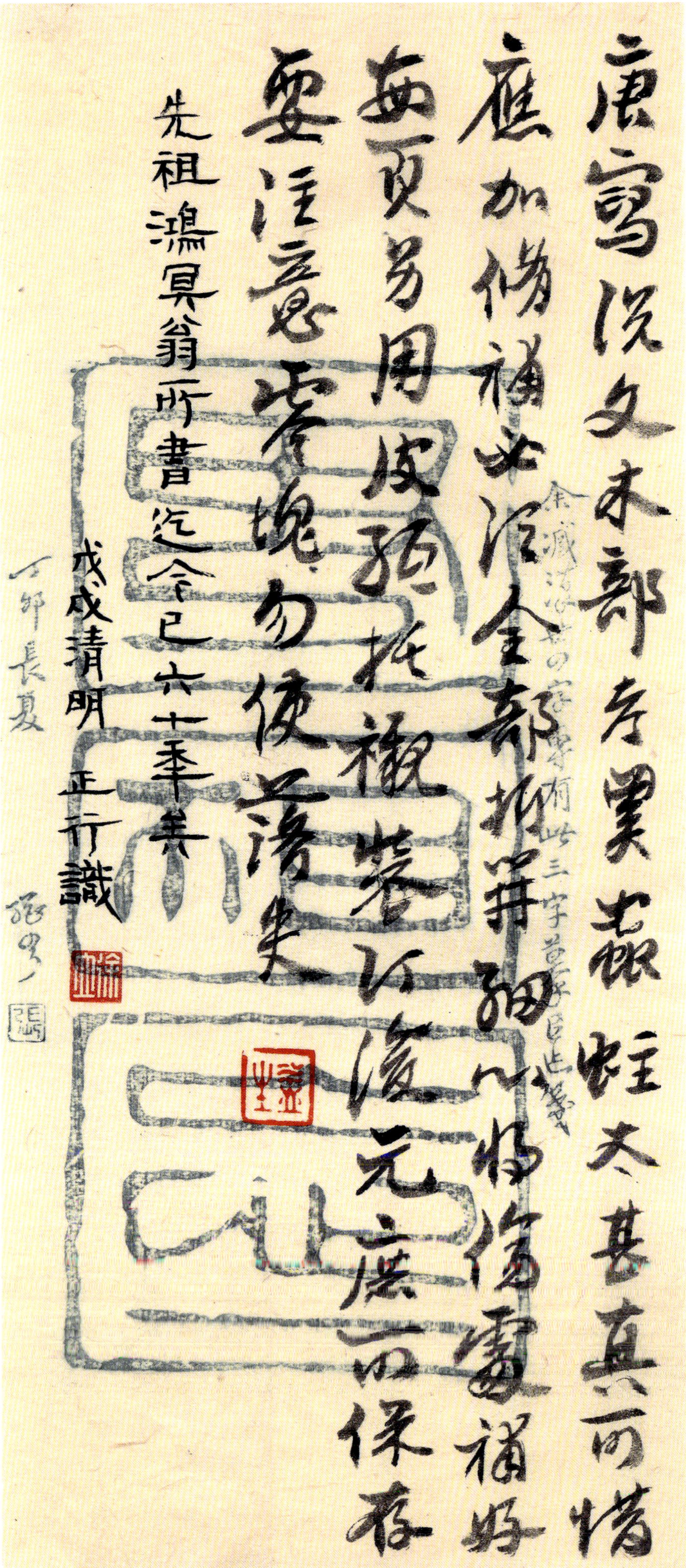

應加修補以保全部折拼細心將修覆補好
每頁另用皮紙拓襯裝訂復元應以保存
要注意否則勿使苦落失
先祖鴻冥翁所書迄今已六十年矣
戊戌清明 正行識
丁卯長夏

5

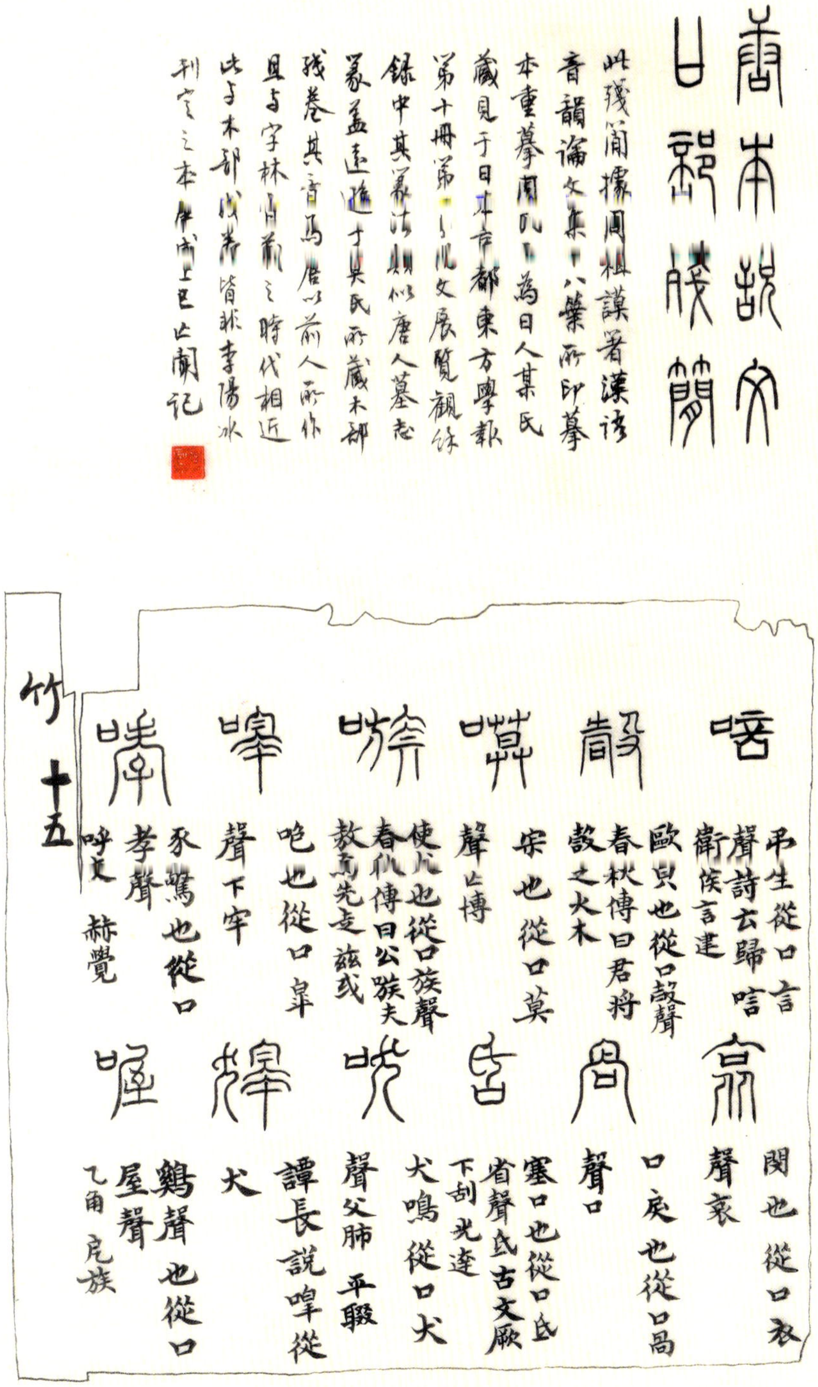

4

3

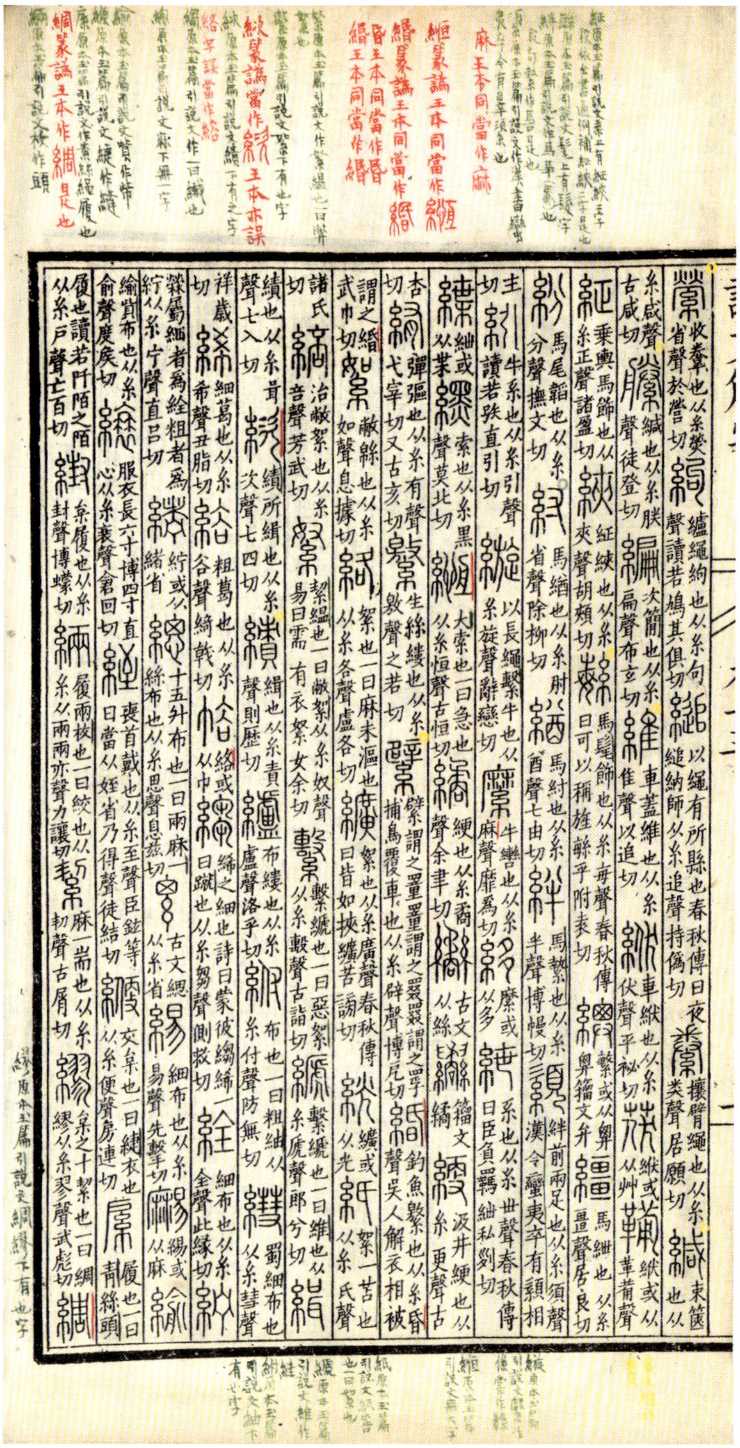

4

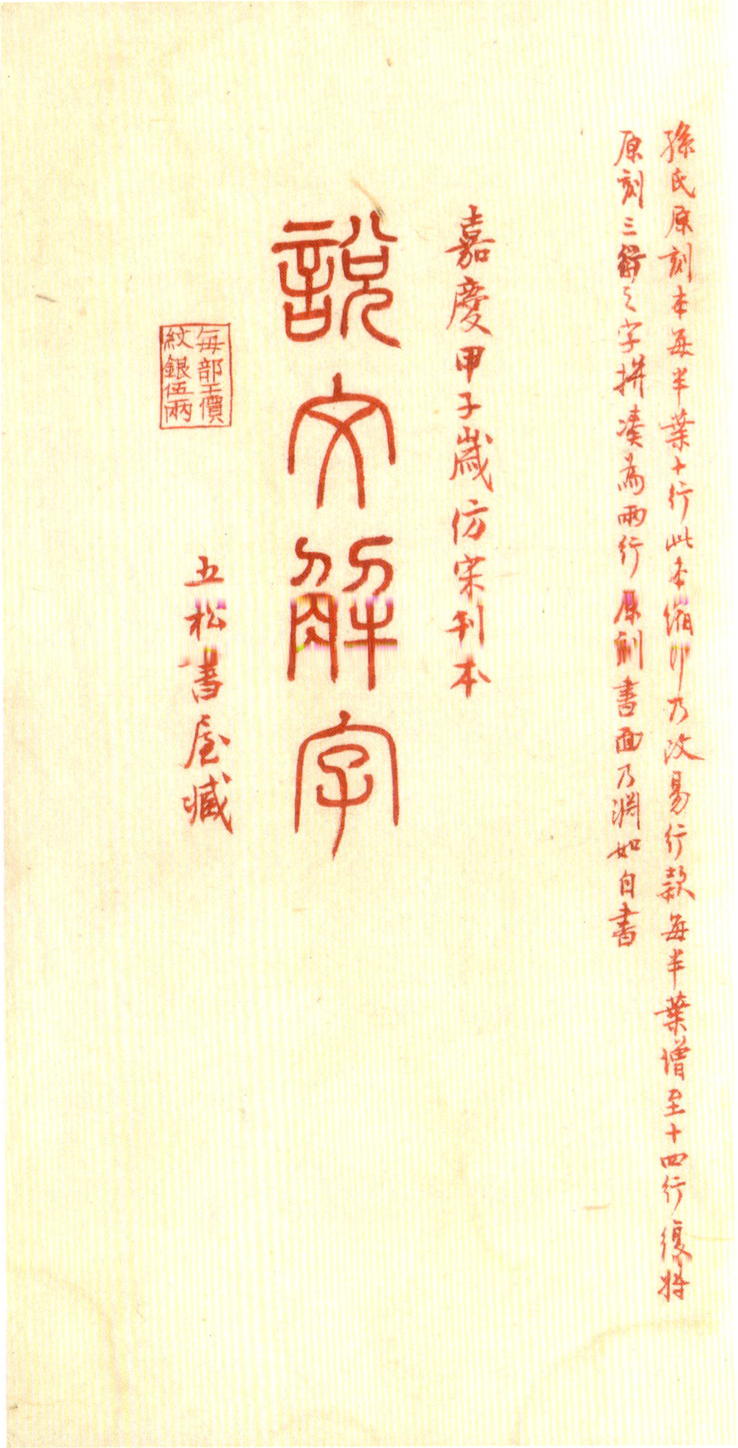

❶

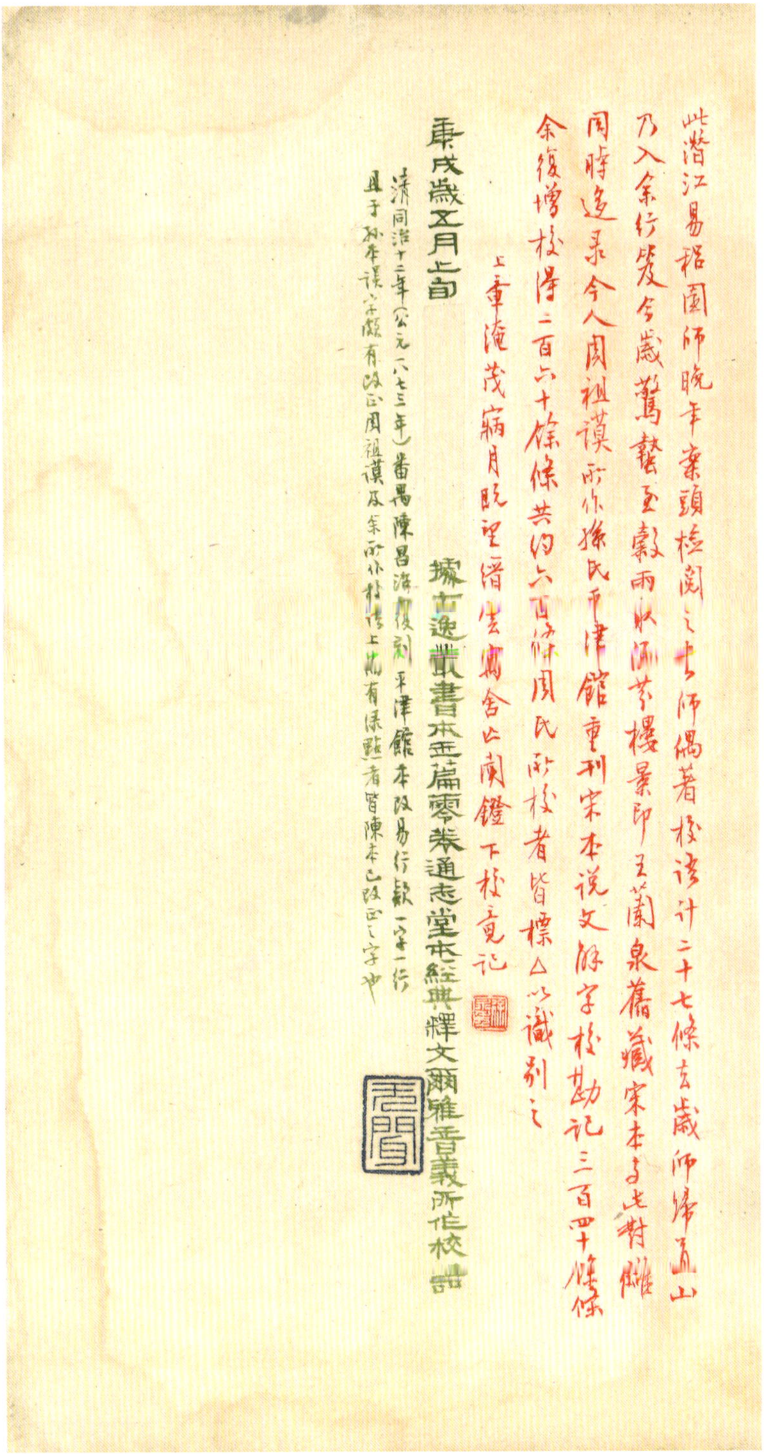

❷

二十世纪六十年代，易忠箓批校，上章淹茂（一九七〇年）寎月既望、庚戌（一九七〇年）岁五月上旬，徐无闻批校、题跋民国时期金属版影印本《说文解字》。每页纵十九点六厘米，横十一厘米，徐无闻家藏

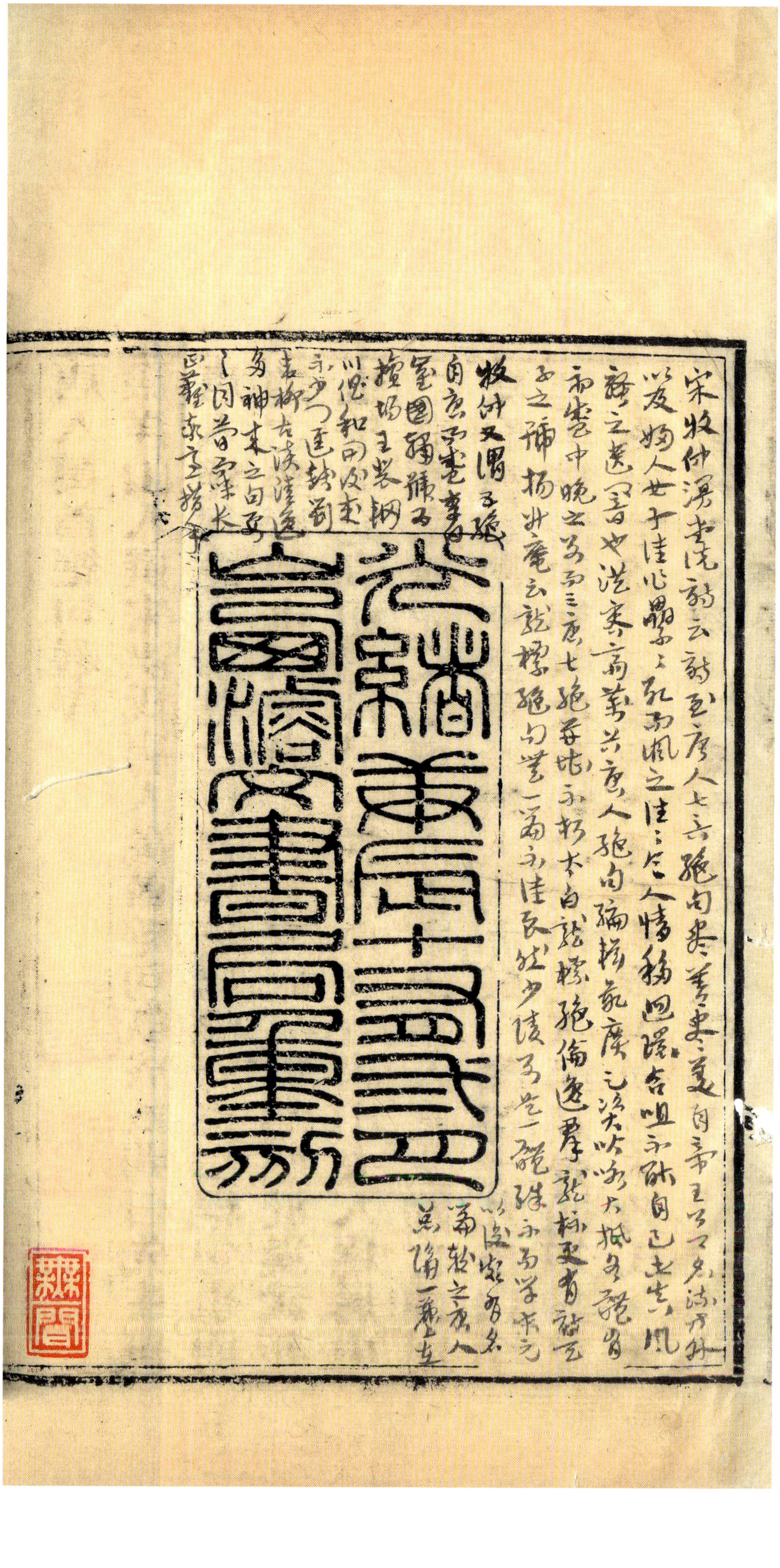

❷

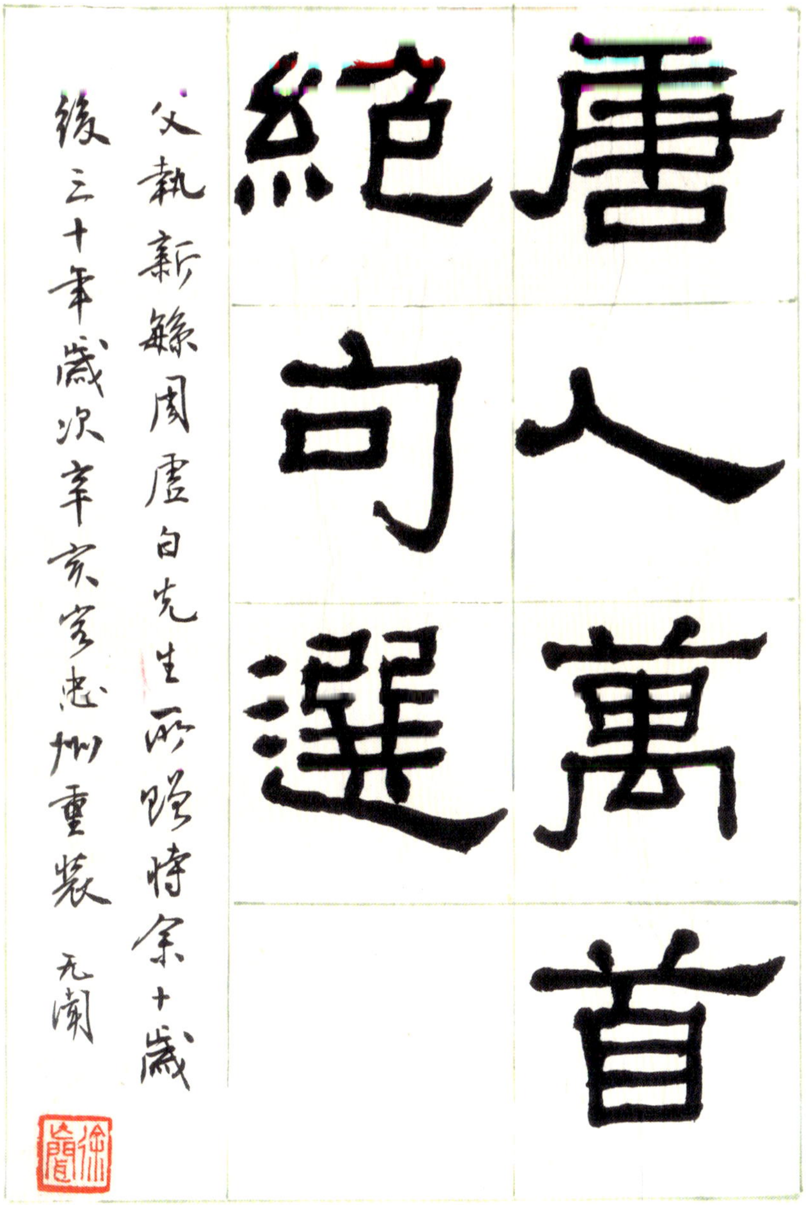

❶

岁次辛亥（一九七一年），徐无闻题引，辛亥（一九七一年）岁二月中旬、己未（一九七九年）十二月初五日、一九八三年八月六日，徐无闻批校、题跋光绪庚辰（一八八一年）十有二月山西濬文书局重刻本《唐人万首绝句选》。每页纵二十六点五厘米，横十四点三厘米，徐无闻家藏

鳥鳴澗 雲溪雜題

人閑桂花落夜靜春山空月出驚山鳥時鳴春澗中

萍池

春池深且廣會待輕舟回靡靡綠萍合垂楊掃復開

鸕鷀堰

乍向紅蓮沒復出青蒲颺獨立何襹褷銜魚古查上

孟城坳 輞川集

新家孟城口古木餘衰柳來者復爲誰空悲昔人有

華子岡

飛鳥去不窮連山復秋色上下華子岡惆悵情何極

❹

趙香宋墨識
林山腴朱識
萬秀師標周曰
沈歸愚唐詩別裁所選以〇識之
余所為佳者以△識之至佳者以佘識之

李越縵曰子安五言不著色相全是本真如以讀之求之則不見佳處

唐人萬首絕句選卷一

鄱陽 洪邁 元本

濟南 王士禛 選本

五言一

王勃

寒夜思 三首

久別侵懷抱他鄉變容色月夜調鳴琴相思此何極

雲陽征思斷月下歸愁切鴻鴈西南飛如何故人別

香宋曰三語妙在不離不即之間

朝朝碧山下夜夜滄江曲復此遙相思清尊湛芳淥

別人

❸

王文治論書絶句：娬媚寧徒魏鄭公，河南腕底出驚鴻。子山枯樹文皇冊，顛米平生步子不彰

書槩：褚河南書為唐之廣大教化主，顏平原得其筋，徐季海之流得其肉。褚書伊闕佛龕碑兼有歐虞之勝

康有為云：褚河南於龍藏寺碑為多，而採膚於朱君山墓志，植幹於賀若誼碑

右錄自書林藻鑑卷八　癸亥正月十二燈下

❷

癸亥（一九八三年）正月十二，徐无闻批校、题跋一九八〇年九月上海书画出版社影印本《唐褚遂良雁塔圣教序》。每页纵三十三厘米，横二十厘米，徐无闻家藏

書後品云：褚氏臨寫右軍，亦為高足，豐豔雕刻，盛為當今所尚，但恨乏自然，功勤精悉耳

書斷云：遂良書少則服膺虞監，長則祖述右軍，真書甚得媚趣，若瑤臺青瑣，窅映春林，美人嬋娟，似不任乎羅綺，鉛華綽約，甚有餘態

述書賦云：河南專精，克儉克勤，伏膺告誓，銳思偏文，恐無成如畫虎，將有類於效顰，雖賈重衣冠，名高內外，澆漓後學，而得無罪乎

唐人書評云：褚遂良書字裏金生，行間玉潤，法則溫雅，美麗多方

米芾續書評云：褚遂良如熟馭戰馬，舉動從人，而別有一種驕色

東坡云：褚河南書清遠蕭散，微雜隸體，古之論書者兼論其生平，苟非其人，雖工不貴也

米友仁云：褚書在唐賢諸名世士書中，為秀穎得晉之法最多者，真字有隸法，自成一家，非諸人可以比肩

廣川書跋云：褚河南書本學逸少，而能自成家法，然疏瘦勁鍊，又似西漢，往往不減銅筩等書，故非後世所能及也。昔逸少所愛書法，有謂多骨微肉者筋書，多肉微骨者墨豬，多力豐筋者聖，無力無筋者病，河南豈所謂瘦硬通神者邪。又云：河南於書蓋天然處勝，故於學雖雜，而本體不失，初學右軍，既又學虞伯施，後于史陵得用筆意，乃自是法更不可教人，是其妙處也

王偁云：其諸帖中，西昇經是學黃庭，度人經是學洛神，陰符經是學畫像，湖州獨孤府君碑、越州右軍祠記、同州雁塔兩聖教序記，是其自家之法，世傳蘭亭諸本亦多參又不類，蓋亦多出自家機軸故也

王世貞云：評書者謂河南如瑤臺嬋娟，不勝羅綺，第收其美麗之態耳，不知其一鉤一捺，有千鈞之力，雖外拓取姿而中擫有法

芳堅館題跋云：中令書妙在筆力遒婉，故與魏晉闇合。又云：其秀得之晉賢，其清勁絕俗則由其人品

❶

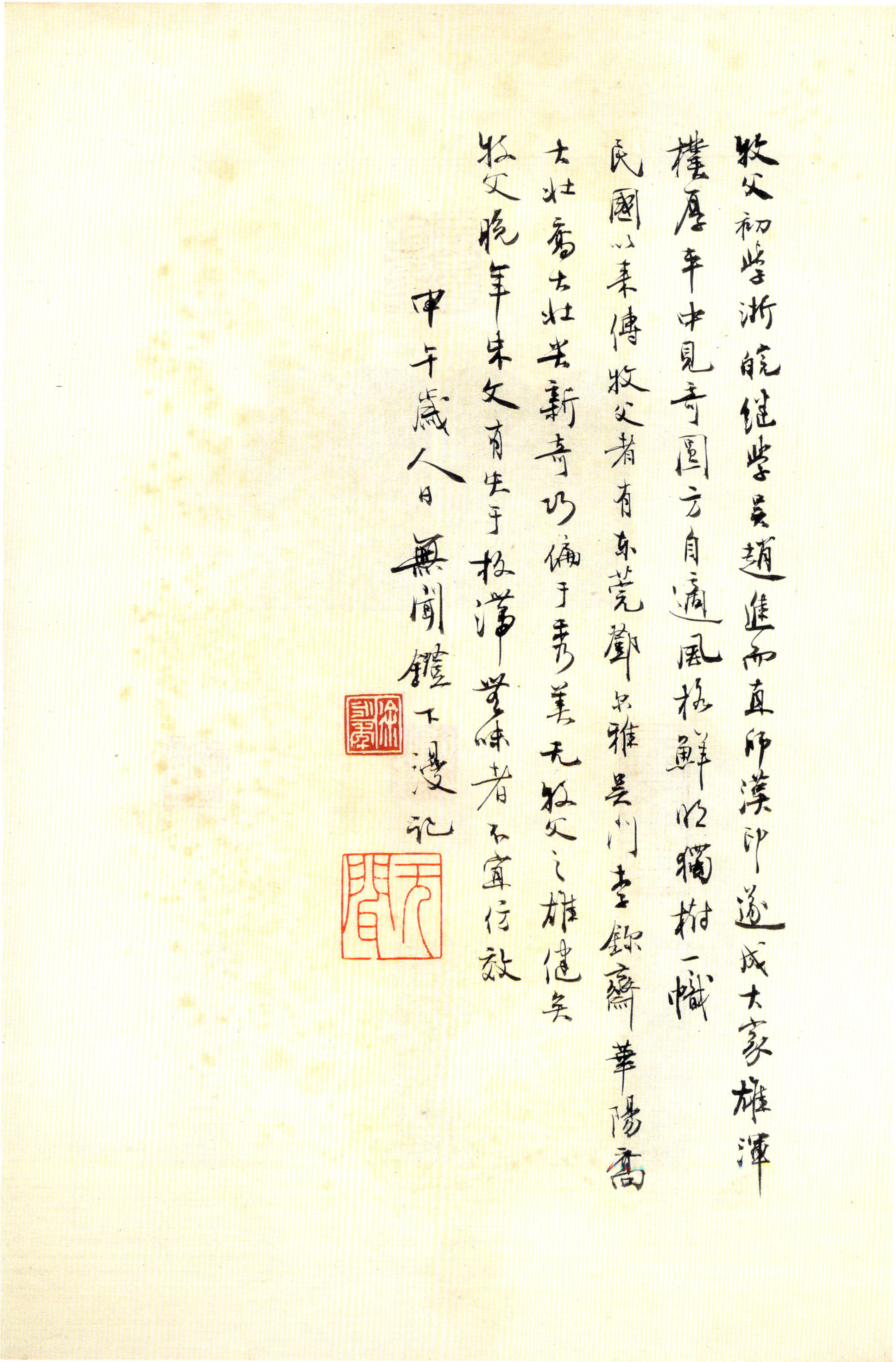

甲子（一九八四年）岁人日，徐无闻题跋一九八二年三月西泠印社影印本《黄牧甫印存》。
每页纵二十六厘米，横十八厘米，徐无闻家藏

清玩 文房欣璧合

二十世纪四十年代，宗根云制纽。

印面纵一点九厘米，横一点九厘米，高三点八厘米，启功家藏

❹

❸

❷

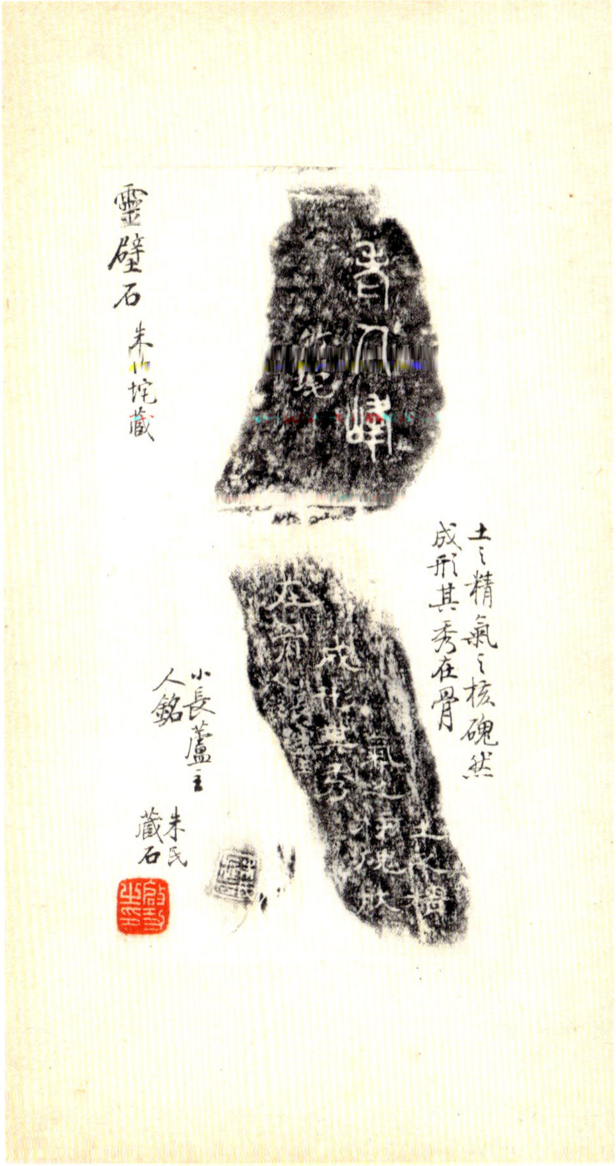

❶

二十世纪四十年代，启功集拓《掌中玲珑》。

每半开纵十五点五厘米，横八点五厘米，启功家藏

❼

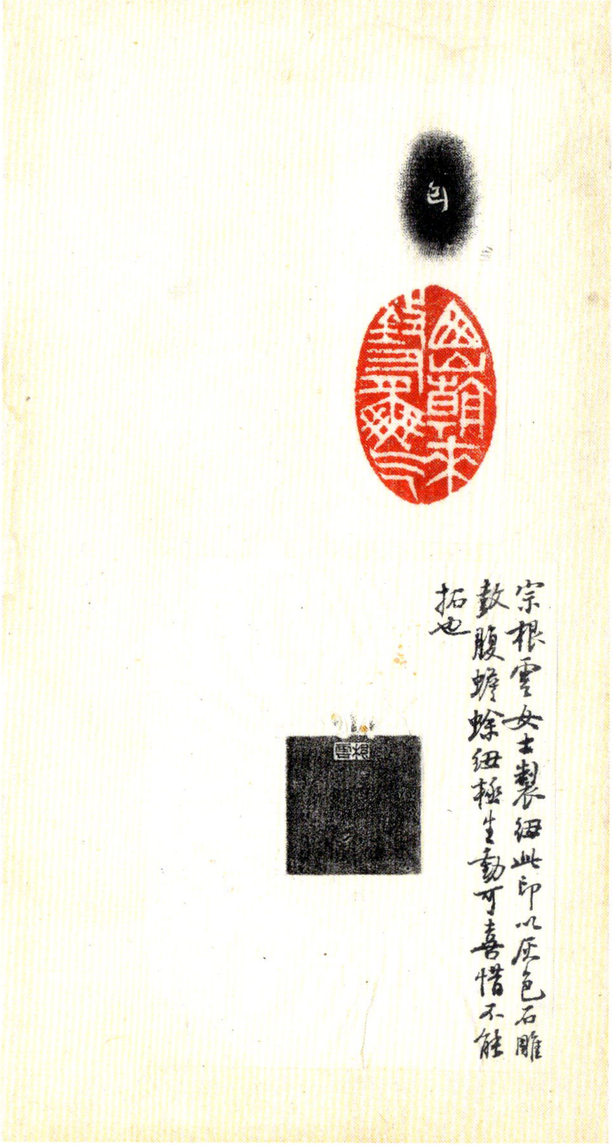

❽

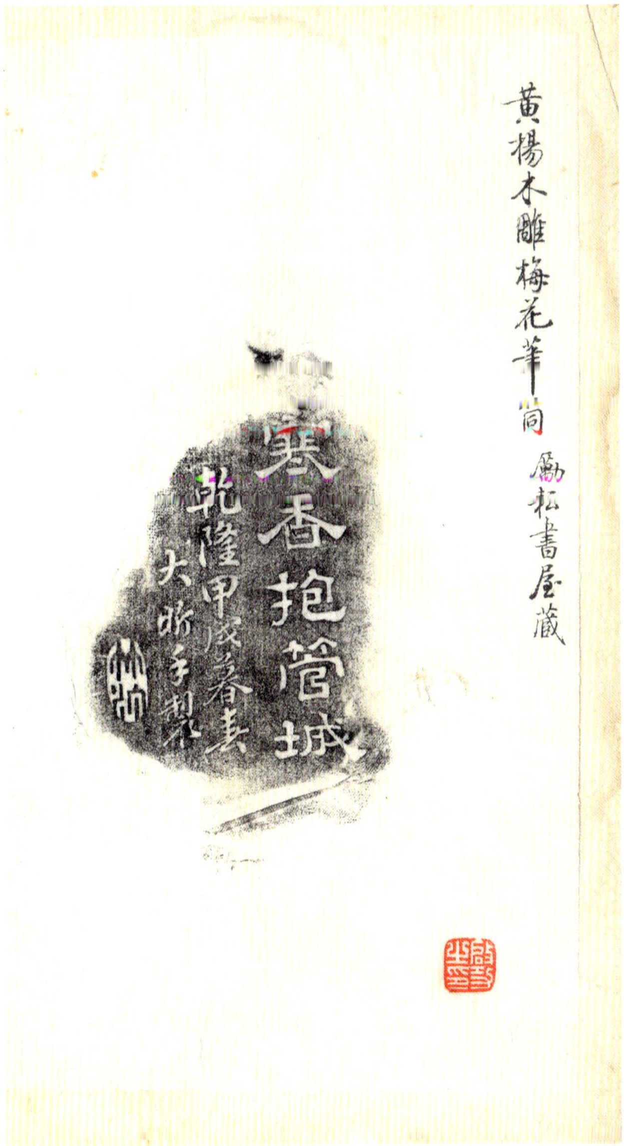

⑥

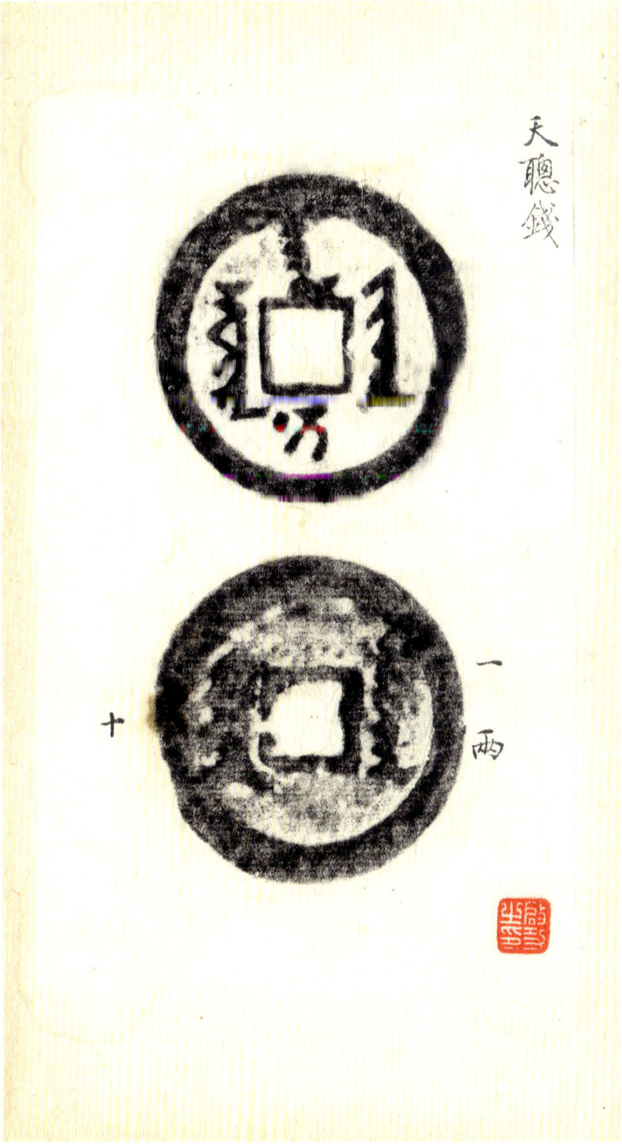

⑤

漆盒底

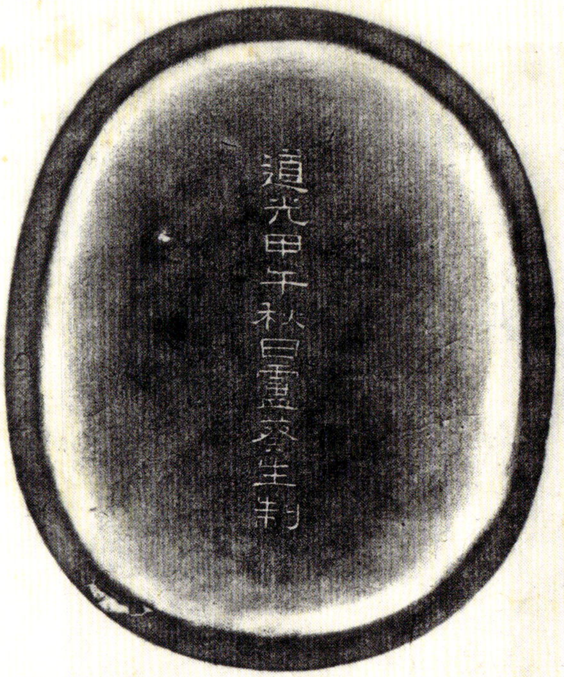

漆盒蓋面

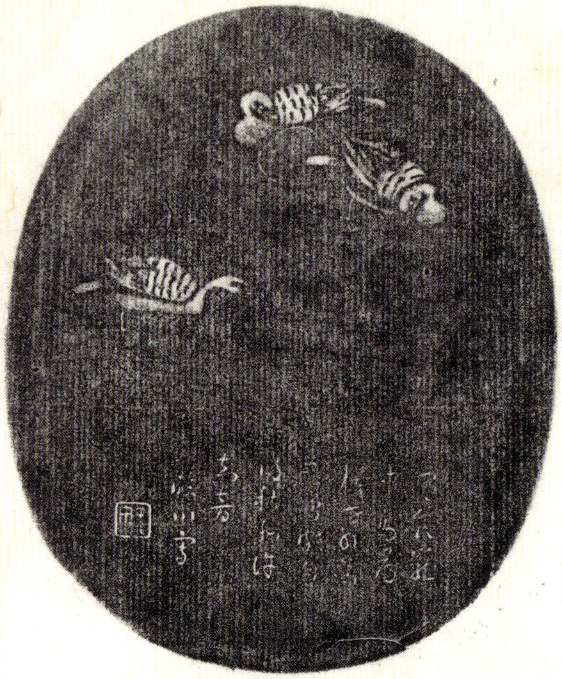

漆盒蓋裏

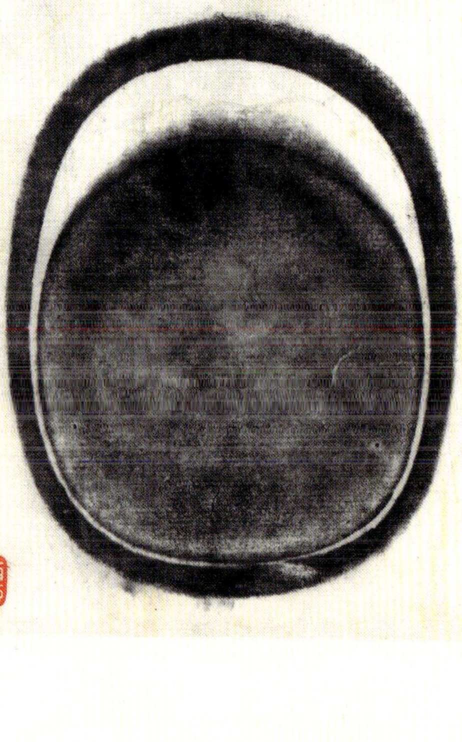

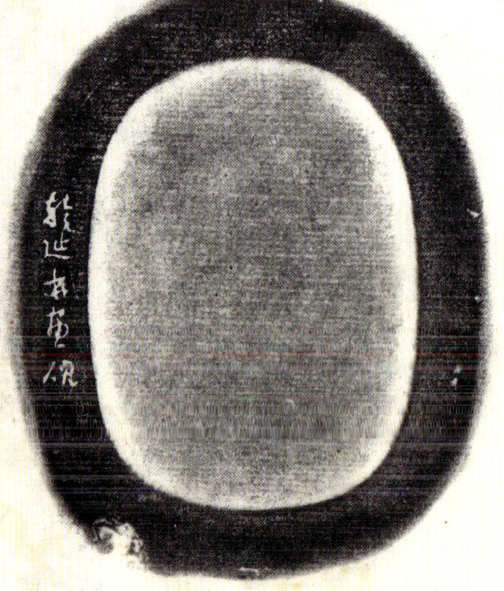

绿石

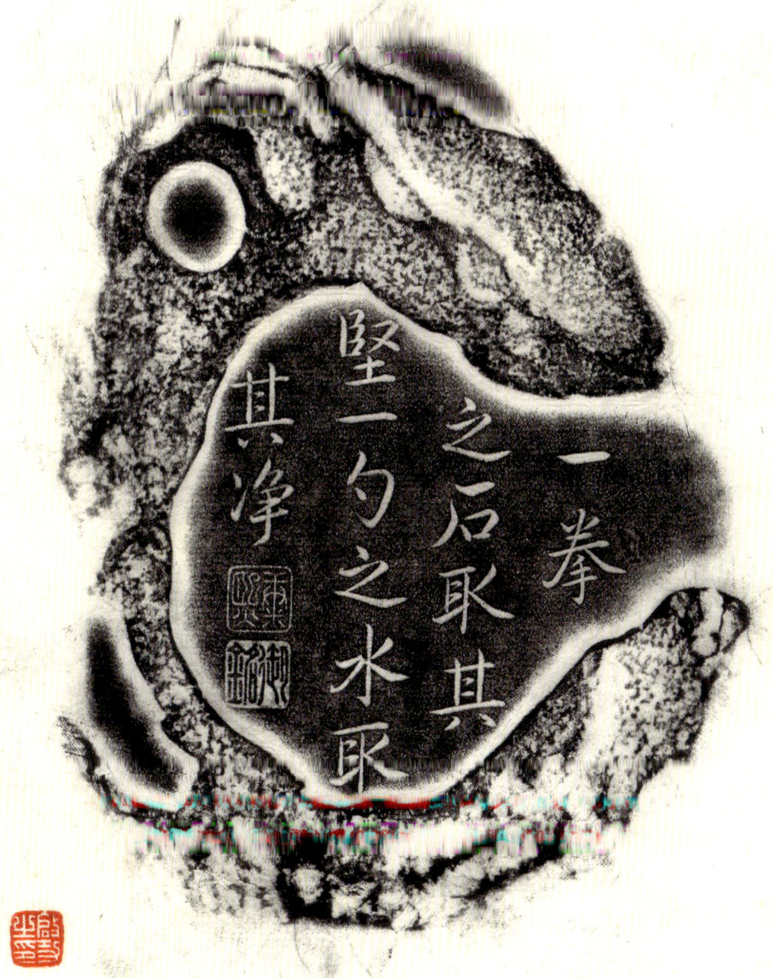

❶

二十世纪四十年代—六十年代，启功集拓《砚影》。每半开纵三十二厘米，横二十一点八厘米，启功家藏

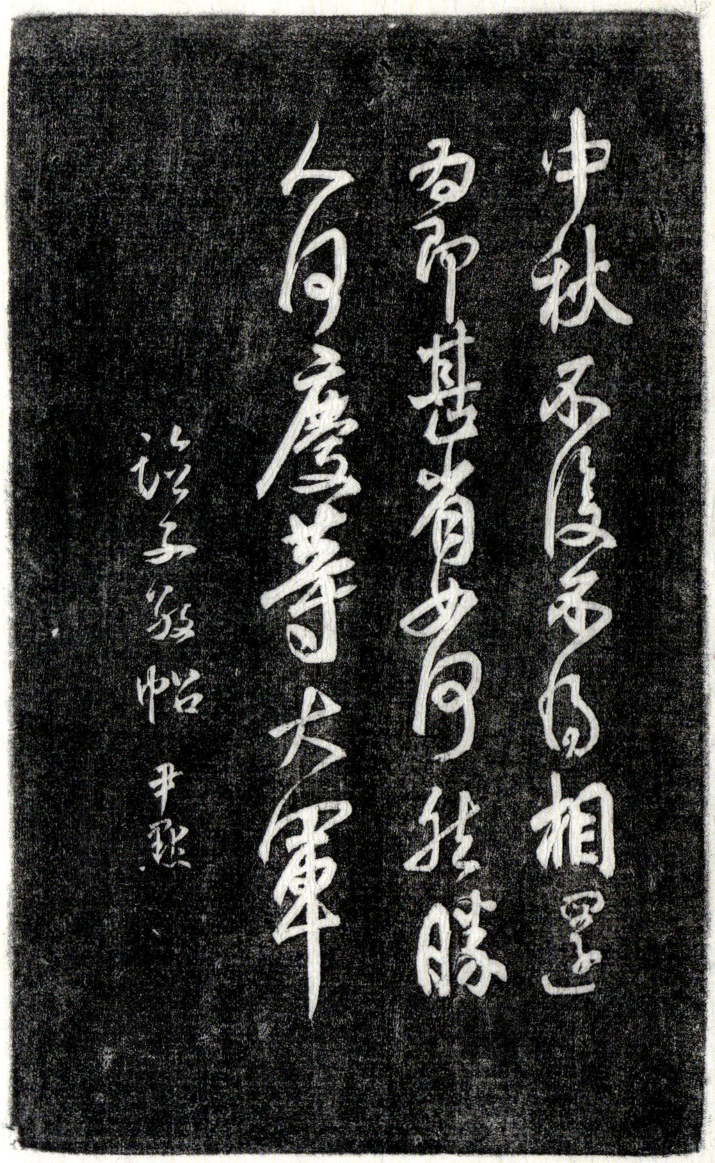

此沈尹默先生於硯背上臨中秋帖公子令晰手鐫筆法刀法俱臻妙境蒲士先生所貽藏之篋中殆近十年今蒲翁已歸道山檢篋見之悵然識此 己丑五月 啟功

4

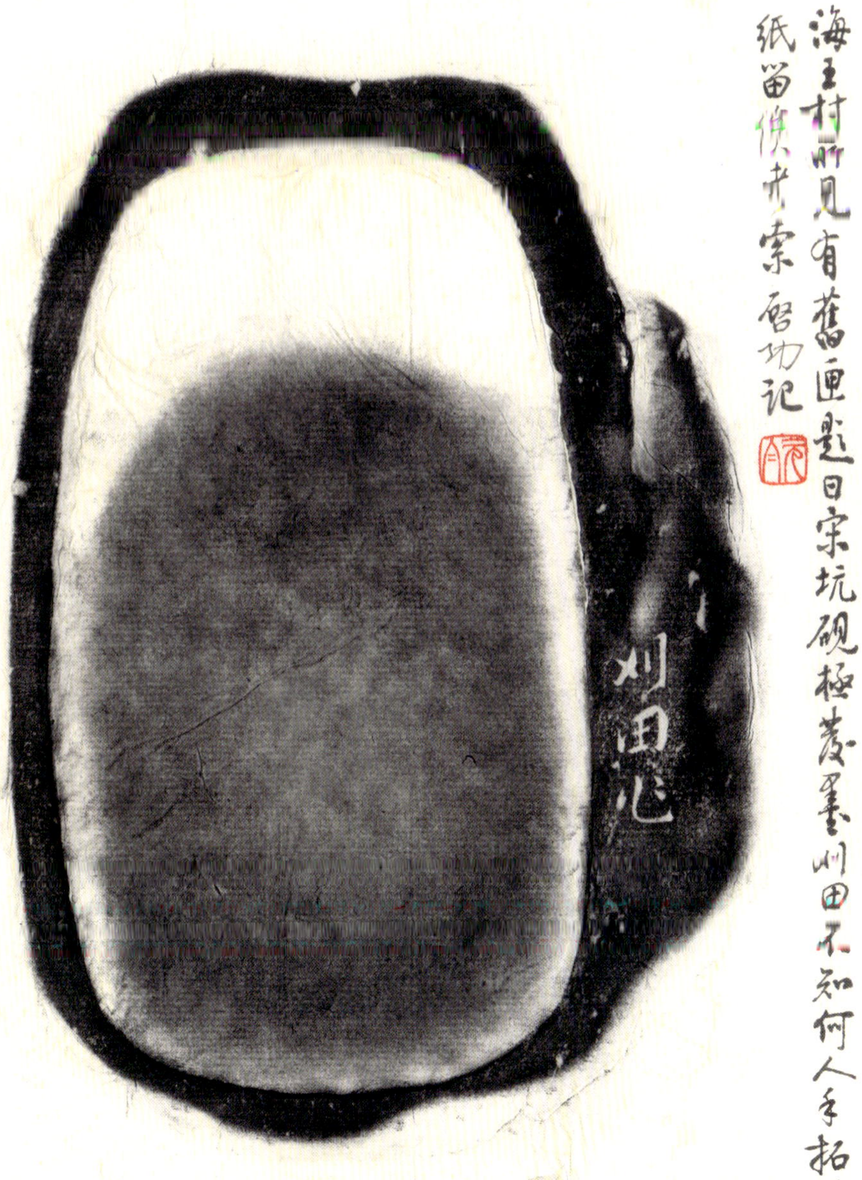

❸

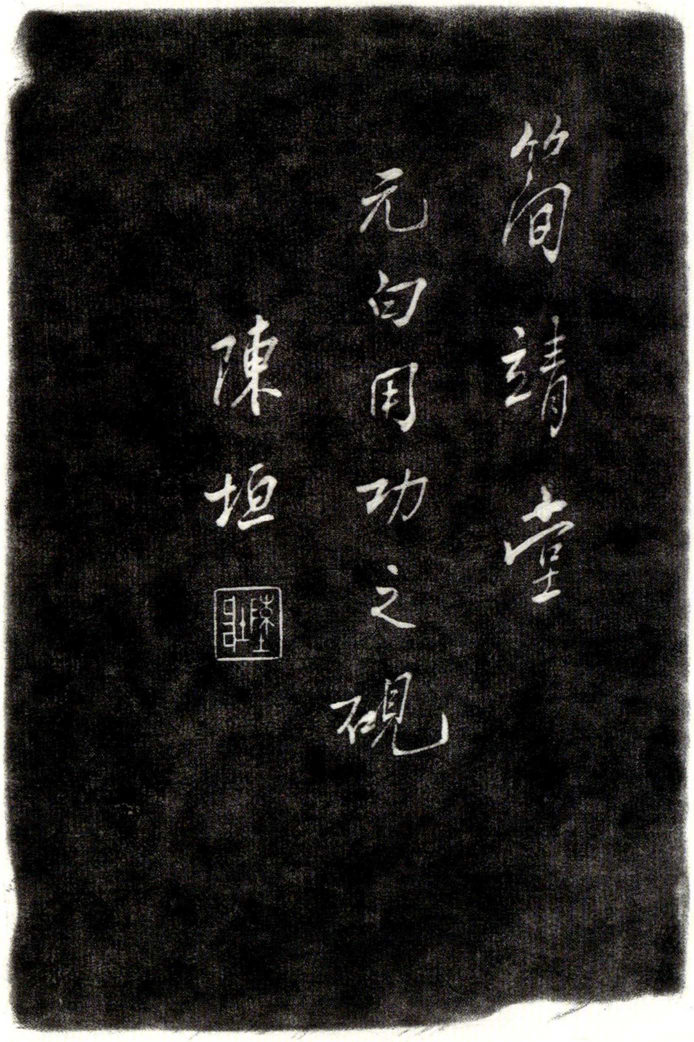

❻

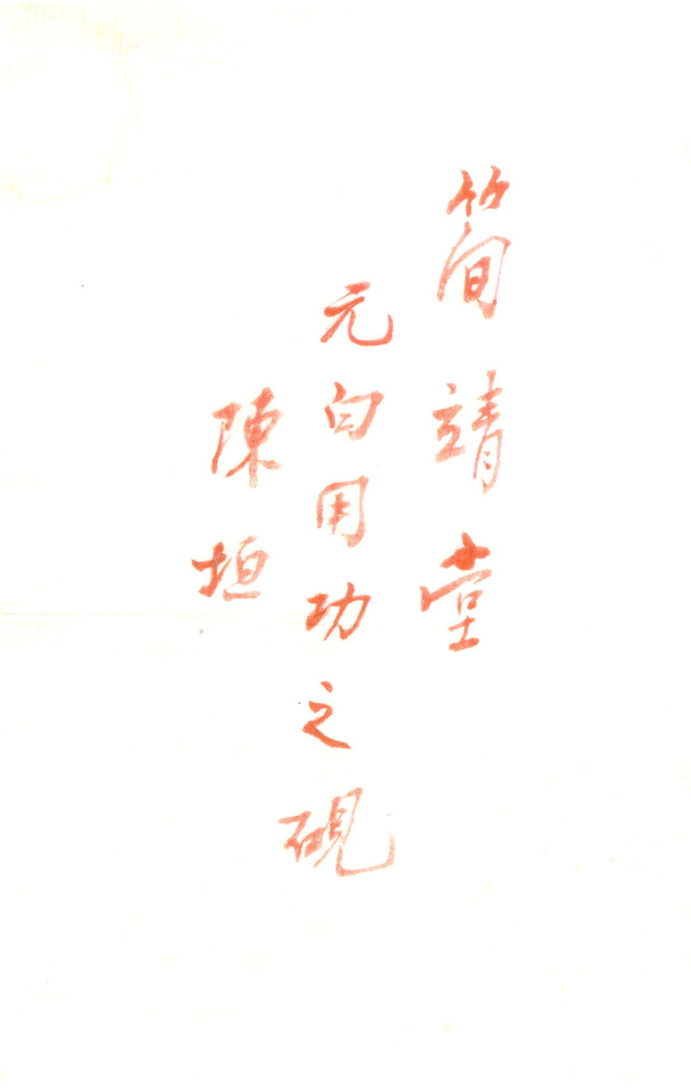

❺

二十世纪三十年代—九十年代，启功所用毛笔。内存清代宫廷用笔、民国旧笔、友人赠笔，如清宫“养心殿御笔”、清宫“天章云汉”笔、清宫“泽被遐方”笔、清宫“小紫颖”笔、怡园主人顾文彬用笔、贺莲青制笔、徐森玉命工仿制汉居延笔等，皆为名品。启功家藏

獨占鰲頭
張寿亭製
純羊毫條幅
李鼎和
一片氷心
胡兆章
瘦硬通神
定製純冬紫毫屏筆
精妙入神

神化丹青
養心殿御筆
澤被遐方
天章雲漢
小紫穎

蘭亭散卓
吟到梅花句亦香
得心應手
桂連生揀選

啓功清玩筆
久保田号竹鳴作
広島
熊野
啓功清玩筆
久保田号竹鳴作
贈
啓功先生
宇野雪村
平成元年春日本
信古堂謹製
贈
啓功先生
平成元年春日本

至今花港往來舟
丁巳年賀蓮青精製
長鋒康字平菴鶴脚
盤龍走蛇
怡園主人

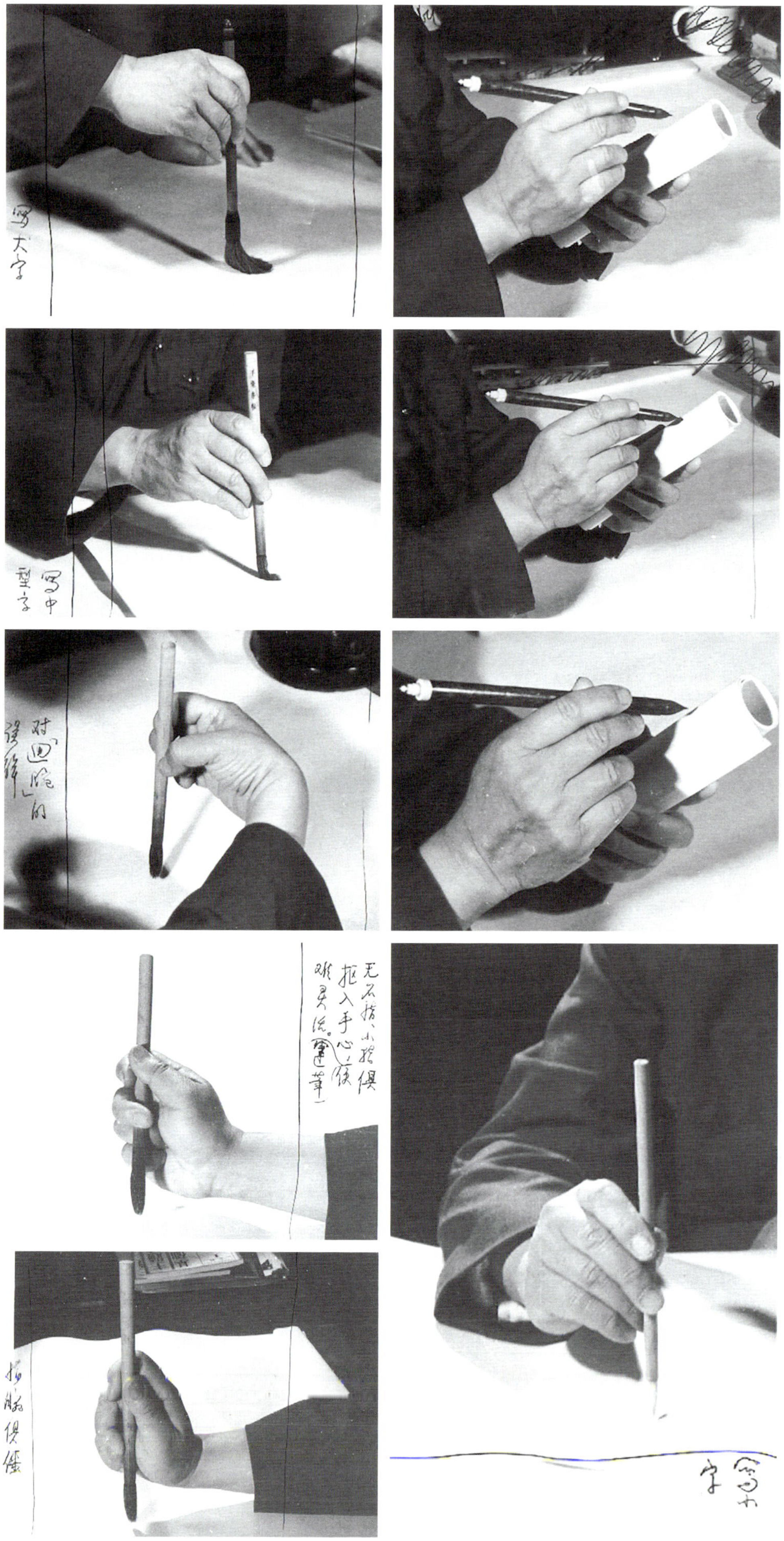

启功执笔照片，启功题字。一九八六年，启功主编《书法概论》时贾鸿年摄影

辛亥（一九七一年）八月十五日，徐寿仿制汉尺刻铭。徐无闻家藏

徐无闻用砚，徐无闻刻“成都徐氏文房”印。徐无闻家藏

徐寿刻竹笔筒。

二十世纪八十年代，徐无闻倩重庆老笔工陈大兴所制猪鬃笔，

虽榜书，笔亦有尖，且久用不秃。徐无闻家藏

徐无闻所用刻刀。纵十三点五厘米，横一厘米，宽一厘米，徐无闻家藏

后 记

《燕蜀交谊——启功、徐无闻先生学术集》《燕蜀交谊——启功、徐无闻先生艺事集》辑录启功先生与徐无闻先生学术、艺事生涯中的吉光片羽，远非全貌。二位先生学术之深厚、艺术之精深，实非两本书可以穷尽。

启功先生天资聪颖，兼以勤奋，又自幼得曾祖父、祖父及各名师指引，中学未能卒业，而终成巨匠。徐无闻先生幼承庭训，得以榜首之资考入大学，又备受父执、师尊教诲鼓励，虽僻居西蜀，却得名扬四海。二位先生皆以执教为业，教化之功深远，以传承古典文化为己任，学术与艺术成就铢两悉称。他们同为中华优秀传统文化最坚定的传薪者。

二位先生平生交往仅寥寥数次，却因学术之追求相同，艺术之境界相似，而心灵相契，惺惺相惜。无闻先生曾请教启功先生《平复帖》等帖学问题，启功先生亦曾赠无闻先生朱竹成扇。无闻先生曾请启功先生书写陆游诗句，启功先生曾请徐先生为治印章，可惜皆未能如愿。启功先生长无闻先生十九岁，无闻先生竟早启功先生十二年辞世。惊闻无闻先生往生，启功先生亲发电文吊唁，不仅应家属之请为《徐无闻书法集》《徐无闻论文集》题签，为无闻先生题写墓碑，又主动撰写《徐无闻先生著作集序》，其中有“远绍吾子行，近迈王福庵，其学识有所不同”之语，评价极高，真情动人，远非寻常文字可比。

《学术集》以图文并茂的形式展示二位先生的学术成就，包含三个单元：“相契”记述二位交往历程；“先达”追溯二位与前辈学者的渊源；“造诣”剖析二位的文学艺术建树。《艺事集》以精美图版展现二位艺术作品的风采，包含十一个单元：“临书”收录二位临习古人法书之作；“录古”汇集二位书写的古诗文卷；“韵语”辑录二位自作诗词；“楹联”收集二位撰写的对联；“题辞”辑存二位少字数书法作品；“丹青”呈现二位的绘画创作；“文字”编入二位的文章与题跋；“华翰”存集二位往来书信；“朱记”搜聚其他艺术家为二位刊刻的印章；“缥缃”展示二位的藏书；“清玩”展现二位生前所用文房器具。

本书的出版，得益于启功、徐无闻先生家属的大力支持，编委会诸位老师的同心协力，诸家公藏单位及众多师友的鼎力相助，文物出版社编辑张朔婷老师为二书付出诸多辛劳。在本书即将付梓之际，谨撰此后记，以表达谢忱，并简述本书编纂初衷与体例，以为读此书者之助。限于学识和时间，书中分类、编排、文字说明等难免有不当之处，尚请读者朋友不吝赐教！

最后谨向刘石老师对我的提携表示由衷感谢。

赵岩

二〇二五年八月二十日

鸣　谢

北京启功艺术研究会

成都徐无闻艺术研究会

中华书局

西泠印社

君匋艺术院

西南大学文学院

绍兴兰亭书法博物馆

宜宾五粮液酒类销售有限责任公司

文津阁古美术馆

北京克里斯特文化有限公司

重庆国际文化交流中心

树华科技发展（深圳）有限公司

吾希堂美术馆

曹　建	陈　科	杜志勇	韩　超	李冠霖
李英俊	榴荫堂	罗杰文	苗亚杰	邱世鸿
三不惜堂	石华轩	王启亮	王映晖	杨　庆
殷智键	由俊谦	张景班	章景怀	郑　昊
支啸渤	自牧堂			

本书由清华大学人文学院中国书法与文化研修中心资助出版